L'Entr'aide, un facteur de l'évolution

Pierre Kropotkine

Paris, 1906

© 2025, Pierre Kropotkine (domaine public)
Édition : BoD · Books on Demand, 31 avenue Saint-Rémy,
57600 Forbach, bod@bod.fr
Impression : Libri Plureos GmbH, Friedensallee 273,
22763 Hamburg (Allemagne)
ISBN : 978-2-3225-5574-1
Dépôt légal : Avril 2025

PIERRE KROPOTKINE

L'Entr'aide
UN FACTEUR DE L'ÉVOLUTION

TRADUIT DE L'ANGLAIS
SUR L'ÉDITION REVUE ET CORRIGÉE

PAR
L. BREAL

DEUXIÈME ÉDITION

- INTRODUCTION. VII

Chapitre I

L'ENTR'AIDE PARMI LES ANIMAUX.

Lutte pour l'existence. - L'entr'aide, loi de la nature et principal facteur de l'évolution progressive. - Invertébrés. - Fourmis et abeilles. - Oiseaux : associations pour la chasse et pour la pêche. - Sociabilité. - Protection mutuelle parmi les petits oiseaux. - Grues ; perroquets. 1

Chapitre II

L'ENTRAIDE PARMI LES ANIMAUX (Suite).

Migrations d'oiseaux. - Associations de nidification. - Sociétés en automne. - Mammifères : petit nombre d'espèces non sociables. - Associations pour la chasse chez les loups, les lions, etc. - Sociétés de rongeurs ; de ruminants ; de singes. - Entr'aide dans la lutte pour la vie. - Arguments de Darwin pour prouver la lutte pour la vie dans une même espèce. - Obstacles naturels à la surmultiplication. - Extermination supposée des espèces intermédiaires. - Élimination de la concurrence dans la nature. 34

Chapitre III

L'ENTR'AIDE PARMI LES SAUVAGES.

La guerre supposée de chacun contre tous. — Origine tribale de la société humaine. — Apparence tardive de la famille séparée. — Bushmen et Hottentots. — Australiens, Papous. — Esquimaux, Aléoutes. — Les caractères de la vie sauvage sont difficiles à comprendre pour les Européens. — La conception de la justice chez les Dayaks. - Le droit commun. 82

Chapitre IV

L'ENTR'AIDE CHEZ LES BARBARES.

Les grandes migrations. — Une nouvelle organisation rendue nécessaire. — La commune villageoise. — Le travail communal. — La procédure judiciaire. — La loi intertribale. — Exemples tirés de la vie de nos contemporains. — Bouriates. — Kabyles. — Montagnards du Caucase. — Races africaines. 125

Chapitre V

L'ENTR'AIDE DANS LA CITÉ DU MOYEN ÂGE.

Croissance de l'autorité dans la société barbare. — Le servage dans les villages. — Révolte des villes fortifiées ; leur libération ; leurs chartes. — La guilde. — Double origine de la cité libre du moyen âge. — Autonomie judiciaire et administrative. — Le travail manuel considéré comme honorable. — Commerce par la guilde et par la cité. 166

Chapitre VI

L'ENTR'AIDE DANS LA CITÉ DU MOYEN ÂGE (Suite).

Ressemblances et différences entre les cités du moyen âge. — Les guildes des métiers : attributs de l'État dans chacune d'elles. — Attitude de la cité envers les paysans ; essais pour les libérer. — Les seigneurs. — Résultats obtenus par la cité du moyen âge dans les arts et dans les sciences. — Causes de décadence.

Chapitre VII

L'ENTR'AIDE CHEZ NOUS.

Révoltes populaires au commencement de la période des États. — Institution d'entr'aide de l'époque actuelle. — La commune villageoise : ses luttes pour résister à l'abolition par l'État. — Habitudes venant de la vie des communes villageoises conservées dans nos villages modernes. — Suisse, France, Allemagne, Russie. 241

Chapitre VIII

L'ENTR'AIDE CHEZ NOUS (Suite).

Unions de travailleurs formées après la destruction des guildes par l'État. — Leurs luttes. — L'entr'aide et les grèves. — Coopération. — Libres associations dans des buts divers. — Esprit de sacrifice. — Innombrables sociétés pour l'action en commun sous tous les aspects possibles. — L'entr'aide dans la misère. — L'aide personnelle. 284

- CONCLUSION. 319

APPENDICE

- I. Essaims de papillons, de libellules, etc. Nécrophores. 327

- II. Les fourmis. 329
- III. Associations de nidification. 331
- IV. Sociabilité des animaux. 333
- V. Obstacles à la surpopulation. 334
- VI. Adaptations pour éviter la concurrence. 337
- VII. Origine de la famille. 339
- VIII. Destruction de la propriété privée sur le tombeau. 346
- IX. La « famille indivise ». 346
- X. L'origine des Guildes. 347
- XI. Le marché et la cité du moyen âge. 351
- XII. Organisations d'entr'aide dans quelques villages de notre temps : la Suisse ; les Pays-Bas. 353

- INDEX. 357

NOTE DU TRADUCTEUR

Quand, sur le conseil d'Élisée Reclus, l'auteur nous proposa le titre de « l'Entr'aide », le mot nous surprit tout d'abord. À la réflexion il nous plut davantage. Le terme est bien formé et exprime l'idée développée dans ce volume. La loi de la nature dont traite le présent ouvrage n'avait pas encore été formulée aussi nettement. C'est un point de vue nouveau de la théorie darwinienne ; il n'était pas inutile de trouver un vocable clair et significatif.

L. B.

INTRODUCTION

Deux aspects de la vie animale m'ont surtout frappé durant les voyages que je fis, étant jeune, dans la Sibérie orientale et la Mandchourie septentrionale. D'une part je voyais l'extrême rigueur de la lutte pour l'existence que la plupart des espèces d'animaux ont à soutenir dans ces régions contre une nature inclémente ; l'anéantissement périodique d'un nombre énorme d'existences, dû à des causes naturelles ; et conséquemment une pauvreté de la vie sur tout le vaste territoire que j'eus l'occasion d'observer. D'autre part, même dans les quelques endroits où la vie animale abondait, je ne pus trouver — malgré mon désir de la reconnaître — cette lutte acharnée pour les moyens d'existence, *entre animaux de la même espèce*, que la plupart des darwinistes (quoique pas toujours Darwin lui-même) considéraient comme la principale caractéristique de la lutte pour la vie et le principal facteur de l'évolution.

Les terribles tourmentes de neige qui s'abattent sur le Nord de l'Eurasie à la fin de l'hiver et les verglas qui les suivent souvent ; les gelées et les tourmentes de neige qui reviennent chaque année dans la seconde moitié de mai, lorsque les arbres sont déjà tout en fleurs et que la vie pullule chez les insectes ; les gelées précoces et parfois les grosses chutes de neige en juillet et en août, détruisant par myriades les insectes, ainsi que les secondes couvées d'oiseaux dans les prairies ; les pluies torrentielles, dues aux moussons qui tombent dans les régions plus tempérées en août et septembre, occasionnant dans les terres basses d'immenses inondations et transformant, sur les plateaux, des espaces aussi vastes que des états européens en marais et en fondrières ; enfin les grosses chutes de neige au commencement d'octobre, qui finissent par rendre un territoire aussi grand que la France et l'Allemagne absolument impraticable aux ruminants et les détruisent par milliers : voilà les conditions où je vis la vie animale se débattre dans l'Asie septentrionale. Cela me fit comprendre de bonne heure l'importance primordiale dans la nature de ce que Darwin décrivait comme « les obstacles naturels à la surmutiplication », en comparaison de la lutte pour les moyens d'existence entre individus de la même espèce, que l'on rencontre çà et là, dans certaines circonstances déterminées, mais qui est loin d'avoir la même portée. La rareté de la vie, la dépopulation — non la sur-population — étant le trait distinctif de cette immense partie du globe que nous appelons Asie septentrionale, je conçus dès lors des doutes sérieux (et mes études postérieures n'ont fait que les confirmer) touchant la réalité de cette terrible compétition pour la nourriture et pour la vie au sein de chaque espèce, article de foi pour la plupart des darwinistes. J'en arrivai ainsi à douter du rôle dominant que l'on prête à cette sorte de compétition dans l'évolution des nouvelles espèces.

D'un autre côté, partout où je trouvai la vie animale en abondance, comme, par exemple, sur les lacs, où des vingtaines d'espèces et des millions d'individus se réunissent pour élever leur progéniture ; dans les colonies de rongeurs ; dans les migrations d'oiseaux qui avaient lieu à cette époque le long de l'Oussouri dans les proportions vraiment « américaines » ; et particulièrement dans une migration de chevreuils dont je fus témoin, et où je vis des vingtaines de mille de ces animaux intelligents, venant d'un territoire immense où ils vivaient disséminés, fuir les grosses tourmentes de neige et se réunir pour traverser l'Amour à l'endroit le plus étroit — dans toutes ces scènes de la vie animale qui se déroulaient sous mes yeux, je vis l'entr'aide et l'appui mutuel pratiqués dans des proportions qui me donnèrent à penser que c'était là un trait de la plus haute importance pour le maintien de la vie, pour la conservation de chaque espèce, et pour son évolution ultérieure.

Enfin, je vis parmi les chevaux et les bestiaux à demi sauvages de la Transbaïkalie, parmi tous les ruminants sauvages, parmi les écureuils, etc., que, lorsque les animaux ont à lutter contre la rareté des vivres, à la suite d'une des causes que je viens de mentionner, *tous* les individus de l'espèce qui ont subi cette calamité sortent de l'épreuve tellement amoindris en vigueur et en santé qu'*aucune évolution progressive de l'espèce ne saurait être fondée sur ces périodes d'âpre compétition.*

Aussi, lorsque plus tard mon attention fut attirée sur les rapports entre le darwinisme et la sociologie, je ne me trouvai d'accord avec aucun des ouvrages qui furent écrits sur cet important sujet. Tous s'efforçaient de prouver que l'homme, grâce à sa haute intelligence et à ses connaissances, *pouvait* modérer l'âpreté de la lutte pour la vie entre les hommes ; mais ils reconnaissaient aussi que la lutte pour les moyens d'existence de tout animal contre ses congénères, et de tout homme contre tous les autres hommes, était « une loi de la nature ». Je ne pouvais accepter cette opinion, parce que j'étais persuadé qu'admettre une impitoyable guerre pour la vie, au sein de chaque espèce, et voir dans cette guerre une condition de progrès, c'était avancer non seulement une affirmation sans preuve, mais n'ayant pas même l'appui de l'observation directe.

Au contraire, une conférence « Sur la loi d'aide mutuelle » faite à un congrès de naturalistes russes, en janvier 1880, par le professeur Kessler, zoologiste bien connu (alors doyen de l'Université de Saint-Pétersbourg), me frappa comme jetant une lumière nouvelle sur tout ce sujet. L'idée de Kessler était que, à côté de la *loi de la Lutte réciproque*, il y a dans la nature *la loi de l'Aide réciproque*, qui est beaucoup plus importante pour le succès de la lutte pour la vie, et surtout pour l'évolution progressive des espèces. Cette hypothèse, qui en réalité n'était que le développement des idées exprimées par Darwin lui-même dans *The Descent of Man*, me sembla si juste et d'une si grande importance, que dès que j'en eus connaissance (en 1883), je commençai à réunir des documents pour la développer. Kessler n'avait fait que l'indiquer brièvement dans sa conférence, et la mort (il mourut en 1881) l'avait empêché d'y revenir.

Sur un point seulement, je ne pus entièrement accepter les vues de Kessler. Kessler voyait dans « les sentiments de famille » et dans le souci de la progéniture (voir plus loin, chapitre I) la source des penchants mutuels des animaux les uns envers les autres. Mais, déterminer jusqu'à quel point ces deux sentiments ont contribué à l'évolution des instincts sociables, et jusqu'à quel point d'autres instincts ont agi dans la même direction, me semble une question distincte et très complexe que nous ne pouvons pas encore discuter. C'est seulement après que nous aurons bien établi les faits d'entr'aide dans les différentes classes d'animaux et leur importance pour l'évolution, que nous serons à même d'étudier ce qui appartient, dans l'évolution des sentiments sociables, aux sentiments de famille et ce qui appartient à la sociabilité proprement dite, qui a certainement son origine aux plus bas degrés de l'évolution du monde animal, peut-être même dans les « colonies animales ». Aussi m'appliquai-je surtout à établir tout d'abord l'importance du facteur de l'entr'aide dans l'évolution, réservant pour des recherches ultérieures l'origine de l'instinct d'entr'aide dans la nature.

L'importance du facteur de l'entr'aide « si seulement on en pouvait démontrer la généralité » n'échappa pas au vif génie naturaliste de Gœthe. Lorsqu'un jour Eckermann dit à Gœthe — c'était en 1827 — que deux petits de roitelets, qui s'étaient échappés, avaient été retrouvés le jour suivant dans un nid de rouges-gorges (Rothkehlchen), qui nourrissaient ces oisillons en même temps que leurs propres petits, l'intérêt de Gœthe fut vivement éveillé par ce récit. Il y vit une confirmation de ses conceptions panthéistes, et dit : « S'il était vrai que ce fait de nourrir un étranger se rencontrât dans toute la Nature et eût le caractère d'une loi générale — bien des énigmes seraient résolues. » Il revint sur ce sujet le jour suivant, et pria instamment Eckermann (qui était, comme on sait, zoologiste) d'en faire une étude spéciale, ajoutant qu'il y pourrait découvrir « des conséquences d'une valeur inestimable ». (*Gespräche*, édition de 1848, vol. III, pp. 219, 221.) Malheureusement, cette étude ne fut jamais faite, quoiqu'il soit fort possible que Brehm, qui a accumulé dans ses ouvrages tant de précieux documents relatifs à l'entr'aide parmi les animaux, ait pu être inspiré par la remarque de Gœthe.

Dans les années 1872-1886, plusieurs ouvrages importants, traitant de l'intelligence et de la vie mentale des animaux, furent publiés (ils sont cités dans une note du chapitre I), et trois d'entre eux touchent plus particulièrement le sujet qui nous occupe ; ce sont : *Les sociétés animales* d'Espinas (Paris, 1877), *La lutte pour l'existence et l'association pour la lutte*, conférence par J.-L. Lanessan (avril 1881) et le livre de Louis Büchner, *Liebe und Liebes-Leben in der Thierwelt*, dont une première édition parut en 1879, et une seconde édition, très augmentée, en 1885. Tous ces livres sont excellents ; mais il y a encore place pour un ouvrage dans lequel l'entr'aide serait considérée, non seulement comme un argument en faveur de l'origine pré-humaine des instincts moraux, mais aussi comme une loi de la nature et un facteur de l'évolution. Espinas porta toute son attention sur ces sociétés animales (fourmis et abeilles) qui reposent sur une division physiologique du travail ; et bien que son livre soit plein d'ingénieuses suggestions de toutes sortes, il fut écrit à une époque où l'évolution des sociétés humaines ne pouvait être étudiée avec les connaissances que nous possédons aujourd'hui. La conférence de Lanessan est plutôt un brillant exposé du plan général d'un ouvrage sur l'appui mutuel, commençant par les rochers de la mer et passant en revue le monde des plantes, des animaux et des hommes. Quand à l'ouvrage de Büchner, si fertile en idées qu'il soit et malgré sa richesse en faits, je n'en peux accepter la pensée dominante. Le livre commence par un hymne à l'amour, et presque tous les exemples sont choisis dans l'intention de prouver l'existence de l'amour et de la sympathie parmi les animaux. Mais, réduire la sociabilité animale à l'*amour* et à la *sympathie* est aussi réduire sa généralité et son importance ; de même, en basant la morale humaine seulement sur l'amour et la sympathie personnelle, on n'a fait que restreindre le sens du sentiment moral dans son ensemble. Ce n'est pas l'amour de mon voisin — que souvent je ne connais pas du tout — qui me pousse à saisir un seau d'eau et à m'élancer vers sa demeure en flammes ;

c'est un sentiment bien plus large, quoique plus vague : un instinct de solidarité et de sociabilité humaine. Il en est de même pour les animaux. Ce n'est pas l'amour, ni même la sympathie (au sens strict du mot) qui pousse une troupe de ruminants ou de chevaux à former un cercle pour résister à une attaque de loups ; ni l'amour qui pousse les loups à se mettre en bande pour chasser ; ni l'amour qui pousse les petits chats ou les agneaux à jouer ensemble, ou une douzaine d'espèces de jeunes oiseaux à vivre ensemble en automne ; et ce n'est ni l'amour, ni la sympathie personnelle qui pousse des milliers de chevreuils, disséminés sur un territoire aussi grand que la France, à constituer des ensembles de troupeaux, marchant tous vers le même endroit afin de traverser une rivière en un point donné. C'est un sentiment infiniment plus large que l'amour ou la sympathie personnelle, un instinct qui s'est peu à peu développé parmi les animaux et les hommes au cours d'une évolution extrêmement lente, et qui a appris aux animaux comme aux hommes la force qu'ils pouvaient trouver dans la pratique de l'entr'aide et du soutien mutuel, ainsi que les plaisirs que pouvait leur donner la vie sociale.

L'importance de cette distinction sera facilement appréciée par tous ceux qui étudient la psychologie animale, et encore plus par ceux qui s'occupent de la morale humaine. L'amour, la sympathie et le sacrifice de soi-même jouent certainement un rôle immense dans le développement progressif de nos sentiments moraux. Mais ce n'est ni sur l'amour ni même sur la sympathie que la société est basée dans l'humanité : c'est sur la conscience de la solidarité humaine, — ne fût-elle même qu'à l'état d'instinct ; — sur le sentiment inconscient de la force que donne à chacun la pratique de l'entr'aide, sur le sentiment de l'étroite dépendance du bonheur de chacun et du bonheur de tous, et sur un vague sens de justice ou d'équité, qui amène l'individu à considérer les droits de chaque autre individu comme égaux aux siens. Sur cette large base se développent les sentiments moraux supérieurs. Mais ce sujet dépasse les limites de cet ouvrage, et je ne ferai qu'indiquer ici une conférence, « Justice et moralité », que j'ai faite en réponse à l'opuscule de Huxley, *Ethics*, et où j'ai traité cette question avec quelque détail, et les articles sur l'Éthique que j'ai commencé à publier dans la revue *Nineteenth Century*.

Je pensai donc qu'un livre sur l'*Entr'aide considérée comme une loi de la nature et comme facteur de l'évolution* pourrait combler une lacune importante. Lorsque Huxley publia, en 1888, son manifeste de lutte pour la vie (*Struggle for Existence and its Bearing upon Man*), qui, à mon avis, donnait une interprétation très incorrecte des faits de la nature, tels que nous les voyons dans la brousse et dans la forêt, je me mis en rapport avec le directeur de la revue *Nineteenth Century*, lui demandant s'il voudrait publier une réfutation méthodique des opinions d'un des plus éminents darwinistes. M. James Knowles reçut cette proposition avec la plus grande sympathie. J'en parlai aussi à W. Bates, le grand collaborateur de Darwin. « Oui, certainement ; c'est là le vrai darwinisme, répondit-il ; Ce qu'ils ont fait de Darwin est abominable. Écrivez ces articles, et quand ils seront imprimés, je vous écrirai une lettre que vous pourrez publier. » Malheureusement je mis près de sept ans à écrire ces articles et, quand le dernier parut, Bates était mort.

Après avoir examiné l'importance de l'entr'aide dans les différentes classes d'animaux, je dus examiner le rôle du même facteur dans l'évolution de l'homme. Ceci était d'autant plus nécessaire qu'un certain nombre d'évolutionnistes, qui ne peuvent refuser d'admettre l'importance de l'entr'aide chez les animaux, refusent, comme l'a fait Herbert Spencer, de l'admettre chez l'homme. Chez l'homme primitif, soutiennent-ils, la guerre de chacun contre tous était *la loi* de la vie. J'examinerai, dans les chapitres consacrés aux Sauvages et aux Barbares, jusqu'à quel point cette affirmation, qui a été trop complaisamment répétée, sans critique suffisante, depuis Hobbes, est confirmée par ce que nous savons des périodes primitives du développement humain.

Après avoir examiné le nombre et l'importance des institutions d'entr'aide, formées par le génie créateur des masses sauvages et à demi sauvages pendant la période des clans, et encore plus pendant la période suivante des communes villageoises, et après avoir constaté l'immense influence que ces institutions primitives ont exercé sur le développement ultérieur de l'humanité jusqu'à l'époque actuelle, je fus amené à étendre mes recherches également aux époques historiques. J'étudiai particulièrement cette période si intéressante des libres républiques urbaines du moyen âge, dont on n'a pas encore suffisamment reconnu l'universalité ni apprécié l'influence sur notre civilisation moderne. Enfin, j'ai essayé d'indiquer brièvement l'immense importance que les instincts d'entr'aide, transmis à l'humanité par les héritages d'une très longue évolution, jouent encore aujourd'hui dans notre société moderne, — dans cette société que l'on prétend reposer sur le principe de « chacun pour soi et l'État pour tous », mais qui ne l'a jamais réalisé et ne le réalisera jamais.

On peut objecter à ce livre que les animaux aussi bien que les hommes y sont présentés sous un aspect trop favorable ; que l'on a insisté sur leurs qualités sociables, tandis que leurs instincts anti-sociaux et individualistes sont à peine mentionnés. Mais ceci était inévitable. Nous avons tant entendu parler dernièrement de « l'âpre et impitoyable lutte pour la vie, » que l'on prétendait soutenue par chaque animal contre tous les autres animaux, par chaque « sauvage » contre tous les autres « sauvages » et par chaque homme civilisé contre tous ses concitoyens — et ces assertions sont si bien devenues des articles de loi — qu'il était nécessaire, tout d'abord, de leur opposer une vaste série de faits montrant la vie animale et humaine sous un aspect entièrement différent. Il était nécessaire d'indiquer l'importance capitale qu'ont les habitudes sociales dans la nature et dans l'évolution progressive, tant des espèces animales que des êtres humains ; de prouver qu'elles assurent aux animaux une meilleure protection contre leurs ennemis, très souvent des facilités pour la recherche de leur nourriture (provisions d'hiver, migrations, etc.), une plus grande longévité et, par conséquent, une plus grande chance de développement des facultés intellectuelles ; enfin il fallait montrer qu'elles ont donné aux hommes, outre ces avantages, la possibilité de créer les institutions qui ont permis à l'humanité de triompher dans sa lutte acharnée contre la nature et de progresser, malgré toutes les vicissitudes de l'histoire. C'est ce que j'ai fait. Aussi est-ce un livre sur la loi de l'entr'aide, considérée comme l'un des principaux facteurs de l'évolution ; mais ce n'est pas un livre sur *tous* les facteurs de l'évolution et sur leur valeur respective. Il fallait que ce premier livre-ci fût écrit pour qu'il soit possible d'écrire l'autre.

Je serais le dernier à vouloir diminuer le rôle que la revendication du « moi » de l'individu a joué dans l'évolution de l'humanité. Toutefois ce sujet exige, à mon avis, d'être traité beaucoup plus à fond qu'il ne l'a été jusqu'ici. Dans l'histoire de l'humanité la revendication du moi individuel a souvent été, et est constamment, quelque chose de très différent, quelque chose de beaucoup plus large et de beaucoup plus profond que cet « individualisme » étroit, cette « revendication personnelle », inintelligente et bornée qu'invoquent un grand nombre d'écrivains. Et les individus qui ont fait l'histoire n'ont pas été seulement ceux que les historiens ont représenté comme des héros. Mon intention est donc, si les circonstances le permettent, d'examiner séparément la part qu'a eue la revendication du « moi » individuel dans l'évolution progressive de l'humanité. Je ne puis faire ici que les quelques remarques suivantes d'un caractère tout à fait général. Lorsque les diverses institutions successives d'entr'aide — la tribu, la commune du village, les guildes, la cité du moyen âge — commencèrent, au cours de l'histoire, à perdre leur caractère primitif, à être envahies par des croissances parasites, et à devenir ainsi des entraves au progrès, la révolte de l'individu contre ces institutions, présenta toujours deux aspects différents. Une partie de ceux qui se soulevaient luttaient pour améliorer les vieilles institutions ou pour élaborer une meilleure organisation, basée sur les mêmes principes d'entr'aide. Ils essayaient, par exemple, d'introduire le principe de la « compensation » à la place de la loi du talion, et plus tard le pardon des offenses, ou un idéal encore plus élevé d'égalité devant la conscience humaine, au lieu d'une « compensation, » proportionnelle à la caste de l'individu lésé. Mais à côté de ces efforts, d'autres individus se révoltaient pour briser les institutions protectrices d'entr'aide, sans autre intention que d'accroître leurs propres richesses et leur propre pouvoir. C'est dans cette triple lutte, entre deux classes de révoltés et les partisans de l'ordre établi, que se révèle la vraie tragédie de l'histoire. Mais pour retracer cette lutte et pour étudier avec sincérité le rôle joué dans l'évolution de l'humanité par chacune de ces trois forces, il faudrait au moins autant d'années que j'en ai mis à écrire ce livre.

Parmi les œuvres traitant à peu près le même sujet, parues depuis la publication de mes articles sur l'entr'aide chez les animaux, il faut citer *The Lowell Lectures on the Ascent of Man*, par Henry Drummond (Londres, 1894), et *The Origin and Growth of the Moral Instinct*, par A. Sutherland (Londres, 1898). Ces deux livres sont conçus suivant les grandes lignes de l'ouvrage de Büchner sur l'amour ; et dans le second de ces livres le sentiment de famille et de parenté, considéré comme la seule influence agissant sur le développement des sentiments moraux est traité assez longuement. Un troisième ouvrage, traitant de l'homme et construit sur un plan analogue, *The Principles of Sociology* par le professeur F.-A. Giddings, a paru en première édition à New-York et à Londres en 1896, et les idées dominantes en avaient déjà été indiquées par l'auteur dans une brochure en 1894. Mais c'est à la critique scientifique que je laisse le soin de discuter les points de contact, de ressemblance ou de différence entre ces ouvrages et le mien.

Les différents chapitres de ce livre ont paru dans le *Nineteenth Century* (« L'Entr'aide chez les animaux », en septembre et novembre 1890 ; « L'Entr'aide chez les sauvages » en avril 1891 ; « l'Entr'aide chez les Barbares », en janvier 1892 ; « l'Entr'aide dans la cité du moyen âge », en août et septembre 1894 ; et « l'Entr'aide parmi les modernes », en janvier et juin 1896). En les réunissant en un volume ma première intention était de rassembler dans un appendice la masse de documents, ainsi que la discussion de plusieurs points secondaires, qui n'auraient pas été à leur place dans des articles de revue. Mais l'appendice eût été deux fois plus gros que le volume, et il m'en fallut, sinon abandonner, au moins ajourner la publication. L'appendice du présent livre comprend la discussion de quelques points qui ont donné lieu à des controverses scientifiques durant ces dernières années ; dans le texte je n'ai intercalé que ce qu'il était possible d'ajouter sans changer la structure de l'ouvrage.

Je suis heureux de cette occasion d'exprimer à M. James Knowles, directeur du *Nineteenth Century*, mes meilleurs remerciements, tant pour l'aimable hospitalité qu'il a offerte dans sa revue à ces articles, aussitôt qu'il en a connu les idées générales, que pour la permission qu'il a bien voulu me donner de les reproduire en volume.

Bromley, Kent, 1902.

P.-S. — J'ai profité de l'occasion que m'offrait la publication de cette traduction française pour revoir soigneusement le texte et ajouter quelques faits à l'appendice.

Janvier 1906.

CHAPITRE I

L'ENTR'AIDE PARMI LES ANIMAUX.

Lutte pour l'existence. — L'entr'aide, loi de la nature et principal facteur de l'évolution progressive. — Invertébrés. — Fourmis et abeilles. — Oiseaux : associations pour la chasse et pour la pêche. — Sociabilité. — Protection mutuelle parmi les petits oiseaux. — Grues ; perroquets.

La conception de la lutte pour l'existence comme facteur de l'évolution, introduite dans la science par Darwin et Wallace, nous a permis d'embrasser un vaste ensemble de phénomènes en une seule généralisation, qui devint bientôt la base même de nos spéculations philosophiques, biologiques et sociologiques. Une immense variété de faits : adaptations de fonction et de structure des êtres organisés à leur milieu ; évolution physiologique et anatomique ; progrès intellectuel et même développement moral, que nous expliquions autrefois par tant de causes différentes, furent réunis par Darwin en une seule conception générale. Il y reconnut un effort continu, une lutte contre les circonstances adverses, pour un développement des individus, des races, des espèces et des sociétés tendant à un maximum de plénitude, de variété et d'intensité de vie. Peut-être, au début, Darwin lui-même ne se rendait-il pas pleinement compte de l'importance générale du facteur qu'il invoqua d'abord pour expliquer une seule série de faits, relatifs à l'accumulation de variations individuelles à l'origine d'une espèce. Mais il prévoyait que le terme qu'il introduisait dans la science perdrait sa signification philosophique, la seule vraie, s'il était employé exclusivement dans son sens étroit — celui d'une lutte entre les individus isolés, pour la simple conservation de l'existence de chacun d'eux. Dans les premiers chapitres de son mémorable ouvrage il insistait déjà pour que le terme fût pris dans son « sens large et métaphorique, comprenant la dépendance des êtres entre eux, et comprenant aussi (ce qui est plus important) non seulement la vie de l'individu mais aussi le succès de sa progéniture[1]. »

Bien que lui-même, pour les besoins de sa thèse spéciale, ait employé surtout le terme dans son sens étroit, il mettait ses continuateurs en garde contre l'erreur (qu'il semble avoir commise une fois lui-même) d'exagérer la portée de cette signification restreinte. Dans *The Descent of Man* il a écrit quelques pages puissantes pour en expliquer le sens propre, le sens large. Il y signale comment, dans d'innombrables sociétés animales, la lutte pour l'existence entre les individus isolés disparaît, comment la *lutte* est remplacée par la *coopération*, et comment cette substitution aboutit au développement de facultés intellectuelles et morales qui assurent à l'espèce les meilleures conditions de survie. Il déclare qu'en pareil cas les plus aptes ne sont pas les plus forts physiquement, ni les plus adroits, mais ceux qui apprennent à s'unir de façon à se soutenir mutuellement, les forts comme les faibles, pour la prospérité de la communauté. « Les communautés, écrit-il, qui renferment la plus grande proportion de membres le plus sympathiques les uns aux autres, prospèrent le mieux et élèvent le plus grand nombre de rejetons » (2e édit. anglaise, p. 163). L'idée de concurrence entre chacun et tous, née de l'étroite conception malthusienne, perdait ainsi son étroitesse dans l'esprit d'un observateur qui connaissait la nature.

Malheureusement ces remarques, qui auraient pu devenir la base de recherches très fécondes, étaient tenues dans l'ombre par la masse de faits que Darwin avait réunis dans le dessein de montrer les conséquences d'une réelle compétition pour la vie. En outre il n'essaya jamais de soumettre à une plus rigoureuse investigation l'importance relative des deux aspects sous lesquels se présente la lutte pour l'existence dans le monde animal, et il n'a jamais écrit l'ouvrage qu'il se proposait d'écrire sur les obstacles naturels à la surproduction animale, ouvrage qui eût été la pierre de touche de l'exacte valeur de la lutte individuelle. Bien plus, dans les pages même dont nous venons de parler, parmi des faits réfutant l'étroite conception malthusienne de la lutte, le vieux levain malthusien reparaît, par exemple, dans les remarques de Darwin sur les prétendus inconvénients à maintenir « les faibles d'esprit et de corps » dans nos sociétés civilisées (ch. v). Comme si des milliers de poètes, de savants, d'inventeurs, de réformateurs, faibles de corps ou infirmes, ainsi que d'autres milliers de soi-disant « fous » ou « enthousiastes, faibles d'esprit » n'étaient pas les armes les plus précieuses dont l'humanité ait fait usage dans sa lutte pour l'existence — armes intellectuelles et morales, comme Darwin lui-même l'a montré dans ces mêmes chapitres de *Descent of Man*.

La théorie de Darwin eut le sort de toutes les théories qui traitent des rapports humains. Au lieu de l'élargir selon ses propres indications, ses continuateurs la restreignirent encore. Et tandis que Herbert Spencer, partant d'observations indépendantes mais très analogues, essayait d'élargir le débat en posant cette grande question : « Quels sont les plus aptes ? » (particulièrement dans l'appendice de la troisième édition des *Data of Ethics*), les innombrables continuateurs de Darwin réduisaient la notion de la lutte pour l'existence à son sens le plus restreint. Ils en vinrent à concevoir le monde animal comme un monde de lutte perpétuelle entre des individus affamés, altérés de sang. Ils firent retentir la littérature moderne du cri de guerre *Malheur aux vaincus*, comme si c'était là le dernier mot de la biologie moderne. Ils élevèrent la « lutte sans pitié » pour des avantages personnels à la hauteur d'un principe biologique, auquel l'homme doit se soumettre aussi, sous peine de succomber dans un monde fondé sur l'extermination mutuelle. Laissant de côté les économistes, qui ne savent des sciences naturelles que quelques mots empruntés à des vulgarisateurs de seconde main, il nous faut reconnaître que même les plus autorisés des interprètes de Darwin firent de leur mieux pour maintenir ces idées fausses. En effet, si nous prenons Huxley, qui est considéré comme l'un des meilleurs interprètes de la théorie de l'évolution, ne nous apprend-il pas, dans son article, « Struggle for Existence and its Bearing upon Man », que :

jugé au point de vue moral, le monde animal est à peu près au niveau d'un combat de gladiateurs. Les créatures sont assez bien traitées et envoyées au combat ; sur quoi les plus forts, les plus vifs et les plus rusés survivent pour combattre un autre jour. Le spectateur n'a même pas à baisser le pouce, car il n'est point fait de quartier.

Et, plus loin, dans le même article, ne nous dit-il pas que, de même que parmi les animaux, parmi les hommes primitifs aussi,

les plus faibles et les plus stupides étaient écrasés, tandis que survivaient les plus résistants et les plus malins, ceux qui étaient les plus aptes à triompher des circonstances, mais non les meilleurs sous d'autres rapports. La vie était, une perpétuelle lutte ouverte, et à part les liens de famille limités et temporaires, la guerre dont parle Hobbes de chacun contre tous était l'état normal de l'existence[2].

Le lecteur verra, par les données qui lui seront soumises dans la suite de cet ouvrage, à quel point cette vue de la nature est peu confirmée par les faits, en ce qui a trait au monde animal et en ce qui a trait à l'homme primitif. Mais nous pouvons remarquer dès maintenant que la manière de voir de Huxley avait aussi peu de droits à être considérée comme une conclusion scientifique que la théorie contraire de Rousseau qui ne voyait dans la nature qu'amour, paix et harmonie, détruits par l'avènement de l'homme. Il suffit, en effet, d'une promenade en forêt, d'un regard jeté sur n'importe quelle société animale, ou même de la lecture de n'importe quel ouvrage sérieux traitant de la vie animale (d'Orbigny, Audubon, Le Vaillant, n'importe lequel), pour amener le naturaliste à tenir compte de la place qu'occupe la sociabilité dans la vie des animaux, pour l'empêcher, soit de ne voir dans la nature qu'un champ de carnage, soit de n'y découvrir que paix et harmonie. Si Rousseau a commis l'erreur de supprimer de sa conception la lutte « à bec et ongles », Huxley a commis l'erreur opposée ; mais ni l'optimisme de Rousseau, ni le pessimisme de Huxley ne peuvent être acceptés comme une interprétation impartiale de la nature.

Lorsque nous étudions les animaux — non dans les laboratoires et les muséums seulement, mais dans la forêt et la prairie, dans les steppes et dans la montagne — nous nous apercevons tout de suite que, bien qu'il y ait dans la nature une somme énorme de guerre entre les différentes espèces, et surtout entre les différentes classes d'animaux, il y a tout autant, ou peut-être même plus, de soutien mutuel, d'aide mutuelle et de défense mutuelle entre les animaux appartenant à la même espèce ou, au moins, à la même société. La sociabilité est aussi bien une loi de la nature que la lutte entre semblables. Il serait sans doute très difficile d'évaluer, même approximativement, l'importance numérique relative de ces deux séries de faits. Mais si nous en appelons à un témoignage indirect, et demandons à la nature : « Quels sont les mieux adaptés : ceux qui sont continuellement en guerre les uns avec les autres, ou ceux qui se soutiennent les uns les autres ? », nous voyons que les mieux adaptés sont incontestablement les animaux qui ont acquis des habitudes d'entr'aide. Ils ont plus de chances de survivre, et ils atteignent, dans leurs classes respectives, le plus haut développement d'intelligence et d'organisation physique. Si les faits innombrables qui peuvent être cités pour soutenir cette thèse sont pris en considération, nous pouvons sûrement dire que l'entr'aide est autant une loi de la vie animale que la lutte réciproque, mais que, comme facteur de l'évolution, la première a probablement une importance beaucoup plus grande, en ce qu'elle favorise le développement d'habitudes et de caractères éminemment propres à assurer la conservation et le développement de l'espèce ; elle procure aussi, avec moins de perte d'énergie, une plus grande somme de bien-être et de jouissance pour chaque individu.

De tous les continuateurs de Darwin, le premier, à ma connaissance, qui comprit toute la portée de l'Entr'aide en tant que *loi de la nature et principal facteur de l'évolution progressive,* fut un zoologiste russe bien connu, feu le doyen de l'Université de Saint-Pétersbourg, le professeur Kessler. Il développa ses idées dans un discours prononcé en janvier 1880, quelques mois avant sa mort, devant un congrès de naturalistes russes ; mais, comme tant de bonnes choses publiées seulement en russe, cette remarquable allocution demeura presque inconnue[3].

« En sa qualité de vieux zoologiste », il se sentait tenu de protester contre l'abus d'une expression — la lutte pour l'existence — empruntée à la zoologie, ou, au moins, contre l'importance exagérée qu'on attribuait à cette expression. En zoologie, disait-il, et dans toutes les sciences qui traitent de l'homme, on insiste sans cesse sur ce qu'on appelle la loi sans merci de la lutte pour la vie Mais on oublie l'existence d'une autre loi, qui peut être nommée loi de l'entr'aide, et cette loi, au moins pour les animaux, est beaucoup plus importante que la première. Il faisait remarquer que le besoin d'élever leur progéniture réunissait les animaux, et que « plus les individus s'unissent, plus ils se soutiennent mutuellement, et plus grandes sont, pour l'espèce, les chances de survie et de progrès dans le développement intellectuel ». « Toutes les classes d'animaux, ajoutait-il, et surtout les plus élevées, pratiquent l'entr'aide », et il donnait à l'appui de son idée des exemples empruntés à la vie des nécrophores et à la vie sociale des oiseaux et de quelques mammifères. Les exemples étaient peu nombreux, comme il convient à une brève allocution d'ouverture, mais les points principaux étaient clairement établis ; et, après avoir indiqué que dans l'évolution de l'humanité l'entr'aide joue un rôle encore plus important, Kessler concluait en ces termes : « Certes, je ne nie pas la lutte pour l'existence, mais je maintiens que le développement progressif du règne animal, et particulièrement de l'humanité, est favorisé bien plus par le soutien mutuel que par la lutte réciproque… Tous les êtres organisés ont deux besoins essentiels : celui de la nutrition et celui de la propagation de l'espèce. Le premier les amène à la lutte et à l'extermination mutuelle, tandis que le besoin de conserver l'espèce les amène à se rapprocher les uns des autres et à se soutenir les uns les autres. Mais je suis porté à croire que dans l'évolution du monde organisé — dans la modification progressive des êtres organisés — le soutien mutuel entre les individus joue un rôle beaucoup plus important que leur lutte réciproque[4]. »

La justesse de ces vues frappa la plupart des zoologistes présents, et Siévertsoff, dont le nom est bien connu des ornithologistes et des géographes, les confirma et les appuya de quelques nouveaux exemples. Il cita certaines espèces de faucons qui sont « organisées pour le brigandage d'une façon presque idéale », et cependant sont en décadence, tandis que prospèrent d'autres espèces de faucons qui pratiquent l'aide mutuelle. « D'un autre côté, dit-il, considérez un oiseau sociable, le canard ; son organisme est loin d'être parfait, mais il pratique l'aide mutuelle, et il envahit presque la terre entière, comme on peut en juger par ses innombrables variétés et espèces. »

L'accueil sympathique que les vues de Kessler reçurent de la part des zoologistes russes était très naturel, car presque tous ils avaient eu l'occasion d'étudier le monde animal dans les grandes régions inhabitées de l'Asie septentrionale et de la Russie orientale ; or il est impossible d'étudier de semblables régions sans être amené aux mêmes idées. Je me rappelle l'impression que me produisit le monde animal de la Sibérie quand j'explorai la région du Vitim, en compagnie du zoologiste accompli qu'était mon ami Poliakoff. Nous étions tous deux sous l'impression récente de l'*Origine des Espèces*, mais nous cherchions en vain des preuves de l'âpre concurrence entre animaux de la même espèce que la lecture de l'ouvrage de Darwin nous avait préparés à trouver, même en tenant compte des remarques du troisième chapitre (édit. anglaise, p. 54). Nous constations quantités d'adaptations pour la lutte — très souvent pour la lutte en commun — contre les circonstances adverses du climat, ou contre des ennemis variés ; et Poliakoff écrivit plusieurs excellentes pages sur la dépendance mutuelle des carnivores, des ruminants et des rongeurs, en ce qui concerne leur distribution géographique. Je constatai d'autre part un grand nombre de faits d'entr'aide, particulièrement lors des migrations d'oiseaux et de ruminants ; mais même dans les régions de l'Amour et de l'Oussouri, où la vie animale pullule, je ne pus que très rarement, malgré l'attention que j'y prêtais, noter des faits de réelle concurrence, de véritable lutte entre animaux supérieurs de la même espèce. La même impression se dégage des œuvres de la plupart des zoologistes russes, et cela explique sans doute pourquoi les idées de Kessler furent si bien accueillies par les darwinistes russes, tandis que ces mêmes idées n'ont point cours parmi les disciples de Darwin dans l'Europe occidentale.

Ce qui frappe dès l'abord quand on commence à étudier la lutte pour l'existence sous ses deux aspects, — au sens propre et au sens métaphorique, — c'est l'abondance de faits d'entr'aide, non seulement pour l'élevage de la progéniture, comme le reconnaissent la plupart des évolutionnistes, mais aussi pour la sécurité de l'individu, et pour lui assurer la nourriture nécessaire. Dans de nombreuses catégories du règne animal l'entr'aide est la règle. On découvre l'aide mutuelle même parmi les animaux les plus inférieurs, et il faut nous attendre à ce que, un jour ou l'autre, les observateurs qui étudient au microscope la vie aquatique, nous montrent des faits d'assistance mutuelle inconsciente parmi les micro-organismes. Il est vrai que notre connaissance de la vie des invertébrés, à l'exception des termites, des fourmis et des abeilles, est extrêmement limitée ; et cependant, même en ce qui concerne les animaux inférieurs, nous pouvons recueillir quelques faits dûment vérifiés de coopération. Les innombrables associations de sauterelles, de vanesses, de cicindèles, de cigales, etc., sont en réalité fort mal connues ; mais le fait même de leur existence indique qu'elles doivent être organisées à peu près selon les mêmes principes que les associations temporaires de fourmis et d'abeilles pour les migrations[5]. Quant aux coléoptères nous avons des faits d'entr'aide parfaitement observés parmi les nécrophores. Il leur faut de la matière organique en décomposition pour y pondre leurs œufs, et pour assurer ainsi la nourriture à leurs larves ; mais cette matière organique ne doit pas se décomposer trop rapidement : aussi ont-ils l'habitude d'enterrer dans le sol les cadavres de toutes sortes de petits animaux qu'ils rencontrent sur leur chemin. D'ordinaire ils vivent isolés ; mais quand l'un d'eux a découvert le cadavre d'une souris ou d'un oiseau qu'il lui serait difficile d'enterrer tout seul, il appelle quatre ou six autres nécrophores pour venir à bout de l'opération en réunissant leurs efforts ; si cela est nécessaire, ils transportent le cadavre dans un terrain meuble, et ils l'enterrent en faisant preuve de beaucoup de sens, sans se quereller pour le choix de celui qui aura le privilège de pondre dans le corps enseveli. Et quand Gledditsch attacha un oiseau mort à une croix faite de deux bâtons, ou suspendit un crapaud à un bâton planté dans le sol, il vit les petits nécrophores unir leurs intelligences de la même façon amicale pour triompher de l'artifice de l'homme[6].

Même parmi les animaux qui sont à un degré assez peu développé d'organisation, nous pouvons trouver des exemples analogues. Certains crabes terrestres des Indes occidentales et de l'Amérique du Nord se réunissent en grandes bandes pour aller jusqu'à la mer où ils déposent leurs œufs. Chacune de ces migrations suppose accord, coopération et assistance mutuelle. Quant au grand crabe des Moluques (*Limulus*), je fus frappé (en 1882, à l'aquarium de Brighton) de voir à quel point ces animaux si gauches sont capables de faire preuve d'aide mutuelle pour secourir un camarade en détresse. L'un d'eux était tombé sur le dos dans un coin du réservoir, et sa lourde carapace en forme de casserole l'empêchait de se remettre dans sa position naturelle, d'autant plus qu'il y avait dans ce coin une barre de fer qui augmentait encore la difficulté de l'opération. Ses compagnons vinrent à son secours, et pendant une heure j'observai comment ils s'efforçaient d'aider leur camarade de captivité. Ils venaient deux à la fois, poussaient leur ami par-dessous, et après des efforts énergiques réussissaient à le soulever tout droit ; mais alors la barre de fer les empêchait d'achever le sauvetage, et le crabe retombait lourdement sur le dos. Après plusieurs essais on voyait l'un des sauveteurs descendre au fond du réservoir et ramener deux autres crabes, qui commençaient avec des forces fraîches les mêmes efforts pour pousser et soulever leur camarade impuissant. Nous restâmes dans l'aquarium pendant plus de deux heures, et, au moment de partir, nous revînmes jeter un regard dans le réservoir : le travail de secours continuait encore ! Depuis que j'ai vu cela, je ne puis refuser de croire à cette observation citée par le Dr Erasmus Darwin, que « le crabe commun, pendant la saison de la mue, poste en sentinelle un crabe à coquille dure n'ayant pas encore mué, pour empêcher les animaux marins hostiles de nuire aux individus en mue qui sont sans défense[7] ».

Les faits qui mettent en lumière l'entr'aide parmi les termites, les fourmis et les abeilles sont si bien connus par les ouvrages de Forel, de Romanes, de L. Büchner et de sir John Lubbock, que je peux borner mes remarques à quelques indications[8]. Si, par exemple, nous considérons une fourmilière, non seulement nous voyons que toute espèce de travail — élevage de la progéniture, approvisionnements, constructions, élevage des pucerons, etc., — est accomplie suivant les principes de l'entr'aide volontaire, mais il nous faut aussi reconnaître avec Forel que le trait principal, fondamental, de la vie de beaucoup d'espèces de fourmis est le fait, ou plutôt l'obligation pour chaque fourmi, de partager sa nourriture, déjà avalée et en partie digérée, avec tout membre de la communauté, qui en fait la demande. Deux fourmis appartenant à deux espèces différentes ou à deux fourmilières ennemies, quand d'aventure elles se rencontrent, s'évitent. Mais deux fourmis appartenant à la même fourmilière, ou à la même colonie de fourmilières, s'approchent l'une de l'autre, échangent quelques mouvements de leurs antennes, et « si l'une d'elles a faim ou soif, et surtout si l'autre a l'estomac plein…, elle lui demande immédiatement de la nourriture ». La fourmi ainsi sollicitée ne refuse jamais ; elle écarte ses mandibules, se met en position et régurgite une goutte d'un fluide transparent qui est aussitôt léchée par la fourmi affamée. Cette régurgitation de la nourriture pour les autres est un trait si caractéristique de la vie des fourmis (en liberté), et elles y ont si constamment recours pour nourrir des camarades affamées et pour alimenter les larves, que Forel considère le tube digestif des fourmis comme formé de deux parties distinctes, dont l'une, la postérieure, est pour l'usage spécial de l'individu, et l'autre, la partie antérieure, est principalement pour l'usage de la communauté. Si une fourmi qui a le jabot plein a été assez égoïste pour refuser de nourrir une camarade, elle sera traitée comme une ennemie ou même plus mal encore. Si le refus a été fait pendant que ses compagnes étaient en train de se battre contre quelqu'autre groupe de fourmis, elles reviendront tomber sur la fourmi gloutonne avec une violence encore plus grande que sur les ennemies elles-mêmes. Et si une fourmi n'a pas refusé de nourrir une autre, appartenant à une espèce ennemie, elle sera traitée en amie par les compagnes de cette dernière. Tous ces faits sont confirmés par les observations les plus soigneuses et les expériences les plus décisives[9].

Dans cette immense catégorie du règne animal qui comprend plus de mille espèces, et est si nombreuse que les Brésiliens prétendent que le Brésil appartient aux fourmis et non aux hommes, la concurrence parmi les membres de la même fourmilière, ou de la même colonie de fourmilières, n'existe pas. Quelque terribles que soient les guerres entre les différentes espèces, et malgré les atrocités commises en temps de guerre, l'entr'aide dans la communauté, le dévouement de l'individu passé à l'état d'habitude, et très souvent le sacrifice de l'individu pour le bien-être commun, sont la règle. Les fourmis et les termites ont répudié la « loi de Hobbes » sur la guerre, et ne s'en trouvent que mieux. Leurs merveilleuses habitations, leurs constructions, relativement plus grandes que celles de l'homme ; leurs routes pavées et leurs galeries voûtées au-dessus du sol ; leurs salles et greniers spacieux ; leurs champs de blé, leurs moissons, et leurs préparations pour transformer les grains en malt[10] ; leurs méthodes rationnelles pour soigner les œufs et les larves, et pour bâtir des nids spéciaux destinés à l'élevage des pucerons, que Linnée a décrits d'une façon si pittoresque comme les « vaches des fourmis » ; enfin leur courage, leur hardiesse et leur haute intelligence, tout cela est le résultat naturel de l'entr'aide, qu'elles pratiquent à tous les degrés de leurs vies actives et laborieuses. En outre, ce mode d'existence a eu nécessairement pour résultat un autre trait essentiel de la vie des fourmis : le grand développement de l'initiative individuelle qui, à son tour, a abouti au développement de cette intelligence élevée et variée dont tout observateur humain est frappé[11].

Si nous ne connaissions pas d'autres faits de la vie animale que ce que nous savons des fourmis et des termites, nous pourrions déjà conclure avec certitude que l'entr'aide (qui conduit à la confiance mutuelle, première condition du courage) et l'initiative individuelle (première condition du progrès intellectuel) sont deux facteurs infiniment plus importants que la lutte réciproque dans l'évolution du règne animal. Et de fait la fourmi prospère sans avoir aucun des organes de protection dont ne peuvent se passer les animaux qui vivent isolés. Sa couleur la rend très visible à ses ennemis, et les hautes fourmilières que construisent plusieurs espèces sont très en vue dans les prairies et les forêts. La fourmi n'est pas protégée par une dure carapace, et son aiguillon, quoique dangereux lorsque des centaines de piqûres criblent la chair d'un animal, n'est pas d'une grande valeur comme défense individuelle ; tandis que les œufs et les larves des fourmis sont un régal pour un grand nombre d'habitants des forêts. Cependant les fourmis, unies en sociétés, sont peu détruites par les oiseaux, ni même par les fourmiliers, et sont redoutées par des insectes beaucoup plus forts. Forel vidant un sac plein de fourmis dans une prairie, vit les grillons s'enfuir, abandonnant leurs trous au pillage des fourmis ; les cigales, les cri-cris, etc., se sauver dans toutes les directions ; les araignées, les scarabées et les staphylins abandonner leur proie afin de ne pas devenir des proies eux-mêmes. Les nids de guêpes mêmes furent pris par les fourmis, après une bataille pendant laquelle beaucoup de fourmis périrent pour le salut commun. Même les insectes les plus vifs ne peuvent échapper, et Forel vit souvent des papillons, des cousins, des mouches, etc., surpris et tués par des fourmis. Leur force est dans leur assistance mutuelle et leur confiance mutuelle. Et si la fourmi — mettons à part les termites, d'un développement encore plus élevé, — se trouve au sommet de toute la classe des insectes pour ses capacités intellectuelles ; si son courage n'est égalé que par celui des plus courageux vertébrés ; et si son cerveau — pour employer les paroles de Darwin — « est l'un des plus merveilleux atomes de matière du monde, peut-être plus que le cerveau de l'homme », n'est-ce pas dû à ce fait que l'entr'aide a entièrement remplacé la lutte réciproque dans les communautés de fourmis ?

Les mêmes choses sont vraies des abeilles. Ces petits insectes qui pourraient si facilement devenir la proie de tant d'oiseaux et dont le miel a tant d'amateurs dans toutes les classes d'animaux, depuis le coléoptère jusqu'à l'ours, n'ont pas plus que la fourmi de ces moyens de protection dus au mimétisme ou à une autre cause, sans lesquels un insecte vivant isolé pourrait à peine échapper à une destruction totale. Cependant, grâce à l'aide mutuelle, elles atteignent à la grande extension que nous connaissons et à l'intelligence que nous admirons. Par le travail en commun elles multiplient leurs forces individuelles ; au moyen d'une division temporaire du travail et de l'aptitude qu'a chaque abeille d'accomplir toute espèce de travail quand cela est nécessaire, elles parviennent à un degré de bien-être et de sécurité qu'aucun animal isolé ne peut atteindre, si fort ou si bien armé soit-il. Souvent elles réussissent mieux dans leurs combinaisons que l'homme, quand celui-ci néglige de mettre à profit une aide mutuelle bien combinée. Ainsi, quand un nouvel essaim est sur le point de quitter la ruche pour aller à la recherche d'une nouvelle demeure, un certain nombre d'abeilles font une reconnaissance préliminaire du voisinage, et si elles découvrent une demeure convenable — un vieux panier ou quelques chose de ce genre — elles en prennent possession, le nettoient et le gardent quelquefois pendant une semaine entière, jusqu'à ce que l'essaim vienne s'y établir. Combien de colons humains, moins avisés que les abeilles, périssent dans des pays nouveaux, faute d'avoir compris la nécessité de combiner leurs efforts ! En associant leurs intelligences, elles réussissent à triompher des circonstances adverses, même dans des cas tout à fait imprévus et extraordinaires. À l'Exposition universelle de Paris (1889), les abeilles avaient été placées dans une ruche munie d'une plaque de verre, qui permettait au public de voir dans l'intérieur, en entr'ouvrant un volet attaché à la plaque ; comme la lumière produite par l'ouverture du volet les gênait, elles finirent par souder le volet à la plaque au moyen de leur propolis résineux. D'autre part, elles ne montrent aucun de ces penchants sanguinaires ni cet amour des combats inutiles que beaucoup d'écrivains prêtent si volontiers aux animaux. Les sentinelles qui gardent l'entrée de la ruche mettent à mort sans pitié les abeilles voleuses qui essayent d'y pénétrer ; mais les abeilles étrangères qui viennent à la ruche par erreur ne sont pas attaquées, surtout si elles viennent chargées de pollen, ou si ce sont de jeunes abeilles qui peuvent facilement s'égarer. La guerre n'existe que dans les limites strictement nécessaires.

La sociabilité des abeilles est d'autant plus instructive que les instincts de pillage et de paresse existent aussi parmi elles, et reparaissent chaque fois que leur développement est favorisé par quelque circonstance. On sait qu'il y a toujours un certain nombre d'abeilles qui préfèrent une vie de pillage à la vie laborieuse des ouvrières ; et les périodes de disette, ainsi que les périodes d'extraordinaire abondance amènent une recrudescence de la classe des pillardes. Quand nos récoltes sont rentrées et qu'il reste peu à butiner dans nos prairies et nos champs, les abeilles voleuses se rencontrent plus fréquemment ; d'autre part, autour des plantations de cannes à sucre des Indes occidentales et des raffineries d'Europe le vol, la paresse et très souvent l'ivrognerie deviennent tout à fait habituels chez les abeilles. Nous voyons ainsi que les instincts anti-sociaux existent parmi les mellifères ; mais la sélection naturelle doit constamment les éliminer, car à la longue la pratique de la solidarité se montre bien plus avantageuse pour l'espèce que le développement des individus doués d'instincts de pillage. « Les plus rusés et les plus malins » sont éliminés en faveur de ceux qui comprennent les avantages de la vie sociale et du soutien mutuel.

Certes, ni les fourmis, ni les abeilles, ni même les termites ne se sont élevés à la conception d'une plus haute solidarité comprenant l'ensemble de l'espèce. À cet égard ils n'ont pas atteint un degré de développement que nous ne trouvons d'ailleurs pas non plus chez nos sommités politiques, scientifiques et religieuses. Leurs instincts sociaux ne s'étendent guère au delà des limites de la ruche ou de la fourmilière. Cependant, des colonies ne comptant pas moins de deux cents fourmilières, et appartenant à deux espèces différentes de fourmis (*Formica exsecta* et *F. pressilabris*) ont été décrites par Forel qui les a observées sur le mont Tendre et le mont Salève ; Forel affirme que les membres de ces colonies se reconnaissent tous entre eux, et qu'ils participent tous à la défense commune. En Pennsylvanie M. Mac Cook vit même une nation de 1600 à 1700 fourmilières, de fourmis bâtisseuses de tertres, vivant toutes en parfaite intelligence ; et M. Bates a décrit les monticules des termites couvrant des grandes surfaces dans les « campos », — quelques-uns de ces monticules étant le refuge de deux ou trois espèces différentes, et la plupart reliés entre eux par des arcades ou des galeries voûtées[12]. C'est ainsi qu'on constate même chez les invertébrés quelques exemples d'association de grandes masses d'individus pour la protection mutuelle.

Passant maintenant aux animaux plus élevés, nous trouvons beaucoup plus d'exemples d'aide mutuelle, incontestablement consciente ; mais il nous faut reconnaître tout d'abord que notre connaissance de la vie même des animaux supérieurs est encore très imparfaite. Un grand nombre de faits ont été recueillis par des observateurs éminents, mais il y a des catégories entières du règne animal dont nous ne connaissons presque rien. Des informations dignes de foi en ce qui concerne les poissons sont extrêmement rares, ce qui est dû en partie aux difficultés de l'observation, et en partie à ce qu'on n'a pas encore suffisamment étudié ce sujet. Quant aux mammifères, Kessler a déjà fait remarquer combien nous connaissons peu leur façon de vivre. Beaucoup d'entre eux sont nocturnes ; d'autres se cachent sous la terre et ceux des ruminants dont la vie sociale et les migrations offrent le plus grand intérêt ne laissent pas l'homme approcher de leurs troupeaux. C'est sur les oiseaux que nous avons le plus d'informations, et cependant la vie sociale de beaucoup d'espèces n'est encore qu'imparfaitement connue. Mais, nous n'avons pas à nous plaindre du manque de faits bien constatés, comme nous l'allons voir par ce qui suit.

Je n'ai pas besoin d'insister sur les associations du mâle et de la femelle pour élever leurs petits, pour les nourrir durant le premier âge, ou pour chasser en commun ; notons en passant que ces associations sont la règle, même chez les carnivores les moins sociables et chez les oiseaux de proie. Ce qui leur donne un intérêt spécial c'est qu'elles sont le point de départ de certains sentiments de tendresse même chez les animaux les plus cruels. On peut aussi ajouter que la rareté d'associations plus larges que celle de la famille parmi les carnivores et les oiseaux de proie, quoique étant due en grande partie à leur mode même de nourriture, peut aussi être regardée jusqu'à un certain point comme une conséquence du changement produit dans le monde animal par l'accroissement rapide de l'humanité. Il faut remarquer, en effet, que les animaux de certaines espèces vivent isolés dans les régions où les hommes sont nombreux, tandis que ces mêmes espèces, ou leurs congénères les plus proches, vivent par troupes dans les pays inhabités. Les loups, les renards et plusieurs oiseaux de proie en sont des exemples.

Cependant les associations qui ne s'étendent pas au delà des liens de la famille sont relativement de petite importance en ce qui nous occupe, d'autant plus que nous connaissons un grand nombre d'associations pour des buts plus généraux, tels que la chasse, la protection mutuelle et même simplement pour jouir de la vie. Audubon a déjà mentionné que parfois les aigles s'associent pour la chasse ; son récit des deux aigles chauves, mâle et femelle, chassant sur le Mississippi, est bien connu. Mais l'une des observations les plus concluantes dans cet ordre d'idées est due à Siévertsoff. Tandis qu'il étudiait la faune des steppes russes, il vit une fois un aigle appartenant à une espèce dont les membres vivent généralement en troupes (l'aigle à queue blanche, *Haliaëtos albicilla*) s'élevant haut dans l'air ; pendant une demi-heure, il décrivit ses larges cercles en silence quand tout à coup il fit entendre un cri perçant ; à son cri répondit bientôt un autre aigle qui s'approcha du premier et fut suivi par un troisième, un quatrième et ainsi de suite jusqu'à ce que neuf ou dix aigles soient réunis puis ils disparurent. Dans l'après-midi Siévertsoff se rendit à l'endroit vers lequel il avait vu les aigles s'envoler ; caché par une des ondulations de la steppe, il s'approcha d'eux et découvrit qu'ils s'étaient réunis autour du cadavre d'un cheval. Les vieux qui, selon l'habitude, commencent leur repas les premiers — car telles sont leurs règles de bienséance — étaient déjà perchés sur les meules de foin du voisinage et faisaient le guet, tandis que les plus jeunes continuaient leur repas, environnés par des bandes de corbeaux. De cette observation et d'autres semblables, Siévertsoff conclut que les aigles à queue blanche s'unissent pour la chasse ; quand ils se sont tous élevés à une grande hauteur ils peuvent, s'ils sont dix, surveiller un espace d'une quarantaine de kilomètres carrés et aussitôt que l'un d'eux a découvert quelque chose, il avertit les autres[13]. On peut sans doute objecter qu'un simple cri instinctif du premier aigle, ou même ses mouvements pourraient avoir le même effet d'amener plusieurs aigles vers la proie ; mais il y a une forte présomption en faveur d'un avertissement mutuel, parce que les dix aigles se rassemblèrent avant de descendre sur la proie, et Siévertsoff eut par la suite plusieurs occasions de constater que les aigles à queue blanche se réunissent toujours pour dévorer un cadavre, et que quelques-uns d'entre eux (les plus jeunes d'abord) font le guet pendant que les autres mangent. De fait, l'aigle à queue blanche — l'un des plus braves et des meilleurs chasseurs — vit généralement en bandes, et Brehm dit que lorsqu'il est gardé en captivité il contracte très vite de l'attachement pour ses gardiens.

La sociabilité est un trait commun chez beaucoup d'autres oiseaux de proie. Le milan du Brésil, l'un des plus « impudents » voleurs, est néanmoins un oiseau très sociable. Ses associations pour la chasse ont été décrites par Darwin et par d'autres naturalistes, et c'est un fait avéré que lorsqu'il s'est emparé d'une proie trop grosse il appelle cinq ou six amis pour l'aider à l'emporter. Après une journée active, quand ces milans se retirent pour leur repos de la nuit sur un arbre ou sur des buissons, ils se réunissent toujours par bandes, franchissant quelquefois pour cela une distance de quinze kilomètres ou plus, et ils sont souvent rejoints par plusieurs autres vautours, particulièrement les percnoptères, « leurs fidèles amis », comme le dit d'Orbigny. Dans notre continent, dans les déserts transcaspiens, ils ont, suivant Zaroudnyi, la même habitude de nicher ensemble. Le vautour sociable, un des vautours les plus forts, doit son nom même à son amour pour la société. Ces oiseaux vivent en bandes nombreuses, et se plaisent à être ensemble ; ils aiment se réunir en nombre pour le plaisir de voler ensemble à de grandes hauteurs. « Ils vivent en très bonne amitié, dit Vaillant, et dans la même caverne j'ai quelquefois trouvé jusqu'à trois nids tout près les uns des autres[14]. » Les vautours Urubus du Brésil sont aussi sociables que les corneilles et peut-être même plus encore[15]. Les petits vautours égyptiens vivent dans une étroite amitié. Ils jouent en l'air par bandes, ils se réunissent pour passer la nuit, et le matin ils s'en vont tous ensemble pour chercher leur nourriture ; jamais la plus petite querelle ne s'élève parmi eux, — tel est le témoignage de Brehm qui a eu maintes occasions d'observer leur vie. Le faucon à cou rouge se rencontre aussi en bandes nombreuses dans les forêts du Brésil, et la crécerelle (*Tinnunculus cenchris*), quand elle quitte l'Europe et atteint en hiver les prairies et les forêts d'Asie, forme de nombreuses compagnies. Dans les steppes du sud de la Russie, ces oiseaux sont (ou plutôt étaient) si sociables que Nordmann les voyait en bandes nombreuses, avec d'autres faucons (*Falco tinnunculus, F. œsulon* et *F. subbuteo*) se réunissant toutes les après-midi vers quatre heures et s'amusant jusque tard dans la soirée. Ils s'envolaient tous à la fois, en ligne parfaitement droite, vers quelque point déterminé, et quand ils l'avaient atteint, ils retournaient immédiatement, suivant le même trajet, pour recommencer ensuite[16]. Chez toutes les espèces d'oiseaux on trouve très communément de ces vols par bandes pour le simple plaisir de voler. « Dans le district de Humber particulièrement, écrit Ch. Dixon, de grands vols de tringers se montrent souvent sur les bas-fonds vers la fin d'août et y demeurent pour l'hiver... Les mouvements de ces oiseaux sont des plus intéressants ; de grandes bandes évoluent, se dispersent ou se resserrent avec autant de précision que des soldats exercés. On trouve, dispersés parmi eux, beaucoup d'alouettes de mer, de sanderlings et de pluviers à collier[17]. »

Il serait impossible d'énumérer ici les différentes associations d'oiseaux chasseurs ; mais les associations de pélicans pour la pêche méritent d'être citées à cause de l'ordre remarquable et de l'intelligence dont ces oiseaux lourds et maladroits font preuve. Ils vont toujours pêcher en bandes nombreuses, et après avoir choisi une anse convenable, ils forment un large demi-cercle, face au rivage, et le rétrécissent en revenant à la nage vers le bord, attrapant ainsi le poisson qui se trouve enfermé dans le cercle. Sur les canaux et les rivières étroites ils se divisent même en deux bandes dont chacune se range en demi-cercle, pour nager ensuite à la rencontre de l'autre, exactement comme si deux équipes d'hommes traînant deux longs filets s'avançaient pour capturer le poisson compris entre les filets, quand les deux équipes se rencontrent. Le soir venu, ils s'envolent vers un certain endroit, où ils passent la nuit — toujours le même pour chaque troupe — et personne ne les a jamais vus se battre pour la possession de la baie, ni des places de repos. Dans l'Amérique du Sud, ils se réunissent en bandes de quarante à cinquante mille individus ; les uns dorment tandis que d'autres veillent et que d'autres encore vont pêcher[18]. Enfin ce serait faire tort aux moineaux francs, si calomniés, que de ne pas mentionner le dévouement avec lequel chacun d'eux partage la nourriture qu'il découvre avec les membres de la société à laquelle il appartient. Le fait était connu des Grecs et la tradition rapporte qu'un orateur grec s'exclama une fois (je cite de mémoire) : « Pendant que je vous parle, un moineau est venu dire à d'autres moineaux qu'un esclave a laissé tomber sur le sol un sac de blé, et ils s'y rendent tous pour manger le grain. » Bien plus, on est heureux de trouver cette observation ancienne confirmée dans un petit livre récent de M. Gurney, qui ne doute pas que le moineau franc n'informe toujours les autres moineaux de l'endroit où il y a de la nourriture à voler ; il ajoute : « Quand une meule a été battue, si loin que ce soit de la cour, les moineaux de la cour ont toujours leurs jabots pleins de grains[19]. » Il est vrai que les moineaux sont très stricts pour écarter de leurs domaines toute invasion étrangère ; ainsi les moineaux du jardin du Luxembourg combattent avec acharnement tous les autres moineaux qui voudraient profiter à leur tour du jardin et de ses visiteurs ; mais au sein de leurs propres communautés, ils pratiquent parfaitement l'aide mutuelle, quoique parfois il y ait des querelles, comme il est naturel, d'ailleurs, même entre les meilleurs amis.

La chasse et l'alimentation en commun sont tellement l'habitude dans le monde ailé que d'autres exemples seraient à peine nécessaires : c'est là un fait établi. Quant à la force que donnent de telles associations, elle est de toute évidence. Les plus forts oiseaux de proie sont impuissants contre les associations de nos plus petits oiseaux. Même les aigles, — même le puissant et terrible aigle botté, et l'aigle martial qui est assez fort pour emporter un lièvre ou une jeune antilope dans ses serres — tous sont forcés d'abandonner leur proie à ces bandes de freluquets, les milans, qui donnent une chasse en règle aux aigles dès qu'ils les voient en possession d'une bonne proie. Les milans donnent aussi la chasse au rapide faucon-pêcheur et lui enlèvent le poisson qu'il a capturé ; mais personne n'a jamais vu les milans combattre entre eux, pour la possession de la proie ainsi dérobée. Dans les îles Kerguelen, le Dr Couës vit le Buphagus — la poule de mer des chasseurs de phoques — poursuivre des goélands pour leur faire dégorger leur nourriture, tandis que, d'un autre côté, les goélands et les hirondelles de mer se réunissaient pour disperser les poules de mer dès qu'elles s'approchaient de leurs demeures, particulièrement au moment des nids[20]. Les vanneaux (*Vanellus cristatus*), si petits mais si vifs, attaquent hardiment les oiseaux de proie. « C'est un des plus amusants spectacles que de les voir attaquer une buse, un milan, un corbeau ou un aigle. On sent qu'ils sont sûrs de la victoire et on voit la rage de l'oiseau de proie. Dans ces circonstances ils se soutiennent admirablement les uns les autres et leur courage croît avec leur nombre[21]. » Le vanneau a bien mérité le nom de « bonne mère » que les Grecs lui donnaient, car il ne manque jamais de protéger les autres oiseaux aquatiques contre les attaques de leurs ennemis. Il n'est pas jusqu'aux petits hochequeues blancs (*Motacilla alba*) si fréquents dans nos jardins et dont la longueur atteint à peine vingt centimètres, qui ne forcent l'épervier à abandonner sa chasse. « J'ai souvent admiré leur courage et leur agilité, écrit le vieux Brehm, et je suis persuadé qu'il faudrait un faucon pour capturer l'un d'eux. Quand une bande de hochequeues a forcé un oiseau de proie à la retraite, ils font résonner l'air de leurs cris triomphants, puis ils se séparent. » Ainsi ils se réunissent dans le but déterminé de donner la chasse à leur ennemi, de même que nous voyons les oiseaux d'une forêt s'assembler à la nouvelle qu'un oiseau nocturne est apparu pendant le jour et tous ensemble — oiseaux de proie et petits chanteurs inoffensifs — donnent la chasse à l'intrus pour le faire rentrer dans sa cachette.

Quelle différence entre la force d'un milan, d'une buse, ou d'un faucon et celle des petits oiseaux tels que la bergeronnette, et cependant ces petits oiseaux, par leur action commune et leur courage se montrent supérieurs à ces pillards aux ailes et aux armes puissantes ! En Europe, les bergeronnettes ne chassent pas seulement les oiseaux de proie qui peuvent être dangereux pour elles, mais elles chassent aussi le faucon-pêcheur, « plutôt pour s'amuser que pour lui faire aucun mal » ; et dans l'Inde, suivant le témoignage du Dr Jerdon, les corneilles chassent le milan-govinda « simplement pour s'amuser ». Le prince Wied a vu l'aigle brésilien *urubitinga* entouré d'innombrables bandes de toucans et de cassiques (oiseau très parent de notre corneille) qui se moquaient de lui. « L'aigle, ajoute-t-il, supporte d'ordinaire ces insultes très tranquillement, mais de temps en temps il attrape un de ces moqueurs. » Dans toutes ces occasions les petits oiseaux, quoique très inférieurs en force à l'oiseau de proie, se montrent supérieurs à lui par leur action commune[22].

C'est dans les deux grandes familles, des grues et des perroquets, que l'on constate le mieux les bienfaits de la vie en commun pour la sécurité de l'individu, la jouissance de la vie et le développement des capacités intellectuelles. Les grues sont extrêmement sociables et vivent en excellentes relations, non seulement avec leurs congénères, mais aussi avec la plupart des oiseaux aquatiques. Leur prudence est vraiment étonnante, ainsi que leur intelligence ; elles se rendent compte en un instant des circonstances nouvelles et agissent en conséquence. Leurs sentinelles font toujours le guet autour de la troupe quand celle-ci est en train de manger ou de se reposer, et les chasseurs savent combien il est difficile de les approcher. Si l'homme a réussi à les surprendre, elles ne retournent jamais au même endroit sans avoir envoyé d'abord un éclaireur, puis une bande d'éclaireurs ; et quand cette troupe de reconnaissance revient et rapporte qu'il n'y a pas de danger, un second groupe d'éclaireurs est envoyé pour vérifier le premier rapport avant que la bande entière ne bouge. Les grues contractent de véritables amitiés avec des espèces parentes ;

et, en captivité, il n'y a pas d'oiseau (excepté le perroquet, sociable aussi et extrêmement intelligent), qui noue une aussi réelle amitié avec l'homme. « Elles ne voient pas dans l'homme un maître, mais un ami, et s'efforcent de le lui montrer », conclut Brehm, à la suite d'une longue expérience personnelle. La grue est en continuelle activité, commençant de grand matin et finissant tard dans la nuit ; mais elle ne consacre que quelques heures seulement à la recherche de sa nourriture, en grande partie végétale. Tout le reste du jour est donné à la vie sociale. « Elles ramassent de petits morceaux de bois ou de petites pierres, les jettent en l'air et essayent de les attraper ; elles courbent leurs cous, ouvrent leurs ailes, dansent, sautent, courent et essayent de manifester par tous les moyens leurs heureuses dispositions d'esprit, et toujours elles demeurent belles et gracieuses[23]. » Comme elles vivent en société, elles n'ont presque pas d'ennemis ; et Brehm qui a eu l'occasion de voir l'une d'entre elles capturée par un crocodile, écrit que, sauf le crocodile, il ne connaît pas d'ennemis à la grue. Tous sont déjoués par sa proverbiale prudence ; et elle atteint d'ordinaire un âge très élevé. Aussi, n'est-il pas étonnant que pour la conservation de l'espèce, la grue n'ait pas besoin d'élever de nombreux rejetons ; généralement elle ne couve que deux œufs. Quant à son intelligence supérieure, il suffit de dire que tous les observateurs sont unanimes à reconnaître que ses capacités intellectuelles rappellent beaucoup celles de l'homme.

Un autre oiseau extrêmement sociable, le perroquet, est, comme on sait, à la tête de toute la gent ailée par le développement de son intelligence. Brehm a si bien résumé les mœurs du perroquet, que je ne puis faire mieux que citer la phrase suivante : « Excepté pendant la saison de l'accouplement, ils vivent en très nombreuses sociétés ou bandes. Ils choisissent un endroit dans la forêt pour y demeurer, et ils partent de là chaque matin pour leurs expéditions de chasse. Les membres d'une même troupe demeurent fidèlement attachés les uns aux autres, et ils partagent en commun la bonne et la mauvaise fortune. Ils se réunissent tous ensemble, le matin, dans un champ, dans un jardin ou sur un arbre, pour se nourrir de fruits. Ils postent des sentinelles pour veiller à la sûreté de la bande, et sont attentifs à leurs avertissements. En cas de danger, tous s'envolent, se soutenant les uns les autres, et tous ensemble retournent à leurs demeures. En un mot, ils vivent toujours étroitement unis. »

Ils aiment aussi la société d'autres oiseaux. Dans l'Inde, les geais et les corbeaux viennent ensemble d'une distance de plusieurs milles pour passer la nuit en compagnie des perroquets dans les fourrés de bambous. Quand les perroquets se mettent en chasse, ils font preuve d'une intelligence, d'une prudence, d'une aptitude merveilleuse à lutter contre les circonstances. Prenons par exemple une bande de cacatoès blancs d'Australie. Avant de partir pour piller un champ de blé, ils commencent par envoyer une troupe de reconnaissance qui occupe les arbres les plus hauts dans le voisinage du champ, tandis que d'autres éclaireurs se perchent sur les arbres intermédiaires entre le champ et la forêt et transmettent les signaux. Si le rapport transmis est : « Tout va bien », une vingtaine de cacatoès se séparent du gros de la troupe, prennent leur vol en l'air, puis se dirigent vers les arbres les plus près du champ. Cette avant-garde examine aussi le voisinage pendant longtemps, et ce n'est qu'après qu'elle a donné le signal d'avancer sur toute la ligne que la bande entière s'élance en même temps et pille le champ en un instant. Les colons australiens ont les plus grandes difficultés à tromper la prudence des perroquets ; mais, si l'homme, avec tous ses artifices et ses armes, réussit à tuer quelques-uns d'entre eux, les cacatoès deviennent si prudents et si vigilants qu'à partir de ce moment, ils déjouent tous les stratagèmes[24].

Nul doute que ce soit l'habitude de la vie en société qui permet aux perroquets d'atteindre ce haut niveau d'intelligence presque humaine et ces sentiments presque humains que nous leur connaissons. Leur grande intelligence a amené les meilleurs naturalistes à décrire quelques espèces, particulièrement le perroquet gris, comme « l'oiseau-homme ». Quant à leur attachement mutuel, on sait que lorsqu'un perroquet a été tué par un chasseur, les autres volent au-dessus du cadavre de leur camarade avec des cris plaintifs et « eux-mêmes deviennent victimes de leur amitié », comme le dit Audubon ; quand deux perroquets captifs, quoique appartenant à deux espèces différentes, ont contracté une amitié réciproque, la mort accidentelle d'un des deux amis a quelquefois été suivie par la mort de l'autre qui succombait de douleur et de tristesse. Il n'est pas moins évident que leur état de société leur fournit une protection infiniment plus efficace que tout développement de bec ou d'ongles, si parfait qu'on l'imagine.

Très peu d'oiseaux de proie ou de mammifères osent s'attaquer aux perroquets, sinon aux plus petites espèces, et Brehm a bien raison de dire des perroquets, comme il le dit aussi des grues et des singes sociables, qu'ils n'ont guère d'autres ennemis que les hommes ; et il ajoute : « Il est très probable que les plus grands perroquets meurent surtout de vieillesse, plutôt qu'ils ne succombent sous la griffe d'ennemis. » L'homme seul, grâce aux armes et à l'intelligence supérieure, qu'il doit aussi à l'association, réussit à les détruire en partie. Leur longévité même apparaît ainsi comme un résultat de leur vie sociale. Ne pourrions-nous en dire autant de leur merveilleuse mémoire, dont le développement doit aussi être favorisé par la vie en société et par la pleine jouissance de leurs facultés mentales et physiques jusqu'à un âge très avancé ?

Comme on le voit par ce qui précède, la guerre de chacun contre tous n'est pas la *loi* de la nature. L'entr'aide est autant une loi de la nature que la lutte réciproque, et cette loi nous paraîtra encore plus évidente quand nous aurons examiné quelques autres associations chez les oiseaux et chez les mammifères. On peut déjà entrevoir l'importance de la loi de l'entr'aide dans l'évolution du règne animal, mais la signification de cette loi sera encore plus claire quand, après avoir examiné quelques autres exemples, nous serons amenés à conclure.

1. ↑ *Origine des espèces*, ch. III.
2. ↑ *Nineteenth Century*, février 1888, p. 165.
3. ↑ Sans parler des écrivains antérieurs à Darwin, comme Toussenel, Fée et bien d'autres, plusieurs ouvrages contenant nombre d'exemples frappants d'aide mutuelle, mais ayant principalement rapport à l'intelligence animale avaient paru avant cette date. Je puis citer ceux de Houzeau, *Les facultés mentales des animaux*, 2 vol., Bruxelles, 1872 ; *Aus dem Geistesleben der Thiere*, de L. Büchner, 2e édition en 1877, et *Ueber das Seelenleben der Thiere* de Maximilian Perty, Leipzig, 1876. Espinas publia son très remarquable ouvrage, *Les sociétés animales*, en 1877 ; dans cet ouvrage il faisait ressortir l'importance des sociétés animales pour la conservation des espèces, et engageait une discussion des plus intéressantes sur l'origine des sociétés. En réalité le livre d'Espinas contient déjà tout ce qui a été écrit depuis sur l'aide mutuelle et beaucoup d'autres bonnes choses. Si cependant je fais une mention spéciale du discours de Kessler, c'est parce que celui-ci a élevé l'aide mutuelle à la hauteur d'une loi, beaucoup plus importante pour l'évolution progressive que la loi de la lutte réciproque. Les mêmes idées furent exposées l'année suivante (en avril 1881), par J. de Lanessan dans une conférence publiée en 1882 sous ce titre : *La lutte pour l'existence et l'association pour la lutte*. Le très important ouvrage de G. Romanes, *Animal Intelligence*, parut en 1882 et fut suivi l'année d'après par *Mental Evolution of the Animals*. Déjà dès 1879 Büchner avait publié un autre ouvrage très remarquable, *Liebe und Liebes-Leben in der Thierwelt*, dont une seconde édition, très augmentée, parut en 1885. Comme on le voit, l'idée était dans l'air.
4. ↑ *Mémoires* (Trudy) *de la Société des naturalistes de Saint-Pétersbourg*, vol. XI, 1880.
5. ↑ Voyez appendice I.
6. ↑ Voyez appendice I.
7. ↑ *Animal Intelligence*, de George J. Romanes, p. 233.
8. ↑ Des ouvrages comme *Les fourmis indigènes* de Pierre Huber, Genève, 1861 (reproduction populaire de ses *Recherches sur les fourmis*, Genève, 1810) ; *Recherches sur les fourmis de la Suisse* de Forel, Zurich, 1874 ; et *Harvesting Ants and Trapdoor Spiders* de J. T. Moggridge, Londres

1873 et 1874, devraient être entre les mains de tous les jeunes gens. Voyez aussi *Les métamorphoses des insectes*, de Blanchard, Paris, 1868 ; *Les souvenirs entomologiques*, de J.-H. Fabre, 8 vol., Paris, 1879-1890 ; *Les études des mœurs des fourmis*, d'Ebrard, Genève, 1864 ; *Ants, Bees and Wasps*, de John Lubbock et autres analogues.

9. ↑ *Recherches* de Forel, pp. 243, 244, 279. La description de ces mœurs par Huber est admirable. On y trouve aussi quelques indications touchant l'origine possible de l'instinct (édition populaire, pp. 158, 160). — Voir Appendice II.
10. ↑ L'agriculture des fourmis est si merveilleuse que pendant longtemps on n'a pas voulu y croire. Le fait est maintenant si bien prouvé par M. Moggridge, le Dr Lincecum, M. Mac Cook, le colonel Sykes et le Dr Jerdon, que le doute n'est plus possible. Voyez un excellent résumé qui met ces faits en évidence dans l'ouvrage de M. Romanes. Voyez aussi *Die Pilzgärten einiger Süd-Amerikanischen Ameisen*, par Alf. Mœller, dans les *Botanische Mitteilungen aus den Tropen*, de Schimper, VI, 1893.
11. ↑ Ce second principe ne fut pas reconnu tout d'abord. Les premiers observateurs parlaient souvent de rois, de reines, de chefs, etc. ; mais depuis que Huber et Forel ont publié leurs minutieuses observations, il n'est plus possible de douter de l'étendue de la liberté laissée à l'initiative individuelle dans tout ce que font les fourmis, même dans leurs guerres.
12. ↑ H. W. Bates, *The Naturalist on the River Amazons*, II, 59 et suivantes.
13. ↑ *Phénomènes périodiques de la vie des mammifères, des oiseaux et des reptiles de Voroneje*, par N. Siévertsoff, Moscou, 1885 (en russe).
14. ↑ *La vie des animaux* de A. Brehm, III, 477 ; toutes les citations sont faites d'après l'édition française.
15. ↑ Bates, p. 151.
16. ↑ *Catalogue raisonné des oiseaux de la faune pontique*, dans le voyage de Demidoff ; résumé par Brehm (III, 360). Pendant leurs migrations les oiseaux de proie s'associent souvent. Un vol que H. Seebohm vit traversant les Pyrénées, présentait un curieux assemblage de « huit milans, une grue et un faucon pérégrin » (*Les oiseaux de Sibérie*, 1901, p. 417).
17. ↑ *Birds in the Northern Shires*, p. 207.
18. ↑ Max Perty, *Ueber das Seelenleben der Thiere* (Leipzig, 1876), pp. 87, 103
19. ↑ *The House-Sparrow*, par G. H. Gurney (Londres, 1885), p.5.
20. ↑ Dr Elliot Couës, *Birds of the Kerguelen Islands*, dans les *Smithsonian Miscellaneous Collections*, vol. XIII, n° 2, p. 11.

21. ↑ Brehm, IV, 567.
22. ↑ Voici comment un observateur de la Nouvelle-Zélande, M. T. W. Kirk, décrit une attaque des « impudents » moineaux contre un « infortuné » faucon. « Il entendit un jour un bruit tout à fait insolite, comme si tous les petits oiseaux du pays se livraient une grande querelle. En regardant autour de lui, il vit un grand faucon (*C. Gouldi* — un charognard) assailli par une bande de moineaux. Ils s'acharnaient à se précipiter sur lui par vingtaines, et de tous les côtés à la fois. Le malheureux faucon était tout à fait impuissant. Enfin, s'approchant d'un buisson, le faucon se précipita dedans et s'y cacha, tandis que les moineaux se rassemblaient en groupes autour du buisson, continuant de faire entendre un caquetage et un bruit incessant. » (Communication faite à l'Institut de la Nouvelle-Zélande, *Nature*, 10 octobre 1891).
23. ↑ Brehm, IV, p. 671 et suivantes.
24. ↑ R Lendenfeld, *Der zoologische Garten*, 1889.

Chapitre II

L'ENTRAIDE PARMI LES ANIMAUX (Suite)

Migrations d'oiseaux. — Associations d'élevage. — Sociétés automnales. — Mammifères : petit nombre d'espèces non sociables. — Association pour la chasse chez les loups, les lions, etc. — Sociétés de rongeurs, de ruminants, de singes. — Aide mutuelle dans la lutte pour la vie. — Arguments de Darwin pour prouver la lutte pour la vie dans une même espèce. — Obstacles naturels à la surmultiplication. — Extermination supposée des espèces intermédiaires. — Élimination de la concurrence dans la nature.

Dès que le printemps revient dans les zones tempérées, des myriades d'oiseaux, dispersés dans les chaudes régions du Sud, se réunissent en bandes innombrables, et, pleins de vigueur et de joie, s'envolent vers le Nord pour élever leur progéniture. Chacune de nos haies, chaque bosquet, chaque falaise de l'Océan, tous les lacs et tous les étangs dont l'Amérique du Nord, le Nord de l'Europe et le Nord de l'Asie sont parsemés, nous montrent à cette époque de l'année ce que l'entr'aide signifie pour les oiseaux ; quelle force, quelle énergie et quelle protection elle donne à tout être vivant, quelque faible et sans défense qu'il puisse être d'autre part. Prenez, par exemple, un des innombrables lacs des steppes russes ou sibériennes. Les rivages en sont peuplés de myriades d'oiseaux aquatiques, appartenant à une vingtaine au moins d'espèces différentes, vivant tous dans une paix parfaite, tous se protégeant les uns les autres.

A plusieurs centaines de mètres du rivage, l'air est plein de goélands et d'hirondelles de mer comme de flocons de neige un jour d'hiver. Des milliers de pluviers et de bécasses courant sur le bord, cherchant leur nourriture, sifflant et jouissant de la vie. Plus loin, presque sur chaque vague, un canard se balance, tandis qu'au-dessus on peut voir des bandes de canards casarka. La vie exubérante abonde partout[1].

Et voici les brigands, les plus forts, les plus habiles, ceux qui sont « organisés d'une façon idéale pour la rapine ». Et vous pouvez entendre leurs cris affamés, irrités et lugubres, tandis que, pendant des heures entières, ils guettent l'occasion d'enlever dans cette masse d'êtres vivants un seul individu sans défense. Mais, sitôt qu'ils approchent, leur présence est signalée par des douzaines de sentinelles volontaires, et des centaines de goélands et d'hirondelles de mer se mettent à chasser le pillard. Affolé par la faim, le pillard oublie bientôt ses précautions habituelles ; il se précipite soudain dans la masse vivante ; mais, attaqué de tous côtés, il est de nouveau forcé à la retraite. Désespéré, il se rejette sur les canards sauvages, mais ces oiseaux, intelligents et sociables, se réunissent rapidement en troupes, et s'envolent si le pillard est un aigle ; ils plongent dans le lac, si c'est un faucon ; ou bien, ils soulèvent un nuage de poussière d'eau et étourdissent l'assaillant, si c'est un milan[2]. Et tandis que la vie continue de pulluler sur le lac, le pillard s'enfuit avec des cris de colère, et cherche s'il peut trouver quelque charogne, ou quelque jeune oiseau, ou une souris des champs qui ne soit pas encore habituée à obéir à temps aux avertissements de ses camarades. En présence de ces trésors de vie exubérante, le pillard idéalement armé en est réduit à se contenter de rebuts.

Plus loin, vers le Nord, dans les archipels arctiques,

> si l'on navigue le long de la côte pendant bien des lieues, on voit tous les récifs, toutes les falaises et les recoins des pentes de montagnes, jusqu'à une hauteur de deux cents à cinq cents pieds, littéralement couverts d'oiseaux de mer, dont les poitrines blanches se détachent sur les rochers sombres, comme si ceux-ci étaient parsemés de taches de craie très serrées. Auprès et au loin, l'air est, pour ainsi dire, plein d'oiseaux[3].

Chacune de ces « montagnes d'oiseaux » est un exemple vivant de l'aide mutuelle, ainsi que de l'infinie variété des caractères individuels et spécifiques qui résultent de la vie sociale. L'huîtrier est cité pour sa disposition à attaquer les oiseaux de proie. La barge est connue pour sa vigilance, et devient facilement le chef d'autres oiseaux plus placides. Le tourne-pierre, quand il est entouré de camarades appartenant à des espèces plus énergiques, est un oiseau plutôt timoré ; mais il se charge de veiller à la sécurité commune, lorsqu'il est entouré d'oiseaux plus petits. Ici vous avez les cygnes dominateurs ; là les mouettes tridactyles extrêmement sociables, parmi lesquelles les querelles sont rares et courtes, les guillemots polaires, si aimables, et qui se caressent continuellement les uns les autres. Si telle oie égoïste a répudié les orphelins d'une camarade tuée, à côté d'elle, telle autre femelle adopte tous les orphelins qui se présentent, et elle barbotte, entourée de cinquante à soixante petits, qu'elle conduit et surveille comme s'ils étaient tous sa propre couvée. Côte à côte avec les pingouins, qui se volent leurs œufs les uns aux autres, on voit les guignards dont les relations de famille sont si « charmantes et touchantes » que même des chasseurs passionnés se retiennent de tuer une femelle entourée de ses petits ; ou encore les eiders, chez lesquels (comme chez les grandes macreuses ou chez les *coroyas* des Savanes) plusieurs femelles couvent ensemble dans le même nid ; ou les guillemots qui couvent à tour de rôle une couvée commune. La nature est la variété même, offrant toutes les nuances possibles de caractères, du plus bas au plus élevé ; c'est pourquoi elle ne peut pas être dépeinte par des assertions trop générales. Encore moins peut-elle être jugée du point de vue du moraliste, parce que les vues du moraliste sont elles-mêmes un résultat, en grande partie inconscient, de l'observation de la nature[4].

Il est si commun pour la plupart des oiseaux de se réunir à la saison des nids que de nouveaux exemples sont à peine nécessaires. Nos arbres sont couronnés de groupes de nids de corbeaux ; nos haies sont remplies de nids d'oiseaux plus petits ; nos fermes abritent des colonies d'hirondelles ; nos vieilles tours sont le refuge de centaines d'oiseaux nocturnes ; et on pourrait consacrer des pages entières aux plus charmantes descriptions de la paix et de l'harmonie qui règnent dans presque toutes ces associations, Quant à la protection que les oiseaux les plus faibles trouvent dans cette union, elle est évidente. Le Dr Coués, cet excellent observateur, vit, par exemple, de petites hirondelles des falaises, nichant dans le voisinage immédiat du faucon des prairies (*Falco polyargus*). Le faucon avait son nid sur le haut d'un de ces minarets d'argile qui sont si communs dans les cañons du Colorado, tandis qu'une colonie d'hirondelles nichait juste au-dessous. Les petits oiseaux pacifiques ne craignaient point leur rapace voisin ; ils ne le laissaient jamais approcher de leur colonie. Ils l'entouraient immédiatement et le chassaient, de sorte qu'il était obligé de déguerpir au plus vite[5].

La vie en société ne cesse pas lorsque la période des nids est finie ; elle commence alors sous une autre forme. Les jeunes couvées se réunissent en sociétés de jeunes, comprenant généralement plusieurs espèces. À cette époque, la vie sociale est pratiquée surtout pour elle-même, — en partie pour la sécurité, mais principalement pour les plaisirs qu'elle procure. C'est ainsi que nous voyons dans nos forêts les sociétés formées par les jeunes torchepots bleus (*Sitia cœsia*) unis aux mésanges, aux pinsons, aux roitelets, aux grimpereaux ou à quelques pics[6]. En

Espagne on rencontre l'hirondelle en compagnie de crécerelles, de gobe-mouches et même de pigeons. Dans le Far-West américain les jeunes alouettes huppées vivent en nombreuses sociétés avec d'autres alouettes (*Sprague's lark*), des moineaux des savanes et plusieurs espèces de bruants et de râles[7]. Et de fait, il serait plus facile de décrire les espèces qui vivent isolées que de nommer seulement les espèces qui se réunissent en sociétés automnales de jeunes oiseaux, non pas dans le but de chasser ou de nicher, mais simplement pour jouir de la vie en société et pour passer le temps à des jeux et à des distractions, après avoir donné quelques heures chaque jour à la recherche de la nourriture.

Nous avons enfin cet autre merveilleux exemple d'entr'aide parmi les oiseaux : leurs migrations, sujet si vaste que j'ose à peine l'aborder ici. Il suffira de dire que des oiseaux qui ont vécu pendant des mois en petites troupes disséminées sur un grand territoire se réunissent par milliers ; ils se rassemblent à une place déterminée pendant plusieurs jours de suite, avant de se mettre en route, et discutent manifestement les détails du voyage. Quelques espèces se livrent, chaque après-midi, à des vols préparatoires à la longue traversée. Tous attendent les retardataires, et enfin ils s'élancent dans une certaine direction bien choisie, résultat d'expériences collectives accumulées, les plus forts volant à la tête de la troupe et se relayant les uns les autres dans cette tâche difficile. Ils traversent les mers en grandes bandes comprenant des gros et des petits oiseaux ; et, quand ils reviennent au printemps suivant, ils retournent au même endroit, chacun d'eux reprenant le plus souvent possession du nid même qu'il avait bâti ou réparé l'année précédente[8].

Ce sujet est si vaste et encore si imparfaitement étudié, il offre tant d'exemples frappants d'habitudes d'entr'aide, conséquences du fait principal de la migration et dont chacun demanderait une étude spéciale, que je dois m'abstenir d'entrer ici dans plus de détails. Je ne peux que rappeler en passant les réunions nombreuses et animées qui ont lieu, toujours au même endroit, avant le départ pour les longs voyages vers le Nord ou vers le Sud, ainsi que celles que l'on voit dans le Nord, après que les oiseaux sont arrivés à leurs lieux de couvée sur l'Yeniséi ou dans les comtés du Nord de l'Angleterre. Pendant plusieurs jours de suite, quelquefois pendant un mois, ils se réunissent une heure chaque matin, avant de s'envoler pour chercher leur nourriture, discutant peut-être l'endroit où ils vont construire leurs nids[9]. Si, pendant la migration, leurs colonnes sont surprises par une tempête, les oiseaux des espèces les plus différentes sont amenés à se rapprocher par le malheur commun. Les oiseaux qui ne sont pas proprement des espèces de migrateurs, mais qui se transportent lentement vers le Nord ou le Sud selon les saisons, accomplissent aussi ces déplacements par bandes. Bien loin d'émigrer isolément, afin que chaque individu séparé s'assure les avantages d'une nourriture ou d'un abri meilleur dans une nouvelle région, ils s'attendent toujours les uns les autres et se réunissent en bandes avant de s'ébranler vers le Nord ou le Sud, suivant la saison[10].

Quant aux mammifères, la première chose qui nous frappe dans cette immense division du règne animal est l'énorme prédominance numérique des espèces sociales sur les quelques espèces carnivores qui ne s'associent pas. Les plateaux, les régions alpines et les steppes du nouveau et de l'ancien continent sont peuplés de troupeaux de cerfs, d'antilopes, de gazelles, de daims, de bisons, de chevreuils et de moutons sauvages, qui sont tous des animaux sociables. Quand les Européens vinrent s'établir en Amérique, ils y trouvèrent une quantité si considérable de bisons que les pionniers étaient obligés de s'arrêter dans leur marche quand une colonne de ces animaux en migration se trouvait à traverser la route qu'ils suivaient. Le défilé de leurs colonnes serrées durait quelquefois deux et trois jours. Et quand les Russes prirent possession de la Sibérie, ils la trouvèrent si abondamment peuplée de chevreuils, d'antilopes, d'écureuils et d'autres animaux sociables, que la conquête même de la Sibérie ne fut autre chose qu'une expédition de chasse qui dura pendant deux cents ans. Les plaines herbeuses de l'Afrique orientale sont encore couvertes de troupeaux de zèbres, de bubales et autres antilopes.

Il n'y a pas très longtemps les petits cours d'eau du Nord de l'Amérique et du Nord de la Sibérie étaient peuplés de colonies de castors, et jusqu'au XVIIe siècle de semblables colonies abondaient dans le Nord de la Russie. Les contrées plates des quatre grands continents sont encore couvertes d'innombrables colonies de souris, d'écureuils, de marmottes et autres rongeurs. Dans les basses latitudes de l'Asie et de l'Afrique, les forêts sont encore les demeures de nombreuses familles d'éléphants, de rhinocéros et d'une profusion de sociétés de singes. Dans le Nord, les rennes se rassemblent en innombrables troupeaux ; et vers l'extrême Nord nous trouvons des troupeaux de bœufs musqués et d'innombrables bandes de renards polaires. Les côtes de l'Océan sont animées par les bandes de phoques et de morses, l'Océan lui-même par des multitudes de cétacés sociables ; et jusqu'au cœur du grand plateau de l'Asie centrale nous trouvons des troupeaux de chevaux sauvages, d'ânes sauvages, de chameaux sauvages et de moutons sauvages. Tous ces mammifères vivent en sociétés et en nations comptant quelquefois des centaines de milliers d'individus, quoiqu'aujourd'hui, trois siècles après l'introduction du fusil, nous ne trouvons plus que les débris des immenses agrégations d'autrefois. Combien insignifiant en comparaison est le nombre des carnivores ! Et par conséquent, combien fausse est l'opinion de ceux qui parlent du monde animal comme si l'on ne devait y voir que des lions et des hyènes plongeant leurs dents sanglantes dans la chair de leurs victimes ! On pourrait aussi bien prétendre que toute la vie humaine n'est qu'une succession de guerres et de massacres. L'association et l'entr'aide sont la règle chez les mammifères. Nous trouvons des habitudes de sociabilité même chez les carnivores et nous ne pouvons citer que la tribu des félins (lions, tigres, léopards, etc.) dont les membres préfèrent l'isolement à la société et ne se réunissent que rarement en petits groupes. Et cependant, même parmi les lions, « c'est une habitude courante que de chasser en compagnie[11] ». Les deux tribus des civettes (*Viverridæ*) et des belettes (*Mustelidæ*) peuvent aussi être caractérisées par leur vie isolée ; mais on sait qu'au dernier siècle la belette commune était plus sociable qu'elle ne l'est aujourd'hui ; on la voyait alors en groupements beaucoup plus importants en Écosse et dans le canton d'Unterwalden en Suisse. Quant à la grande tribu canine, elle est éminemment sociable, et l'association pour la chasse peut être considérée comme un trait caractéristique de ses nombreuses espèces. Il est bien connu, en effet, que les loups se réunissent en bandes pour chasser, et Tschudi nous a parfaitement décrit comment ils se forment en demi-cercle, pour entourer une vache paissant sur une pente de montagne, s'élancent tout d'un coup en poussant de grands aboiements et la font rouler dans un précipice[12]. Audubon, vers 1830, vit aussi les loups du Labrador chasser en bandes, et une bande suivre un homme jusqu'à sa hutte et tuer les chiens. Pendant les hivers rigoureux les bandes de loups deviennent si nombreuses qu'elles constituent un danger pour les hommes ; tel fut le cas en France il y a environ quarante-cinq ans. Dans les steppes russes ils n'attaquent jamais les chevaux qu'en bandes ; et cependant ils ont à soutenir des combats acharnés, au cours desquels les chevaux (suivant le témoignage de Kohl) prennent parfois l'offensive ; en ce cas, si les loups ne font pas promptement retraite, ils courent le risque d'être entourés par les chevaux et tués à coups de sabots. On sait que les loups des prairies (*Canis latrans*) s'associent par bandes de vingt à trente individus quand ils donnent la chasse à un bison accidentellement séparé de son troupeau[13]. Les chacals, qui sont extrêmement courageux et peuvent être considérés comme l'un des représentants les plus intelligents de la tribu des chiens, chassent toujours en bandes ; ainsi unis ils ne craignent pas de plus grands carnivores.[14] Quant aux chiens sauvages d'Asie (les *Kholzuns* ou *Dholes*), Williamson vit leurs bandes nombreuses attaquer tous les grands animaux, excepté les éléphants et les rhinocéros, et vaincre les ours et les tigres. Les hyènes vivent toujours en société et chassent par bandes, et les associations pour la chasse des cynhyènes peintes sont hautement louées par Cumming. Les renards mêmes qui d'habitude vivent isolés dans nos pays civilisés s'unissent parfois pour la chasse[15]. Quant au renard polaire c'est — ou plutôt c'était au temps de Steller — un des animaux les plus sociables, et quand on lit la description que Steller nous a laissée de la lutte qui s'engagea entre le malheureux équipage de Behring et ces intelligents petits animaux, on ne sait de quoi s'étonner le plus : de l'intelligence extraordinaire de ces renards et de l'aide mutuelle qu'ils se prêtaient en déterrant de la nourriture cachée sous des monticules de pierres ou mise en réserve sur un pilier (un renard grimpant sur le haut et jetant la nourriture à ses camarades au-dessous) ou de la cruauté de l'homme, poussé au désespoir par ces pillards. Il y a même quelques ours qui vivent en société, là où ils ne sont pas dérangés par l'homme. Ainsi Steller a vu l'ours brun du Kamtchatka en troupes nombreuses et on rencontre parfois les ours polaires en petits groupes. Les inintelligents insectivores eux-mêmes ne dédaignent pas toujours l'association[16].

Cependant c'est principalement parmi les rongeurs ; les ongulés et les ruminants que nous trouvons l'entr'aide très développée. Les écureuils sont très individualistes. Chacun d'eux construit son propre nid à sa commodité et amasse ses propres provisions. Leurs inclinations les portent vers la vie de famille, et Brehm a remarqué qu'une famille d'écureuils n'est jamais si heureuse que lorsque les deux portées de la même année peuvent se réunir avec leurs parents dans un coin reculé d'une forêt. Et cependant ils maintiennent des rapports sociaux. Les habitants des différents nids demeurent en relations étroites, et quand les pommes de pins deviennent rares dans la forêt qu'ils habitent, ils émigrent en bandes. Quant aux écureuils noirs du Far-West, ils sont éminemment sociables. Sauf quelques heures employées chaque jour à chercher des vivres, ils passent leur vie à jouer en grandes troupes. Et quand ils se sont trop multipliés dans une région, ils s'assemblent en bandes, presque aussi nombreuses que celles des sauterelles, et s'avancent vers le Sud, dévastant les forêts, les champs et les jardins ; tandis que des renards, des putois, des faucons et des oiseaux de proie nocturnes suivent leurs épaisses colonnes et se nourrissent des écureuils isolés qui restent en arrière. Les tamias, genre très rapproché, sont encore plus sociables. Ils sont thésauriseurs, et ils amassent dans leurs souterrains de grandes quantités de racines comestibles et de noix, dont l'homme les dépouille généralement en automne. Selon certains observateurs ils connaissent quelques-unes des joies des avares. Et cependant, ils restent sociables. Ils vivent toujours en grands villages ; Audubon ouvrit l'hiver des demeures de hackee et trouva plusieurs individus dans le même souterrain, qu'ils avaient certainement approvisionné en commun.

La grande famille des marmottes, avec ses trois genres des *Arctomys*, *Cynomys* et *Spermophilus*, est encore plus sociable et plus intelligente. Ces animaux préfèrent aussi avoir chacun leur demeure particulière ; mais ils vivent en grands villages. Les terribles ennemis des récoltes de la Russie du Sud — les *sousliks* — dont quelques dizaines de millions sont exterminés chaque année rien que par l'homme, vivent en innombrables colonies ; et tandis que les assemblées provinciales russes discutent gravement les moyens de se débarrasser de ces ennemis de la société, eux, par milliers, jouissent de la vie de la façon la plus gaie. Leurs jeux sont si charmants que tous les observateurs ne peuvent s'empêcher de leur payer un tribut de louanges, et ils mentionnent les concerts mélodieux que forment les sifflements aigus des mâles et les sifflements mélancoliques des femelles ; puis, reprenant leurs devoirs de citoyens, ces mêmes observateurs cherchent à inventer les moyens les plus diaboliques capables d'exterminer ces petits voleurs. Toutes les espèces d'oiseaux rapaces et toutes les espèces de bêtes de proie s'étant montrées impuissantes, le dernier mot de la science dans cette lutte est l'inoculation du choléra ! Les villages des chiens de prairies en Amérique sont un des plus charmants spectacles. A perte de vue dans la prairie, on aperçoit des petits tertres et sur chacun d'eux se tient un chien de prairie soutenant par de brefs aboiements une conversation animée avec ses voisins. Dès que l'approche d'un homme est signalée, en un moment tous s'enfoncent dans leurs demeures et disparaissent comme par enchantement. Mais quand le danger est passé, les petites créatures réapparaissent bientôt. Des familles entières sortent de leurs galeries et se mettent à jouer. Les jeunes se grattent les uns les autres, se taquinent et déploient leurs grâces en se tenant debout, pendant que les vieux font le guet. Ils se rendent visite les uns aux autres, et les sentiers battus qui relient tous leurs tertres témoignent de la fréquence de ces visites. Les meilleurs naturalistes ont consacré quelques-unes de leurs plus belles pages à la description des associations des chiens de prairie d'Amérique, des marmottes de l'ancien continent et des marmottes polaires des régions alpestres. Cependant je dois faire à l'égard des marmottes les mêmes remarques que j'ai faites en parlant des abeilles. Elles ont conservé leurs instincts combatifs, et ces instincts reparaissent en captivité. Mais dans leurs grandes associations, devant la libre nature, les instincts anti-sociaux n'ont pas l'occasion de se développer et il en résulte une paix et une harmonie générales.

Même des animaux aussi belliqueux que les rats, qui se battent continuellement dans nos caves, sont suffisamment intelligents pour ne pas se quereller quand ils pillent nos garde-manger, mais s'aident les uns les autres dans leurs expéditions de pillage et dans leurs migrations ; ils nourrissent même leurs malades. Quant aux rats castors ou rats musqués du Canada, ils sont extrêmement sociables. Audubon ne peut qu'admirer « leurs communautés pacifiques qui ne demandent qu'à être laissées en paix pour vivre dans la joie ». Comme tous les animaux sociables, ils sont gais et joueurs, ils se réunissent facilement à d'autres espèces, et ils ont atteint un développement intellectuel très élevé. Dans leurs villages qui sont toujours situés sur les bords des lacs et des rivières ils tiennent compte du niveau variable de l'eau ; leurs huttes en forme de dômes, construites en argile battue entremêlée de roseaux ont des recoins séparés pour les détritus organiques, et leurs salles sont bien tapissées en hiver ; elles sont chaudes et cependant bien ventilées. Quant aux castors, qui sont doués, comme chacun sait, d'un caractère tout à fait sympathique, leurs digues étonnantes et leurs villages dans lesquels des générations vivent et meurent sans connaître d'autres ennemis que la loutre et l'homme, montrent admirablement ce que l'entr'aide peut accomplir pour la sécurité de l'espèce, le développement d'habitudes sociales et l'évolution de l'intelligence ; aussi les castors sont-ils familiers à tous ceux qui s'intéressent à la vie animale. Je veux seulement faire remarquer que chez les castors, les rats musqués et chez quelques autres rongeurs nous trouvons déjà ce qui sera aussi le trait distinctif des communautés humaines : le travail en commun.

Je passe sous silence les deux grandes familles qui comprennent la gerboise, le chinchilla, le viscache et le lagomys ou lièvre souterrain de la Russie méridionale, quoiqu'on puisse considérer tous ces petits rongeurs comme d'excellents exemples des plaisirs que les animaux peuvent tirer de la vie sociale[17]. Je dis les plaisirs ; car il est extrêmement difficile de déterminer si ce qui amène les animaux à se réunir est le besoin de protection mutuelle ou simplement le plaisir de se sentir entouré de congénères. En tous cas nos lièvres, qui ne vivent pas en sociétés, et qui même ne sont pas doués de vifs sentiments de famille, ne peuvent pas vivre sans se réunir pour jouer ensemble. Dietrich de Winckell qui est considéré comme un des auteurs connaissant le mieux les habitudes des lièvres, les décrit comme des joueurs passionnés, s'excitant tellement à leurs jeux qu'on a vu un lièvre prendre un renard qui s'approchait pour un de ses camarades[18]. Quant au lapin, il vit en société et sa vie de famille est à l'image de la vieille famille patriarcale ; les jeunes étant tenus à l'obéissance absolue au père et même au grand-père[19]. Et nous avons là un exemple de deux espèces proche parentes qui ne peuvent pas se souffrir - non parce qu'elles se nourrissent à peu près de la même nourriture, explication donnée trop souvent dans des cas semblables, mais très probablement parce que le lièvre, passionné et éminemment individualiste, ne peut pas se lier d'amitié avec cette créature placide, tranquille et soumise qu'est le lapin. Leurs tempéraments sont trop profondément différents pour n'être pas un obstacle à leur amitié.

La vie en société est aussi la règle pour la grande famille des chevaux, qui comprend les chevaux sauvages et les ânes sauvages d'Asie, les zèbres, les mustangs, les *cimarones* des Pampas et les chevaux demi-sauvages de Mongolie et de Sibérie. Ils vivent tous en nombreuses associations faites de beaucoup de groupes, chacun composé d'un certain nombre de juments sous la conduite d'un étalon. Ces innombrables habitants de l'Ancien et du Nouveau Continent, mal organisés en somme pour résister tant à leurs nombreux ennemis qu'aux conditions adverses du climat, auraient bientôt disparu de la surface de la terre sans leur esprit de sociabilité. A l'approche d'une bête de proie plusieurs groupes s'unissent immédiatement, ils repoussent la bête et quelquefois la chassent : et ni le loup, ni l'ours, ni même le lion, ne peuvent capturer un cheval ou même un zèbre tant que l'animal n'est pas détaché du troupeau. Quand la sécheresse brûle l'herbe dans les prairies, ils se réunissent en troupeaux comprenant quelquefois dix mille individus et émigrent. Et quand une tourmente de neige est déchaînée dans les steppes, tous les groupes se tiennent serrés les uns contre les autres et se réfugient dans un ravin abrité. Mais si la confiance mutuelle disparaît, ou si le troupeau est saisi par la panique et se disperse, les chevaux périssent en grand nombre, et les survivants sont retrouvés après l'orage à moitié morts de fatigue. L'union est leur arme principale dans la lutte pour la vie, et l'homme est leur principal ennemi. Devant l'envahissement de l'homme, les ancêtres de notre cheval domestique (l'*Equus Prezwalskii*, ainsi nommé par Poliakoff) ont préféré se retirer vers les plateaux les plus sauvages et les moins accessibles de l'extrémité du Thibet, où ils continuent à vivre entourés de carnivores, sous un climat aussi mauvais que celui des régions arctiques, mais dans une région inaccessible à l'homme[20].

Beaucoup d'exemples frappants de la vie sociale pourraient être tirés des mœurs du renne et particulièrement de cette grande division des ruminants qui pourrait comprendre les chevreuils, le daim fauve, les antilopes, les gazelles, le bouquetin et tout l'ensemble des trois nombreuses familles des Antelopides, des Capridés et des Ovidés. Leur vigilance pour empêcher l'attaque de leurs troupeaux par les carnivores, l'anxiété que montrent tous les individus d'un troupeau de chamois tant que tous n'ont pas encore réussi à franchir un passage difficile de rochers escarpés ; l'adoption des orphelins, le désespoir de la gazelle dont le mâle, ou même un camarade du même sexe est tué ; les jeux des jeunes, et beaucoup d'autres traits peuvent être mentionnés. Mais peut-être l'exemple le plus frappant d'entr'aide se rencontre-t-il dans les migrations des chevreuils, telles que j'en ai vues une fois sur le fleuve Amour. Lorsque, me rendant de la Transbaïkalie à Merghen, je traversais le haut plateau et la chaîne du Grand Khingan qui le borde, et, plus loin vers l'Est, les hautes prairies situées entre le Nonni et l'Amour, je constatai combien les chevreuils étaient en petit nombre dans ces régions inhabitées[21]. Deux ans plus tard, je remontais l'Amour, et vers la fin d'octobre j'atteignis l'extrémité inférieure de cette gorge pittoresque que perce l'Amour dans le Dôoussé-alin (Petit Khingan), avant d'entrer dans les basses terres où il rencontre le Sungari. Je trouvai les Cosaques des villages de cette gorge dans la plus grande agitation, parce que des milliers et des milliers de chevreuils étaient en train de traverser l'Amour à l'endroit où il est le plus étroit, afin d'atteindre les basses terres. Pendant plusieurs jours de suite, sur une longueur d'une soixantaine de kilomètres le long du fleuve, les Cosaques firent une boucherie des chevreuils tandis que ceux-ci traversaient l'Amour qui commençait déjà à charrier des glaçons en grand nombre. Des milliers étaient tués chaque jour et cependant l'exode continuait. De semblables migrations n'ont jamais été vues auparavant ni depuis ; et celle-là devait avoir été causée par des neiges précoces et abondantes dans le Grand-Khingan, ce qui força ces intelligents animaux à tenter un effort pour atteindre les basses terres à l'Est des montagnes Dôoussé. En effet quelques jours plus tard le Dôoussé-alin fut aussi recouvert d'une couche de neige de deux ou trois pieds d'épaisseur. Or, quand on se représente l'immense territoire (presque aussi grand que la Grande-Bretagne) sur lequel étaient épars les groupes de chevreuils qui ont dû se rassembler pour une migration entreprise dans des circonstances exceptionnelles, et qu'on se figure combien il était difficile à ces groupes de s'entendre pour traverser l'Amour en un endroit donné, plus au Sud, là où il se rétrécit le plus, - on ne peut qu'admirer l'esprit de solidarité de ces intelligentes bêtes. Le fait n'en est pas moins frappant si nous nous rappelons que les bisons de l'Amérique du Nord montraient autrefois les mêmes qualités d'union. On les voyait paître en grand nombre dans les plaines, mais ces grandes assemblées étaient composées d'une infinité de petits groupes qui ne se mêlaient jamais. Et cependant quand la nécessité s'en faisait sentir, tous les groupes, quoique disséminés sur un immense territoire, se réunissaient comme je l'ai mentionné précédemment, et formaient ces immenses colonnes composées de centaines de mille individus.

Je devrais aussi dire quelques mots au moins des « familles composées » des éléphants, de leur attachement mutuel, de la façon avisée dont ils posent leurs sentinelles, et des sentiments de sympathie développés par une telle vie d'étroit soutien mutuel[22]. Je pourrais mentionner les sentiments sociables des sangliers sauvages, et trouver un mot de louange pour leurs facultés d'association en cas d'attaque par une bête de proie[23]. L'hippopotame et le rhinocéros pourraient aussi avoir leur place dans un ouvrage consacré à la sociabilité chez les animaux. Plusieurs pages saisissantes pourraient décrire l'attachement mutuel et la sociabilité des phoques et des morses ; et enfin, on pourrait mentionner les sentiments tout à fait excellents qui existent parmi les cétacés sociables. Mais il faut dire encore quelques mots des sociétés de singes, qui possèdent un intérêt d'autant plus grand qu'elles sont le trait d'union qui nous amène aux sociétés des hommes primitifs.

Il est à peine nécessaire de dire que ces mammifères qui se trouvent au sommet de l'échelle du monde animal et ressemblent le plus à l'homme par leur structure et leur intelligence, sont éminemment sociables. Certes il faut nous attendre à rencontrer toutes sortes de variétés de caractères et d'habitudes dans cette grande division du règne animal qui comprend des centaines d'espèces. Mais, tout considéré, on peut dire que la sociabilité, l'action en commun, la protection mutuelle et un grand développement des sentiments qui sont un résultat naturel de la vie sociale, caractérisent la plupart des espèces de singes : chez les plus petites espèces comme chez les plus grandes la sociabilité est une règle à laquelle nous ne connaissons que peu d'exceptions. Les singes nocturnes préfèrent la vie isolée ; les capucins (*Cebus capucinus*), les monos et les singes hurleurs ne vivent qu'en très petites familles ; A. R. Wallace n'a jamais vu les orangs-outangs que solitaires ou en très petits groupes de trois ou quatre individus ; les gorilles ne semblent jamais se réunir en bandes. Mais toutes les autres espèces de la tribu des singes — les chimpanzés, les sajous, les sakis, les mandrilles, les babouins, etc. — sont sociables au plus haut degré. Ils vivent en grandes bandes et se joignent même à d'autres espèces que la leur. La plupart d'entre eux deviennent tout à fait malheureux quand ils sont solitaires. Les cris de détresse de l'un d'eux font accourir immédiatement la bande entière, et ils repoussent avec hardiesse les attaques de la plupart des carnivores et des oiseaux de proie. Les aigles eux-mêmes n'osent pas les attaquer. C'est toujours par bandes qu'ils pillent nos champs, les vieux prenant soin de la sûreté de la communauté. Les petits ti-tis dont les douces figures enfantines frappèrent tant Humboldt, s'embrassent et se protègent les uns les autres quand il pleut, roulant leur queue autour du cou de leurs camarades grelottants. Plusieurs espèces montrent la plus grande sollicitude pour leurs blessés, et n'abandonnent pas un camarade blessé pendant la retraite jusqu'à ce qu'ils se soient assurés qu'il est mort et qu'ils sont impuissants à le rappeler à vie. James Forbes raconte dans ses *Mémoires d'Orient* que certains de ces singes montrèrent une telle persévérance à réclamer de ses compagnons de chasse le corps mort d'une femelle que l'on comprend bien pourquoi « les témoins de cette scène extraordinaire résolurent de ne plus jamais tirer sur aucune espèce de singes[24] ». Chez certaines espèces on voit plusieurs individus s'unir pour retourner des pierres et chercher les œufs de fourmis qui peuvent se trouver dessous. Les hamadryas non seulement posent des sentinelles, mais on les a vus faire la chaîne pour transporter leur butin en lieu sûr ; et leur courage est bien connu. La description que fait Brehm de la bataille rangée que sa caravane eut à soutenir contre les hamadryas pour pouvoir continuer sa route dans la vallée du Mensa, en Abyssinie, est devenue classique[25]. L'enjouement des singes à longues queues et l'attachement mutuel qui règne dans les familles de chimpanzés sont connus de la plupart des lecteurs. Et si nous trouvons parmi les singes les plus élevés deux espèces, l'orang-outang et le gorille, qui ne sont pas sociables, il faut nous rappeler que toutes les deux — limitées d'ailleurs à de très petits espaces, l'une au cœur de l'Afrique, l'autre dans les deux îles de Bornéo et Sumatra — sont, selon toute apparence, les derniers vestiges de deux espèces autrefois beaucoup plus nombreuses. Le gorille, du moins, semble avoir été sociable dans des temps reculés, si les singes mentionnés dans le *Périple* étaient bien des gorilles.

Ainsi nous voyons, même par ce bref examen, que la vie en société n'est pas l'exception dans le monde animal. C'est la règle, la loi de la Nature, et elle atteint son plus complet développement chez les vertébrés les plus élevés. Les espèces qui vivent solitaires, ou seulement en petites familles, sont relativement très peu nombreuses et leurs représentants sont rares. Bien plus, il semble très probable, qu'à part quelques exceptions, les oiseaux et les mammifères qui ne se réunissent pas en troupes aujourd'hui, vivaient en sociétés avant l'envahissement du globe terrestre par l'homme, avant la guerre permanente qu'il a entreprise contre eux et la destruction de leurs primitives sources de nourriture. « On ne s'associe pas pour mourir », fut la profonde remarque d'Espinas ; et Houzeau, qui connaissait la faune de certaines parties de l'Amérique quand ce pays n'avait pas encore été modifié par l'homme, a écrit dans le même sens.

L'association se rencontre dans le monde animal à tous les degrés de l'évolution, et, suivant la grande idée d'Herbert Spencer, si brillamment développée dans les *Colonies animales* de Périer, elle est à l'origine même de l'évolution dans le règne animal. Mais, à mesure que l'évolution progressive s'accomplit, nous voyons l'association devenir de plus en plus consciente. Elle perd son caractère simplement physique, elle cesse d'être uniquement instinctive, elle devient raisonnée. Chez les vertébrés supérieurs, elle est périodique, ou bien les animaux y ont recours pour la satisfaction d'un besoin spécial ; la propagation de l'espèce, les migrations, la chasse ou la défense mutuelle. Elle se produit même accidentellement, quand les oiseaux, par exemple, s'associent contre un pillard, ou que des mammifères s'unissent sous la pression de circonstances exceptionnelles pour émigrer. En ce dernier cas, c'est une véritable dérogation volontaire aux mœurs habituelles. L'union apparaît quelquefois à deux ou plusieurs degrés — la famille d'abord, puis le groupe, et enfin l'association de groupes, habituellement disséminés, mais s'unissant en cas de nécessité, comme nous l'avons vu chez les bisons et chez d'autres ruminants. L'association peut prendre aussi une forme plus élevée, assurant plus d'indépendance à l'individu sans le priver des avantages de la vie sociale. Chez la plupart des rongeurs, l'individu a sa demeure particulière, dans laquelle il peut se retirer quand il préfère être seul ; mais ces demeures sont disposées en villages et en cités, de façon à assurer à tous les habitants les avantages et les joies de la vie sociale. Enfin, chez plusieurs espèces, telles que les rats, les marmottes, les lièvres, etc., la vie sociale est maintenue malgré le caractère querelleur et d'autres penchants égoïstes de l'individu isolé. Ainsi l'association n'est pas imposée, comme c'est le cas chez les fourmis et les abeilles, par la structure physiologique des individus ; elle est cultivée pour les bénéfices de l'entr'aide, ou pour les plaisirs qu'elle procure. Ceci, naturellement, se montre à tous les degrés possibles et avec la plus grande variété de caractères individuels et spécifiques ; et la variété même des aspects que prend la vie sociale est une conséquence, et, pour nous, une preuve de plus de sa généralité[26].

La sociabilité — c'est-à-dire le besoin de l'animal de s'associer avec son semblable, - l'amour de la société pour la société même et pour la « joie de vivre », sont des faits qui commencent seulement à recevoir des zoologistes l'attention qu'ils méritent[27]. Nous savons à présent que tous les animaux, depuis les fourmis jusqu'aux oiseaux et aux mammifères les plus élevés, aiment jouer, lutter, courir l'un après l'autre, essayer de s'attraper l'un l'autre, se taquiner, etc... Et tandis que beaucoup de jeux sont pour ainsi dire une école où les jeunes apprennent la manière de se conduire dans la vie, d'autres, outre leurs buts utilitaires, sont, comme les danses et les chants, de simples manifestations d'un excès de forces. C'est la « joie de vivre », le désir de communiquer d'une façon quelconque avec d'autres individus de la même espèce ou même d'une autre espèce ; ce sont des manifestations de la sociabilité, au sens propre du mot, trait distinctif de tout le règne animal[28]. Que le sentiment soit venu de la crainte éprouvée à l'approche d'un oiseau de proie, ou d'un « accès de joie », qui éclate quand les animaux sont en bonne santé et particulièrement quand ils sont jeunes, ou que ce soit simplement le besoin de donner un libre cours à un excès d'impressions et de force vitale, la nécessité de communiquer ses impressions, de jouer, de bavarder, ou seulement de sentir la proximité d'autres êtres semblables se fait sentir dans toute la nature, et est, autant que toute autre fonction physiologique, un trait distinctif de la vie et de la faculté de recevoir des impressions. Ce besoin atteint un plus haut développement et une plus belle expression chez les mammifères, particulièrement parmi les jeunes, et surtout chez les oiseaux ; mais il se fait sentir dans toute la nature et il a été nettement observé par les meilleurs naturalistes, y compris Pierre Huber, même chez les fourmis. C'est le même instinct qui pousse les papillons à former ces immenses colonnes dont nous avons déjà parlé.

L'habitude de se réunir pour danser, et de décorer les endroits où les oiseaux exécutent leurs danses est bien connue par les pages que Darwin a écrites sur ce sujet dans

The Descent of Man (ch. XIII). Les visiteurs du Jardin zoologique de Londres connaissent aussi le « berceau » du *Ptilonorhynchus holosericeus* d'Australie. Mais cette habitude de danser semble beaucoup plus répandue qu'on ne le croyait autrefois, et W. Hudson donne dans son livre admirable sur La Plata une description du plus haut intérêt (il faut la lire dans l'original) des danses compliquées exécutées par un grand nombre d'oiseaux : râles, jacanas, vanneaux, etc.

L'habitude de chanter en chœur, qui existe chez plusieurs espèces d'oiseaux, appartient à la même catégorie d'instincts sociaux. Cette habitude est développée de la façon la plus frappante chez le chakar (*Chauna chavarria*), que les Anglais ont si mal surnommé « criard huppé ». Ces oiseaux s'assemblent parfois en immenses bandes, et chantent alors fréquemment tous en chœur. W. H. Hudson les trouva une fois en bandes innombrables, rangés tout autour d'un lac des pampas par groupes bien définis d'environ cinq cents oiseaux chacun.

> Bientôt, écrit-il, un groupe près de moi commença à chanter et soutint son chant puissant pendant trois ou quatre minutes ; quand il cessa, le groupe suivant reprit le même chant, et après celui-ci le suivant, et ainsi de suite jusqu'à ce que les notes des groupes posés sur l'autre rivage revinssent une fois encore à moi claires et puissantes, flottant dans l'air au-dessus du lac — puis s'évanouirent, devenant de plus en plus faibles, jusqu'à ce que de nouveau le son se rapprochât de moi, reprenant à mes côtés.

En une autre occasion, le même écrivain vit une plaine entière couverte d'une bande innombrable de chaunas, non pas en ordre serré, mais disséminés par paires et petits groupes. Vers neuf heures du soir, « soudain la multitude entière des oiseaux qui couvraient le marais sur une étendue de plusieurs milles entonnèrent à grand bruit un extraordinaire chant du soir... C'était un concert qui eût bien valu une chevauchée d'une centaine de milles pour l'entendre[29] ». Ajoutons, que comme tous les animaux sociables, le chauna s'apprivoise facilement et devient très attaché à l'homme. « Ce sont des oiseaux très doux et très peu querelleurs », nous dit-on, quoique formidablement armés. La vie en société rend leurs armes inutiles.

Les exemples cités montrent déjà que la vie en société est l'arme la plus puissante dans la lutte pour la vie, prise au sens large du terme, et il serait aisé d'en donner encore bien d'autres preuves s'il était nécessaire d'insister. La vie en société rend les plus faibles insectes, les plus faibles oiseaux et les plus faibles mammifères ; capables de lutter et de se protéger contre les plus terribles carnassiers et oiseaux de proie ; elle favorise la longévité ; elle rend les différentes espèces capables d'élever leur progéniture avec un minimum de perte d'énergie. C'est l'association qui fait subsister certaines espèces malgré une très faible natalité. Grâce à l'association, les animaux qui vivent en troupes peuvent émigrer à la recherche de nouvelles demeures. Donc, tout en admettant pleinement que la force, la rapidité, les couleurs protectrices, la ruse, l'endurance de la faim et de la soif, mentionnées par Darwin et Wallace, sont autant de qualités qui avantagent l'individu ou l'espèce dans certaines circonstances, nous affirmons que la sociabilité représente un grand avantage dans *toutes* les circonstances de la lutte pour la vie. Les espèces qui, volontairement ou non, abandonnent cet instinct d'association sont condamnées à disparaître ; tandis que les animaux qui savent le mieux s'unir ont les plus grandes chances de survivance et d'évolution plus complète, quoiqu'ils puissent être inférieurs à d'autres animaux en chacune des facultés énumérées par Darwin et Wallace, sauf l'intelligence. Les vertébrés les plus élevés et particulièrement les hommes sont la meilleure preuve de cette assertion. Quant à l'intelligence, si tous les Darwinistes sont d'accord avec Darwin en pensant que c'est l'arme la plus puissante dans la lutte pour la vie et le facteur le plus puissant d'évolution progressive, ils admettront aussi que l'intelligence est une faculté éminemment sociale. Le langage, l'imitation et l'expérience accumulée sont autant d'éléments de progrès intellectuel dont l'animal non social est privé. Aussi trouvons-nous à la tête des différentes classes d'animaux les fourmis, les perroquets, les singes, qui tous unissent la plus grande sociabilité au plus haut développement de l'intelligence. Les mieux doués pour la vie sont donc les animaux les plus sociables, et la sociabilité apparaît comme un des principaux facteurs de l'évolution, à la fois directement, en assurant le bien-être de l'espèce tout en diminuant la dépense inutile d'énergie, et indirectement en favorisant le développement de l'intelligence.

De plus, il est évident que la vie en société serait complètement impossible sans un développement correspondant des sentiments sociaux, et particulièrement d'un certain sens de justice collective tendant à devenir une habitude. Si chaque individu abusait constamment de ses avantages personnels sans que les autres interviennent en faveur de celui qui est lésé, aucune vie sociale ne serait possible. Des sentiments de justice se développent ainsi, plus ou moins, chez tous les animaux qui vivent par troupes. Quelle que soit la distance d'où viennent les hirondelles et les grues, chacune retourne au nid qu'elle a bâti ou réparé l'année précédente. Si un moineau paresseux veut s'approprier le nid qu'un camarade est en train de bâtir, ou même s'il cherche à en enlever quelques brins de paille, le groupe des moineaux intervient contre le paresseux ; et il est évident que si cette intervention n'était pas la règle, jamais les oiseaux ne pourraient, comme ils le font, s'associer pour nicher. Des groupes distincts de pingouins ont chacun des endroits distincts où ils se reposent et d'autres où ils pêchent, et ils ne se les disputent pas. Les troupeaux de bestiaux en Australie ont des places déterminées que chaque groupe regagne pour le repos et desquelles ils ne s'écartent jamais ; et ainsi de suite[30].

Il existe un très grand nombre d'observations touchant la paix qui règne dans les associations de nids des oiseaux, dans les villages des rongeurs et les troupeaux d'herbivores ; d'autre part nous ne connaissons que très peu d'animaux sociables qui se querellent continuellement comme le font les rats dans nos caves, ou les morses qui se battent pour la possession d'une place au soleil sur le rivage. La sociabilité met ainsi une limite à la lutte physique, et laisse place au développement de sentiments moraux meilleurs. Le grand développement de l'amour maternel dans toutes les classes d'animaux, même chez les lions et les tigres, : est bien connu. Quant aux jeunes oiseaux et aux mammifères que nous voyons constamment s'associer, la sympathie — et non l'amour — atteint dans leurs associations un plus grand développement encore. Laissant de côté les faits vraiment touchants d'attachement mutuel et de compassion que l'on a rapportés des animaux domestiques et des animaux en captivité, nous avons un grand nombre d'exemples avérés de compassion entre les animaux sauvages en liberté. Max Perty et L. Büchner ont donné un grand nombre de faits de cet ordre[31]. Le récit de J. C. Wood à propos d'une belette qui vint ramasser et emporter une camarade blessée jouit d'une popularité bien méritée[32]. Il en est de même de l'observation du capitaine Stansbury pendant son voyage vers Utah (observation citée par Darwin) ; il vit un pélican aveugle nourri, et bien nourri, par d'autres pélicans qui lui apportaient des poissons d'une distance de quarante-cinq kilomètres[33]. Plus d'une fois, durant son voyage en Bolivie et au Pérou, H. A. Wedell vit que lorsqu'un troupeau de vigognes était poursuivi de près par les chasseurs, les mâles les plus forts restaient en arrière afin de couvrir la retraite du troupeau. Quant aux faits de compassion pour des camarades blessés, les zoologistes explorateurs en citent continuellement. De tels faits sont tout à fait naturels. La compassion est un résultat nécessaire de la vie sociale. Mais la compassion prouve aussi un degré fort élevé d'intelligence générale et de sensibilité. C'est le premier pas vers le développement de sentiments moraux plus élevés. C'est aussi un facteur puissant d'évolution ultérieure.

Si les aperçus qui ont été développés dans les pages précédentes sont justes, une question nécessaire se pose : jusqu'à quel point ces faits sont-ils compatibles avec la théorie de la lutte pour la vie, telle que l'ont exposée Darwin, Wallace et leurs disciples ? Je veux répondre brièvement à cette question importante. En premier lieu, il n'y a pas de naturaliste qui puisse douter que l'idée d'une lutte pour la vie, étendue à toute la nature organique, ne soit la plus grande généralisation de notre siècle. La vie est une lutte ; et dans cette lutte c'est le plus apte qui survit. Mais les réponses aux questions : Par quelles armes cette lutte est-elle le mieux soutenue ? et lesquels sont les plus aptes pour cette lutte ? différeront grandement suivant l'importance donnée aux deux aspects différents de la lutte : l'un direct, la lutte pour la nourriture et la sûreté d'individus séparés, et l'autre — la lutte que Darwin décrivait comme « métaphorique », lutte très souvent collective, contre les circonstances adverses. Personne ne peut nier qu'il y ait, au sein de chaque espèce, une certaine lutte réelle pour la nourriture, — du moins à certaines périodes. Mais la question est de savoir si la lutte a les proportions admises par Darwin ou même par Wallace, et si cette lutte a joué dans l'évolution du règne animal le rôle qu'on lui assigne.

L'idée dont l'œuvre de Darwin est pénétrée est certainement celle d'une compétition réelle qui se poursuit à l'intérieur de chaque groupe animal, pour la nourriture, la sûreté de l'individu et la possibilité de laisser une progéniture. Le grand naturaliste parle souvent de régions qui sont si peuplées de vie animale qu'elles n'en pourraient contenir davantage, et de cette surpopulation il conclut à la nécessité de la lutte. Mais quand nous cherchons dans son œuvre des preuves réelles de cette lutte, il faut avouer que nous n'en trouvons pas qui puissent nous convaincre. Si nous nous reportons au paragraphe intitulé : « La lutte pour la vie est d'autant plus âpre qu'elle a lieu entre des individus et des variétés de la même espèce », nous n'y rencontrons pas cette abondance de preuves et d'exemples que nous avons l'habitude de trouver dans les écrits de Darwin. La lutte entre individus de même espèce n'est confirmée, dans ce paragraphe, par aucun exemple : elle est admise comme un axiome ; et la lutte entre des espèces étroitement apparentées n'est prouvée que par cinq exemples, dont l'un au moins (concernant deux espèces de grives) semble maintenant douteux[34]. Mais quand nous cherchons plus de détails pour déterminer jusqu'à quel degré la décroissance d'une espèce a vraiment été produite par la croissance d'une autre espèce, Darwin, avec son habituelle bonne foi, nous dit :

> Nous pouvons entrevoir vaguement pourquoi la compétition doit être plus implacable entre des espèces apparentées qui occupent à peu près la même aire dans la nature : mais probablement en aucune occasion nous ne pourrions dire au juste pourquoi une espèce triomphe plutôt que l'autre dans la grande bataille de la vie.

Quant à Wallace, qui cite les mêmes faits sous un titre légèrement modifié : « La lutte pour la vie entre des animaux et des plantes étroitement apparentées est souvent des plus rigoureuses », il fait la remarque suivante (les italiques sont de moi[35]) qui donne un tout autre aspect aux faits cités ci-dessus :

> Dans *certains cas*, sans doute, il y a guerre véritable entre les deux espèces, la plus forte tuant la plus faible ; *mais ceci n'est en aucune façon nécessaire*, et il peut y avoir des cas dans lesquels l'espèce la plus faible physiquement triomphera par son pouvoir de multiplication plus rapide, sa plus grande résistance aux vicissitudes du climat, ou sa plus grande habileté à échapper aux ennemis communs.

En de tels cas ce qu'on appelle compétition peut n'être pas du tout une compétition réelle. Une espèce succombe non parce qu'elle est exterminée ou affamée par une autre espèce, mais parce qu'elle ne s'accommode pas bien à de nouvelles conditions, tandis que l'autre sait s'y accommoder. Ici encore l'expression de « Lutte pour la vie », est employée au sens métaphorique, et ne peut en avoir d'autre. Quant à une réelle compétition entre individus de la même espèce, dont un exemple est donné en un autre passage concernant les bestiaux de l'Amérique du Sud pendant une période de sécheresse, la valeur de cet exemple est diminuée par ce fait qu'il s'agit d'animaux domestiques. Dans des circonstances semblables les bisons émigrent afin d'éviter la lutte. Quelque dure que soit la lutte entre les plantes — et ceci est abondamment prouvé — nous ne pouvons que répéter la remarque de Wallace, qui fait observer que « les plantes vivent où elles peuvent », tandis que les animaux ont dans une large mesure la possibilité de choisir leur résidence. Si bien que nous nous demandons à nouveau : jusqu'à quel point la compétition existe-t-elle réellement dans chaque espèce animale ? Sur quoi cette présomption est-elle basée ?

Il faut faire la même remarque touchant l'argument indirect en faveur d'une implacable compétition et d'une lutte pour la vie au sein de chaque espèce, argument qui est tiré de « l'extermination des variétés de transition », si souvent mentionnée par Darwin. On sait que pendant longtemps Darwin fut tourmenté par la difficulté qu'il voyait dans l'absence d'une chaîne continue de formes intermédiaires entre les espèces voisines, et qu'il trouva la solution de cette difficulté dans l'extermination supposée des formes intermédiaires[36]. Cependant, une lecture attentive des différents chapitres dans lesquels Darwin et Wallace parlent de ce sujet, nous amène bientôt à la conclusion qu'il ne faut pas entendre « extermination » au sens propre de ce mot ; la remarque que fit Darwin touchant l'expression : « lutte pour l'existence », s'applique aussi au mot « extermination ». Il ne saurait être pris au sens littéral, mais doit être compris « au sens métaphorique ».

Si nous partons de la supposition qu'un espace donné est peuplé d'animaux en si grand nombre qu'il n'en pourrait contenir davantage et que, par conséquent, une âpre concurrence pour les moyens d'existence se produit entre tous les habitants — chaque animal étant obligé de combattre contre tous ses congénères afin de pouvoir gagner sa nourriture journalière, — alors certainement l'apparition d'une nouvelle variété triomphante signifierait en bien des cas (quoique pas toujours) l'apparition d'individus capables de s'approprier plus que leur quote-part des moyens d'existence ; et le résultat serait que ces individus triompheraient par la faim, à la fois de la variété ancestrale qui ne possède pas les nouvelles modifications, et des variétés intermédiaires qui ne les possèdent pas au même degré. Il est possible qu'au début Darwin se soit représenté de cette façon l'apparition de nouvelles variétés ; au moins l'emploi fréquent du mot « extermination » donne cette impression. Mais Darwin et Wallace connaissaient trop bien la Nature pour ne pas s'apercevoir que cette marche des choses n'est pas la seule possible, et qu'elle n'est nullement nécessaire.

Si les conditions physiques et biologiques d'une région donnée, l'étendue de l'aire occupée par une espèce, et les habitudes de tous les membres de cette espèce restaient invariables — dans ces conditions l'apparition soudaine d'une nouvelle variété pourrait signifier en effet l'anéantissement par la faim et l'extermination de tous les individus non doués à un degré suffisant des nouvelles qualités, caractéristiques de la nouvelle variété. Mais un tel concours de circonstances est précisément ce que nous ne voyons pas dans la nature. Chaque espèce tend continuellement à élargir son territoire ; les migrations vers de nouveaux domaines sont la règle, aussi bien chez le lent colimaçon que chez l'oiseau rapide ; les conditions physiques se transforment incessamment dans chaque région donnée ; et les nouvelles variétés d'animaux se forment dans un très grand nombre de cas — peut-être dans la majorité des cas — non par le développement de nouvelles armes capables d'enlever la nourriture à leurs congénères — la nourriture n'est que l'une des centaines de conditions variées nécessaires à la vie, — mais, comme Wallace le montre lui-même dans un charmant paragraphe sur la « divergence des caractères » (*Darwinism*, p. 107), ces différentes variétés se forment par l'adoption de nouvelles habitudes, le déplacement vers de nouvelles demeures et l'accoutumance à de nouveaux aliments. Dans de tels cas il n'y aura pas d'extermination, même pas la compétition, puisque la nouvelle adaptation vient *diminuer la compétition, si jamais celle-ci a existé.* Cependant il y aura, après un certain temps, absence de formes intermédiaires, par suite simplement de la survivance des mieux doués pour les nouvelles conditions — et cela, tout aussi sûrement que dans l'hypothèse de l'extermination de la forme ancestrale. Il est à peine nécessaire d'ajouter que si nous admettons, avec Spencer, avec tous les Lamarckiens et avec Darwin lui-même, l'influence modificatrice des milieux sur les espèces, il devient encore moins nécessaire d'admettre l'extermination des formes intermédiaires.

L'importance des migrations et de l'isolement de groupes d'animaux qui en est la conséquence, pour l'évolution de nouvelles variétés et ensuite de nouvelles espèces, fut indiquée par Moritz Wagner et pleinement reconnue par Darwin lui-même. Les recherches faites depuis n'ont fait qu'accentuer l'importance de ce facteur ; elles ont montré comment une grande étendue de l'aire occupée par une espèce — étendue que Darwin considérait avec raison comme une condition importante pour l'apparition de nouvelles variétés — peut se combiner avec l'isolement de certains groupes de l'espèce considérée, résultant de changements géologiques locaux, ou d'obstacles topographiques. Il est impossible d'entrer ici dans la discussion de cette importante question, mais quelques remarques pourront expliquer l'action combinée de ces différentes causes. On sait que des groupes d'une certaine espèce d'animaux s'accoutument souvent à une nouvelle sorte d'aliments. Les écureuils, par exemple, quand il y a disette de cônes dans les forêts de mélèzes, se transportent dans des forêts de sapins, et ce changement de nourriture a sur eux certains effets physiologiques bien connus. Si ce changement d'habitude ne dure pas, si l'année suivante les cônes se trouvent de nouveau en abondance dans les sombres forêts de mélèzes, il est évident qu'aucune nouvelle variété d'écureuils ne sera produite par cette cause. Mais si une partie du grand espace occupé par les écureuils subit un changement de conditions physiques — si le climat, par exemple, devient plus doux ou s'il y a dessèchement local (deux causes qui produiraient un accroissement des forêts de sapins par rapport aux forêts de mélèzes), et si quelque autre circonstance vient à pousser les écureuils à demeurer à la limite de la région desséchée, nous aurons alors une nouvelle variété, c'est-à-dire une nouvelle espèce commençante, sans qu'il se soit rien passé qui méritât le nom d'extermination parmi les écureuils. Une proportion toujours plus grande des écureuils de la nouvelle variété, mieux adaptée aux circonstances, survivrait chaque année, et les chaînons intermédiaires disparaîtraient au cours du temps, sans avoir été affamés par des rivaux malthusiens. C'est là précisément ce que nous voyons se produire à la suite des grands changements qui s'accomplissent dans les vastes espaces de l'Asie centrale et qui résultent du dessèchement progressif en ces régions depuis la période glaciaire.

Prenons un autre exemple. Des géologues ont prouvé que le cheval sauvage actuel (*Equuus Przewalski*) est le produit d'une lente évolution qui s'est accomplie durant les époques pliocène et quaternaire, mais que pendant cette succession de temps les ancêtres du cheval ne furent pas confinés dans un espace limité du globe. Ils ont fait au contraire plusieurs longues migrations dans le Vieux et le Nouveau Monde, revenant, selon toute probabilité après un certain temps, aux pâturages qu'ils avaient précédemment abandonnés[37]. Par conséquent, si nous ne trouvons pas maintenant, en Asie, les chaînons intermédiaires entre le cheval sauvage actuel et ses ancêtres asiatiques de la fin de l'époque tertiaire, cela ne veut pas dire du tout que ces chaînons aient été exterminés. Aucune extermination de ce genre n'a jamais eu lieu. Il n'y a même peut-être pas eu de mortalité exceptionnelle parmi les espèces ancestrales ; les individus appartenant aux espèces et variétés intermédiaires sont morts d'une façon très ordinaire — souvent au milieu de pâturages abondants, et leurs restes sont ensevelis dans le monde entier.

Bref, si nous examinons soigneusement ce sujet et si nous relisons attentivement ce que Darwin lui-même écrivit, nous voyons que si nous voulons employer le mot « extermination » en parlant des variétés de transition, il faudra le prendre dans son sens métaphorique. Quant à la « compétition », ce terme aussi est continuellement employé par Darwin (voyez, par exemple, le paragraphe « Sur l'extinction ») dans un sens imagé, comme une façon de parler, plutôt qu'avec l'intention de donner l'idée d'une réelle lutte entre deux groupes de la même espèce pour les moyens d'existence. Quoiqu'il en soit, l'absence de formes intermédiaires n'est pas un argument qui prouve cette compétition.

En réalité le principal argument en faveur d'une âpre compétition pour les moyens d'existence se poursuivant incessamment au sein de chaque espèce animale est, pour me servir de l'expression du professeur Geddes, « l'argument arithmétique » emprunté à Malthus. Mais cet argument n'est pas du tout probant. Nous pourrions tout aussi bien prendre un certain nombre de villages dans la Russie du Sud-Est, dont les habitants jouissent d'une réelle abondance de nourriture, mais n'ont aucune organisation sanitaire ; et, voyant que pendant les dernières quatre-vingts années, malgré un taux de naissances de soixante pour mille, la population est néanmoins restée ce qu'elle était il y a quatre-vingts ans, nous pourrions en conclure qu'il y a eu une terrible compétition pour la vie entre les habitants. Cependant la vérité est que d'année en année la population est restée stationnaire, pour la simple raison qu'un tiers des nouveau-nés mouraient avant d'avoir atteint six mois, la moitié dans les quatre années suivantes, et, sur cent enfants, dix-sept seulement ou dix-huit atteignaient l'âge de vingt ans. Les nouveaux venus s'en allaient avant d'avoir atteint l'âge où ils auraient pu devenir des concurrents. Il est évident que si tel est le cours des choses chez les hommes, ce doit être encore pis chez les animaux. Dans le monde des oiseaux la destruction des œufs a lieu en de terribles proportions ; à tel point que les œufs sont la principale nourriture de plusieurs espèces au commencement de l'été ; et que dire des orages, des inondations qui détruisent les nids par millions en Amérique et en Asie, ou des soudains changements de température qui tuent les jeunes mammifères en masse ? Chaque orage, chaque inondation, chaque visite de rat à un nid d'oiseaux, chaque changement subit de la température emporte ces concurrents qui paraissent si terribles en théorie.

Quant aux faits de multiplication extrêmement rapide de chevaux et de bestiaux en Amérique, de cochons et de lapins en Nouvelle-Zélande et même d'animaux sauvages importés d'Europe (où leur accroissement est limité par l'homme, non par la concurrence), faits que l'on cite pour prouver la surpopulation, ils nous semblent plutôt opposés à cette théorie. Si les chevaux et les bestiaux ont pu se multiplier si rapidement en Amérique, cela prouve simplement que, malgré le grand nombre des bisons et des autres ruminants qu'il y avait autrefois dans le Nouveau-Monde, la population herbivore était encore au-dessous de ce que les prairies auraient pu nourrir. Si des millions de nouveaux venus ont trouvé une nourriture abondante, sans pour cela affamer la population primitive des prairies, nous devons plutôt en conclure que les Européens trouvèrent les herbivores en *trop petit* et non en trop grand nombre. Et nous avons de bonnes raisons de croire que le manque de population animale est l'état naturel des choses pour le monde entier, avec fort peu d'exceptions temporaires à cette règle. En effet, le nombre des animaux dans une région donnée est déterminé, non par la plus grande somme de nourriture que peut fournir cette région, mais au contraire par le produit des années les plus mauvaises. Pour cette seule raison, la compétition ne peut guère être une condition normale ; mais d'autres causes interviennent encore pour abaisser la population animale au-dessous même de ce niveau. Si nous prenons les chevaux et les bestiaux qui paissent tout le long de l'hiver dans les steppes de la Transbaïkalie, nous les trouvons très maigres et épuisés à la fin de l'hiver. Cependant ils sont épuisés, non parce qu'il n'y a pas assez de nourriture pour eux tous — l'herbe ensevelie sous une mince couche de neige est partout en abondance — mais à cause de la difficulté d'atteindre l'herbe sous la neige, et cette difficulté est la même pour tous les chevaux. En outre les jours de verglas sont fréquents au commencement du printemps, et s'il survient une série de ces jours les chevaux s'épuisent de plus en plus. Puis vient une tourmente de neige, qui force les animaux déjà affaiblis à se passer de nourriture pendant plusieurs jours, et ils meurent alors en grand nombre. Les pertes durant le printemps sont si énormes que si la saison a été un peu plus rude qu'à l'ordinaire ces pertes ne sont même pas couvertes par les nouvelles naissances, d'autant plus que tous les chevaux sont épuisés et que les jeunes poulains naissent faibles. De cette façon le nombre des chevaux et des bestiaux reste toujours au-dessous de ce qu'il pourrait être s'il était déterminé par la quantité de nourriture. Toute l'année il y a de la nourriture pour cinq ou dix fois autant d'animaux, et cependant leur nombre ne s'accroît que très lentement. Mais pour peu que le propriétaire bouriate fasse dans la steppe une provision de foin, si minime soit-elle, et qu'il en fournisse aux animaux pendant les jours de verglas ou de neige trop abondante, il constate aussitôt l'accroissement de ses troupeaux. Presque tous les herbivores à l'état libre et beaucoup de rongeurs en Asie et en Amérique étant dans des conditions semblables, nous pouvons dire avec certitude que leur nombre n'est pas limité par la compétition, qu'à aucune époque de l'année ils n'ont à lutter les uns contre les autres pour la nourriture, et que s'ils restent bien loin de la surpopulation, c'est le climat et non la compétition qui en est cause.

L'importance des obstacles naturels à la surpopulation et la façon dont ces obstacles infirment l'hypothèse de la compétition vitale, nous semblent n'avoir jamais été pris en considération suffisante. Les obstacles, ou plutôt quelques-uns d'entre eux, sont mentionnés, mais leur action est rarement étudiée en détail. Cependant si nous considérons les effets de la compétition et les effets des réductions naturelles, nous devons reconnaître tout de suite que ceux-ci sont de beaucoup les plus importants. Ainsi, Bates mentionne le nombre vraiment effrayant de fourmis ailées qui sont détruites durant leur exode. Les corps morts ou à demi-morts des « formica de fuego » (*Myrmica sævissima*) qui avaient été emportés dans la rivière pendant une tempête « étaient entassés en une ligne d'un pouce ou deux de hauteur et de largeur, ligne qui se continuait sans interruption sur plusieurs kilomètres le long de la berge[38] ». Des myriades de fourmis sont ainsi détruites au milieu d'une riche nature qui pourrait en nourrir cent fois plus qu'il n'y en a actuellement. Le Dr Altum, un forestier allemand qui a écrit un livre très intéressant sur les animaux nuisibles de nos forêts, relate aussi beaucoup de faits montrant l'immense importance des obstacles naturels. Il dit qu'une suite de tempêtes ou de temps froids et humides pendant l'exode des bombyx du pin (*Bombyx pini*) les détruit en quantités incroyables, et au printemps de 1871 tous les bombyx disparurent soudain, tués probablement par une suite de nuits froides[39]. Bien d'autres exemples semblables, relatifs aux insectes, pourraient être mentionnés. Le Dr Altum cite aussi les oiseaux ennemis du bombyx du pin et l'immense quantité d'œufs de ce papillon, détruits par les renards ; mais il ajoute que les champignons parasites qui l'infectent périodiquement sont des ennemis beaucoup plus redoutables qu'aucun oiseau parce qu'ils détruisent les bombyx sur de grands espaces à la fois. Quant à certaines espèces de souris (*Mus sylvaticus, Arvicola arvalis* et *A. agrestis*), le même auteur donne une longue liste de leurs ennemis, mais il y ajoute cette remarque : « Cependant les plus terribles ennemis des souris ne sont pas d'autres animaux, mais bien les brusques changements de temps, tels qu'il s'en présente presque chaque année. » Les alternatives de gelées et de temps chaud les détruisent en quantités innombrables ; « un seul changement brusque de température peut réduire des milliers de souris à quelques individus ». D'un autre côté, un hiver chaud, ou un hiver qui vient graduellement, les fait multiplier en proportions menaçantes, en dépit de tout ennemi ; tel fut le cas en 1876 et en 1877[40] ; ainsi la compétition, dans le cas des souris, semble un facteur de bien peu d'importance en comparaison de la température. Des faits analogues ont aussi été observés pour les écureuils.

Quant aux oiseaux, on sait assez combien ils souffrent des changements brusques du temps. Les tempêtes de neige tardives sont aussi destructives d'oiseaux dans les landes anglaises qu'en Sibérie ; et Ch. Dixon a vu les grouses rouges si éprouvées pendant certains hivers exceptionnellement rigoureux qu'elles abandonnaient leurs landes en grand nombre ; « il est avéré qu'on en prit jusque dans les rues de Sheffield. Les pluies persistantes, ajoute-t-il, leur sont presque aussi fatales ».

D'un autre côté, les maladies contagieuses qui frappent continuellement la plupart des espèces animales les détruisent en nombre tel que les pertes ne peuvent souvent être réparées pendant plusieurs années, même chez les animaux qui se reproduisent le plus rapidement. Ainsi, il y a environ soixante ans, les *sousliks* disparurent soudainement dans la région de Sarepta, dans la Russie du Sud-Est, par suite de quelque épidémie ; et pendant longtemps on ne vit plus aucun *souslik* dans cette région. Il fallut bien des années avant qu'ils redevinssent aussi nombreux qu'ils l'étaient auparavant[41].

Des faits semblables, tendant tous à réduire l'importance qu'on a donnée à la compétition, pourraient être cités en très grand nombre[42]. Certes on pourrait répliquer, en citant ces paroles de Darwin, que néanmoins, chaque être organisé, « à quelque période de sa vie, durant quelque saison de l'année, dans chaque génération, ou par intervalles, a à lutter pour sa vie et à éprouver de grandes pertes », et que les mieux doués survivent pendant ces périodes de rude combat pour la vie. Mais si l'évolution du monde animal était basée exclusivement, ou même principalement, sur la survivance des mieux doués pendant les périodes de calamités ; si la sélection naturelle était limitée dans son action à des périodes exceptionnelles de sécheresse ou à des changements soudains de température ou à des inondations, la décadence serait la règle dans le monde animal. Ceux qui survivent après une famine, ou après une violente épidémie de choléra ou de petite vérole, ou de diphtérie, telles que nous les voyons dans les pays non civilisés, ne sont ni les plus forts, ni les plus sains, ni les plus intelligents. Aucun progrès ne pourrait être basé sur ces survivances, d'autant moins que tous les survivants sortent de l'épreuve avec une santé affaiblie, comme par exemple ces chevaux de Transbaïkalie que nous venons de mentionner, ou les équipages des expéditions arctiques, ou la garnison d'une forteresse qui, après avoir vécu pendant plusieurs mois à demi-ration, sort de cette épreuve avec une santé ruinée, présentant dans la suite une mortalité tout à fait anormale. Tout ce que la sélection naturelle peut faire pendant les époques de calamités est d'épargner les individus doués de la plus grande endurance pour des privations de toutes sortes. Il en est ainsi des chevaux et des bestiaux sibériens. Ils sont endurants ; ils peuvent se nourrir de bouleau polaire en cas de nécessité ; ils résistent au froid et à la faim. Mais un cheval sibérien ne peut porter la moitié du poids qu'un cheval européen porte facilement ; une vache sibérienne ne donne pas la moitié du lait donné par une vache de Jersey, et les indigènes des pays non civilisés ne sauraient être comparés aux Européens. Ils supportent mieux la faim et le froid, mais leur force physique est très au-dessous de celle d'un Européen bien nourri, et leurs progrès intellectuels sont désespérément lents. « Le mal ne peut produire le bien », comme l'a très bien dit Tchernychevsky dans un remarquable essai sur le Darwinisme[43].

Fort heureusement la compétition n'est pas la règle dans le monde animal ni dans l'humanité. Elle est limitée chez les animaux à des périodes exceptionnelles, et la sélection naturelle trouve de bien meilleures occasions pour opérer. Des conditions meilleures sont créées par *l'élimination de la concurrence* au moyen de l'entr'aide et du soutien mutuel[44]. Dans la grande lutte pour la vie — pour la plus grande plénitude et la plus grande intensité de vie, avec la moindre perte d'énergie — la sélection naturelle cherche toujours les moyens d'éviter la compétition autant que possible. Les fourmis se réunissent en groupes et en nations ; elles accumulent des provisions, elles élèvent leurs bestiaux, évitant ainsi la compétition ; et la sélection naturelle choisit parmi les fourmis les espèces qui savent le mieux éviter la compétition avec ses conséquences nécessairement pernicieuses. La plupart de nos oiseaux reculent lentement vers le Sud quand vient l'hiver, ou se réunissent en innombrables sociétés et entreprennent de longs voyages — évitant ainsi la compétition. Beaucoup de rongeurs s'endorment quand vient l'époque où commencerait la compétition ; tandis que d'autres rongeurs amassent de la nourriture pour l'hiver et se réunissent en grands villages pour s'assurer la protection nécessaire à leur travail. Le renne émigre vers la mer quand les lichens sont trop secs à l'intérieur. Les bisons traversent d'immenses continents afin de trouver de la nourriture en abondance. Les castors, quand ils deviennent trop nombreux sur une rivière, se divisent en deux bandes et se séparent : les vieux descendant la rivière et les jeunes la remontant — et ils évitent la concurrence. Et quand les animaux ne peuvent ni s'endormir, ni émigrer, ni amasser des provisions, ni élever eux-mêmes ceux qui les nourriraient, comme les fourmis élèvent les pucerons, ils font comme ces mésanges, que Wallace (*Darwinism*, ch. V) a décrit d'une façon si charmante : ils ont recours à de nouvelles sortes de nourriture — et ainsi encore ils évitent la compétition[45].

« Pas de compétition ! La compétition est toujours nuisible à l'espèce et il y a de nombreux moyens de l'éviter », Telle est la *tendance* de la nature, non pas toujours pleinement réalisée, mais toujours présente. C'est le mot d'ordre que nous donnent le buisson, la forêt, la rivière, l'océan. « Unissez-vous ! Pratiquez l'entr'aide ! C'est le moyen le plus sûr pour donner à chacun et à tous la plus grande sécurité, la meilleure garantie d'existence et de progrès physique, intellectuel et moral. » Voilà ce que la Nature nous enseigne ; et c'est ce qu'ont fait ceux des animaux qui ont atteint la plus haute position dans leurs classes respectives. C'est aussi ce que l'homme — l'homme le plus primitif — a fait ; et c'est pourquoi l'homme a pu atteindre la position qu'il occupe maintenant, ainsi que nous allons le voir dans les chapitres suivants, consacrés à l'entr'aide dans les sociétés humaines.

1. ↑ *Phénomènes périodiques*, de Sievertsoff (en russe), p. 251.
2. ↑ Seyfferlitz, cité par Brehm, IV, 760.
3. ↑ *The Arctic Voyages* de A. E. Nordenskjôl, Londres, 1879, p. 135. Voir aussi l'excellente description des îles Saint-Kilda, par M. Dixon (cité par Seebohm), ainsi que presque tous les livres de voyages dans les régions arctiques.
4. ↑ Voir appendice III.
5. ↑ Elliot Couës, dans *Bulletin U. S. Geol. Survey of Territories*, IV, n° 7, pp. 556, 579, etc. Parmi les goélands (*Larus argentatus*), Poliakoff vit, dans un marais de la Russie du Nord, que la région des nids d'un très grand nombre de ces oiseaux était toujours gardée par un mâle qui avertissait la colonie à l'approche d'un danger. En ce cas tous les oiseaux accouraient et attaquaient l'ennemi avec une grande vigueur. Les femelles, qui avaient cinq ou six nids réunis sur chaque tertre du marais, observaient un certain ordre pour quitter leurs nids et aller chercher leur nourriture. Les jeunes oiseaux, qui par eux-mêmes sont absolument sans protection et deviennent facilement la proie des rapaces, n'étaient jamais laissés seuls. (« Habitudes de famille parmi les oiseaux aquatiques », dans les Procès-verbaux de la Section de zoologie de la Société des naturalistes de Saint-Pétersbourg, 17 décembre 1874.)
6. ↑ Brehm le père cité par A. Brehm, IV, 34 et suiv. Voyez aussi *White, Natural History of Selborne*, Lettre XI.
7. ↑ Dr Couës, Oiseaux du Dakota et du Montana dans le *Bulletin of the U. S. Survey of the Territories*, IV, n° 7.
8. ↑ On a souvent dit que les plus gros oiseaux transportent parfois quelques-uns des plus petits quand ils traversent ensemble la Méditerranée, mais le fait demeure douteux. D'un autre côté il est certain que des petits oiseaux se joignent à de plus gros pour les migrations ; le fait a été noté plusieurs fois et il a été récemment confirmé par L. Buxbaum à Raunheim. Il vit plusieurs bandes de grues avec des alouettes volant au milieu et sur les deux côtés de leurs colonnes de migration. (*Der zoologische Garten*, 1886, p. 133.)

9. ↑ H. Seebohm et Ch. Dixon mentionnent tous les deux cette habitude.
10. ↑ Le fait est bien connu de tous les naturalistes explorateurs, et en ce qui concerne l'Angleterre, on trouve plusieurs exemples dans le livre de Ch. Dixon, *Among the Birds in Northern Shires*. Les pinsons arrivent pendant l'hiver en grandes bandes, et à peu près au même moment, c'est-à-dire en novembre, arrivent des bandes de pinsons des montagnes ; les grives mauvis fréquentent les mêmes endroits « en grandes compagnies semblables », et ainsi de suite (pp. 165 et 166).
11. ↑ S. W. Baker, *Wild Beasts*, etc., vol, I, p. 316.
12. ↑ Tschadi, *Thierleben der Alpenwelt*, p. 404.
13. ↑ Houzeau, *Études*, II, 463.
14. ↑ A propos de leurs associations pour la chasse, voyez *Natural History of Ceylan* de sir E. Tennant, citée dans *Animal Intelligence* de Romanes, p. 432.
15. ↑ Voyez la lettre d'Emile Hüter dans *Liebe* de Büchner.
16. ↑ Voyez appendice IV.
17. ↑ En ce qui regarde le viscache, il est intéressant de remarquer que ces petits animaux si éminemment sociables non seulement vivent pacifiquement ensemble dans chaque village, mais que la nuit des villages entiers se rendent visite les uns aux autres. Ainsi la sociabilité s'étend à l'espèce tout entière, pas seulement à une société spéciale, ou à une nation comme nous l'avons vu chez les fourmis. Quand un fermier détruit un terrier de viscaches et enterre les habitants sous un tas de terre, d'autres viscaches, nous dit Hudson, « viennent de loin pour déterrer ceux qui sont enterrés vivants » (loc. cit., p. 311). Ceci est un fait bien connu dans la région de La Plata et qui a été vérifié par l'auteur.
18. ↑ Hanbhuch für Jäger and Jagdberchigte, cité par Brehm, II, 223.
19. ↑ Histoire naturelle de Buffon
20. ↑ A propos des chevaux, il est à remarquer que le zèbre couagga qui ne se réunit jamais au zèbre dauw vit cependant en excellents termes, non seulement avec les autruches, qui sont de très bonnes sentinelles, mais aussi avec des gazelles, ainsi qu'avec plusieurs espèces d'antilopes et les gnous. Nous avons ainsi un cas d'antipathie entre le couagga et le dauw qu'on ne peut expliquer par leur compétition pour la même nourriture. Le fait que le couagga vit en bons termes avec des ruminants se nourrissant de la même herbe que lui exclut cette hypothèse, et il doit y avoir quelque incompatibilité de caractère, comme dans le cas du lièvre et du lapin. Cf. entre autres, *Big Game Shooting* de Clive Phillips-Wolley (Badmington Library) qui contient d'excellents exemples d'espèces différentes vivant ensemble dans l'Est de l'Afrique.

21. ↑ Notre chasseur Toungouse, qui allait se marier, et qui par conséquent était poussé par le désir de se procurer autant de fourrures qu'il lui serait possible, parcourait les flancs des collines tout le long du jour à cheval à la recherche des chevreuils. En récompense de ses efforts il n'arrivait pas même à en tuer un chaque jour ; et c'était un excellent chasseur.
22. ↑ Suivant Samuel W. Baker, les éléphants s'unissent en groupes plus nombreux que les « familles composées ». « J'ai fréquemment observé, écrit-il, dans la partie de Ceylan, connue sous le nom de Région du Parc, des traces d'éléphants en grand nombre provenant évidemment de troupeaux considérables qui s'étaient unis pour opérer une retraite générale d'un territoire qu'ils considéraient comme dangereux », (*Wild Beasts and their Ways*, vol. I, p. 102.)
23. ↑ Les porcs attaqués par les loups font de même (Hudson, *loc. cit.*).
24. ↑ *L'intelligence des animaux* de Romanes, p. 472
25. ↑ Brehm, I, 82 ; *Descent of Man* de Darwin, ch. III. L'expédition Kozloff de 1899-1901 eut à soutenir un combat semblable dans le Nord du Thibet.
26. ↑ Il n'en est que plus étrange de lire dans un article déjà cité de Huxley la paraphrase suivante d'une phrase bien connue de Rousseau : « Les premiers hommes qui substituèrent la paix mutuelle à la guerre mutuelle — quel que soit le motif qui les força à faire ce progrès — *créèrent la société.* » (*Nineteenth Century*, février 1888, p. 165.) — La société n'a pas été créée par l'homme, elle est antérieure à l'homme.
27. ↑ Des monographies telles que le chapitre, « La musique et la danse dans la nature » dans le livre de Hudson : *Naturalist on the La Plata* et l'ouvrage de Carl Gross : *Les jeux des animaux* ont déjà jeté une vive lumière sur cet instinct qui est absolument universel dans la nature.
28. ↑ Non seulement de nombreuses espèces d'oiseaux ont l'habitude de s'assembler (souvent à un endroit fixe) pour s'amuser et pour danser, mais d'après les observations de W. H. Hudson tous les mammifères et les oiseaux (« il n'y a probablement pas d'exception ») se livrent fréquemment à des séries de récréations, chants, danses et exercices, plus ou moins organisés et accompagnés de bruits et de chants (p. 264).
29. ↑ Pour les chœurs de singes, voir Brehm.
30. ↑ Haygarth, *Bush Life in Australia*, p. 58.
31. ↑ Pour ne citer que quelques exemples : un blaireau blessé fut emporté par un autre blaireau arrivé soudain ; on a vu des rats nourrir un couple de rats aveugles (*Seelenleben der Thiere*, p. 64 et suivantes). Brehm a vu lui-même deux corneilles qui nourrissaient dans le creux d'un arbre une troisième corneille blessée ; la blessure datait déjà de plusieurs semaines (*Hausfreund*, 1874, 715 ; *Liebe*, de Büchner, 203). M. Blyth a vu des

corneilles de l'Inde nourrir deux ou trois de leurs camarades aveugles, etc.
32. ↑ *Man and Beast*, p. 344
33. ↑ L. H. Morgan, *The American Beaver*, 1868, p. 272 ; *Descent of Man*, chap. IV.
34. ↑ Une espèce d'hirondelles est dite avoir causé la décroissance d'une autre espèce d'hirondelles de l'Amérique du Nord ; le récent accroissement des grosses grives (missel-thrush) en Écosse a causé la décroissance de la grive chanteuse (song-thrush) ; le rat brun a pris la place du rat noir en Europe ; en Russie le petit cafard a chassé de partout son grand congénère ; et en Australie l'abeille essaimeuse, qui a été importée, extermine rapidement la petite abeille sans aiguillon. Deux autres cas, mais qui ont trait à des animaux domestiques, sont cités dans le paragraphe précédent. Mais A. R. Wallace, qui rappelle les mêmes faits, remarque dans une note sur les grives d'Écosse : « Cependant le professeur A. Newton m'informe que ces espèces ne se nuisent pas de la façon racontée ici. » (*Darwinism*, p. 34.) Quant au rat brun on sait que par suite de ses habitudes d'amphibie, il reste habituellement dans les parties basses de nos habitations (caves profondes, égouts, etc.) ainsi que sur les rives des canaux et des rivières ; il entreprend aussi de lointaines migrations en bandes innombrables. Le rat noir au contraire préfère rester dans nos maisons mêmes, sous les planches et dans les écuries ou les granges. Ainsi il est beaucoup plus exposé à être exterminé par l'homme, et c'est pourquoi on n'a pas le droit d'affirmer que le rat noir est exterminé ou affamé par le rat brun et non par l'homme.
35. ↑ (l'absence d'italiques dans notre cas...)
36. ↑ « Mais on peut affirmer que lorsque plusieurs espèces proches parentes habitent le même territoire, nous devrions sans doute trouver aujourd'hui beaucoup de formes de transition... D'après ma théorie ces espèces parentes descendent d'un ancêtre commun ; et pendant le cours des modifications, chacune s'est adaptée aux conditions de vie de sa propre région, et a supplanté et exterminé la variété ancestrale ainsi que toutes les variétés transitoires entre son état passé et présent. » (*Origin of Species*, 6e ed., p. 134 et aussi pp. 137, 296, — et tout le paragraphe : « Sur l'extinction ».)
37. ↑ Suivant Mme Marie Pavloff, qui a fait une étude spéciale de ce sujet, ils émigrèrent d'Asie en Afrique, y restèrent un certain temps et retournèrent ensuite en Asie. Que cette double migration soit ou non confirmée, le fait que les ancêtres de notre cheval actuel ont vécu

autrefois en Asie, en Afrique et en Amérique est établi d'une façon indiscutable

38. ↑ *The Naturalist on the River Amazons*, II, 85, 95.
39. ↑ Dr B. Altum, *Waldbeschädigungendurch Thiere und Gegenmittel* (Berlin, 1889), p. 307 et suiv.
40. ↑ Dr B. Altum, même ouvrage, p. 13 et p. 187
41. ↑ A. Becker, dans le *Bulletin de la Société des Naturalistes de Moscou*, 1889, p. 625.
42. ↑ Voyez appendice V.
43. ↑ *Russkaya Mysl*, sept. 1888 : « La théorie du bienfait de la lutte pour la vie, préface à différents traités sur la botanique, la zoologie et la vie humaine », par Un Vieux Transformiste.
44. ↑ « Un des modes d'action les plus fréquents de la sélection naturelle est l'adaptation de quelques individus d'une espèce donnée à une façon de vivre un peu différente, ce qui les rend capables d'occuper une nouvelle place dans la nature » (*Origin of Species*, p. 145) — en d'autres termes, éviter la concurrence.
45. ↑ Voyez appendice VI.

Chapitre III

L'ENTR'AIDE PARMI LES SAUVAGES.

La guerre supposée de chacun contre tous. — Origine tribale des sociétés humaines. — Apparence tardive de la famille séparée. — Bushmen et Hottentots. — Australiens, Papous — Esquimaux, Aléoutes. — Les caractères de la vie sauvage sont difficiles à comprendre pour les Européens. — La conception de la justice chez les Dayaks. — Le droit commun.

Le rôle immense joué par l'entr'aide et le soutien mutuel dans l'évolution du monde animal a été brièvement analysé dans les chapitres précédents. Il nous faut maintenant jeter un regard sur le rôle joué par les mêmes agents dans l'évolution de l'humanité. Nous avons vu combien sont rares les espèces animales où les individus vivent isolés, et combien nombreuses sont celles qui vivent en sociétés, soit pour la défense mutuelle, soit pour la chasse, ou pour amasser des provisions, pour élever leurs rejetons, ou simplement pour jouir de la vie en commun. Nous avons vu aussi que, quoique bien des guerres aient lieu entre les différentes classes d'animaux, ou les différentes espèces, ou même les différentes tribus de la même espèce, la paix et l'appui mutuel sont la règle à l'intérieur de la tribu ou de l'espèce ; et nous avons vu que les espèces qui savent le mieux comment s'unir et éviter la concurrence ont les meilleures chances de survie et de développement progressif ultérieur. Elles prospèrent, tandis que les espèces non sociables dépérissent.

Il serait donc tout à fait contraire à ce que nous savons de la nature que les hommes fassent exception à une règle si générale : qu'une créature désarmée, comme le fut l'homme à son origine, eût trouvé la sécurité et le progrès non dans l'entr'aide, comme les autres animaux, mais dans une concurrence effrénée pour des avantages personnels, sans égard aux intérêts de l'espèce. Pour un esprit accoutumé à l'idée d'unité dans la nature une telle proposition semble parfaitement insoutenable. Et cependant, tout improbable et anti-philosophique qu'elle fût, elle n'a jamais manqué de partisans. Il y a toujours eu des écrivains pour juger l'humanité avec pessimisme. Ils la connaissaient plus ou moins superficiellement dans les limites de leur propre expérience ; ils savaient de l'histoire ce qu'en disent les annalistes, toujours attentifs aux guerres, à la cruauté, à l'oppression, et guère plus ; et ils en concluaient que l'humanité n'est autre chose qu'une agrégation flottante d'individus, toujours prêts à combattre l'un contre l'autre et empêchés de le faire uniquement par l'intervention de quelque autorité.

Ce fut l'attitude qu'adopta Hobbes ; et tandis que quelques-uns de ses successeurs du XVIIIe siècle s'efforçaient de prouver qu'à aucune époque de son existence, pas même dans sa condition la plus primitive, l'humanité n'a vécu dans un état de guerre perpétuelle, que les hommes ont été sociables même à « l'état de nature », et que ce fut l'ignorance plutôt que les mauvais penchants naturels de l'homme qui poussa l'humanité aux horreurs des premières époques historiques, l'école de Hobbes affirmait, au contraire, que le prétendu « état de nature » n'était autre chose qu'une guerre permanente entre des individus accidentellement réunis pêle-mêle par le simple caprice de leur existence bestiale. Il est vrai que la science a fait des progrès depuis Hobbes et que nous avons des bases plus sûres pour raisonner sur ce sujet que les spéculations de Hobbes ou de Rousseau. Mais la philosophie de Hobbes a cependant encore de nombreux admirateurs ; et nous avons eu dernièrement toute une école d'écrivains qui, appliquant la terminologie de Darwin bien plus que ses idées fondamentales, en ont tiré des arguments en faveur des opinions de Hobbes sur l'homme primitif et ont même réussi à leur donner une apparence scientifique. Huxley, comme on sait, prit la tête de cette école, et dans un article écrit en 1888, il représenta les hommes primitifs comme des espèces de tigres ou de lions, privés de toute conception éthique, poussant la lutte pour l'existence jusqu'à sa plus cruelle extrémité, menant une vie de « libre combat continuel ». Pour citer ses propres paroles, « en dehors des liens limités et temporaires de la famille, la guerre dont parle Hobbes de chacun contre tous était l'état normal de l'existence[1] ».

On a fait remarquer plus d'une fois que la principale erreur de Hobbes aussi bien que des philosophes du XVIIIème siècle, était de supposer que l'humanité avait commencé sous la forme de petites familles isolées, un peu dans le genre des familles « limitées et temporaires » des grands carnivores, tandis que maintenant on sait d'une manière positive que tel *ne fut pas le cas*. Bien entendu, nous n'avons pas de témoignage direct touchant le mode de vie des premiers êtres humains. Nous ne sommes même pas fixés sur l'époque de leur première apparition, les géologues inclinant aujourd'hui à en voir la trace dans le pliocène, ou même dans le miocène, qui sont des dépôts de la période tertiaire. Mais nous avons la méthode indirecte qui nous permet de jeter quelque lumière jusqu'à cette lointaine antiquité. Une investigation minutieuse des institutions sociales des peuples primitifs a été faite pendant les quarante dernières années, et elle a révélé parmi leurs institutions actuelles des traces d'institutions beaucoup plus anciennes, qui ont disparu depuis longtemps, mais cependant ont laissé des vestiges indubitables de leur existence antérieure. Toute une science consacrée à l'embryologie des institutions humaines s'est ainsi développée par les travaux de Bachofen, Mac Lennan, Morgan, Edward Tylor, Maine, Post, Kovalesvsky, Lubbock et plusieurs autres. Et cette science a établi avec certitude que l'humanité *n'a pas* commencé sous la forme de petites familles isolées.

Loin d'être une forme primitive d'organisation, la famille est un produit très tardif de l'évolution humaine. Aussi loin que nous pouvons remonter dans la paléo-ethnologie de l'humanité, nous trouvons les hommes vivant en sociétés, en tribus semblables à celles des mammifères les plus élevés ; et il a fallu une évolution extrêmement lente et longue pour amener ces sociétés à l'organisation par gens ou par clan, laquelle, à son tour, eut à subir aussi une très longue évolution avant que les premiers germes de la famille, polygame ou monogame, pussent apparaître. Ainsi des sociétés, des bandes, des tribus — et non des familles — furent la forme primitive de l'organisation de l'humanité chez ses ancêtres les plus reculés. C'est là qu'en est arrivé l'ethnologie après des recherches laborieuses. Et en cela elle a simplement abouti à ce qu'aurait pu prévoir un zoologue. Aucun des mammifères supérieurs, sauf quelques carnivores et quelques espèces de singes dont le déclin ne fait pas de doute (orangs-outangs et gorilles) ne vit par petites familles errant isolées dans les bois. Tous les autres vivent en sociétés. Darwin a d'ailleurs si bien compris que les singes qui vivent isolés n'auraient jamais pu se transformer en êtres humains, qu'il était porté à considérer l'homme comme descendant d'une espèce comparativement faible, *mais sociable,* telle que le chimpanzé, plutôt que d'une espèce plus forte, mais non sociable, telle que le gorille[2]. La zoologie et la paléo-ethnologie sont ainsi d'accord pour admettre que la bande, non la famille, fut la première forme de la vie sociale. Les premières sociétés humaines furent simplement un développement ultérieur de ces sociétés qui constituent l'essence même de la vie des animaux les plus élevés[3].

Si maintenant nous nous reportons à l'évidence positive, nous voyons que les premières traces de l'homme, datant de la période glaciaire ou des commencements de l'époque post-glaciaire, prouvent clairement que dès ce temps l'homme vivait par troupes. Les ustensiles en pierre sont trouvés très rarement isolés, alors même qu'ils datent de cette époque si reculée, de l'âge de pierre ou d'une époque que l'on croit plus lointaine encore ; au contraire, partout où l'on découvre un outil de silex on est sûr d'en trouver d'autres, et le plus souvent en très grande quantité. A l'époque où les hommes demeuraient dans des cavernes ou sous des abris de rochers, en compagnie de mammifères aujourd'hui disparus, réussissant à peine à fabriquer des haches de silex de l'espèce la plus grossière, ils connaissaient déjà les avantages de la vie en sociétés. Dans les vallées des affluents de la Dordogne, la surface des rochers est en certains endroits entièrement couverte de cavernes qui furent habitées par les hommes paléolithiques[4]. Quelquefois ces cavernes jadis habitées sont superposées par étages, et elles rappellent certainement beaucoup plus les colonies de nids d'hirondelles que les tanières des carnivores. Quant aux instruments en silex découverts dans ces cavernes, pour me servir des paroles de

Lubbock, « on peut dire sans exagération qu'ils sont innombrables ». La même chose est vraie pour les autres stations paléolithiques. Il semble aussi, d'après les investigations de Lartet, que chez les habitants paléolithiques de la région d'Aurignac, dans le Sud de la France, la tribu entière prenait part à des repas à l'enterrement des morts. Ainsi les hommes vivaient en sociétés et avaient des commencements de culte par tribu, même à cette époque si reculée.

Le fait est encore mieux prouvé pour la deuxième partie, plus récente, de l'âge de pierre. Les traces de l'homme néolithique ont été trouvées en quantités innombrables, de sorte que nous pouvons reconstituer sous bien des rapports sa manière de vivre. Lorsque la grande calotte de glace de l'époque glaciaire (qui devait s'étendre des régions polaires jusqu'au milieu de la France, de l'Allemagne centrale et de la Russie centrale, et qui, en Amérique, recouvrait le Canada ainsi qu'une grande partie de ce qui forme maintenant les États-Unis) commença à fondre, les surfaces débarrassées de la glace furent couvertes d'abord de marais et de fondrières, et plus tard d'une multitude de lacs[5]. Des lacs remplissaient toutes les dépressions des vallées, avant que leurs eaux aient creusé ces canaux permanents qui, à une époque postérieure, sont devenus nos rivières. Et partout où nous explorons, en Europe, en Asie ou en Amérique, les bords des lacs, littéralement innombrables, de cette période, dont le vrai nom devrait être « période lacustre », nous trouvons des traces de l'homme néolithique. Elles sont si nombreuses que nous ne pouvons que nous étonner de la densité relative de la population à cette époque. Les « stations » de l'homme néolithique se suivent de près les unes les autres sur les terrasses qui marquent maintenant les rivages des anciens lacs. Et à chacune de ces stations les outils de pierre sont trouvés en telles quantités qu'il est certain que ces endroits furent habités pendant des siècles par des tribus assez nombreuses. De véritables ateliers d'outils de silex, témoignant du grand nombre des ouvriers qui s'y réunissaient, ont été découverts par les archéologues.

Les traces d'une période plus avancée, déjà caractérisée par l'usage de quelques poteries, se retrouvent dans les amas de coquilles du Danemark. Ces amas se montrent, comme on sait, sous la forme de tas de deux à trois mètres d'épaisseur, de trente à cinquante mètres de largeur et de trois cents mètres ou plus de longueur, et ils sont si communs le long de certaines parties de la côte que pendant longtemps ils ont été considérés comme des produits naturels. Cependant ils ne « contiennent rien qui n'ait d'une façon ou d'une autre servi à l'homme », et ils sont si remplis de produits de l'industrie humaine que pendant un séjour de deux jours à Milgaard, Lubbock ne déterra pas moins de 191 pièces d'outils de pierre et quatre fragments de poterie.[6] L'épaisseur et l'étendue de ces amas de coquilles prouvent que pendant des générations et des générations les côtes du Danemark furent habitées par des centaines de petites tribus vivant ensemble aussi pacifiquement que vivent de nos jours les tribus fuégiennes qui accumulent aussi de ces tas de coquilles[7].

Quant aux habitations lacustres de Suisse, qui représentent une étape plus avancée de la civilisation, elles présentent encore plus de preuves de la vie et du travail en sociétés. On sait que même au temps de l'âge de pierre les rivages des lacs suisses étaient parsemés de villages ; chacun de ceux-ci était formé de plusieurs huttes bâties sur une plate-forme, laquelle était supportée par de nombreux piliers plantés dans le fond du lac. Non moins de trente-quatre villages, pour la plupart datant de l'âge de pierre, ont été découverts sur les rives du lac Léman, trente-deux dans le lac de Constance, quarante-six dans le lac de Neuchâtel, et chacun de ces villages témoigne de l'immense somme de travail qui fut accompli en commun par la tribu, non par la famille. On a déjà fait observer que la vie des hommes des habitations lacustres a dû être remarquablement exempte de guerres. Et très probablement il en était ainsi d'après ce que nous savons des peuples primitifs qui vivent encore aujourd'hui dans des villages semblables bâtis sur pilotis le long des côtes de la mer.

On voit, même par ce rapide aperçu, que nos connaissances de l'homme primitif ne sont pas si restreintes et que, jusqu'à présent, elles sont plutôt opposées que favorables aux spéculations de Hobbes. De plus nos connaissances peuvent être complétées, sur bien des points, par l'observation directe de telles tribus primitives qui sont actuellement au même niveau de civilisation que les habitants de l'Europe aux époques préhistoriques. Il a suffisamment été prouvé par Edward Tylor et Lubbock que les tribus primitives que nous rencontrons actuellement *ne sont pas* des spécimens dégénérés d'une humanité qui aurait connu autrefois une plus haute civilisation, ainsi qu'on l'a parfois soutenu. Cependant, aux arguments que l'on a déjà opposés à la théorie de la dégénérescence, on peut ajouter ce qui suit. Sauf quelques tribus qui nichent dans les montagnes les moins accessibles, les « sauvages » forment une sorte de ceinture qui entoure les nations plus ou moins civilisées, et ils occupent les extrémités de nos continents dont la plupart présentent encore ou présentaient récemment le caractère des premières époques post-glaciaires. Tels sont les Esquimaux et leurs congénères du Groenland, de l'Amérique arctique et du Nord de la Sibérie, et dans l'hémisphère sud, les Australiens, les Papous, les Fuégiens et en partie les Bushmen ; tandis qu'à l'intérieur des zones civilisées de tels peuples primitifs ne se rencontrent que dans l'Himalaya, les montagnes de l'Australasie et les plateaux du Brésil. Or il faut se rappeler que l'âge glaciaire ne prit pas fin tout d'un coup et au même moment sur toute la surface de la terre. Il dure encore au Groenland. Donc à une époque où les pays du littoral de l'Océan Indien, de la Méditerranée ou du golfe du Mexique jouissaient déjà d'un climat plus chaud et devenaient le siège d'une civilisation plus élevée, d'immenses territoires dans le milieu de l'Europe, en Sibérie et au Nord de l'Amérique, ainsi qu'en Patagonie, dans l'Afrique du Sud et dans l'Australasie méridionale, restaient dans les conditions des débuts de l'époque post-glaciaire, conditions qui les rendaient inaccessibles aux nations civilisées des zones torrides et sub-torrides. Ces territoires étaient à cette époque ce que les terribles *ourmans* du Nord-Ouest de la Sibérie sont maintenant ; et leurs populations, inaccessibles et sans contact avec la civilisation, conservaient les caractères de l'homme de la première époque post-glaciaire. Plus tard, quand le dessèchement rendit ces territoires plus propres à l'agriculture, ils furent peuplés par des immigrants plus civilisés ; et, tandis qu'une partie des habitants primitifs étaient assimilés par les nouveaux venus, d'autres émigrèrent plus loin et s'établirent où nous les trouvons aujourd'hui. Les territoires qu'ils habitent maintenant sont encore (ou étaient récemment) sub-glaciaires quant à leurs caractères physiques ; leurs arts et leurs outils sont *les mêmes* que ceux de l'âge et, malgré la différence des races et les distances qui les séparent, leur mode de vie et leurs institutions sociales ont une ressemblance frappante. Aussi devons-nous les considérer comme des fragments des populations de la première époque post-glaciaire qui occupaient alors les zones aujourd'hui civilisées.

    La première chose qui nous frappe dès que nous commençons à étudier les primitifs est la complexité de leur organisation des liens du mariage. Chez la plupart d'entre eux la famille, dans le sens que nous attribuons à ce mot, se trouve à peine en germe. Mais ce ne sont nullement de vagues agrégations d'hommes et de femmes s'unissant sans ordre selon leurs caprices momentanés. Tous ont une organisation déterminée qui a été décrite dans ses grandes lignes par Morgan sous le nom d'organisation par « gens » ou par clan[8].

Sans entrer dans des détails qui nous mèneraient trop loin — le sujet étant si vaste — il nous suffira de dire qu'il est prouvé aujourd'hui que l'humanité a traversé, à ses commencements, une phase qui peut être décrite comme celle du « mariage communal » ; c'est-à-dire que dans la tribu les maris et les femmes étaient en commun sans beaucoup d'égards pour la consanguinité. Mais il est aussi certain que quelques restrictions à ces libres rapports s'imposèrent dès une période très reculée. D'abord le mariage fut prohibé entre les fils d'une mère et les sœurs de cette mère, ses petites-filles et ses tantes. Plus tard il fut prohibé aussi entre les fils et les filles d'une même mère, et de nouvelles restrictions suivirent celles-ci. L'idée d'une *gens* ou d'un clan, comprenant tous les descendants présumés d'une même souche (ou plutôt tous ceux qui s'étaient réunis en un groupe) se développa, et le mariage à l'intérieur du clan fut entièrement prohibé. Le mariage resta encore « communal », mais la femme ou le mari devait être pris dans un autre clan. Et quand une gens devenait trop nombreuse, et se subdivisait en plusieurs gentes, chacune d'elles était partagée en classes (généralement quatre) et le mariage n'était autorisé qu'entre certaines classes bien définies. Ce sont les conditions que nous retrouvons maintenant parmi les Australiens qui parlent le kamilaroi.

Quant à la famille, les premiers germes en apparurent au sein de l'organisation des clans. Une femme capturée à la guerre dans quelque autre clan, et qui auparavant aurait appartenu à la gens entière, put être gardée à une époque postérieure par le ravisseur, moyennant certaines obligations envers la tribu. Elle pouvait être emmenée par lui dans une hutte séparée, après avoir payé un certain tribut au clan, et ainsi se constituait à l'intérieur de la gens la famille patriarcale séparée, dont l'apparition marquait une phase tout à fait nouvelle de la civilisation[9].

Or, si nous considérons que ce régime compliqué se développa parmi des hommes qui en étaient au point le plus bas de l'évolution que nous connaissions, et qu'il se maintint dans des sociétés qui ne subissaient aucune espèce d'autorité autre que l'opinion publique, nous voyons tout de suite combien les instincts sociaux doivent avoir été enracinés profondément dans la nature humaine, même à son stade le plus bas. Un sauvage qui est capable de vivre sous une telle organisation et de se soumettre librement à des règles qui heurtent constamment ses désirs personnels n'est certainement pas une bête dépourvue de principes éthiques et ne connaissant point de frein à ses passions. Mais ce fait devient encore plus frappant si l'on considère l'extrême antiquité de l'organisation du clan. On sait aujourd'hui que les Sémites primitifs, les Grecs d'Homère, les Romains préhistoriques, les Germains de Tacite, les premiers Celtes et les premiers Slavons ont tous eu leur période d'organisation par clans, très analogue à celle des

Australiens, des Peaux-Rouges, des Esquimaux et des autres habitants de la « ceinture de sauvage».[10] Ainsi il nous faut admettre, soit que l'évolution des coutumes du mariage suivit la même marche parmi toutes les races humaines, soit que les rudiments de l'organisation du clan aient pris naissance chez quelques ancêtres communs des Sémites, des Aryens, des Polynésiens, etc., avant leur séparation en races distinctes, et que ces usages se conservèrent jusqu'à maintenant parmi des races séparées depuis bien longtemps de la souche commune. Quoi qu'il en soit, ces deux alternatives impliquent une ténacité également frappante de l'institution, puisque tous les assauts de l'individu ne purent la détruire depuis les dizaines de milliers d'années qu'elle existe. La persistance même de l'organisation du clan montre combien il est faux de représenter l'humanité primitive comme une agglomération désordonnée d'individus obéissant seulement à leurs passions individuelles et tirant avantage de leur force et de leur habileté personnelle contre tous les autres représentants de l'espèce. L'individualisme effréné est une production moderne et non une caractéristique de l'humanité primitive[11].

Prenons maintenant nos sauvages contemporains, et commençons par les Bushmen, qui en sont à un niveau très bas de développement — si bas qu'ils n'ont pas d'habitations, et dorment dans des trous creusés dans le sol, parfois protégés par un petit abri. On sait que lorsque les Européens s'établirent dans leur territoire et détruisirent les animaux sauvages, les Bushmen se mirent à voler les bestiaux des colons. Alors commença que guerre d'extermination, trop horrible pour être racontée ici. Cinq cents Bushmen furent massacrés en 1774, trois mille en 1808 et 1809 par l'Alliance des Fermiers et ainsi de suite. Ils furent empoisonnés comme des rats, tués par des chasseurs embusqués devant la carcasse de quelque animal, massacrés partout où on les rencontrait[12]. De sorte que nos connaissances touchant les Bushmen, empruntées le plus souvent à ceux-là même qui les ont exterminés, se trouvent forcément limitées. Cependant nous savons que, lorsque les Européens arrivèrent, les Bushmen vivaient en petites tribus (ou clans) et que ces clans formaient quelquefois des confédérations ; qu'ils avaient l'habitude de chasser en commun et se partageaient le butin sans se quereller ; qu'ils n'abandonnaient jamais leurs blessés et faisaient preuve d'une forte affection envers leurs camarades. Lichtenstein raconte une histoire des plus touchantes sur un Bushman presque noyé dans une rivière, qui fut sauvé par ses compagnons. Ils se dépouillèrent de leurs fourrures pour le couvrir, et tandis qu'ils demeuraient à grelotter, ils le séchèrent, le frottèrent devant le feu et enduisirent son corps de graisse chaude jusqu'à ce qu'ils l'aient rappelé à la vie. Et quand les Bushmen trouvèrent en Johan van der Walt un homme qui les traitait bien, ils exprimèrent leur reconnaissance par un attachement des plus touchants à cet homme[13]. Burchell et Moffat les représentent tous deux comme des êtres bons, désintéressés, fidèles à leurs promesses et reconnaissants[14], qualités qui ne peuvent se développer que si elles sont pratiquées dans une société étroitement unie. Quant à leur amour pour leurs enfants, il suffit de dire que quand un Européen désirait s'emparer d'une femme Bushman comme esclave, il volait son enfant : il était sûr que la mère viendrait se faire esclave pour partager le sort de son enfant[15].

Les mêmes mœurs sociales caractérisent les Hottentots, qui ne sont qu'à peine plus développés que les Bushmen. Lubbock les décrit comme « les plus sales animaux », et en effet ils sont sales. Une fourrure suspendue à leur cou et portée jusqu'à ce qu'elle tombe en lambeaux compose tout leur vêtement ; leurs huttes ne sont que quelques pieux assemblés et recouverts de nattes ; aucune espèce de meubles à l'intérieur. Bien qu'ils possédassent des bœufs et des moutons, et qu'ils semblent avoir connu l'usage du fer avant la venue des Européens, ils occupent encore un des degrés les plus bas de l'échelle de l'humanité. Et cependant ceux qui les ont vus de près louent hautement leur sociabilité et leur empressement à s'aider les uns les autres. Si l'on donne quelque chose à un Hottentot, il le partage immédiatement avec tous ceux qui sont présents — c'est cette habitude, on le sait, qui a tant frappé Darwin chez les Fuégiens. Un Hottentot ne peut manger seul, et quelque affamé qu'il soit, il appelle ceux qui passent près de lui pour partager sa nourriture ; et lorsque Kolben exprima son étonnement à ce sujet, il reçut cette réponse : « C'est la manière hottentote ». Mais ce n'est pas seulement une manière hottentote : c'est une habitude presque universelle parmi les « sauvages ». Kolben qui connaissait bien les Hottentots, et n'a point passé leurs défauts sous silence, ne pouvait assez louer leur moralité tribale.

> « Leur parole est sacrée, écrivait-il. Ils ne connaissent rien de la corruption et des artifices trompeurs de l'Europe. Ils vivent dans une grande tranquillité et ne sont que rarement en guerre avec leurs voisins. Ils sont toute bonté et bonne volonté les uns envers les autres... Les cadeaux et les bons offices réciproques sont certainement un de leurs grands plaisirs. L'intégrité des Hottentots, leur exactitude et leur célérité dans l'exercice de la justice, ainsi que leur chasteté, sont choses en lesquelles ils surpassent toutes ou presque toutes les nations du monde [16]. »

Tachart, Barrow, et Moodie [17] confirment pleinement le témoignage de Kolben. Je veux seulement faire remarquer que lorsque Kolben écrivait qu'ils sont « certainement le peuple le plus amical, le plus libéral et le plus bienveillant qu'il y eut jamais sur la terre » (I, 332) il écrivait une phrase qui a continuellement été répétée depuis dans les descriptions de sauvages. Quand des Européens rencontrent une race primitive, ils commencent généralement par faire une caricature de ses mœurs ; mais quand un homme intelligent est resté parmi ces primitifs pendant plus longtemps, il les décrit généralement comme « la meilleure » ou « la plus douce » race de la terre. Ce sont les termes mêmes qui ont été appliqués aux Ostiaks, aux Samoyèdes, aux Esquimaux, aux Dayaks, aux Aléoutes, aux

Papous, etc., par les meilleures autorités. Je me rappelle aussi les avoir lus à propos des Toungouses, des Tchoucktchis, des Sioux et de plusieurs autres. La fréquence même de ces grands éloges en dit plus que des volumes.

Les natifs d'Australie ne sont pas à un plus haut degré de développement que leurs frères de l'Afrique du Sud. Leurs huttes ont le même caractère. Très souvent un léger abri, une sorte de paravent fait avec quelques branches, est leur seule protection contre les vents froids. Pour leur nourriture ils sont des plus indifférents : ils dévorent des cadavres affreusement putréfiés et ils ont recours au cannibalisme en cas de disette. Quand ils furent découverts pour la première fois par les Européens, ils n'avaient que des outils de pierre ou d'os, des plus rudimentaires. Quelques tribus ne possédaient même pas de pirogues et ne connaissaient pas le commerce par échanges. Et cependant quand leurs mœurs et coutumes furent soigneusement étudiées, il se trouva qu'ils vivaient sous cette organisation complexe du clan dont j'ai parlé plus haut[18].

Le territoire qu'ils habitent est généralement partagé entre les différentes *gentes* ou clans ; mais les territoires de pêche et de chasse de chaque clan sont possédés en commun, et le produit de la chasse et de la pêche appartient à tout le clan, ainsi que les instruments de chasse et de pêche[19]. Les repas sont aussi pris en commun. Comme beaucoup d'autres sauvages, ils observent certaines règles relatives aux saisons où certaines gommes et certaines plantes peuvent être recueillies[20]. Quant à leur moralité, nous ne pouvons mieux faire que de résumer les réponses suivantes, faites aux questions de la Société anthropologique de Paris par Lumholtz, missionnaire qui séjourna dans le Nord du Queensland[21].

Les sentiments d'amitié existent chez eux à un haut degré. Ils subviennent d'ordinaire aux besoins des faibles ; les malades sont soignés attentivement et ne sont jamais abandonnés ni tués. Ces peuplades sont cannibales, mais elles ne mangent que très rarement des membres de leur propre tribu [ceux qui sont immolés par principes religieux, je suppose] ; ils mangent seulement les étrangers. Les parents aiment leurs enfants, jouent avec eux et les caressent. L'infanticide est communément approuvé. Les vieillards sont très bien traités, ils ne sont jamais mis à mort. Pas de religion, pas d'idoles, seulement la crainte de la mort. Le mariage est polygame, les querelles qui s'élèvent à l'intérieur de la tribu sont tranchées par des duels à l'aide d'épées et de boucliers en bois. Pas d'esclaves ; pas de culture d'aucune sorte ; pas de poteries, pas de vêtements, excepté quelquefois un tablier porté par les femmes. Le clan se compose de deux cents individus, divisés en quatre classes d'hommes et quatre classes de femmes ; le mariage n'est permis qu'entre certaines classes et jamais dans l'intérieur de la gens.|90}}

Quant aux Papous, proches parents de ceux-ci, nous avons le témoignage de G. L. Bink, qui fit un séjour dans la Nouvelle-Guinée, principalement dans la baie de Geelwink, de 1871 à 1883. Voici le résumé de ses réponses au même questionnaire[22] :

Ils sont sociables et gais ; ils rient beaucoup. Plutôt timides que courageux. L'amitié est relativement forte entre des individus appartenant à différentes tribus et encore plus forte à l'intérieur de la tribu. Un ami paie souvent la dette de son ami, en stipulant que ce dernier la repaiera sans intérêt aux enfants du prêteur. Ils ont soin des malades et des vieillards ; les vieillards ne sont jamais abandonnés, et en aucun cas ne sont tués — à moins qu'il ne s'agisse d'un esclave déjà malade depuis longtemps. Les prisonniers de guerre sont quelquefois mangés. Les enfants sont très choyés et aimés. Les prisonniers de guerre vieux et faibles sont tués, les autres sont vendus comme esclaves. Ils n'ont ni religion, ni dieux, ni idoles, ni autorité d'aucune sorte ; le plus âgé de la famille est le juge. En cas d'adultère, une amende doit être payée et une partie de cette amende revient à la *négoria* (la communauté). Le sol est possédé en commun, mais la récolte appartient à ceux qui l'ont fait pousser. Ils ont des poteries et ils connaissent le commerce par échanges — la coutume est que le marchand leur donne les marchandises, sur quoi ils retournent à leurs demeures et rapportent les produits indigènes que désire le marchand ; si ces produits ne peuvent être donnés, les marchandises européennes sont rendues[23]. Ils sont « chasseurs de têtes » et poursuivent la vengeance du sang. Quelquefois, dit Finsch, l'affaire est portée devant le Rajah de Namototte, qui la termine en imposant une amende.

Quand ils sont bien traités, les Papous sont très bons. Miklukho-Maclay aborda sur la côte orientale de la Nouvelle-Guinée avec un seul compagnon ; il y resta deux ans parmi les tribus décrites comme cannibales et il les quitta avec regret ; plus tard il revint pour rester encore un an parmi eux, et jamais il n'eut à se plaindre d'un mauvais traitement de leur part. Il est vrai qu'il avait pour règle de ne dire jamais, sous aucun prétexte, quelque chose qui ne fût pas vrai, ni de jamais faire une promesse qu'il ne pût tenir. Ces pauvres gens, qui ne savent même pas comment faire du feu et en entretiennent soigneusement dans leurs huttes pour ne jamais le laisser s'éteindre, vivent sous le communisme primitif, sans se donner de chefs. A l'intérieur de leurs villages, ils n'ont point de querelles qui vaillent la peine d'en parler. Ils travaillent en commun, juste assez pour avoir la nourriture de chaque jour ; ils élèvent leurs enfants en commun ; et le soir ils s'habillent aussi coquettement qu'ils le peuvent et dansent. Comme tous les sauvages ils aiment beaucoup la danse. Chaque village a *sa barla*, ou *balaï* — la « longue maison », ou « grande maison » — pour les hommes non mariés, pour les réunions sociales et pour la discussion des affaires communes — ce qui est encore un trait commun à la plupart des habitants des îles de l'Océan Pacifique, aux Esquimaux, aux Peaux Rouges, etc. Des groupes entiers de villages sont en termes amicaux et se rendent visite les uns aux autres en bloc.

Malheureusement les conflits ne sont pas rares, — non à cause de la « surpopulation du pays » ou d'une « âpre concurrence », ou d'autres inventions semblables d'un siècle mercantile, mais principalement à cause de superstitions. Aussitôt que l'un d'eux tombe malade, ses amis et parents se réunissent et se mettent à discuter sur ce qui pourrait être la cause de la maladie. Tous les ennemis possibles sont passés en revue, chacun confesse ses propres petites querelles, et enfin la vraie cause est découverte. Un ennemi du village voisin a appelé le mal sur le malade, et une attaque contre ce village est décidée. C'est la raison de querelles assez fréquentes, même entre les villages de la côte, sans parler des cannibales des montagnes qui sont considérés comme des sorciers et de vrais ennemis, quoique lorsqu'on les connaît de plus près, on s'aperçoive qu'ils sont exactement la même sorte de gens que leurs voisins de la côte[24].

On pourrait écrire bien des pages intéressantes sur l'harmonie qui règne dans les villages polynésiens des îles du Pacifique. Mais ils appartiennent à une phase plus avancée de la civilisation. Aussi prendrons-nous maintenant nos exemples à l'extrême Nord. Cependant il faut encore mentionner, avant de quitter l'hémisphère Sud, que même les Fuégiens, dont la réputation était si mauvaise, apparaissent sous un jour bien meilleur depuis qu'ils commencent à être mieux connus. Quelques missionnaires français qui sont restés parmi eux « n'ont connu aucun acte de malveillance dont ils puissent se plaindre ». Dans leurs clans, composés de cent vingt à cent cinquante personnes, les Fuégiens pratiquent le même communisme primitif que les Papous ; ils partagent tout en commun, et traitent très bien leurs vieillards : la paix règne parmi ces tribus[25].

Les Esquimaux et leurs congénères les plus proches, les Thlinkets, les Koloches et les Aléoutes sont les exemples les plus rapprochés de ce que l'homme peut avoir été durant la période glaciaire. Leurs outils diffèrent à peine de ceux de l'homme paléolithique, et quelques-unes des tribus ne connaissent même pas la pêche : ils percent simplement le poisson avec une sorte de harpon[26]. Ils connaissent l'usage du fer, mais ils le reçoivent des Européens ou le trouvent sur des vaisseaux naufragés. Leur organisation sociale est très primitive, quoiqu'ils soient déjà sortis de la phase du « mariage communal », même avec les restrictions du clan. Ils vivent par familles, mais les liens de la famille sont souvent rompus ; les maris et les femmes sont souvent échangés[27]. Les familles cependant demeurent réunies en clans, et comment pourrait-il en être autrement ? Comment pourraient-ils soutenir la dure lutte pour la vie à moins d'unir étroitement toutes leurs forces ? Ainsi font-ils ; et les liens de tribu sont plus étroits là où la lutte pour la vie est la plus dure ; par exemple, dans le Nord-Est du Groenland. Là « longue maison » est leur demeure habituelle, et plusieurs familles y logent, séparées l'une de l'autre par de petites cloisons de fourrures en loques, avec un passage commun sur le devant. Quelquefois la maison a la forme d'une croix, et en ce cas un feu commun est entretenu au centre. L'expédition allemande qui passa un hiver tout près d'une de ces « longues maisons » a pu certifier « qu'aucune querelle ne troubla la paix, aucune dispute ne s'éleva pour l'usage de cet étroit espace » pendant tout le long hiver. Les reproches, ou mêmes les paroles désobligeantes, sont considérés comme une offense s'ils ne sont pas prononcés selon la forme légale habituelle, la chanson moqueuse, chantée par les femmes, le « nith-song[28] ».

Une étroite cohabitation et une étroite dépendance mutuelle suffisent pour maintenir siècle après siècle ce profond respect des intérêts de la communauté qui caractérise la vie des Esquimaux. Même dans leurs plus grandes communautés, « l'opinion publique forme le vrai tribunal, et la punition ordinaire est un blâme du coupable en présence de la communauté[29] ».

La vie des Esquimaux est basée sur le communisme. Ce qu'on capture à la pêche ou à la chasse appartient au clan. Mais dans plusieurs tribus, particulièrement dans l'Ouest, sous l'influence des Danois, la propriété privée pénètre dans les institutions. Cependant ils ont un moyen à eux pour obvier aux inconvénients qui naissent d'une accumulation de richesses personnelles, ce qui détruirait bientôt l'unité de la tribu. Quand un homme est devenu riche, il convoque tous les gens de son clan à une grande fête, et après que tous ont bien mangé, il leur distribue toute sa fortune. Sur la rivière Yukon, Dall a vu une famille aléoute distribuer de cette façon 10 fusils, 10 vêtements complets en fourrures, 200 colliers de perles de verre, de nombreuses couvertures, 10 fourrures de loups, 200 de castors et 500 de zibelines. Après cela, les donateurs enlevèrent leurs habits de fête, les donnèrent aussi, et mettant de vieilles fourrures en loques, ils adressèrent quelques mots à leur clan, disant que, bien qu'ils fussent maintenant plus pauvres qu'aucun d'eux, ils avaient gagné leur amitié[30]. Ces distributions de richesses semblent être une habitude ordinaire chez les Esquimaux et ont lieu en certaines saisons, après une exposition de tout ce que l'on s'est procuré durant l'année[31]. A mon avis ces distributions révèlent une très vieille institution, contemporaine de la première apparition de la richesse personnelle ; elles doivent avoir été un moyen de rétablir l'égalité parmi les membres du clan, quand celle-ci était rompue par l'enrichissement de quelques-uns. Les répartitions nouvelles de terres et l'annulation périodique de toutes les dettes qui ont eu lieu aux époques historiques chez tant de races différentes (Sémites, Aryens, etc.), doivent avoir été un reste de cette vieille coutume. Et l'habitude de brûler avec le mort ou de détruire sur son tombeau tout ce qui lui avait appartenu personnellement — habitude que nous trouvons chez toutes les races primitives — doit avoir eu la même origine. En effet, tandis que tout ce qui a appartenu *personnellement* au mort est brûlé ou détruit sur son tombeau, rien n'est détruit de ce qui lui a appartenu en commun avec la tribu, par exemple les bateaux ou les instruments communs pour la pêche. La destruction ne porte que sur la propriété personnelle. A une époque postérieure cette habitude devient une cérémonie religieuse : on lui donne une interprétation mystique, et elle est imposée par la religion, quand l'opinion publique seule se montre incapable de l'imposer à tous. Et enfin on la remplace, soit en brûlant seulement des modèles des biens de l'homme mort (comme cela se fait en Chine), soit simplement en portant ses biens jusqu'à son tombeau et en les rapportant à la maison à la fin de la cérémonie —

habitude qui est encore en vigueur chez les Européens pour les épées, les croix et autres marques de distinction[32].

L'élévation de la moralité maintenue au sein des clans esquimaux a souvent été mentionnée. Cependant les remarques suivantes sur les mœurs des Aléoutes — proches parents des Esquimaux — donneront mieux une idée de la morale des sauvages dans son ensemble. Elles ont été écrites après un séjour de dix ans chez les Aléoutes, par un homme des plus remarquables, le missionnaire russe Veniaminoff. Je les résume en conservant autant que possible ses propres paroles :

L'endurance, écrit-il, est leur trait principal. Elle est tout bonnement prodigieuse. Non seulement ils se baignent chaque matin dans la mer gelée et se tiennent nus sur le rivage, respirant le vent glacé, mais leur endurance, même lorsqu'ils ont à faire un dur travail avec une nourriture insuffisante, surpasse tout ce que l'on peut imaginer. Durant une disette prolongée l'Aléoute songe d'abord à ses enfants ; il leur donne tout ce qu'il a, et jeûne lui-même. Ils ne sont pas enclins au vol ; cela fut remarqué même par les premiers émigrants russes. Non qu'ils ne volent jamais ; tout Aléoute confessera avoir volé quelque chose, mais ce n'est jamais qu'une bagatelle, un véritable enfantillage. L'attachement des parents à leurs enfants est touchant, quoiqu'il ne s'exprime jamais en mots ou en caresses. On obtient difficilement une promesse d'un Aléoute, mais quand une fois il a promis, il tiendra parole, quoi qu'il puisse arriver. (Un Aléoute avait fait présent à Veniaminoff de poisson salé, qui fut oublié sur le rivage dans la précipitation du départ. Il le rapporta à la maison. Il n'eut l'occasion de l'envoyer au missionnaire qu'au mois de janvier suivant ; et en novembre et décembre il y eut grande disette de nourriture dans le campement. Mais aucun des Aléoutes affamés ne toucha au poisson, et en janvier il fut envoyé à sa destination.) Leur code de moralité est à la fois varié et sévère. Il est considéré comme honteux de craindre une mort inévitable ; de demander grâce à un ennemi ; de mourir sans avoir jamais tué un ennemi ; d'être convaincu de vol ; de faire chavirer un bateau dans le port ; d'être effrayé d'aller en mer par gros temps ; d'être le premier à tomber malade par suite de manque de nourriture dans une expédition ou au cours d'un long voyage ; de montrer de l'avidité quand le butin est partagé — et en ce cas chacun donne sa part à celui qui s'est montré avide, pour lui faire honte ; de divulguer un secret des affaires publiques à sa femme ; lorsqu'on est deux dans une expédition de chasse, de ne pas offrir le meilleur gibier à son compagnon ; de se vanter de ses actions, surtout si elles sont imaginaires ; de faire des reproches à qui que ce soit sur un ton méprisant. Il est également honteux de mendier ; de cajoler sa femme en présence d'autres personnes et de danser avec elle ; de conclure un marché soi-même : la vente doit toujours être faite par l'intermédiaire d'une troisième personne, qui fixe le prix. Pour une femme il est honteux de ne pas savoir coudre, danser, ni faire toute espèce d'ouvrages de femme ; de caresser son mari ou ses enfants, ou même de parler à son mari, en présence d'un étranger[33].

Telle est la morale aléoute, dont on pourrait donner une idée plus complète en racontant aussi leurs contes et leurs légendes. Je veux encore ajouter que, lorsque Veniaminoff écrivait (en 1840), il n'avait été commis qu'un seul meurtre depuis le siècle dernier dans une population de 60.000 habitants, et que parmi 1.800 Aléoutes pas une seule violation de droit commun n'avait été relatée depuis quarante ans. Ceci ne paraîtra pas étrange si nous

remarquons que les reproches, le mépris et l'usage de mots grossiers sont absolument inconnus dans la vie aléoute. Les enfants mêmes ne se battent jamais et ne se disent jamais de paroles injurieuses. Tout ce qu'ils peuvent dire est : « Ta mère ne sait pas coudre », ou « ton père est borgne[34] ».

Bien des traits de la vie sauvage restent, cependant, une énigme pour les Européens. Le grand développement de la solidarité dans la tribu et les bons sentiments envers leurs semblables qui animent les primitifs pourraient être prouvés par un très grand nombre de témoignages dignes de foi. Et cependant, il n'est pas moins certain que ces mêmes sauvages pratiquent l'infanticide ; qu'en certains cas ils abandonnent leurs vieillards, et qu'ils obéissent aveuglément aux règles de la vengeance du sang. Il nous faut donc expliquer la coïncidence de faits qui, pour un esprit européen, semblent si contradictoires à première vue. J'ai déjà dit que le père Aléoute se privera pendant des jours et des semaines pour donner tous les vivres qu'il possède à son enfant, et que la mère Bushman se faisait esclave pour suivre son enfant ; et on pourrait remplir des pages entières en décrivant les relations vraiment tendres qui existent entre les sauvages et leurs enfants. Sans cesse les voyageurs ont l'occasion d'en citer des exemples. Ici vous lisez la description du profond amour d'une mère ; là vous voyez un père se livrant à une course folle à travers la forêt, emportant sur ses épaules son enfant mordu par un serpent ; ou bien c'est un missionnaire qui raconte le désespoir des parents à la mort du même enfant que, nouveau-né, il avait sauvé de l'immolation, quelques années auparavant ; ou bien vous apprenez que la « mère sauvage » nourrit généralement ses enfants jusqu'à l'âge de quatre ans, et que, dans les Nouvelles-Hébrides, à la mort d'un enfant particulièrement aimé, sa mère ou sa tante se tue pour prendre soin de lui dans l'autre monde[35].

Des faits semblables se rencontrent en quantité ; de sorte que, lorsque nous voyons ces mêmes parents affectionnés pratiquant l'infanticide, nous sommes obligés de reconnaître que cet usage (quelles qu'en aient été les transformations ultérieures) a dû prendre naissance sous la pression de la nécessité, comme une obligation envers la tribu et un expédient pour pouvoir élever les enfants déjà plus âgés. Le fait est que les sauvages ne se multiplient pas « sans restriction aucune », ainsi que l'avancent quelques écrivains anglais. Au contraire, ils prennent toutes sortes de mesures pour diminuer les naissances. Toute une série de restrictions, que les Européens trouveraient certainement extravagantes, sont imposées à cet effet, on y obéit strictement, et, malgré tout, les primitifs ne peuvent pas élever tous leurs enfants. Cependant on a remarqué qu'aussitôt qu'ils réussissent à augmenter leurs moyens de subsistance d'une façon régulière, ils commencent à abandonner la pratique de l'infanticide. En somme les parents obéissent à contre-cœur à cette obligation, et dès qu'ils le peuvent ils ont recours à toute espèce de compromis pour sauver la vie de leurs nouveau-nés.

Comme l'a si bien montré mon ami Élie Reclus[36], ils inventent les jours de naissance heureux et malheureux et ils épargnent les enfants nés les jours heureux ; ils essayent d'ajourner la sentence pour quelques heures, et ils disent alors que si le bébé a vécu un jour il doit vivre toute sa vie naturelle[37]. Ils entendent des cris de petits venant de la forêt et ils disent que ces cris, si on les a entendus sont un présage de malheur pour la tribu ; et comme ils n'ont pas de mise en nourrice ni de crèches pour se débarrasser de leurs nouveau-nés, chacun d'eux recule devant la nécessité d'accomplir la cruelle sentence : ils préfèrent exposer le bébé dans les bois plutôt que de lui ôter la vie par la violence. C'est l'ignorance et non la cruauté qui maintient l'infanticide ; et au lieu de moraliser les sauvages par des sermons, les missionnaires feraient mieux de suivre l'exemple de Veniaminoff, qui, chaque année, jusqu'à un âge très avancé, traversait la mer d'Okhotsk dans un mauvais bateau, ou voyageait traîné par des chiens parmi ses Tchuktchis, les approvisionnant de pain et d'instruments de pêche. Il arriva ainsi — je le tiens de lui-même — à supprimer complètement l'infanticide.

Les mêmes remarques s'appliquent à l'usage que les observateurs superficiels décrivent comme parricide. Nous avons vu tout à l'heure que la coutume d'abandonner les vieillards n'est pas aussi répandue que l'ont prétendu quelques écrivains. On a énormément exagéré cet usage, mais on rencontre l'abandon des vieillards occasionnellement chez presque tous les sauvages ; et en ce cas il a la même origine que l'abandon des enfants. Quand un « sauvage » sent qu'il est un fardeau pour sa tribu ; quand chaque matin sa part de nourriture est autant de moins pour la bouche des enfants qui ne sont pas aussi stoïques que leurs pères et crient lorsqu'ils ont faim ; quand chaque jour il faut qu'il soit porté le long du rivage pierreux ou à travers la forêt vierge sur les épaules de gens plus jeunes (point de voitures de malades, point d'indigents pour les rouler en pays sauvage), il commence à répéter ce que les vieux paysans russes disent encore aujourd'hui : *Tchoujôï vek zaiedàïou, porà na pokoï !* (je vis la vie des autres : il est temps de me retirer). Et il se retire. Il fait comme le soldat en un cas semblable. Quand le salut de son bataillon dépend de la marche en avant, que lui ne peut plus avancer, et qu'il sait qu'il mourra s'il reste en arrière, le soldat prie son meilleur ami de lui rendre un dernier service avant de quitter le campement. Et l'ami d'une main tremblante décharge son fusil sur le corps mourant. C'est ce que font les sauvages. Le vieillard demande lui-même à mourir ; il insiste sur ce dernier devoir envers la communauté, et obtient le consentement de la tribu ; il creuse sa tombe ; il invite ses parents au dernier repas d'adieu. Son père a fait ainsi ; c'est maintenant son tour ; et il se sépare de son clan avec des marques d'affection. Il est si vrai que le sauvage considère la mort comme une partie de ses *devoirs* envers la communauté, que non seulement il refuse d'être sauvé (comme le raconte Moffat), mais qu'une femme qui devait être immolée sur le tombeau de son mari et qui fut sauvée par des missionnaires et emmenée dans une île, s'échappa la nuit, traversa un large bras de mer à la nage et rejoignit sa tribu, pour mourir sur le tombeau[38]. Cela est devenu chez eux une affaire de religion. Mais les sauvages, en général, éprouvent tant de répugnance à ôter la vie autrement que dans un combat, qu'aucun d'eux ne veut prendre sur lui de répandre le sang humain. Ils ont recours alors à toutes sortes de stratagèmes, qui ont été très faussement interprétés. Dans la plupart des cas, ils abandonnent le vieillard dans les bois, après lui avoir donné plus que sa part de nourriture commune. Des expéditions arctiques ont fait de même quand elles ne pouvaient plus porter leurs camarades malades. « Vivez quelques jours de plus ! *Peut-être* arrivera-t-il quelque secours inattendu. »

Lorsque nos savants occidentaux se trouvent en présence de ces faits, ils ne peuvent les comprendre. Cela leur paraît inconciliable avec un haut développement de la moralité dans la tribu, et ils préfèrent jeter un doute sur l'exactitude d'observations dignes de foi, au lieu d'essayer d'expliquer l'existence parallèle de deux séries de faits : à savoir une haute moralité dans la tribu, en même temps que l'abandon des parents et l'infanticide. Mais si ces mêmes Européens avaient à dire à un sauvage que des gens, extrêmement aimables, aimant tendrement leurs enfants, et si impressionnables qu'ils pleurent lorsqu'ils voient une infortune simulée sur la scène, vivent en Europe à quelques pas de taudis où des enfants meurent littéralement de faim, le sauvage à son tour ne les comprendrait pas. Je me rappelle combien j'ai essayé en vain de faire comprendre à mes amis Toungouses notre civilisation individualiste ; ils n'y arrivaient pas, et ils avaient recours aux suppositions les plus fantastiques. Le fait est qu'un sauvage, élevé dans les idées de solidarité de la tribu, — pour le bien comme pour le mal, — est incapable de comprendre un Européen « moral », qui ne connaît rien de cette solidarité, tout comme la plupart des Européens sont incapables de comprendre le sauvage. Mais si un de nos savants avait vécu quelque temps avec une tribu à demi affamée qui souvent ne possède pas seulement la nourriture d'un seul homme pour les huit jours suivants, il aurait probablement compris les mobiles des sauvages. De même si le sauvage avait séjourné parmi nous et avait reçu notre éducation, peut-être comprendrait-il notre indifférence européenne envers nos voisins, et nos commissions parlementaires pour empêcher l'extermination des enfants mis en nourrice. « Les maisons de pierre font les cœurs de pierre », disent les paysans russes. Il faudrait d'abord faire vivre le sauvage dans une maison de pierre.

Les mêmes remarques s'appliquent au cannibalisme. Si nous tenons compte des faits qui ont été mis en lumière pendant une récente discussion sur ce sujet à la Société Anthropologique de Paris, ainsi que des remarques accessoires disséminées dans les ouvrages qui traitent des « sauvages », nous sommes obligés de reconnaître que cette habitude aussi doit son origine à la pression de la nécessité. Plus tard elle fut développée par la superstition et la religion, jusqu'aux proportions affreuses qu'elle a atteintes aux îles Fidji et au Mexique. Il est établi que jusqu'à ce jour les sauvages se voient parfois réduits à dévorer des cadavres dans un état de putréfaction très avancé et qu'en cas d'absolue disette certains ont dû déterrer des cadavres humains pour se nourrir, même en temps d'épidémie. Ce sont là des faits vérifiés. Mais si nous nous reportons aux conditions que l'homme eut à affronter durant la période glaciaire, dans un climat froid et humide, n'ayant que très peu de nourriture végétale à sa disposition ; si nous tenons compte des terribles ravages que le scorbut fait encore parmi les primitifs insuffisamment nourris ; et si nous nous souvenons que la chair fraîche et le sang sont les seuls reconstituants qu'ils connaissent, il nous faut admettre que l'homme, qui fut d'abord un animal granivore, devint un carnivore durant la période glaciaire. Il trouvait des rennes en quantité à cette époque, mais les rennes émigrent souvent dans les régions arctiques, et quelquefois ils abandonnent entièrement un territoire pour plusieurs années. En ce cas les dernières ressources de l'homme disparaissaient. Dans d'aussi terribles épreuves, des Européens eux-mêmes ont eu recours au cannibalisme : c'est ce qu'ont fait les sauvages. Jusqu'à l'époque actuelle, ils dévorent parfois les cadavres de leurs propres morts : ils ont dû alors dévorer les cadavres de ceux qui allaient mourir. Des vieillards moururent, convaincus que par leur mort ils rendaient un dernier service à la tribu. C'est pourquoi le cannibalisme est représenté par certains sauvages comme ayant une origine divine, comme quelque chose ordonné par un messager du ciel. Mais plus tard le cannibalisme perdit son caractère de nécessité et survécut en tant que superstition. On mangea ses ennemis pour hériter de leur courage. A une époque encore postérieure, on mangeait, dans le même but, l'œil ou le cœur de l'ennemi, tandis que parmi d'autres peuplades ayant de nombreux prêtres et une mythologie développée, des dieux méchants, altérés de sang humain, furent inventés et les sacrifices humains furent demandés par les prêtres pour apaiser les dieux. Dans cette phase religieuse de son existence, le cannibalisme atteignit ses caractères les plus révoltants. Le Mexique en est un exemple bien connu ; et aux îles Fidji, où le roi pouvait manger n'importe lequel de ses sujets, nous trouvons aussi une caste puissante de prêtres, une théologie compliquée[39] et un développement complet de l'autocratie. Le cannibalisme, né de la nécessité, devint ainsi, à une époque postérieure, une institution religieuse, et sous cette forme, il survécut longtemps après qu'il eût disparu chez des tribus qui l'avaient certainement pratiqué à des époques précédentes, mais qui n'avaient pas atteint la phase théocratique de l'évolution. Il faut faire la même remarque en ce qui touche l'infanticide et l'abandon des parents. En certains cas ces pratiques ont aussi été conservées comme une survivance du vieux temps, comme une tradition religieuse.

Je vais terminer mes remarques en mentionnant une autre coutume qui donne également lieu aux conclusions les plus erronées. C'est l'usage de la vengeance du sang. Tous les sauvages vivent dans le sentiment que le sang répandu doit être vengé par le sang. Si quelqu'un a été tué, le meurtrier doit mourir ; si quelqu'un a été blessé, le sang de l'agresseur doit être répandu. Il n'y a pas d'exception à la règle, pas même pour les animaux ; ainsi le sang du chasseur est répandu à son retour au village, s'il a répandu le sang d'un animal. C'est là la conception de justice des sauvages — conception qui existe encore dans l'Europe Occidentale en ce qui regarde le meurtre. Or lorsque l'offenseur et l'offensé appartiennent à la même tribu, la tribu et la personne offensée arrangent l'affaire[40]. Mais quand l'offenseur appartient à une autre tribu, et que cette tribu, pour une raison ou une autre, refuse une compensation, alors la tribu offensée décide de se venger elle-même. Les peuples primitifs considèrent à tel point les actes de chacun comme une affaire engageant toute la tribu, puisque rien ne peut se faire sans avoir reçu l'approbation générale, qu'ils arrivent facilement à l'idée que le clan est responsable des actes de chacun. Par conséquent la juste revanche peut être prise sur n'importe quel membre du clan de l'offenseur ou sur un de ses parents[41]. Il peut souvent arriver, cependant, que les représailles aillent plus loin que l'offense. En essayant d'infliger une blessure, on peut tuer l'offenseur ou le blesser plus qu'on n'avait l'intention de le faire, et ceci devient la cause d'une nouvelle vindicte ; de sorte que les législateurs primitifs prenaient soin de spécifier que les représailles seraient limitées à un œil pour un œil, une dent pour une dent, et le sang pour le sang[42].

Il est à remarquer cependant que chez les peuples primitifs de semblables cas de vindicte sont infiniment plus rares qu'on ne pourrait s'y attendre, bien que chez certains d'entre eux leur nombre atteigne des proportions anormales, particulièrement chez les montagnards, repoussés vers les hauteurs par des envahisseurs étrangers, tels que les montagnards du Caucase et surtout ceux de Bornéo, les Dayaks. Chez les Dayaks — nous a-t-on dit récemment — les haines sont au point qu'un jeune homme ne peut se marier ni être déclaré majeur avant d'avoir rapporté la tête d'un ennemi. Cette horrible coutume a été amplement décrite dans un ouvrage anglais moderne[43]. Il semble d'ailleurs, que cette affirmation est fortement exagérée. De plus, la « chasse aux têtes » des Dayaks prend un tout autre aspect quand nous apprenons que le prétendu chasseur de tête n'est pas poussé du tout par une passion personnelle. S'il cherche à tuer un homme il le fait pour obéir à ce qu'il considère comme une obligation morale envers sa tribu, exactement comme le juge européen qui, par obéissance envers le même principe, évidemment faux, qui veut aussi « du sang pour du sang », remet le meurtrier condamné au bourreau. Tous les deux, le Dayak et le juge, éprouveraient jusqu'à du remords si quelque sympathie les émouvait et les poussait à épargner le meurtrier. C'est pourquoi les Dayaks, quand on met de côté les meurtres qu'ils commettent pour satisfaire leur conception de justice, sont dépeints par tous ceux qui les connaissent comme un peuple très sympathique. Ainsi Carl Bock, le même auteur qui a fait une si terrible description de la chasse aux têtes, écrit :

> En ce qui regarde la moralité, il me faut assigner aux Dayaks une place élevée dans l'échelle de la civilisation..., le brigandage et le vol sont tout à fait inconnus parmi eux. Ils sont aussi très véridiques... Si je n'obtenais pas toujours d'eux « toute » la vérité, au moins ce que j'obtenais d'eux était toujours la vérité. Je voudrais pouvoir en dire autant des Malais (pp. 209 et 210).

Le témoignage de Bock est pleinement corroboré par celui d'Ida Pfeiffer. « Je reconnais pleinement, écrit-elle, que j'aimerais voyager plus longtemps parmi eux. Je les ai trouvés généralement honnêtes, bons et réservés... et même beaucoup plus qu'aucune nation que je connaisse [44] .» Stoltze emploie presque les mêmes mots en parlant d'eux. Les Dayaks n'ont généralement qu'une femme et ils la traitent bien. Ils sont très sociables, et chaque matin le clan entier sort pour pêcher, chasser ou jardiner en bandes nombreuses. Leurs villages consistent en grandes huttes, chacune d'elles est habitée par une douzaine de familles et quelquefois par plusieurs centaines de personnes, vivant pacifiquement ensemble. Ils montrent un grand respect pour leurs femmes et ils aiment beaucoup leurs enfants ; quand l'un d'eux tombe malade, les femmes le soignent chacune à leur tour. En général ils mangent et boivent d'une façon très modérée. Tel est le Dayak dans sa vraie vie de chaque jour.

Ce serait une fatigante répétition que de donner plus d'exemples de la vie sauvage. Partout où nous allons nous trouvons les mêmes habitudes sociables, le même esprit de solidarité. Et quand nous nous efforçons de pénétrer dans la nuit des temps lointains, nous trouvons la même vie du clan, les mêmes associations d'hommes, quelque primitifs qu'ils soient, en vue de l'entr'aide. Darwin avait donc tout à fait raison lorsqu'il voyait dans les qualités sociales de l'homme le principal facteur de son évolution ultérieure, et les vulgarisateurs de Darwin sont absolument dans l'erreur quand ils soutiennent le contraire.

Le peu de force et de rapidité de l'homme (écrivait Darwin), son manque d'armes naturelles, etc., sont des défauts plus que contre-balancés, premièrement par ses facultés intellectuelles [lesquelles, remarque-t-il ailleurs, ont été principalement ou même exclusivement acquises pour le bénéfice de la communauté] ; et secondement *par ses qualités sociales* qui l'amenèrent à donner son appui à ses semblables et à recevoir le leur[45].

Au XVIIIème siècle le sauvage et sa vie « à l'état de nature » furent idéalisés. Mais aujourd'hui les savants se sont portés à l'extrême opposé, particulièrement depuis que quelques-uns d'entre eux, désireux de prouver l'origine animale de l'homme, mais n'étant pas familiers avec les aspects sociaux de la vie animale, se sont mis à charger le sauvage de tous les traits « bestiaux » imaginables. Il est évident cependant que cette exagération est encore plus anti-scientifique que l'idéalisation de Rousseau. Le sauvage n'est pas un idéal de vertu, mais il n'est pas non plus un idéal de « sauvagerie ». L'homme primitif a cependant une qualité, produite et maintenue par les nécessités mêmes de sa dure lutte pour la vie — il identifie sa propre existence avec celle de sa tribu ; sans cette qualité l'humanité n'aurait jamais atteint le niveau où elle est arrivée maintenant.

Les primitifs, comme nous l'avons déjà dit, identifient tellement leur vie avec celle de leur tribu, que chacun de leurs actes, si insignifiant soit-il, est considéré comme une affaire qui les concerne tous. Leur conduite est réglée par une infinité de règles de bienséance non écrites, qui sont le fruit de l'expérience commune sur ce qui est bien et ce qui est mal, c'est-à-dire avantageux ou nuisible pour leur propre tribu. Les raisonnements sur lesquels sont basées leurs règles de bienséance sont quelquefois absurdes à l'extrême ; beaucoup sont nées de la superstition ; et, en général, en tout ce que fait le sauvage, il ne voit que les conséquences immédiates de ses actes : il ne peut pas prévoir leurs conséquences indirectes et ultérieures. En cela il ne fait qu'exagérer un défaut que Bentham reproche aux législateurs civilisés. Mais, absurdes ou non, le sauvage obéit aux prescriptions du droit commun, quelque gênantes qu'elles puissent être. Il leur obéit même plus aveuglément que l'homme civilisé n'obéit aux prescriptions de la loi écrite. Le droit commun est sa religion ; ce sont ses mœurs mêmes. L'idée du clan est toujours présente à son esprit, et la contrainte de soi-même et le sacrifice de soi-même dans l'intérêt du clan se rencontrent quotidiennement. Si le sauvage a enfreint une des plus petites règles de la tribu, il est poursuivi par les moqueries des femmes. Si l'infraction est grave, il est torturé nuit et jour par la crainte d'avoir attiré une calamité sur sa tribu. S'il a blessé par accident quelqu'un de son clan et a commis ainsi le plus grand de tous les crimes, il devient tout à fait misérable : il s'enfuit dans les bois, prêt à se suicider, à moins que la tribu ne l'absolve en lui infligeant un châtiment physique et en répandant de son sang[46]. A l'intérieur de la tribu tout est mis en commun ; chaque morceau de nourriture est divisé entre tous ceux qui sont présents ; et si le sauvage est seul dans les bois, il ne commence pas à manger avant d'avoir crié bien fort, par trois fois, une invitation à venir partager son repas pour quiconque pourrait l'entendre[47].

Bref, à l'intérieur de la tribu, la règle de « chacun pour tous », est souveraine, aussi longtemps que la famille distincte n'a pas encore brisé l'unité tribale. Mais cette règle ne s'étend pas aux clans voisins, ou aux tribus voisines, même en cas de fédération pour la protection mutuelle. Chaque tribu ou clan est une unité séparée. C'est absolument comme chez les mammifères et les oiseaux ; le territoire est approximativement partagé entre les diverses tribus, et excepté en temps de guerre, les limites sont respectées. En pénétrant sur le territoire de ses voisins, on doit montrer que l'on n'a pas de mauvaises intentions. Plus on proclame haut son approche, plus on gagne la confiance ; et si l'on entre dans une maison, on doit déposer sa hache à l'entrée. Mais aucune tribu n'est obligée de partager sa nourriture avec les autres : elles peuvent le faire ou ne pas le faire. De cette façon la vie du sauvage est partagée en deux séries d'actions, et se montre sous deux aspects moraux différents : d'une part les rapports à l'intérieur de la tribu, de l'autre les rapports avec les gens du dehors ; et (comme notre droit international) le droit « inter-tribal » diffère sous beaucoup de rapports du droit commun. Aussi, quand on en vient à la guerre, les plus révoltantes cruautés peuvent être considérées comme autant de titres à l'admiration de la tribu. Cette double conception de la moralité se rencontre à travers toute l'évolution de l'humanité, et s'est maintenue jusqu'à nos jours. Nous, les Européens, nous avons réalisé quelques progrès, pas bien grands, pour nous débarrasser de cette double conception de la morale ; mais il faut dire aussi que, si nous avons, en quelque mesure, étendu nos idées de solidarité — au moins, en théorie — à la nation, et en partie aux autres nations, nous avons affaibli d'autre part les liens de solidarité à l'intérieur de nos propres nations, et même au sein de la famille.

L'apparition d'une famille séparée au milieu du clan dérange nécessairement l'unité établie. Une famille séparée signifie des biens séparés et l'accumulation de richesses. Nous avons vu comment les Esquimaux obviaient à ces inconvénients ; c'est une étude fort intéressante que de suivre, dans le cours des âges, les différentes institutions (communautés villageoises, guildes, etc.) au moyen desquelles les masses se sont efforcées de maintenir l'unité de la tribu, en dépit des agents qui travaillaient à la détruire. D'un autre côté, les premiers rudiments de savoir qui apparurent à une époque extrêmement reculée, lorsqu'ils se confondaient avec la sorcellerie, devinrent aussi un pouvoir aux mains de l'individu qui pouvait l'employer contre la tribu. C'étaient des secrets soigneusement gardés et transmis aux seuls initiés, dans les sociétés secrètes de sorciers, de magiciens et de prêtres que nous trouvons chez tous les sauvages. En même temps les guerres et les invasions créèrent l'autorité militaire, ainsi que les castes de guerriers dont les associations ou clubs acquirent aussi de grands pouvoirs. Cependant, à aucune période de la vie de l'homme, les guerres n'ont été l'état normal de l'existence. Tandis que les guerriers s'exterminaient les uns les autres et que les prêtres célébraient ces massacres, les masses continuaient à vivre leur vie de chaque jour, et poursuivaient leur travail quotidien. Et c'est une recherche des plus attachantes que de suivre cette vie des masses ; d'étudier les moyens par lesquels elles conservèrent leur propre organisation sociale, basée sur leurs conceptions d'équité, d'entr'aide et d'appui mutuel — le droit commun, en un mot, — même sous les régimes les plus férocement théocratiques ou autocratiques.

1. ↑ *Nineteenth Century*, février 1888, p. 165.
2. ↑ *The Descent of Man*, fin du chap. II, p. 63 et 64 de la 2e édition.
3. ↑ Certains anthropologistes qui se rangent complètement aux théories ci-dessus énoncées en ce qui regarde l'homme, admettent parfois que les singes vivent en familles polygames, sous la conduite d'« un mâle fort et jaloux ». Je ne sais jusqu'à quel point cette assertion est basée sur des observations concluantes. Mais le passage de *La vie des animaux* de

Brehm, auquel on renvoie quelquefois, ne peut guère être regardé comme concluant en ce sens. Il se trouve dans sa description générale des singes ; mais ses descriptions plus détaillées des espèces séparées ne le confirment pas ou le contredisent. Même en ce qui a trait aux cercopithèques, Brehm est affirmatif pour dire qu'« ils vivent presque toujours par bandes et très rarement en familles » (*Édition française*, p. 5-9). Quant aux autres espèces, le grand nombre d'individus composant chacune de leurs bandes, qui comprennent toujours beaucoup de mâles, rend la famille polygame plus que douteuse. De plus amples observations sont évidemment nécessaires.

4. ↑ Lubbock, *Prehistoric Times*, 6e édition, 1890.
5. ↑ Cette étendue de la nappe de glace est admise aujourd'hui par la plupart des géologues qui ont étudié spécialement l'âge glaciaire. L'institut géologique russe s'est déjà rangé à cette opinion en ce qui concerne la Russie, et la plupart des spécialistes allemands la soutiennent en ce qui concerne l'Allemagne. Quand les géologues français étudieront avec plus d'attention les dépôts glaciaires, ils ne pourront manquer de reconnaître que presque tout le plateau central de la France était couvert de glace.
6. ↑ *Prehistoric Times*, pp. 232 et 242.
7. ↑ Les rebuts de cuisine accumulés devant une habitation néolithique dans une fente de rocher à Hastings, et explorés par M. Lewis Abbott, appartiennent à la même catégorie. Ils ont encore cela de remarquable que l'on n'y trouve aucun silex qui puisse être considéré comme une arme de guerre.
8. ↑ Bachofen, *Das Mutterrecht*, Stuttgart, 1861 ; Lewis H. Morgan, *Ancient Society, or Researches in the Lines of Human Progress from Savagery through Barbarism to Civilization*, New-York, 1877 ; J F. Mac-Lennan, *Studies in Ancient History*, première série ; nouvelle édition, 1886 ; 2e série, 1896 ; L. Fison et A.-W. Howitt, *Kamilaroï and Kurnaï*, Melbourne. Ces quatre écrivains — comme l'a fort bien remarqué Giraud Teulon — partant de faits différents et d'idées générales différentes, et suivant différentes méthodes, sont arrivés à la même conclusion. Nous devons à Bachofen la connaissance de la famille maternelle et de la succession maternelle ; à Morgan, le système de parenté malayen et touranien, et une esquisse très perspicace des principales phases de l'évolution humaine ; à Mac-Lennan la loi de l'exogénie ; et à Fison et Howitt les grandes lignes ou le schéma des sociétés conjugales en Australie. Tous les quatre aboutissent au même fait de l'origine tribale de la famille. Quand Bachofen attira le premier l'attention sur la famille

maternelle, dans son ouvrage qui fit époque, et quand Morgan décrivit l'organisation par clans — tous les deux s'accordent à reconnaître l'extension presque générale de ces formes d'organisation et soutenant que les lois du mariage étaient la base même des progrès consécutifs de l'évolution humaine, — on les accusa d'exagération. Cependant les recherches les plus attentives poursuivies depuis par une phalange d'historiens du droit ancien, ont prouvé que toutes les races de l'humanité montrent des traces de phases analogues de développement des coutumes du mariage, telles que nous les voyons actuellement en vigueur chez certains sauvages. Voir les œuvres de Post, Dargun, Kovalevsky, Lubbock et leurs nombreux continuateurs : Lipper, Mucke, etc.

9. ↑ Voir appendice VII.
10. ↑ Pour les Sémites et les Aryens, voyez particulièrement *La loi primitive* (en russe) du professeur Masim Kovalevsky, Moscou, 1886 et 1887 ; aussi les conférences qu'il a faites à Stockholm et publiées en français (*Tableau des origines de la famille et de la propriété*, Stockholm, 1890) qui sont une admirable analyse de toute cette question. Comparez aussi A. Post, *Die Geschlechts-genossenschaft der Urzeit*, Oldenbourg, 1875.
11. ↑ Il serait impossible de discuter ici l'origine des restrictions du mariage. Qu'on me permette seulement de faire remarquer qu'une division en groupes, semblable aux *Hawaiens* de Morgan, existe parmi les oiseaux : les jeunes couvées vivent séparées de leurs parents. Une pareille division se retrouverait très probablement aussi chez quelques mammifères. Quant à la prohibition des mariages entre frères et sœurs, elle est venue très probablement, non de spéculations touchant les mauvais effets de la consanguinité, spéculations qui ne semblent guère probables, mais afin d'éviter la précocité trop facile de semblables mariages. Avec une cohabitation étroite, la nécessité d'une telle restriction s'imposait impérieusement. Je dois aussi faire remarquer qu'en examinant l'origine de nouvelles coutumes, nous devons nous souvenir que les sauvages, comme nous, ont leurs « penseurs » et leurs savants — sorciers, docteurs, prophètes, etc., dont les connaissances et les idées sont en avance sur celles des masses. Avec leurs associations secrètes (encore un trait presque universel) ils sont certainement capables d'exercer une influence puissante et d'imposer des coutumes dont l'utilité peut n'avoir pas encore été reconnue par la majorité de la tribu.
12. ↑ Colonel Collins dans les *Researches in South Africa,* par Philips, Londres, 1828. Cité par Waitz, II, 334.
13. ↑ Lichtenstein, *Reisen im Südlichen Africa*, II, PP. 92-97.

14. ↑ Waitz, *Anthropologie der Naturvölker*, II, p. 335 et suivantes. Voir aussi Fritsch, *Die Eingeborenen Africas*, Breslau, 1872, p. 383 et suiv. ; et *Drei Jahre in Süd Africa*. Aussi W. Bleck, *A Brief Account of Bushmen Folklore*, Capetown, 1875.
15. ↑ Élisée Reclus, *Géographie universelle*, XIII
16. ↑ P. Kolben, *The present State of the Cape of Good Hope*, traduit de l'allemand par Mr. Medley, London, 1731, voL 1, pp. 59, 71, 333, 336, etc.
17. ↑ Cités dans l'*Anthropologie* de Waitz, II, p. 335 et suiv.
18. ↑ Les indigènes qui vivent au Nord de Sydney et parlent le kamilaroï, sont le mieux étudiés sous ce rapport dans l'ouvrage excellent de Lorimer Fison et A. W. Howitt, *Kamilaroï et Kurnaï*, Melbourne, 1880. Voir aussi A. W. Howitt « Further Note on the Australian Class Systems » dans le *Journal of the Anthropological Institute*, 1889, vol. XVIII, p. 31, où l'auteur montre la grande extension de la même organisation en Australie.
19. ↑ *The Folklore, Manners, etc., of Australian Aborigines*, Adelaïde, 1879, p. 11.
20. ↑ Grey, *Journal of Two Expeditions of Discovery in North West and Western Australia*, London, 1841, vol. II, pp. 237, 298.
21. ↑ *Bulletin de la Société d'Anthropologie*, 1888, vol. XI, p. 652. J'abrège les réponses.
22. ↑ Même *Bulletin*, 1888, vol. XI, p. 386.
23. ↑ La même chose se pratique chez les Papous de Kaïmani-Bay, qui ont une grande réputation d'honnêteté. « Il n'arrive jamais que le Papou soit infidèle à sa promesse », dit Finsch dans Neuguinea und seine Bewohner, Brême, 1865, p : 829.
24. ↑ *Isvestia* de la Société géographique de Russie, 1880, p. 161 et suiv. Peu de livres de voyages donnent un meilleur aperçu des petits détails de la vie de chaque jour des sauvages que ces fragments de notes de Maclay.
25. ↑ L. F. Martial, *Mission scientifique au cap Horn*, Paris, 1883, vol. I, p. 183-201.
26. ↑ *Expédition à l'Est du Groenland*, par le capitaine Holm.
27. ↑ En Australie, on a vu des clans entiers échanger toutes leurs femmes pour conjurer une calamité (Post, *Studien zur Entwicklungsgeschischte des Familienretchs*, 1890, p. 342). Une plus grande fraternité, voilà leur spécifique contre les calamités.
28. ↑ Dr H. Rink, *The Eskimo Tribes*, p. 26 (*Meddeleiser om Grönland*, vol. XI, 1887).
29. ↑ Dr Rink. *loc. cit.*, p. 24. Les Européens élevés dans le respect du droit romain sont rarement capables de comprendre la force de l'autorité de la

tribu. « En fait, écrit le Dr Link, ce n'est pas une exception, mais bien la règle, que les hommes blancs qui sont restés dix ou vingt ans parmi les Esquimaux, s'en retournent sans avoir vraiment rien appris sur les idées traditionnelles qui forment la base de l'état social des indigènes. L'homme blanc, qu'il soit missionnaire ou commerçant, a l'opinion dogmatique bien arrêtée que le plus vulgaire Européen est supérieur à l'indigène le plus distingué. » — *The Eskimo Tribes*, p. 31

30. ↑ Dall, *Alaska and its Resources*, Cambridge U. S., 1870.
31. ↑ Dall l'a vu dans le territoire d'Alaska, Jacobsen à Ignitok dans le voisinage du détroit de Bering ; Gilbert Sproat mentionne le même fait chez les Indiens de Vancouver. Le Dr Rink qui décrit les expositions périodiques dont nous venons de parler, ajoute : « Le principal usage de l'accumulation des richesses est la distribution périodique. » Il mentionne aussi (loc. cit., p. 31) « la destruction de biens dans le même but » (celui de maintenir l'égalité.
32. ↑ Voir appendice VIII.
33. ↑ Veniaminoff, *Mémoires relatifs au district de Unalashka* (en russe), 3 vol., Saint-Pétersbourg, 1840. Dall a donné des extraits en anglais de ces mémoires dans *Alaska*. Une description semblable de la morale des Australiens se trouve dans Nature, XLII, p. 639.
34. ↑ Il est tout à fait intéressant de remarquer que plusieurs écrivains (Middendorff, Schrenk, O. Finsch) ont décrit les Ostyaks et les Samoyèdes presque dans les mêmes termes. « Même quand ils sont ivres leurs querelles sont insignifiantes ». « Durant cent ans un seul meurtre fut commis dans la toundra. » « Leurs enfants ne se battent jamais. » « On peut laisser quoi que ce soit, pendant des années, dans la toundra, même de la nourriture ou de l'eau-de-vie, personne n'y touchera. » Et ainsi de suite. Gilbert Sproat n'a « jamais été témoin d'une bataille entre deux natifs n'ayant pas bu » chez les Indiens Aht de l'île de Vancouver. » « Les querelles sont rares aussi parmi les enfants. » (Rink, loc. cit.) et ainsi de suite.
35. ↑ Gill, cité dans l'*Anthropologie* de Gerland et Waitz, V, 641. Voir aussi pp. 636-640, où sont cités beaucoup de faits d'amour paternel et d'amour filial.
36. ↑ Élie Reclus, *Les Primitifs*, Paris, 1885.
37. ↑ Gerland, *loc. cit.*, V. 636.
38. ↑ Erskine, cité dans l'*Anthropologie* de Gerland et Waitz, V. 640.
39. ↑ W. T. Pritchard, *Polynesian Reminiscenses*, London, 1866, p. 363.
40. ↑ Il est à remarquer qu'en cas de sentence de mort, personne ne veut prendre sur soi d'être l'exécuteur. Chacun jette sa pierre ou donne son coup avec la hache, évitant soigneusement de donner un coup mortel. A

une époque postérieure ce sera le prêtre qui frappera la victime avec un couteau sacré. Encore plus tard ce sera le roi, jusqu'à ce que la civilisation invente le bourreau payé. Voyez sur ce sujet les profondes remarques de Bastian dans *Der Mensch in der Geschichte*, III, *Die Blutrache*, pp. 1-36. Un reste de cet usage très ancien, me dit le professeur E. Nys, a survécu dans les exécutions militaires jusqu'à nos jours. Jusqu'au milieu du XIXème siècle, on avait l'habitude de charger les fusils des douze soldats, désignés pour tirer sur le condamné, avec onze cartouches à balles et une cartouche à blanc. Comme les soldats ne savaient pas lequel d'entre eux avait cette dernière, chacun pouvait consoler sa conscience en pensant qu'il n'était point meurtrier.

41. ↑ En Afrique, et ailleurs aussi, c'est une habitude très répandue que si un vol a été commis le clan voisin doit rendre l'équivalent de la chose volée, et puis chercher lui-même à découvrir le voleur. A. H. Post, *Afrikanische Jurisprudenz*, Leipzig, 1887, vol. I, p 77
42. ↑ Voyez *Coutumes modernes et la loi ancienne* (en russe) du professeur Maxim Kovalevsky, Moscou, 1886, vol. II, qui contient des considérations importantes sur ce sujet.
43. ↑ Voyez Carl Bock, *The Head-Hunters of Borneo*, London, 1881. Cependant, sir Hugh Law, qui a été pendant longtemps gouverneur de Bornéo, me dit que la « chasse aux têtes » décrite dans ce livre est très exagérée. Il parle, au contraire, des Dayaks absolument dans les mêmes termes sympathiques que Ida Pfeiffer. Je peux ajouter que Mary Kingsley, dans son livre sur l'Afrique occidentale, parle dans les mêmes termes sympathiques des Fans, qui avaient été représentés auparavant comme les plus « terribles cannibales ».
44. ↑ Ida Pfeiffer, *Meine zweite Weltreise*, Vienne, 1866, vol. I, p. 116 et suiv. Voir aussi Muller et Temminch, *Dutch Possessions in Archipelagic India*, cité par Élisée Reclus dans la *Géographie universelle*, XIII.
45. ↑ *Descent of Man*, seconde édition, pp. 63 et 64.
46. ↑ Voir *Mensch in der Geschichte* de Bastian, III, p. 7. Voir aussi Grey, *loc. cit.*, p. 238.
47. ↑ Miklukho-Maclay, *loc. cit.* Même habitude chez les Hottentots et chez les Cafres, paraît-il, jusqu'à nos jours

Chapitre IV

L'ENTR'AIDE CHEZ LES BARBARES.

La grande migration des peuples. — Une nouvelle organisation rendue nécessaire. — La communauté villageoise. — Le travail communal. — La procédure judiciaire. — La loi inter-tribale. — Exemples tirés de la vie de nos contemporains. — Bouriates. — Kabyles. — Montagnards du Caucase. — Races africaines.

On ne peut étudier l'homme primitif sans être profondément impressionné par la sociabilité dont il a fait preuve dès ses premiers pas dans la vie. L'existence de sociétés humaines est démontrée déjà par les vestiges que nous retrouvons de l'âge de pierre paléolithique et néolithique ; et quand nous étudions les sauvages contemporains dont le genre de vie est encore celui de l'homme néolithique, nous les trouvons tous étroitement unis par l'organisation extrêmement ancienne du clan, qui leur permet de combiner leurs forces individuelles, encore si faibles, de jouir de la vie en commun et de progresser. L'homme n'est pas une exception dans la nature. Lui aussi se conforme au grand principe de l'aide mutuelle qui donne les meilleures chances de survivance à ceux qui savent le mieux s'entr'aider dans la lutte pour la vie. Telles sont les conclusions auxquelles nous sommes arrivés dans le chapitre précédent.

Cependant, dès que nous en venons à un degré plus élevé de la civilisation et que nous en référons à l'histoire qui a déjà quelque chose à dire sur cette période, nous sommes confondus par les luttes et les conflits qu'elle révèle. Les anciens liens semblent être entièrement brisés. On voit des races combattre contre d'autres races, des tribus contre des tribus, des individus contre des individus ; et du chaos et des chocs de ces forces hostiles, l'humanité sort divisée en castes, asservie à des despotes, séparée en États toujours prêts à se faire la guerre. S'appuyant sur cette histoire de l'humanité, le philosophe pessimiste conclut triomphalement que la guerre et l'oppression sont l'essence même de la nature humaine ; que les instincts de guerre et de rapine de l'homme ne peuvent être contenus dans certaines limites que par une puissante autorité, qui le contraint à la paix et donne ainsi à quelques rares hommes d'élite l'occasion de préparer une vie meilleure pour l'humanité dans les temps à venir.

Pourtant, dès que la vie de tous les jours, menée par les hommes durant la période historique, est soumise à une analyse plus serrée — et c'est ce qui a été fait récemment en de nombreuses et patientes études touchant les institutions des temps très reculés, — cette vie apparaît sous un aspect tout à fait différent. Si nous laissons de côté les idées préconçues de la plupart des historiens et leur prédilection marquée pour les aspects dramatiques de l'histoire, nous voyons que les documents mêmes qu'ils étudient sont ceux qui exagèrent la partie de la vie humaine vouée aux luttes et qui en négligent les côtés pacifiques. Les jours brillants et ensoleillés sont perdus de vue dans les tourmentes et les orages. Même à notre époque, les volumineux documents que nous préparons aux futurs historiens dans notre presse, nos tribunaux, nos bureaux du gouvernement et même dans les romans et les ouvrages poétiques, sont entachés de la même partialité. Ils transmettent à la postérité les descriptions les plus minutieuses de chaque guerre, de chaque bataille ou escarmouche, de toute contestation, de tout acte de violence, de toute espèce de souffrance individuelle ; mais c'est à peine s'ils portent quelque trace des innombrables actes de soutien mutuel et de dévouement que chacun de nous connaît pourtant par sa propre expérience ; à peine s'ils tiennent compte de ce qui fait l'essence même de notre vie quotidienne — nos instincts sociaux et nos mœurs sociales. Quoi d'étonnant si les témoignages du passé furent si imparfaits. Les annalistes, en effet, n'ont jamais manqué de raconter les plus petites guerres et calamités dont leurs contemporains eurent à souffrir ; mais ils ne prêtaient aucune attention à la vie des masses, quoique la plus grande partie de ces masses aient vécu en travaillant pacifiquement, alors qu'un petit nombre d'hommes seulement guerroyaient entre eux. Les poèmes épiques, les inscriptions sur les monuments, les traités de paix — presque tous les documents historiques portent le même caractère ; ils ont trait aux violations de la paix, mais non pas à la paix elle-même. De sorte que l'historien le mieux intentionné fait inconsciemment un tableau inexact de l'époque qu'il s'efforce de peindre. Pour retrouver la proportion réelle entre les conflits et l'union, il nous faut recourir à l'analyse minutieuse de milliers de petits faits et d'indications fugitives, accidentellement conservées parmi les reliques du passé ; il faut ensuite les interpréter à l'aide de l'ethnologie comparée, et, après avoir tant entendu parler de tout ce qui a divisé les hommes, nous avons à reconstruire pierre par pierre les institutions qui les tenaient unis.

Avant peu il faudra récrire l'histoire sur un plan nouveau, afin de tenir compte de ces deux courants de la vie humaine et d'apprécier la part jouée par chacun d'eux dans l'évolution. Mais, en attendant, nous pouvons tirer parti de l'immense travail préparatoire qui a été fait récemment en vue de retrouver les traits principaux du second courant, si négligé auparavant. Des périodes les mieux connues de l'histoire nous pouvons déjà tirer quelques exemples de la vie des masses, afin d'indiquer le rôle joué par l'entr'aide pendant ces périodes ; et pour ne pas trop étendre ce travail, nous pouvons nous dispenser de remonter jusqu'aux Égyptiens ou même jusqu'à l'antiquité grecque ou romaine. En effet, l'évolution de l'humanité n'a pas eu le caractère d'une série ininterrompue. Plusieurs fois la civilisation a pris fin dans une certaine région, chez une certaine race, et a recommencé ailleurs, parmi d'autres races. Mais à chaque nouveau début elle recommença avec les mêmes institutions du clan que nous avons vues chez les sauvages. De sorte que si nous prenons la dernière renaissance, celle de notre civilisation actuelle à ses débuts dans les premiers siècles de notre ère parmi ceux que les Romains appelaient les « Barbares », nous aurons toute l'échelle de l'évolution, commençant avec les gentes et finissant par les institutions de notre propre temps. Les pages suivantes vont être consacrées à cette étude.

Les savants n'ont pas encore bien établi les causes qui poussèrent, il y a environ deux mille ans, d'Asie en Europe, des nations entières, et produisirent ces grandes migrations de barbares qui mirent fin à l'Empire romain d'Occident. Une cause cependant se présente naturellement à l'esprit du géographe lorsqu'il considère les ruines de villes populeuses dans les déserts de l'Asie centrale, ou qu'il suit les lits des fleuves aujourd'hui disparus et les dépressions remplies autrefois de grands lacs dont il ne reste plus maintenant que de simples étangs. C'est le dessèchement ; un dessèchement récent, qui a commencé avec la période post-glaciaire et s'est continué dans les temps historiques avec une rapidité que nous n'étions pas autrefois préparés à admettre[1]. Contre ce phénomène de la nature l'homme était impuissant. Quand les habitants du Nord-Ouest de la Mongolie et du Turkestan oriental virent que l'eau les abandonnait, ils n'eurent pas d'autre choix que de descendre vers les larges vallées conduisant aux terres plus basses et de repousser vers l'Ouest les habitants des plaines[2]. Peuplades après peuplades furent ainsi jetées en Europe, forçant d'autres peuples à se déplacer et à avancer toujours pendant des successions de siècles vers l'Ouest ou vers l'Est à la recherche de nouvelles demeures plus ou moins permanentes. Les races se mêlaient à d'autres races durant ces migrations, les aborigènes avec les immigrants, les Aryens avec les Oural-Altaïens ; et il n'y eût eu rien d'étonnant si les institutions sociales qui les avaient tenus unis dans leurs contrées d'origine avaient complètement disparu durant les stratifications de races qui se produisirent en Europe et en Asie. Mais tel ne fut pas le cas. Ces institutions subirent seulement les modifications requises par les nouvelles conditions d'existence.

Quand les Teutons, les Celtes, les Scandinaves, les Slaves et d'autres entrèrent pour la première fois en contact avec les Romains, ils étaient dans un état d'organisation sociale transitoire. Les unions par clans basées sur une origine commune, supposée ou réelle les avaient maintenus unis pendant plusieurs milliers d'années. Mais ces unions ne répondaient à leur but que tant qu'il n'y avait pas de familles séparées dans le sein de la gens ou du clan. Cependant, pour des causes que nous avons déjà mentionnées, la famille patriarcale séparée se développait déjà, lentement mais sûrement, à l'intérieur du clan ; et à la longue cela signifiait évidemment l'accumulation individuelle de richesse et du pouvoir, et leur transmission héréditaire. Les fréquentes migrations de barbares et les guerres qui en étaient la conséquence ne firent que hâter la division des *gentes* en familles séparées, tandis que la dispersion des diverses peuplades et leurs mélange avec des étrangers offraient de nouvelles facilités pour l'ultime désintégration des unions, basées jusqu'alors sur la communauté d'origine. Les barbares étaient ainsi dans l'alternative, ou bien de voir leurs clans dissous en groupes épars de familles, parmi lesquelles les plus riches, surtout si elles pouvaient unir à leur richesse les fonctions sacerdotales ou la gloire militaire, devaient réussir à imposer leur autorité aux autres ; ou bien de découvrir quelque nouvelle forme d'organisation, basée sur quelque nouveau principe.

Plusieurs des tribus n'eurent pas la force de résister à la désintégration : elles se désagrégèrent et furent perdues pour l'histoire. Mais les plus vigoureuses gardèrent leur cohésion et sortirent de cette épreuve avec une nouvelle organisation — *la commune villageoise* — qui les maintint réunies pendant les quinze siècles suivants et même davantage. La conception d'un *territoire* commun, acquis et protégé par les efforts communs, prit naissance et remplaça les conceptions faiblissantes d'une commune origine. Les dieux communs perdirent graduellement leur caractère d'ancêtres et furent doués d'un caractère local et territorial. Ils devinrent les dieux ou les saints d'une localité donnée ; la « terre » fut identifiée avec ses habitants. Des unions territoriales se développèrent au lieu des unions consanguines du passé ; et cette nouvelle organisation offrait certains avantages incontestables dans les nouvelles circonstances. Elle reconnaissait l'indépendance de la famille et l'augmentait même, — la commune du village renonçant au droit de se mêler des affaires intérieures au sein de l'enclos de chaque famille ; elle donnait beaucoup plus de liberté à l'initiative personnelle ; elle n'était pas hostile en principe à l'union entre individus de souches différentes, et elle maintenait en même temps la cohésion nécessaire d'action et de pensée ; enfin, elle était assez forte pour s'opposer aux tendances dominatrices des minorités de sorciers, de prêtres ou de guerriers professionnels. La commune du village devint ainsi la cellule fondamentale de l'organisation future, et dans beaucoup de nations elle a gardé ce même caractère jusqu'à aujourd'hui.

On sait maintenant, et on ne le conteste presque plus, que la commune du village n'était pas un trait spécifique des Slaves ni même des anciens Teutons. Elle existait en Angleterre pendant la période saxonne aussi bien que sous la domination normande, et elle a survécu en partie jusqu'au dix-neuvième siècle[3] ; elle était à la base de l'organisation sociale de l'ancienne Écosse, de l'ancienne Irlande et de l'ancien Pays de Galles. En France, les possessions communales et les distributions de terres arables par l'assemblée du village persistèrent depuis les premiers siècles de notre ère jusqu'à Turgot, qui trouva les assemblées villageoises « trop bruyantes » et en commença l'abolition. La commune villageoise survécut à la domination romaine en Italie et reparut après la chute de l'Empire romain. Elle était la règle chez les Scandinaves, les Slaves, les Finnois (dans la *pittäyä*, comme aussi, probablement, dans la *kihlakunta*), chez les Coures et les Lives. La commune villageoise dans l'Inde — ancienne et moderne, aryenne et non-aryenne — est bien connue par les œuvres de sir Henry Maine qui ont fait époque ; Elphinstone l'a décrite parmi les Afghans. Nous la retrouvons également dans l'*oulous* des Mongols, la *thaddart* des Kabyles, la *dessa* des Javanais, la *kota* ou *tofa* des Malais et sous d'autres noms en Abyssinie, au Soudan, dans l'intérieur de l'Afrique, chez les indigènes des deux Amériques, parmi toutes les grandes et petites tribus des archipels du Pacifique. Bref, nous ne connaissons pas une seule race humaine ou une seule nation qui n'ait pas eu sa période de communes villageoises. Ce fait seul détruit la théorie suivant laquelle la commune villageoise en Europe aurait été un résultat du servage. Elle est antérieure au servage, et même la soumission au servage fut impuissante à la briser. Ce fut une phase universelle de l'évolution, une transformation inévitable de l'organisation par clans ; au moins pour tous les peuples qui ont joué ou jouent encore quelque rôle dans l'histoire[4].

La commune du village était une croissance naturelle, et pour cette raison une uniformité absolue dans sa structure n'était pas possible. En général c'était une union entre des familles considérées comme d'origine commune et possédant un certain territoire en commun. Mais chez certains peuples et à la faveur de diverses circonstances les familles ne se hâtaient pas de se ramifier en familles nouvelles et, quoique devenues très nombreuses, elles restaient indivises. Cinq, six et même sept générations continuaient alors à vivre sous le même toit, ou dans la même enceinte, tenant maison en commun, possédant en commun leur bétail, et prenant leurs repas ensemble, au foyer familial. Ils étaient en ce cas sous le régime de ce que l'on nomme en ethnologie « la famille composée » ou « la famille indivise », comme nous la voyons encore dans toute la Chine, dans l'Inde, dans la *zadrouga* des Slaves méridionaux, en Danemark, et occasionnellement dans la Russie du Nord et dans l'Ouest de la France[5]. Chez d'autres peuples ou dans d'autres circonstances qui ne sont pas encore bien déterminées, les familles n'atteignaient pas les mêmes proportions ; les petits-fils et parfois même les fils quittaient la maison dès qu'ils étaient mariés, et chacun d'eux créait une nouvelle famille. Mais, indivises ou non, groupées ou éparpillées dans les bois, les familles demeuraient unies en communes villageoises ; plusieurs villages se groupaient en tribus, et les tribus s'unissaient en confédérations. Telle fut l'organisation sociale qui se développa parmi les prétendus « barbares », quand ils commencèrent à s'établir d'une façon plus ou moins stable en Europe.

Il fallut une très longue évolution avant que les gentes ou clans reconnussent l'existence distincte de la famille patriarcale dans une hutte séparée ; mais même après que cela eût été reconnu, le clan fut lent à admettre l'héritage personnel des biens. Les quelques objets qui avaient appartenu personnellement à l'individu étaient détruits sur sa tombe, ou enterrés avec lui. La commune villageoise, au contraire, reconnaissait pleinement l'accumulation privée de la richesse dans la famille et sa transmission héréditaire. Mais la richesse était conçue exclusivement sous la forme de biens *meubles*, comprenant les bestiaux, les outils, les armes et la maison d'habitation, laquelle — « comme toutes choses qui peuvent être détruites par le feu » — rentrait dans la même catégorie[6].Quant à la propriété foncière, la commune du village ne la reconnaissait pas ; elle ne pouvait reconnaître rien de semblable, et, en général, elle ne la reconnaît pas jusqu'à nos jours. La terre était la propriété commune de la tribu, ou du peuple entier ; et la commune villageoise elle-même ne possédait sa part du territoire qu'aussi longtemps que la tribu ne réclamait pas une répartition nouvelle des lots attribués aux différents villages. Le défrichement des forêts et du sol vierge étant le plus souvent l'œuvre des communes, ou au moins de plusieurs familles unies — toujours avec le consentement de la commune, — les parcelles défrichées devenaient la propriété de chaque famille pour un laps de quatre, douze ou vingt années ; après quoi on les considérait comme faisant partie des terres arables que l'on possédait en commun. La propriété privée ou la possession « perpétuelle » étant aussi incompatible avec les principes et les conceptions religieuses de la communauté villageoise qu'elle l'était avec les principes de la *gens* ; de sorte qu'il fallut une longue influence de la loi romaine et de l'église chrétienne, qui, elle, accepta bientôt les principes romains, pour accoutumer les barbares à l'idée de propriété foncière individuelle[Z] ; Et cependant, alors même que ce mode de propriété ou de possession pour un temps illimité fut reconnu ; le possesseur d'un domaine séparé resta un co-propriétaire des terrains incultes, des forêts et des pâturages. De plus, nous voyons continuellement, en particulier dans l'histoire de la Russie, que lorsque quelques familles, agissant séparément, s'emparaient de terres appartenant à des tribus considérées comme étrangères, ces familles ne tardaient pas à s'unir et à constituer une commune villageoise, qui, à la troisième ou quatrième génération, commençait à professer une communauté d'origine.

Toute une série d'institutions en partie héritées de la période des clans, sont nées de cette base fondamentale, la propriété de la terre en commun, durant la longue suite de siècles qu'il fallut pour amener les barbares sous la domination d'États organisés selon le système romain ou byzantin. La commune du village n'était pas seulement une union pour garantir à chacun une part équitable de la terre commune, elle représentait aussi une union pour la culture de la terre en commun, pour le soutien mutuel sous toutes les formes possibles, pour la protection contre la violence et pour un développement ultérieur du savoir, des conceptions morales ainsi que des liens nationaux. Aucun changement dans les mœurs touchant à la justice, à la défense armée, à l'éducation ou aux rapports économiques ne pouvait être fait sans avoir été décidé par l'assemblée du village, de la tribu, ou de la confédération. La commune, étant une continuation de la *gens*, hérita de toutes ses fonctions. C'était une *universitas*, un *mir* — un monde en soi[8].

La chasse en commun, la pêche en commun et la culture en commun des potagers ou des plantations d'arbres fruitiers avait été la règle pour les anciennes *gentes*. L'agriculture en commun devint la règle dans les communes villageoises des barbares. Il est vrai qu'il y a peu de témoignages directs sur ce point, et dans la littérature de l'antiquité nous n'avons que les passages de Diodore et de Jules César relatifs aux habitants des îles Lipari (une tribu des Celtibères) et aux Suèves. Mais nous ne manquons pas de témoignages indirects pour prouver que l'agriculture en commun était pratiquée par certaines tribus de Teutons, de Francs et par celles des anciens Écossais, des Irlandais et des Welches[9]. Quant aux survivances de cette habitude, elles sont presque innombrables. Même dans la France, complètement romanisée, la culture en commun était encore habituelle, il y a environ vingt-cinq ans, en Bretagne, dans le Morbihan[10]. L'ancien *cyvar* Welche, ou association de laboureurs, ainsi que la culture en commun de la terre attribuée au temple du village sont tout à fait ordinaires parmi les tribus du Caucase les moins touchées par la civilisation[11]. Des faits semblables se rencontrent constamment parmi les paysans russes. On sait de plus que plusieurs tribus du Brésil, de l'Amérique centrale et du

Mexique avaient l'habitude de cultiver leurs champs en commun et que cette même habitude est très répandue chez les Malais, dans la Nouvelle-Calédonie, parmi plusieurs races nègres et chez d'autres peuples[12]. Bref, l'agriculture en commun est si habituelle chez les Aryens, les Oural-Altaïens, les Mongols, les Nègres, les Peaux-Rouges, les Malais et les Mélanésiens que nous pouvons la considérer comme une forme de l'agriculture primitive qui, sans être la seule possible, fut une forme universelle[13].

La culture en commun n'implique pas cependant nécessairement la consommation en commun. Déjà sous le régime des clans nous voyons souvent que lorsque les bateaux chargés de fruits ou de poissons rentrent au village, la nourriture qu'ils rapportent est partagée entre toutes les huttes et les « longues maisons », habitées, soit par plusieurs familles, soit par les jeunes gens ; cette nourriture est cuite séparément à chaque foyer. Ainsi l'habitude de prendre les repas dans un cercle plus intime de parents ou d'associés existait déjà à la période de l'organisation par clans. Elle devint la règle dans la commune du village. Même la nourriture produite en commun était généralement divisée entre les différentes maisons après qu'une partie avait été mise de côté pour l'usage communal. Toutefois la tradition de repas en commun fut pieusement conservée. On profita de toute occasion, telle que la commémoration des ancêtres, les fêtes religieuses, le commencement et la fin des travaux des champs, les naissances, les mariages et les funérailles, pour faire partager à la commune un repas en commun. Aujourd'hui encore cet usage, bien connu en Angleterre sous le nom de « souper de la moisson » est un des derniers à disparaître D'autre part, même lorsqu'on avait cessé depuis longtemps de labourer et de semer les champs en commun, différents travaux agricoles continuèrent et continuent encore d'être accomplis par la commune. Certaines parties de la terre sont en beaucoup de cas cultivées en commun, soit au bénéfice des indigents, soit pour remplir les greniers communaux, soit pour se servir des produits à des fêtes religieuses. Les canaux d'irrigation sont creusés et réparés en commun. Les prairies communales sont fauchées par la commune ; et le spectacle d'une commune russe fauchant une prairie — les hommes rivalisant d'ardeur à faucher tandis que les femmes retournent l'herbe et la mettent en tas — est très impressionnant : on voit là ce que le travail humain pourrait être et devrait être. Le foin, dans ces circonstances est partagé entre les différentes maisons, et il est évident que personne n'a le droit de prendre du foin de la meule de son voisin sans sa permission. Mais cette règle est appliquée d'une façon curieuse chez les Ossètes du Caucase : lorsque le coucou chante et annonce que le printemps arrive et que les prairies seront bientôt de nouveau revêtues d'herbe, tous ceux qui en ont besoin ont le droit de prendre à la meule d'un voisin le foin nécessaire pour leur bétail[14]. C'est là une sorte de réaffirmation des anciens droits communaux qui semble montrer combien l'individualisme effréné est contraire à la nature humaine.

Lorsqu'un voyageur européen aborde dans quelque petite île du Pacifique et, voyant à quelque distance un bouquet de palmiers, s'achemine dans cette direction, il est étonné de découvrir que les petits villages sont réunis par des routes pavées de grosses pierres, fort commodes pour les pieds nus des natifs et très semblables aux « vieilles routes » des montagnes suisses. Des routes semblables furent tracées par les « barbares » dans toute l'Europe ; et il faut avoir voyagé dans des pays non civilisés et peu peuplés, loin des principales voies de communication, pour bien se représenter l'énorme travail qui a dû être accompli par les communautés barbares afin de conquérir les immenses forêts et les marécages qui couvraient l'Europe il y a quelque deux mille ans. Isolées, des familles faibles et sans outils n'auraient jamais réussi ; la nature sauvage eût eu le dessus. Seules des communes villageoises, travaillant en commun, pouvaient se rendre maîtres des forêts vierges, des marais impraticables et des steppes sans bornes. Les routes primitives, les bacs pour traverser les rivières, les ponts de bois enlevés en hiver et reconstruits après les grandes crues, les clôtures et les murs en palissades des villages, les fortins et les tourelles dont le territoire était parsemé, tout cela fut l'œuvre des communes barbares. Et lorsqu'une commune devenait très nombreuse, un nouveau rejeton s'en détachait. Une nouvelle commune se formait à quelque distance de l'ancienne, soumettant pas à pas les bois et les steppes au pouvoir de l'homme. L'éclosion même des nations européennes ne fut qu'un bourgeonnement des communes villageoises. Encore aujourd'hui les paysans russes, s'ils ne sont pas tout à fait abattus par la misère, émigrent en communes, et ils cultivent le sol et bâtissent des maisons en commun quand ils s'établissent sur les bords du fleuve Amour, ou dans le Canada. Les Anglais, quand ils commençaient à coloniser l'Amérique, revenaient à l'ancien système : ils se groupaient aussi en communes villageoises[15].

La commune villageoise fut l'arme principale des barbares dans leur lutte pénible contre une nature hostile. Ce fut aussi la forme d'union qu'ils opposèrent aux habiles et aux forts, dont l'oppression aurait pu si facilement se développer durant ces époques troublées. Le barbare imaginaire — l'homme qui se bat et qui tue par simple caprice — n'a pas plus existé que le sauvage « sanguinaire ». Le vrai barbare, au contraire, vivait sous un régime d'institutions nombreuses et complexes, nées de considérations sur ce qui pouvait être utile ou nuisible à la tribu ou à la confédération, et ces institutions étaient pieusement transmises de génération en génération sous forme de vers, de chansons, de proverbes, de triades, de sentences et d'enseignements. Plus nous étudions ces institutions de l'époque barbare, plus nous découvrons combien étaient étroits les liens qui unissaient les hommes dans leurs villages. Toute querelle s'élevant entre deux individus était traitée comme une affaire communale ; même les paroles offensantes qui pouvaient avoir été prononcées pendant une querelle étaient considérées comme une offense envers la commune et ses ancêtres. On devait les réparer par des excuses faites à la fois à l'individu et à la commune[16] ; et si une querelle se terminait par des coups et des blessures, celui qui y avait assisté et ne s'était pas interposé entre les combattants était traité comme si lui-même avait infligé les blessures[17].

La procédure judiciaire était imbue du même esprit. Toute dispute était d'abord portée devant des médiateurs ou arbitres, et généralement ils la terminaient, l'arbitrage jouant un rôle très important dans les sociétés barbares. Mais si le cas était trop grave pour être terminé de cette façon, il venait devant l'assemblée de la commune, qui devait « trouver la sentence » et qui la prononçait sous une forme conditionnelle ; c'est-à-dire : « telle compensation était due, si le mal fait à un autre était prouvé » ; et le mal devait être prouvé ou nié par six ou douze personnes, confirmant ou niant le fait par serment. En cas de contradiction entre les deux séries de « conjurateurs », on avait recours à l'épreuve (par le duel, le feu, ou de toute autre façon). Une telle procédure, qui resta en vigueur pendant plus de deux mille ans, en dit assez long par elle-même ; elle montre combien étroits étaient les liens entre tous les membres de la commune. De plus, il n'y avait pas d'autre autorité pour appuyer les décisions de l'assemblée communale que sa propre autorité morale. La seule menace possible était la mise hors la loi du rebelle, mais cette menace même était réciproque. Un homme, mécontent de l'assemblée communale, pouvait déclarer qu'il abandonnait la tribu et passait à une autre tribu, — menace terrible, car elle appelait toutes sortes de malheurs sur la tribu qui s'était montrée injuste envers l'un de ses membres.[18] Une rébellion contre une décision juste de la loi coutumière était simplement « inconcevable », comme l'a si bien dit Henry Maine, « parce que la loi, la moralité et les faits » ne se distinguaient pas les uns des autres en ces temps-là[19]. L'autorité morale de la commune était si forte que, même à une époque très postérieure, lorsque les communes villageoises tombèrent au pouvoir des seigneurs féodaux, elles conservèrent leurs pouvoirs judiciaires ; elles permettaient seulement au seigneur ou à son mandataire de « trouver » la sentence conditionnelle selon la loi coutumière qu'il avait juré d'observer, et de lever pour lui-même l'amende (ou *fred*) due à la commune. Mais pendant longtemps, le seigneur lui-même, s'il demeure co-propriétaire des terrains incultes de la commune, dut se soumettre aux décisions de la commune pour les affaires communales. Noble ou ecclésiastique, il devait obéir à l'assemblée du peuple — *Wer daselbst Wasser und Weid genusst, muss gehorsam sein* — « Qui use ici du droit à l'eau et au pâturage doit obéissance », tel était le vieux dicton. Même lorsque les paysans devinrent serfs d'un seigneur, celui-ci devait se présenter devant l'assemblée du peuple quand il en était sommé[20].

Dans leurs conceptions de la justice les barbares différaient peu des sauvages. Eux aussi considéraient qu'un meurtre devait être suivi de la mort du meurtrier ; que les blessures devaient être punies par des blessures absolument égales, et que la famille outragée était tenue d'exécuter la sentence de la loi coutumière. C'était là un devoir sacré, un devoir envers les ancêtres, qui devait être accompli au grand jour, jamais en secret, et qu'on devait porter à la connaissance publique. Aussi les passages les plus inspirés des sagas et des poèmes épiques en général sont ceux qui glorifient ce que l'on supposait être la justice. Les dieux eux-mêmes y aidaient. Toutefois le trait prédominant de la justice des barbares est, d'un côté, de limiter le nombre des individus qui peuvent être impliqués dans une dissension, et, d'un autre côté, d'extirper l'idée que le sang demande du sang, qu'une blessure appelle la même blessure, et d'y substituer le système des compensations. Les codes barbares, qui étaient des recueils de règles du droit coutumier réunies pour l'usage des juges, permirent d'abord, puis encouragèrent et enfin rendirent obligatoire la compensation au lieu de la vengeance[21]. Mais ceux qui ont représenté la compensation comme une amende, comme une sorte de licence donnée au riche de faire ce qu'il voulait, se sont complètement mépris. La compensation (*Wergeld*), tout à fait différente de l'amende ou du *fred*[22], était généralement si élevée pour toute espèce d'offenses actives, que certainement elle n'était pas un encouragement à de telles offenses. En cas de meurtre elle excédait généralement tout ce que pouvait être la fortune du meurtrier. « Dix-huit fois dix-huit vaches », est la compensation chez les Ossètes qui ne savent pas compter au delà de dix-huit, tandis que chez les tribus africaines elle atteint 800 vaches ou 100 chameaux avec leurs petits, ou 416 moutons dans les plus pauvres tribus[23]. Dans la grande majorité des cas le meurtrier ne pouvait pas payer la compensation, de sorte qu'il n'avait d'autre issue que de décider par son repentir la famille lésée à l'adopter. Maintenant encore, chez certaines tribus du Caucase, lorsqu'une inimitié entre deux familles, impliquant vengeance, prend fin, l'agresseur touche de ses lèvres le sein de la plus vieille femme de la tribu et devient un « frère de lait » pour tous les hommes de la famille lésée[24]. Chez plusieurs tribus africaines il doit donner sa fille ou sa sœur en mariage à l'un des membres de la famille ; chez d'autres tribus il doit épouser la femme qu'il a rendue veuve ; et dans tous les cas il devient un membre de la famille, que l'on consulte dans les affaires importantes[25].

Loin de faire peu de cas de la vie humaine, les barbares ne connaissaient rien, non plus, des horribles châtiments introduits à une époque postérieure par les lois laïques et canoniques sous l'influence romaine et byzantine. Car, si le code saxon admettait la peine de mort assez facilement, même en cas d'incendie ou de pillage armé, les autres codes barbares la prononçaient exclusivement en cas de trahison envers sa commune ou sa tribu, et de sacrilège contre les dieux de la commune ; c'était le seul moyen de les apaiser.

Tout ceci, comme on le voit, est très loin de la « morale dissolue » que l'on prêtait aux barbares. Au contraire, nous ne pouvons qu'admirer les profonds principes moraux élaborés dans les anciennes communes villageoises, tels qu'ils ont été exprimés dans les triades welches, dans les légendes du roi Arthur, dans les commentaires de Brehon[26], dans les vieilles légendes allemandes, etc., ou bien encore exprimés dans les dictons des barbares modernes. Dans son introduction à *The Story of Burnt Njal*, George Dasent résume ainsi, avec beaucoup de justesse, les qualités d'un Northman, telles qu'elles se montrent dans les sagas :

> Faire ouvertement ce que l'on doit accomplir, comme un homme qui ne craint ni ennemis, ni démons, ni la destinée ; ...... être libre et hardi en toutes ses actions ; être doux et généreux envers ses amis et ceux de son clan ; être sévère et menaçant envers ses ennemis [ceux qui sont sous la loi du talion] mais, même envers eux, accomplir tous les devoirs obligatoires... Ne pas rompre un armistice, ne pas médire, ne pas calomnier. Ne rien dire contre un homme que l'on n'oserait lui répéter en face. Ne jamais repousser un homme qui cherche un abri ou de la nourriture, fût-il même un ennemi[27].

Les mêmes principes ou de meilleurs encore se révèlent dans la poésie épique et dans les triades welches. Agir « selon un esprit de douceur et des principes d'équité », que ce soit envers des ennemis ou des amis, et « réparer les torts » sont les plus hauts devoirs de l'homme ; « le mal est la mort, le bien est la vie », s'écrie le poète législateur[28]. « Le monde serait folie si les conventions faites des lèvres ne devaient pas être respectées », — dit la loi de Brehon. Et l'humble shamaniste Mordovien, après avoir loué les mêmes qualités, ajoutera encore dans ses principes de droit coutumier, que « entre voisins la vache et l'écuelle à lait sont communes » ; que « la vache doit être traite pour vous et pour celui qui peut avoir besoin de lait » ; que « le corps d'un enfant rougit sous les coups, mais que la figure de celui qui frappe rougit sous la honte[29] » et ainsi de suite. Bien des pages pourraient être remplies de principes semblables, exprimés et suivis par les « barbares ».

Un trait encore des anciennes communes villageoises mérite une mention spéciale. C'est l'extension graduelle des liens de solidarité à des agglomérations toujours plus nombreuses. Non seulement les tribus se fédéraient en peuplades, mais les peuplades aussi, quoique d'origine différente, se réunissaient en confédérations. Certaines unions étaient si intimes que, chez les Vandales, par exemple, une partie de leur confédération s'étant séparée pour aller vers le Rhin, et de là en Espagne et en Afrique, ceux qui étaient restés respectèrent, pendant quarante années consécutives, les divisions de la terre et les villages abandonnés de leurs anciens confédérés, et n'en prirent pas possession jusqu'à ce qu'ils aient été assurés par des envoyés que leurs confédérés n'avaient plus l'intention de revenir. Chez d'autres barbares, le sol était cultivé par une partie du groupe tandis que l'autre partie combattait aux frontières du territoire commun ou même au delà. Quant aux ligues entre plusieurs peuplades, elles étaient tout à fait fréquentes. Les Sicambres s'étaient unis avec les

Chérusques et les Suèves, les Quades avec les Sarmates ; les Sarmates avec les Alans, les Carpes et les Huns. Plus tard nous voyons aussi la conception de nation se développant graduellement en Europe, longtemps avant qu'aucune organisation ressemblant à un État ne se fût constituée dans aucune partie du continent occupée par les barbares. Ces nations — car il est impossible de refuser le nom de nation à la France mérovingienne, ou à la Russie du XIème et du XIIème siècle — n'étaient cependant maintenues unies par rien autre qu'une communauté de langage. et un accord tacite entre les petites républiques pour ne choisir leurs ducs que dans une famille spéciale.

Certes les guerres étaient inévitables ; migration signifie guerre ; mais Henry Maine a déjà pleinement prouvé, dans sa remarquable étude sur les origines de la loi internationale dans les rapports entre tribus, que « l'homme n'a jamais été assez féroce ou assez stupide pour se soumettre à un mal tel que la guerre sans faire un certain effort pour l'empêcher », et il a montré combien est considérable « le nombre des anciennes institutions qui eurent pour but d'empêcher ou d'atténuer la guerre[30] ». En réalité l'homme est bien loin d'être la créature belliqueuse que l'on suppose, à tel point que, lorsque les barbares se furent fixés, ils perdirent si rapidement leurs habitudes guerrières que bientôt ils furent obligés d'entretenir des « ducs » spéciaux suivis par des « scholæ » ou bandes de guerriers chargés de les protéger contre les intrus possibles. Ils préférèrent les travaux paisibles à la guerre ; ainsi le caractère pacifique de l'homme fut la cause de la spécialisation du métier de guerrier, spécialisation qui amena plus tard la servitude et toutes les guerres de la « Période des États » de l'histoire de l'humanité.

L'historien trouve de grandes difficultés à remettre au jour les institutions des barbares. A chaque pas on rencontre de faibles indications que l'on ne saurait expliquer par les seuls documents historiques. Mais on projette une pleine lumière sur le passé dès qu'on se reporte aux institutions des très nombreuses tribus qui vivent encore avec une organisation sociale presque identique à celle de nos ancêtres barbares. Ici, nous n'avons que l'embarras du choix, parce que les îles du Pacifique, les steppes de l'Asie et les plateaux d'Afrique sont de véritables musées historiques, contenant des spécimens de tous les états intermédiaires possibles qu'a traversés l'humanité pour passer des gentes sauvages à l'organisation par États. Examinons quelques-uns de ces spécimens.

Si nous prenons les communautés villageoises des Bouriates (Mongols), particulièrement ceux de la steppe Koudinsk sur la Lena supérieure, qui ont le plus échappé à l'influence russe, nous trouvons en eux de fidèles représentants de l'état barbare qui marque la transition entre l'élevage des bestiaux et l'agriculture[31]. Ces Bouriates vivent encore en « familles indivises » ; c'est-à-dire que quoique chaque fils lorsqu'il se marie s'établisse dans une hutte séparée, cependant les huttes de trois générations au moins restent dans le même enclos, et les membres de la famille indivise travaillent en commun dans leurs champs et possèdent en commun leurs foyers unis et leurs bestiaux, ainsi que leurs « parcs à veaux » (petites pièces de terre palissadées où l'on fait pousser de l'herbe tendre pour l'élevage des veaux). En général, les repas sont pris séparément dans chaque hutte ; mais, quand on met de la viande à rôtir, tous les membres de la famille indivise, de vingt à soixante, prennent part ensemble au festin. Plusieurs familles indivises établies au même endroit, ainsi que les familles plus petites qui habitent le même village (débris pour la plupart d'anciennes familles indivises) forment l'*oulous*, ou la commune villageoise ; plusieurs *oulous* forment une tribu ; et les quarante-six tribus, ou clans, de la steppe Koudinsk sont unis en une confédération. Des fédérations plus étroites sont formées par une partie des tribus pour des buts spéciaux en cas de nécessité. La propriété foncière privée est inconnue, la terre étant possédée en commun par tous les membres de l'*oulous* ou plutôt de la confédération ; si cela devient nécessaire, la terre est redistribuée entre les différents *oulous* par l'assemblée populaire de la tribu, et entre les quarante-six tribus par l'assemblée de la confédération. Il est à noter que la même organisation prévaut chez les 250 000 Bouriates de la Sibérie orientale, quoiqu'ils vivent depuis trois siècles sous l'autorité russe, et qu'ils soient au courant des institutions russes.

Malgré tout cela, des inégalités de fortune se développent rapidement parmi les Bouriates, particulièrement depuis que le gouvernement russe donne une importance exagérée à leurs *taïches* (princes élus), considérés comme les receveurs responsables des impôts et les représentants des confédérations dans leurs relations administratives et même commerciales avec les Russes. Cela procure à quelques-uns de nombreuses occasions de s'enrichir, tandis que l'appauvrissement du grand nombre coïncide avec l'appropriation des terres bouriates par les Russes. Mais c'est l'habitude chez les Bouriates, particulièrement ceux de Koudinsk — et une habitude est plus qu'une loi — que si une famille a perdu ses bestiaux, les plus riches familles lui donnent quelques vaches et quelques chevaux, afin qu'elle puisse se relever. Quant à l'indigent qui n'a pas de famille, il prend ses repas dans les huttes de ses congénères ; il entre dans une hutte, s'assied près du feu, — par droit, non par charité — et partage le repas qui est toujours scrupuleusement divisé en parts égales ; il dort où il a pris son repas du soir. En général les usages communistes des Bouriates frappèrent tellement les conquérants russes de la Sibérie, qu'ils leur donnèrent le nom de *Bratskiye* — « Les Fraternels » — et écrivirent à Moscou : « Chez eux tout est en commun ; tout ce qu'ils ont ils le partagent entre eux. » Encore maintenant, chez les Bouriates de la Lena quand il s'agit de vendre du blé ou d'envoyer quelques bestiaux pour être vendus à un boucher russe, les familles de l'*oulous*, ou de la tribu, réunissent leur blé et leurs bestiaux et les vendent comme un seul tout. Chaque *oulous* a, de plus, du grain mis en réserve pour prêts en cas de besoin ; il a son four communal (le four banal des anciennes communes françaises) et son forgeron, lequel, comme le forgeron des communes de l'Inde[32], étant un membre de la commune, n'est jamais payé pour l'ouvrage qu'il fait pour ses co-villageois. Il doit travailler gratuitement et s'il utilise son temps de reste à fabriquer les petites plaques de fer ciselé et argenté dont les Bouriates ornent leurs vêtements, il peut à l'occasion en vendre à une femme d'un autre clan, mais aux femmes de son propre clan ces ornements doivent être donnés en cadeau. Les ventes et achats ne doivent point se pratiquer dans la commune, et la règle est si sévère que lorsqu'une famille riche loue un travailleur, ce travailleur doit être pris dans un autre clan ou parmi les Russes. Cette habitude n'est évidemment pas spéciale aux Bouriates, et elle est si répandue parmi les Barbares modernes, Aryens et Oural-Altaïens, qu'elle doit avoir été universelle chez nos ancêtres.

Le sentiment d'union à l'intérieur de la confédération est maintenu par les intérêts communs des tribus, par les assemblées communales et par les fêtes qui ont toujours lieu en même temps que les assemblées. Ce même sentiment est maintenu aussi par une autre institution, l'*aba,* ou chasse en commun, qui est une réminiscence d'un passé très ancien. Chaque automne, les quarante-six clans de Kondinsk se réunissent pour cette chasse, dont le produit est partagé entre toutes les familles. De plus des *abas* nationales sont convoquées de temps en temps pour affirmer l'unité de toute la nation bouriate. En ce cas, tous les clans bouriates, qui sont répartis sur des centaines de kilomètres à l'Ouest et à l'Est du lac Baïkal, sont tenus d'envoyer leurs chasseurs délégués. Des milliers d'hommes se réunissent, chacun apportant des provisions pour tout un mois. La part de chacun doit être égale, et avant d'être mêlées les unes avec les autres, toutes les parts sont pesées par un ancien élu (toujours « à la main » : des balances seraient une profanation de la vieille coutume).

Après cela, les chasseurs se divisent en bandes de vingt et chaque bande s'en va chasser suivant un plan bien établi. Dans ces *abas* toute la nation bouriate revit les traditions épiques d'une époque où une puissante ligue réunissait tous ses membres. Ajoutons que de semblables chasses communales sont tout à fait habituelles chez les Peaux-Rouges et les Chinois sur les bords de l'Oussouri (*kada*)[33].

Les Kabyles, dont les mœurs ont été si bien décrites par deux explorateurs français[34], nous montrent des « barbares » déjà plus avancés quant à l'agriculture. Leurs champs, irrigués et fumés, sont cultivés avec soin, et dans les terrains montagneux toute pièce de terre utilisable est cultivée à la bêche. Les Kabyles ont connu bien des vicissitudes dans leur histoire ; ils ont adopté pendant un certain temps la loi musulmane pour les héritages, mais ils s'y accoutumèrent mal et ils sont revenus, il y a cent cinquante ans, à l'ancienne loi coutumière des tribus. Ainsi la possession de la terre a-t-elle chez eux un caractère mixte, et la propriété privée foncière existe à côté de la possession communale. Actuellement la base de leur organisation est la communauté villageoise, le *thaddart* qui est formé généralement par plusieurs familles composées (*kharoubas*), revendiquant une commune origine, et aussi par de petites familles d'étrangers. Plusieurs villages se groupent en clans ou tribus (*ârch*) ; plusieurs tribus forment la confédération (*thak'ebilt*) ; et plusieurs confédérations peuvent parfois constituer une ligue, surtout quand il s'agit de s'armer pour la défense.

Les Kabyles ne reconnaissent aucune autre autorité que celle de la *djemmâa*, ou assemblée des communautés villageoises. Tous les hommes d'âge y prennent part, en plein air, ou dans un bâtiment spécial garni de sièges de pierre, et les décisions de la *djemmâa* sont prises à l'unanimité : c'est-à-dire que les discussions continuent jusqu'à ce que tous ceux qui sont présents acceptent ou admettent de se soumettre à quelque décision. Comme il n'y a point d'« autorités » dans une commune villageoise pour imposer une décision, ce système a été pratiqué par l'humanité partout où il y a eu des communes de village, et il est encore en vigueur là où les communes continuent d'exister, c'est-à-dire parmi plusieurs centaines de millions d'hommes. La djemmâa nomme le pouvoir exécutif — l'ancien, le scribe et le trésorier ; elle fixe les impôts et dirige la répartition des terres communes, ainsi que toute espèce de travaux d'utilité publique. Beaucoup de travaux sont exécutés en commun : les routes, les mosquées, les fontaines, les canaux d'irrigation, les tours élevées pour se protéger des pillards, les clôtures, etc., sont faits par la commune ; tandis que les grandes routes, les grandes mosquées et les grandes places de marché sont l'œuvre de la tribu. Bien des vestiges de la culture en commun continuent d'exister, et les maisons sont encore bâties par ou avec l'aide de tous les hommes et de toutes les femmes du village. Les « aides » sont d'un usage très fréquent, et on les convoque pour la culture des champs, pour la moisson, etc. Quant au travail professionnel, chaque commune a son forgeron, qui jouit de sa part de terre communale et travaille pour la commune ; quand la saison du labourage approche, cet ouvrier visite chaque maison et répare les outils et les charrues, sans attendre aucun payement. La fabrication de nouvelles charrues est considérée comme une œuvre pieuse qu'on ne peut en aucune façon récompenser en argent, ni par aucune autre forme de salaire.

Comme les Kabyles connaissent déjà la propriété privée, ils ont des riches et des pauvres parmi eux. Mais comme tous les gens qui vivent tout près les uns des autres et savent comment la pauvreté commence, ils la considèrent comme un accident qui peut frapper chacun. « Ne dis pas que tu ne porteras jamais le sac du mendiant, ni que tu n'iras jamais en prison », dit un proverbe des paysans russes ; les Kabyles le mettent en pratique, et on ne peut découvrir aucune différence d'attitude entre riches et pauvres ; quand le pauvre convoque une « aide », l'homme riche vient travailler dans son champ, tout comme le pauvre le fera réciproquement à son tour[35]. De plus, les *djemmâas* réservent certains champs et jardins quelquefois cultivés en commun, pour l'usage des membres les plus pauvres. Beaucoup de coutumes semblables continuent d'exister. Comme les familles pauvres ne peuvent pas acheter de la viande, il en est acheté régulièrement avec l'argent des amendes, ou avec les dons faits à la *djemmâa*, ou encore avec le produit des paiements pour l'usage des cuves communales pour faire l'huile d'olive ; cette viande est distribuée en parts égales à ceux qui n'ont pas les moyens d'en acheter eux-mêmes. Lorsqu'un mouton ou un jeune bœuf est tué par une famille pour son propre usage et que ce n'est pas un jour de marché, le fait est annoncé dans les rues par le crieur du village, afin que les malades et les femmes enceintes puissent venir en prendre ce qu'ils en désirent. L'entr'aide se manifeste dans toute la vie des Kabyles ; si l'un d'eux, pendant un voyage à l'étranger, rencontre un autre Kabyle dans le besoin il doit venir à son aide, dût-il risquer sa propre fortune ou sa vie ; faute de quoi la *djemmâa* de celui qui n'a pas été secouru peut porte plainte et la *djemmâa* de l'homme égoïste réparera immédiatement le dommage. Nous rencontrons là une coutume familière à ceux qui ont étudié les guildes marchandes du moyen âge. Tout étranger qui entre dans un village kabyle a droit à l'abri en hiver, et ses chevaux peuvent paître sur les terres communales pendant vingt-quatre heures. Mais en cas de nécessité, il peut compter sur une assistance presque illimitée. Ainsi pendant la famine de 1867-68, les Kabyles reçurent et nourrirent tous ceux qui cherchaient refuge dans leurs villages, sans distinction d'origine. Dans le district de

Dellys, il n'y eut pas moins de 12 000 personnes, venant de toutes les parties de l'Algérie, et même du Maroc, qui furent nourries ainsi. Tandis qu'on mourait de faim en Algérie, il n'y eut pas un seul cas de mort dû à cette cause sur le territoire kabyle. Les *djemmâas*, se privant elles-mêmes du nécessaire, organisèrent des secours, sans jamais demander aucune aide du gouvernement, sans faire entendre la plainte la plus légère ; elles considéraient cela comme un devoir naturel. Et tandis que parmi les colons européens toutes sortes de mesures de police étaient prises pour empêcher les vols et le désordre, résultant de l'affluence d'étrangers, rien de semblable ne fut nécessaire sur le territoire des Kabyles : les *djemmâas* n'avaient point besoin ni d'aide ni de protection du dehors[36].

Je ne puis que citer rapidement deux autres traits des plus intéressants de la vie des Kabyles : l'*anaya*, ou protection assurée des puits, des canaux, des mosquées, des places de marchés, de certaines routes, etc., en cas de guerre, et les *çofs*. Dans l'*anaya* nous avons une série d'institutions tendant à la fois à diminuer les maux de la guerre et à prévenir les conflits. Ainsi la place du marché est *anaya*, surtout si elle est située sur une frontière et met en rapport des Kabyles et des étrangers ; personne n'ose troubler la paix du marché ; si un trouble s'élève, il est apaisé immédiatement par les étrangers qui se sont réunis dans la ville du marché. La route que les femmes parcourent pour aller du village à la fontaine est aussi *anaya* en cas de guerre, et ainsi de suite. Quand au *çof* c'est une forme très répandue de l'association, ayant certains caractères communs avec les *Bürgschaften* ou *Gegilden* du moyen âge. Ce sont des sociétés pour la protection mutuelle et pour toute sorte de besoins variés — intellectuels, politiques et moraux — qui ne peuvent être satisfaits par l'organisation territoriale du village, du clan et de la confédération. Le *çof* ne connaît pas de limites de territoire ; il recrute ses membres dans les différents villages, même parmi des étrangers ; et il les protège dans toutes les éventualités possibles de la vie. C'est un effort pour ajouter au groupement territorial un groupement extraterritorial dans l'intention de répondre aux affinités mutuelles de toutes sortes qui se produisent sans égard aux frontières. La libre association internationale des goûts et des idées individuelles que nous considérons comme l'un des grands progrès de notre temps, a ainsi son origine dans l'antiquité barbare.

Les montagnards du Caucase nous offrent nombre d'autres exemples de même sorte extrêmement instructifs. En étudiant les coutumes présentes des Ossètes — leurs familles composées, leurs communes et leurs conceptions de la justice — Maxime Kovalevsky, dans un ouvrage remarquable, *La coutume moderne et la loi ancienne*, a méthodiquement retracé les dispositions analogues des vieux codes barbares et il a pris sur le vif les origines de la féodalité. Chez d'autres groupes du Caucase, nous entrevoyons parfois comment la commune du village est née lorsqu'elle ne descendait pas de la tribu mais se constituait par l'union volontaire de familles d'origine distincte. Ce fut récemment le cas pour quelques villages Khevsoures dont les habitants prêtèrent le serment de « communauté et fraternité[37] .» Dans une autre région du Caucase, le Daghestan, nous voyons l'établissement de relations féodales entre deux tribus, toutes deux conservant en même temps leurs communes (et même des traces des anciennes « classes » de l'organisation par *gens*) ; c'est un exemple vivant de ce qui s'est passé lors de la conquête de l'Italie et de la Gaule par les barbares. Les Lezghines, qui avaient conquis plusieurs villages géorgiens et tartares dans le district de Zakataly, ne les répartirent pas entre les familles des conquérants ; ils constituèrent un clan féodal qui comprend aujourd'hui 12.000 foyers dans trois villages et qui ne possède pas moins de vingt villages géorgiens et tartares en commun. Les conquérants divisèrent leurs propres terres entre leurs clans, et ces clans les partagèrent en parts égales entre les familles ; mais ils ne s'immiscèrent point dans les *djemmâas* de leurs tributaires qui pratiquent encore l'usage suivant, signalé par Jules César : la *djemmâa* décide chaque année quelle part du territoire communal doit être cultivée, cet espace est divisé en autant de parts qu'il y a de familles, et les parts sont tirées au sort. Il est digne de remarque que, tandis que l'on rencontre un certain nombre de prolétaires parmi les Lezghines (qui vivent sous un régime de propriété privée pour les terres, et de propriété commune pour les serfs[38]), ils sont rares parmi leurs serfs géorgiens, qui continuent de posséder leurs terres en commun.

Le droit coutumier des montagnards du Caucase est à peu près le même que celui des Longobards ou des Francs Saliens, et plusieurs de ses dispositions aident à comprendre la procédure judiciaire des anciens barbares. Étant d'un caractère très impressionnable, ils font tout ce qu'ils peuvent pour empêcher les querelles d'avoir une issue fatale. Ainsi, chez les Khevsoures les épées sont vite tirées quand une querelle se déclare ; mais, si une femme s'élance et jette entre les combattants le fichu de linge qu'elle porte sur sa tête, les épées rentrent immédiatement dans leurs fourreaux et la querelle est apaisée. La coiffure des femmes est *anaya*. Si une querelle n'a pas été arrêtée à temps et s'est terminée par un meurtre, la somme à payer en compensation est si considérable que l'agresseur est entièrement ruiné pour toute sa vie, à moins qu'il ne soit adopté par la famille lésée ; s'il a eu recours à son épée dans une querelle sans importance et a infligé des blessures, il perd pour toujours la considération de son clan. Dans toutes les disputes, ce sont des médiateurs qui se chargent d'arranger l'affaire ; ils choisissent les juges parmi les membres du clan — six pour les petites affaires, et de dix à quinze pour les plus sérieuses, et les observateurs russes témoignent de l'absolue incorruptibilité des juges. Le serment a une telle importance que les hommes qui jouissent de l'estime générale sont dispensés de le prêter : une simple affirmation suffit, d'autant plus que dans les affaires, graves, le Khevsoure n'hésite jamais à reconnaître sa culpabilité (je parle, bien entendu, du Khevsoure qui n'a pas encore été atteint par la civilisation). Le serment est surtout réservé pour des cas tels que les disputes touchant la propriété, où il s'agit de faire une certaine appréciation, en plus de la simple constatation des faits ; en ces occasions, les hommes dont l'affirmation doit décider de la dispute, agissent avec la plus grande circonspection. En règle générale, ce n'est certainement pas un manque d'honnêteté ou de respect des droits de leurs congénères qui caractérise les sociétés barbares du Caucase.

Les peuplades de l'Afrique offrent une si grande variété de sociétés extrêmement intéressantes, comprenant tous les degrés intermédiaires depuis la commune villageoise primitive jusqu'aux monarchies barbares et despotiques, qu'il me faut abandonner l'idée de donner ici les résultats, mêmes sommaires, d'une étude comparée de leurs institutions[39]. Il suffit de dire que, même sous le plus horrible despotisme de leurs roitelets, les assemblées des communes, appliquant le droit coutumier, restent souveraines pour une part importante des affaires. La loi de l'État permet au roi de mettre à mort n'importe qui pour un simple caprice, ou même simplement pour satisfaire sa gloutonnerie ; mais le droit coutumier du peuple continue de maintenir le réseau d'institutions de soutien mutuel, qui se retrouvent chez d'autres barbares et ont existé chez nos ancêtres. Chez quelques tribus plus favorisées (dans le Bornou, l'Ouganda, l'Abyssinie et surtout chez les Bogos), certaines dispositions du droit coutumier dénotent des sentiments vraiment empreints de grâce et de délicatesse.

Les communes de village des indigènes des deux Amériques ont le même caractère. On a trouvé les Toupis du Brésil vivant dans de « longues maisons », occupées par des clans entiers cultivant en commun leurs champs de blé et de manioc. Les Aranis, d'une civilisation bien plus avancée, avaient l'habitude de cultiver leurs champs en commun ; il en est de même pour les Oucagas, qui sous un système de communisme primitif et de « longues maisons », avaient appris à bâtir de bonnes routes et à cultiver diverses industries domestiques[40], tout aussi développées que celles du commencement du moyen âge en Europe. Toutes ces peuplades vivaient sous le régime d'un droit coutumier semblable à celui dont nous avons donné des exemples dans les pages précédentes. A une autre extrémité du monde nous trouvons la féodalité malaise, mais cette féodalité a été impuissante à déraciner les *negarias*, ou communes villageoises dont chacune possède en commun au moins une partie de la terre, et qui, quand la nécessité se présente, font des redistributions de terres parmi les différentes *negarias* de la tribu[41]. Chez les Alfourous de Minahasa nous trouvons le roulement communal des récoltes ; chez les tribus indiennes des Wyandots nous avons les redistributions périodiques des terres dans la tribu, et la culture du sol par le clan ; dans toutes les parties de Sumatra où les institutions musulmanes n'ont pas encore totalement détruit la vieille organisation, nous trouvons la famille composée (*souka*) et la commune villageoise (*kota*) qui conserve son droit sur la terre, même si une partie de cette terre a été défrichée sans son autorisation[42]. C'est dire que nous retrouvons là toutes les coutumes pour se protéger mutuellement et pour prévenir les querelles et les guerres, coutumes qui ont été brièvement indiquées dans les pages précédentes comme caractéristiques de la commune villageoise. On peut même dire que plus la coutume de la possession en commun de la terre a été maintenue dans son intégrité, plus douce et meilleures sont les mœurs. De Stuers affirme d'une façon positive que c'est chez les tribus où l'institution de la commune villageoise a été le moins dénaturée par les conquérants, qu'il y a le moins d'inégalités de fortune et le moins de cruauté, même dans les prescriptions de la loi du talion. Au contraire, partout où la commune villageoise a été entièrement dissoute, « les habitants ont souffert la plus terrible oppression de leurs maîtres despotiques[43] ». Cela est tout naturel. Quand Waitz remarque que les tribus qui ont conservé leurs confédérations tribales possèdent un développement plus élevé et ont une plus riche littérature que les tribus qui ont perdu les vieux liens d'union, il ne fait que constater ce qui pouvait être prévu d'avance.

De nouveaux exemples nous entraîneraient à des répétitions fatigantes — tant est frappante la ressemblance entre les sociétés barbares sous tous les climats et chez toutes les races. Le même processus d'évolution s'est accompli dans l'humanité avec une étonnante similitude.

Lorsque l'organisation par clans fut attaquée du dedans par la famille séparée et du dehors par le démembrement des clans émigrants et la nécessité d'admettre des étrangers de descendance différente, — alors la commune villageoise, basée sur une conception territoriale, fit son apparition. Cette nouvelle institution, qui était sortie naturellement de la précédente — le clan — permit aux barbares de traverser une période très troublée de leur histoire sans être dispersés en familles isolées qui auraient succombé dans la lutte pour la vie. De nouvelles formes de culture se développèrent sous la nouvelle organisation ; l'agriculture atteignit un état qui a rarement été surpassé jusqu'à aujourd'hui ; les industries domestiques furent portées à un haut degré de perfection. Les solitudes furent conquises, elles furent coupées par des routes et peuplées de groupes sortis comme des essaims des communautés mères. Des marchés furent établis et des fortins furent élevés, ainsi que des sanctuaires pour le culte en commun. La conception d'une union plus large, étendue à des peuplades entières et à plusieurs peuplades d'origines diverses fut lentement élaborée. L'ancienne conception de justice, qui ne contenait qu'une idée de vengeance, subit une lente et profonde modification — la réparation du tort causé se substituant à la vengeance. La loi coutumière qui est encore la loi de la vie quotidienne pour les deux tiers et plus de l'humanité, fut élaborée sous cette organisation, ainsi qu'un système d'habitudes tendant à empêcher l'oppression des masses par les minorités, dont la puissance grandissait en proportion des facilités offertes à l'accumulation de richesses particulières. Telle fut la nouvelle forme que prirent les tendances des masses vers l'appui mutuel. Et le progrès — économique, intellectuel et moral — que l'humanité accomplit sous cette nouvelle forme populaire d'organisation fut si grand que les États, quand ils commencèrent plus tard à se constituer, prirent simplement possession, dans l'intérêt des minorités, de toutes les fonctions judiciaires, économiques, administratives exercées auparavant, dans l'intérêt de tous, par la commune villageoise.

1. ↑ On rencontre dans l'Asie centrale, occidentale et septentrionale des traces innombrables de lacs de la période post-pliocène, maintenant disparus. D'autre part, des coquillages des mêmes espèces que celles qui vivent actuellement dans la mer Caspienne sont répandus sur la surface du sol à l'Est de cette mer, jusqu'à moitié route du lac Aral ; on en trouve dans des dépôts récents vers le Nord jusqu'à Kazan, et des traces de golfes dépendants de la mer Caspienne, que l'on supposait autrefois être d'anciens lits de l'Amou, sillonnent le territoire turcoman, Nous devons naturellement tenir compte des oscillations qui ne seraient que temporaires et périodiques. Mais à part celles-ci, le dessèchement progressif est évident et il procède avec une rapidité inattendue. Même dans les parties relativement humides du Sud-Ouest de la Sibérie, la série de levés, dignes de confiance, publiés par Yadrintseff, montre que des villages qui été construits sur ce qui était, il y a quatre-vingts ans, le fond d'un des lacs du groupe Tchani ; tandis que les autres lacs du même groupe, qui couvraient des centaines de kilomètres carrés il y a environ cinquante ans, sont maintenant de simples étangs. Bref, le dessèchement du Nord-Ouest de l'Asie est une marche dont nous pouvons compter les étapes par des siècles, au lieu de nous servir des unités de temps géologiques dont nous avions l'habitude de parler.
2. ↑ Des civilisations entières ont ainsi disparu, comme il est maintenant prouvé par les découvertes remarquables faites en Mongolie sur l'Orkhon, dans la dépression de Louktchoun, dans les déserts du Taklamaklan, autour du Lob-nor, etc. (travaux de Yadrintseff, Dmitri Clemens, Sven Hedin, Kozloff, etc.).
3. ↑ Si je me conforme en cela aux opinions de Nassé, Kovalevsky et Vinogradov (pour ne nommer que les spécialistes modernes) et non à

celles de M. Seebohm (M. Denman Ross ne peut être cité que pour mémoire) ce n'est pas seulement à cause de la science profonde et la concordance de vues de ces trois écrivains, mais aussi à cause de leur parfaite connaissance de la commune villageoise sous toutes ses formes, en Angleterre comme ailleurs, — connaissance dont le défaut se fait beaucoup sentir dans l'ouvrage, remarquable d'ailleurs, de M. Seebohm. La même observation s'applique encore davantage aux si élégants écrits de Fustel de Coulanges, dont les opinions et les interprétations passionnées des anciens textes lui sont particulières.

4. ↑ Les travaux concernant la communauté villageoise sont si nombreux qu'on ne peut en citer que quelques-uns. Les ouvrages de sir Henry Maine, de Seebohm et de Walter (*Das alte Wallis*, Bonn, 1859) sont des sources d'informations populaires et bien connues pour l'Écosse, l'Irlande et le pays de Galles. Pour la France, P. Viollet, *Précis de l'histoire du droit français : Droit privé*, 1886, et plusieurs de ses monographies dans la bibliothèque de l'École des Chartes ; Babeau, *Le village sous l'ancien régime* (le *mir* au XVIIIème siècle), 3e édition, 1887 ; Bonnemère, Doniol, etc. Pour l'Italie et la Scandinavie les ouvrages principaux sont cités dans le livre de Laveleye, *Propriété Primitive*, traduction allemande par K. Bücher. Pour les Finnois, Rein, *Foreläsningar*, I. 16 ; Koskinen, *Finnische Geschichte*, 1874, et différentes monographies. Pour les peuples de Livonie et de Courlande, le professeur Loutchitsky dans *Sévernyi Vestnik*, 1891. Pour les Teutons, outre les ouvrages bien connus de Maurer, Sohm (*Altdeutsche Reichs-und Gerichts-Verfassung*) ainsi que Dahn (*Urzeit, Völkerwanderung, Longobardische Studien*), Jansen, Wilhelm Arnold, etc. Pour l'Inde, outre H. Maine et les ouvrages qu'il cite, sir John Phear, *Aryan village*. Pour la Russie et les Slavons au Sud, voir Kavelin, Posnikoff, Sokolovsky, Kovalevsky, Efimenko, Ivanicheff, Klaus, etc. (un copieux index bibliographique, jusqu'à 1880, dans le *Sbornik svédeniï ob obschinye* de la Soc. Géog. russe). Pour les conclusions générales, outre *Propriété primitive* de Laveleye, voyez Morgan, Ancient Society ; Lippert, *Kulturgeschichte* ; Post, Dargun, etc. Voir aussi les conférences de M. Kovalevsky (*Tableau des origines et de l'évolution de la famille et de la propriété*, Stockholm, 1890). Bien des monographies spéciales devraient être mentionnées ; on peut trouver leurs titres dans les excellentes listes données par P. Viollet dans *Droit privé et Droit public*. Pour les autres peuples voyez les notes plus loin.

5. ↑ Plusieurs autorités sont disposées à considérer la famille composée comme un état intermédiaire entre le clan et la commune villageoise, et il

n'y a pas de doute qu'en beaucoup de cas les communes villageoises sont sorties de familles indivises. Cependant je considère la famille composée comme un fait d'ordre différent. Nous la trouvons à l'intérieur des gentes ; d'un autre côté, nous ne pouvons affirmer que la famille composée ait existé à aucune période de l'histoire sans appartenir, soit à une gens, soit à une commune de village, soit à une Gau. Je conçois les premières communes villageoises comme étant nées lentement, mais d'une façon directe des gentes, et se composant, selon les races ou selon les circonstances locales, soit de plusieurs familles composées, soit de familles simples et de familles composées, soit enfin (particulièrement en cas de nouveaux établissements) de familles simples seulement. Si cette façon de voir est juste, on n'aurait pas le droit d'établir la série : gens, famille composée, commune villageoise - le second terme de la série n'ayant pas la même valeur ethnologique que les deux autres, - Voir appendice IX.

6. ↑ Stobbe, *Beiträge zur Geschichte des deutschen Rechtes*, p. 62.
7. ↑ On ne rencontre dans la première période barbare, quelques traces de propriété foncière individuelle que chez les peuples qui (tels les Bataves et les Francs en Gaule) ont été pendant un certain temps sous l'influence de la Rome impériale. Voir Inama-Sternegg : *Die Ausbildung der grossen Grundherrschaften in Deutschland*, V, 1878. Voir aussi Besseler, *Neubruch näch dem älteren deutschen Recht*, pp. 11-12, cité par Kovalevsky, *Coutume moderne et loi ancienne*, Moscou, 1886, I, 134.
8. ↑ *Mir* = univers, monde.
9. ↑ Maurer, *Markgenossenschaft* ; Lamprecht, *Wirtschaft und Recht der Franken zur Zeit der Volksrechte* dans *Historisches Taschenbuch*, 1883 ; Seebohm, *The English Village Community*, chap. VI, VII et IX.
10. ↑ Letourneau, dans le Bulletin de la Société d'Anthropologie, 1888, vol. XI, p. 476.
11. ↑ Walter, *Das alte Wallis*, p. 323 ; Dm. Bakradze et M. Khoudadoff (en russe), *Zapiski* de la Société géographique du Caucase, tome XIV. Partie I.
12. ↑ Bancroft, *Native Races* ; Waitz, *Anthropologie*, III, 423 ; Montrosier, dans le Bulletin de la Société d'Anthropologie, 1870 ; Post, Studien, etc. Montrosier, dans le *Bulletin de la Société d'Anthropologie*, 1870 ; Post, *Studien, etc.*
13. ↑ Un certain nombre d'ouvrages, par Ory, Luro, Laudes et Sylvestre sur la commune villageoise dans l'Annam, analysés par M. Jobbé-Duval, dans la *Nouvelle Revue historique de droit français et étranger*, octobre et décembre 1896, montrent que la commune avait en ce pays la même forme qu'en Allemagne ou en Russie. Une bonne étude de la commune

villageoise au Pérou, avant l'établissement du pouvoir des Incas, a été publiée par Heinrich Cunow (*Die Soziale Verfassung des Inka Reichs*, Stuttgart, 1896). La possession de la terre en commun et la culture en commun sont décrites dans cet ouvrage.
14. ↑ Kovalevsky, *La coutume moderne et la loi moderne*, I, 115.
15. ↑ Palfrey, *History of New England*, II, 13 ; cité dans *Village Communities* de Maine,New-York, 1876, p. 201.
16. ↑ Königswerter, *Études sur le développement des sociétés humaines*, Paris, 1850.
17. ↑ Ceci est du moins la loi des Kalmoucks, dont le droit coutumier montre la plus grande ressemblance avec les lois des Teutons, des vieux Slavons, etc.
18. ↑ Cette habitude est encore en vigueur chez beaucoup de tribus africaines et autres.
19. ↑ *Village Communities*, pp. 65-68 et 199.
20. ↑ Maurer (*Geschichte der Markvefassung*, § 29, 97) est tout à fait catégorique sur ce sujet. Il affirme que « tous les membres de la commune,... les seigneurs laïques aussi bien que le clergé, souvent aussi les co-propriétaires partiels (*Markbersechtigte*) et même des étrangers à la Mark (commune), étaient soumis à sa juridiction ». (p. 312). cette conception resta localement en vigueur jusqu'au XVème siècle.
21. ↑ Königswarter, *loc. cit.*, p. 50 ; J. Thrupp, *Historical Law Tracts*, London, 1843, p. 106.
22. ↑ Königswarter a montré que le *fred* tirait son origine d'une offrande que l'on devait faire pour apaiser les ancêtres. Plus tard, on le paya à la commune pour violation de la paix ; et plus tard encore au juge, au roi ou au seigneur quand ils se furent approprié les droits de la commune.
23. ↑ Post, *Bausteine* et *Afrikanische Jurisprudenz*, Oldenburg, 1887, vol 1, pp. 64 et suiv. ; Kovalevsky, *loc. cit.*, II, 164-189.
24. ↑ O. Miller et M. Kovalevsky « *Dans les communautés de Montagnards de la Kabardie* », dans *Vestnik Evropi*, avril 1884. Chez les Shakhsevens de la steppe de Mougan, les querelles sanglantes finissent toujours par un mariage entre les deux côtés hostiles (Markoff, dans l'appendice des *Zapiski* de la société géographique du Caucase, XIX, I, 21).
25. ↑ Post, dans *Afrikanische Jurisprudenz*, cite une série de faits montrant les conceptions d'équité enracinées chez les barbares africains. On arrive aux mêmes conclusions après tout examen sérieux du droit commun chez les barbares.
26. ↑ Voir l'excellent chapitre : « Le droit de la vieille Irlande » (et aussi « Le Haut-Nord ») dans les *Études de droit international et de droit politique*, par le professeur E. Nys, Bruxelles, 1896.

27. ↑ Introduction, p. XXXV.
28. ↑ *Das alte Wallis*, pp, 343-350.
29. ↑ Mamoff, « Esquisse des pratiques Judiciaires des Mordoviens, dans les *Zapiski* ethnographiques de la Société géographique russe, 1885, pp. 236, 237.
30. ↑ Henry Maine, *International Law*, Londres, 1888, pp. 11-13 ; E. Nys, *Les origines du droit international*, Bruxelles, 1894.
31. ↑ Un historien russe, le professeur Schiapoff de Kazan, qui fut exilé en Sibérie en 1862, a donné une bonne description de leurs institutions dans les *Izvestia* de la société géographique de la Sibérie orientale, vol. V, 1874.
32. ↑ Sir Henry Maine, *Village communities*, New-York, 1876, pp.193-198.
33. ↑ Nazaroff, *Le territoire du Nord de l'Oussouri* (en russe), Saint-Pétersbourg, 1887, p. 65.
34. ↑ Hanoteau et Letourneux, *la Kabylie*, 3 vol., Paris, 1883.
35. ↑ Lorsqu'on convoque une « aide », il faut offrir un repas aux invités. Un de mes amis du Caucase me dit que, en Géorgie, quand un pauvre homme a besoin d'une « aide », il emprunte à un riche un mouton ou deux pour préparer le repas, et les membres de la commune apportent, outre leur propre travail, autant de provisions qu'il lui en faut pour payer sa dette. Une habitude semblable existe chez les Mordoviens.
36. ↑ Hanoteau et Letourneux, *La Kabylie*, II, 58. Le même respect envers les étrangers est la règle chez les Mongols. Le Mongol qui a refusé son toit à un étranger doit payer entièrement le « prix du sang » si l'étranger a souffert de ce chef. Bastian, *Der Mensch in der Geschichte*, III, 231.
37. ↑ N. Khoudadoff, *Notes sur les Khevsoures*, dans *Zapiski* de la Société géographique du Caucase, XIV, Tiflis, I, 1890, p. 68. Ils firent aussi le serment de ne pas épouser de filles nées au sein de leur union ; ceci montre un retour curieux aux anciennes règles de la *gens*.
38. ↑ Dm. Bakradze, « Notes sur le district de Zakataly » dans les mêmes *Zapiski*, XIV, I, p. 264. Les « équipes en commun » pour le labourage sont aussi fréquentes chez les Lezghines que chez les Ossètes.
39. ↑ Voir Post, *Afrikanische Jurisprudenz*, Oldenburg, 1887 ; Munzinger, *Ueber das Recht und Sitten der Bogos*, Winterthur, 1589 ; Casalis, *Les Basoutos*, Paris, 1859 ; Maclean, K*afir Laws and Customs*, Mount Coke, 1858, etc.
40. ↑ Waitz, III, 423 et suiv.
41. ↑ Post, *Studien zur Entwiciklungsgeschichte des Familien-Rechts*, Oldenburg, 1889, p. 270 et suiv.
42. ↑ Powell, *Annual Report of the Bureau of Ethnography*, Washington, 1881, cité dans les *Studien* de Post, p. 290 ; Bastian, *Inselgruppen in*

Oceanien, 1888, p. 88.
43. ↑ De Stuers, cité par Waitz, V, 141.

Chapitre V

L'ENTR'AIDE DANS LA CITÉ DU MOYEN ÂGE.

Croissance de l'autorité dans la société barbare. — Le servage dans les villages. — Révolte des villes fortifiées ; leur libération, leurs chartes. — La guilde. — Double origine de la cité libre du moyen âge. — Souveraineté judiciaire et administrative. — Le travail manuel considéré comme honorable. — Le commerce par la guilde et par la cité.

La sociabilité et le besoin d'aide et de soutien mutuels sont tellement inhérents à la nature humaine qu'à aucune époque de l'histoire nous ne trouvons les hommes vivant par petites familles isolées, se combattant les unes les autres pour assurer leurs moyens d'existence. Au contraire, les recherches modernes, comme nous l'avons vu dans les deux chapitres précédents, montrent que dès le commencement même de leur vie préhistorique, les hommes formaient des agglomérations de gentes, clans ou tribus, maintenues par l'idée d'une origine commune et par l'adoration d'ancêtres communs. Pendant des milliers et des milliers d'années cette organisation servit de lien entre les hommes, quoiqu'il n'y eût d'autorité d'aucune sorte pour l'imposer ; elle exerça une influence profonde sur le développement ultérieur de l'humanité ; et quand les liens de commune origine furent relâchés par les grandes migrations, tandis que le développement de la famille séparée à l'intérieur du clan détruisait l'ancienne unité, une nouvelle forme d'union se développa, territoriale en principe : ce fut la commune du village que créa alors le génie social de l'homme. Cette institution, à son tour, maintint l'union nécessaire, permettant à l'homme de poursuivre le développement ultérieur des formes de la vie sociale, de franchir une des périodes des plus sombres de l'histoire sans laisser la société se dissoudre en de vagues agrégations de familles et d'individus, et d'élaborer nombre d'institutions secondaires, dont plusieurs ont survécu jusqu'à nos jours. Nous allons examiner maintenant ce nouveau développement de la tendance, toujours vivace, vers l'entr'aide. Commençant par les communes villageoises des soi-disant barbares, à une époque où nous voyons éclore une nouvelle civilisation après la chute de l'Empire romain, nous avons à étudier les nouveaux aspects que les tendances sociales des masses prirent au moyen âge, particulièrement dans les guildes et les cités médiévales.

Loin d'être les animaux combatifs auxquels on les a souvent comparés, les barbares des premiers siècles de notre ère — comme tant de Mongols, d'Africains, d'Arabes, etc., qui sont encore dans le même état — les barbares préféraient invariablement la paix à la guerre. Quelques tribus furent une exception : celles qui avaient été refoulées durant les grandes migrations dans des déserts ou des montagnes improductives, se trouvèrent ainsi forcées de piller périodiquement leurs voisins plus favorisés. Mais à part celles-là, la grande masse des Teutons, des Saxons, des Celtes, des Slaves, etc., retournèrent à leur bêche et à leurs troupeaux très vite après qu'ils se furent établis dans les territoires nouvellement conquis. Les plus anciens codes barbares nous présentent déjà des sociétés composées de pacifiques communes agricoles et non de hordes d'hommes en guerre les uns contre les autres. Ces barbares couvrirent le sol de villages et de fermes[1] ; ils défrichèrent les forêts, construisirent des ponts sur les torrents, colonisèrent les solitudes qui étaient auparavant tout à fait inhabitables, et ils abandonnèrent les hasardeuses expéditions guerrières à des bandes, *scholæ*, ou compagnies, rassemblées par des chefs temporaires, qui erraient, offrant leur esprit aventureux, leurs armes et leur connaissance de la guerre, pour protéger des populations qui désiraient la paix avant tout. Ces guerriers, avec leurs bandes, venaient, restaient quelque temps, puis partaient ; ils poursuivaient leurs dissensions de famille ; mais la grande masse du peuple continuait à cultiver le sol, ne donnant que peu d'attention à ces guerriers cherchant à imposer leur domination, tant qu'ils n'empiétaient pas sur l'indépendance des communes villageoises[2]. Peu à peu les nouveaux occupants de l'Europe créèrent les régimes de possession de la terre et de culture du sol qui sont encore en vigueur parmi des centaines de millions d'hommes ; ils élaborèrent le système des compensations pour les dommages au lieu de la loi du talion des anciennes tribus ; ils apprirent les premiers rudiments de l'industrie ; et en même temps qu'ils fortifiaient leurs villages de murs palissadés, qu'ils élevaient des tours et des forts en terre où se réfugier au cas d'une nouvelle invasion, ils abandonnèrent la tâche de défendre ces tours et ces forts à ceux qui se faisaient une spécialité du métier de la guerre.

C'est ainsi que les tendances pacifiques des barbares et non les instincts guerriers qu'on leur prête les asservirent par la suite à des chefs militaires. Il est évident que le genre de vie des bandes armées offrait plus de facilités pour s'enrichir que les cultivateurs du sol n'en pouvaient trouver dans leurs communautés agricoles. Encore aujourd'hui nous voyons que des hommes d'armes se réunissent parfois pour massacrer les Matabélés et pour les dépouiller de leurs troupeaux, quoique les Matabélés ne désirent que la paix et soient prêts à l'acheter à un prix élevé. Les *scholæ* d'autrefois n'étaient certainement pas plus scrupuleuses que les *scholæ* d'aujourd'hui. Les troupeaux de bestiaux, le fer (qui avait un très haut prix à cette époque)[3] et les esclaves étaient appropriés de cette façon ; et quoique la plupart de ces acquisitions fussent gaspillées sur place dans ces réjouissances glorieuses dont la poésie épique parle tant, une partie des richesses servait cependant à de nouveaux enrichissements. Il y avait abondance de terres incultes et il ne manquait point d'hommes prêts à les cultiver, s'ils pouvaient seulement obtenir le bétail et les instruments nécessaires. Des villages entiers, ruinés par des épizooties, des pestes, des incendies ou des incursions de nouveaux immigrants, étaient souvent abandonnés par leurs habitants, qui s'en allaient à la recherche de nouvelles demeures. Cela se passe encore ainsi en Russie en des circonstances semblables. Et si un des *hirdmen* des compagnonnages armés offrait à ces paysans quelques bestiaux pour une nouvelle installation, du fer pour faire une charrue, sinon la charrue elle-même, sa protection contre de nouvelles incursions et l'assurance d'un certain nombre d'années libres de toute obligation avant qu'ils aient à commencer à s'acquitter de la dette contractée, ils s'établissaient sur sa terre ; puis, après une lutte pénible contre les mauvaises récoltes, les inondations et les épidémies, lorsque ces pionniers commençaient à rembourser leurs dettes, des obligations de servage leur étaient imposées par le protecteur militaire du territoire. Des richesses s'accumulaient certainement de cette façon, et le pouvoir suit toujours la richesse[4]. Cependant plus nous pénétrons dans la vie de ces époques, vers le VIe et le VIIe siècle de notre ère, plus nous voyons qu'un autre élément, outre la richesse et la force militaire, fut nécessaire pour constituer l'autorité du petit nombre. Ce fut un élément de loi et de droit, le désir des masses de maintenir la paix et d'établir ce qu'elles considéraient comme juste, qui donna aux chefs des *scholæ* — rois, ducs, *kniazes* et autres — la force qu'ils acquirent deux ou trois cents ans plus tard. Cette même idée de la justice, conçue comme une vindicte équitable pour chaque tort, idée qui s'était développée sous le régime de la tribu, se retrouve à travers l'histoire des institutions postérieures et, plus que les causes militaires ou économiques, cette idée devient la base sur laquelle se fonda l'autorité des rois et des seigneurs féodaux.

Ce fut une des principales préoccupations des communes villageoises barbares (de même que chez nos contemporains barbares) de mettre terme, aussi vite que possible, aux vengeances que suscitait la conception courante de la justice. Quand une querelle naissait, la commune intervenait immédiatement, et après que l'assemblée du peuple avait entendu l'affaire, elle fixait la compensation à payer à la personne lésée ou à sa famille (le *wergeld*) ; ainsi que le *fred*, ou amende pour la violation de la paix, qui devait être payée à la commune. Les querelles intérieures étaient aisément apaisées de cette façon. Mais quand, malgré toutes les mesures prises pour les prévenir, des dissensions éclataient entre deux différentes tribus, ou deux confédérations de tribus[5], la difficulté était de trouver un arbitre capable de formuler une sentence dont la décision fût acceptée par les deux parties, tant en raison de son impartialité que pour sa connaissance de la loi ancienne. Cette difficulté était d'autant plus grande que les lois coutumières des différentes tribus et confédérations variaient, quant à la compensation due selon les différents cas. Aussi prit-on l'habitude de choisir l'arbitre parmi certaines familles ou tribus, réputées pour avoir conservé la loi ancienne dans sa pureté et versées dans la connaissance des chants, triades, sagas, etc., au moyen desquels la loi se perpétuait dans les mémoires. Aussi, cette tradition de la loi devint une sorte d'art, un « mystère », soigneusement transmis dans certaines familles de génération en génération. Ainsi en Islande et dans d'autres pays scandinaves, à chaque *Allthing,* ou assemblée nationale, un *lövsögmathr* récitait la loi entière de mémoire pour l'édification de l'assemblée. En Irlande il y avait, comme on sait, une classe spéciale d'hommes réputés pour leur connaissance des vieilles traditions, et par cela même jouissant d'une grande autorité en tant que juges[6]. Quand nous voyons d'autre part dans les annales russes que certaines tribus du Nord-Ouest de la Russie, poussées par le désordre croissant qui résultait de la lutte des « clans contre les clans » en appelèrent aux *varingiar* normands pour être leurs juges et commander des *scholæ* guerrières ; quand nous voyons les *kniazes,* ou ducs, élus dans la même famille normande pendant les deux cents ans qui suivirent, il nous faut reconnaître que les Slaves supposaient aux Normands une meilleure connaissance de la loi qui serait acceptée par leurs différentes peuplades. En ce cas la possession de runes pour la transmission des anciennes coutumes, était un avantage marqué en faveur des Normands ; mais dans d'autres cas, il y a de vagues indices qui nous montrent qu'on en appelait à la « plus ancienne » branche de la peuplade, à celle que l'on supposait être la branche-mère, pour fournir des juges dont les décisions étaient acceptées comme justes[7] ; tandis qu'à une époque postérieure, nous voyons une tendance marquée à choisir les arbitres parmi le clergé chrétien, qui s'en tenait encore au principe fondamental du christianisme, oublié aujourd'hui, d'après lequel les représailles ne sont pas un acte de justice. À cette époque, le clergé chrétien ouvrait les églises comme lieux d'asile pour ceux qui fuyaient des vengeances sanglantes, et il agissait volontiers comme arbitre dans les cas criminels, s'opposant toujours au vieux principe tribal qui demandait une vie pour une vie, une blessure pour une blessure. En résumé plus nous pénétrons profondément dans l'histoire des institutions primitives, moins nous trouvons de fondement pour la théorie militaire de l'origine de l'autorité. L'autorité qui plus tard devint une telle source d'oppression, semble, au contraire, devoir son origine aux tendances pacifiques des masses.

Dans tous ces cas le *fred*, qui montait souvent à la moitié de la compensation, revenait à l'assemblée du peuple, et depuis des temps immémoriaux on l'employait à des œuvres d'utilité et de défense commune. Il a encore la même destination (l'érection de tours) chez les Kabyles et chez certaines tribus mongoles ; et nous avons des preuves formelles que même plusieurs siècles plus tard, les amendes judiciaires, à Pskov et dans plusieurs villes françaises et allemandes, continuèrent à être employées pour la réparation des murs de la ville[8]. Il était donc tout à fait naturel que les amendes fussent remises à celui qui « trouvait la sentence », au juge, obligé en retour d'entretenir une *schola* d'hommes armés pour la défense du territoire, et pour l'exécution des sentences. Ceci devint une coutume universelle au VIIIe et au IXe siècle, même quand la personne élue pour trouver les sentences était un évêque. Il y a là en germe la combinaison de ce que nous appellerions aujourd'hui le pouvoir judiciaire avec le pouvoir exécutif. Mais les attributions du duc ou roi étaient strictement limitées à ces deux fonctions. Il n'était pas le maître du peuple — le pouvoir suprême appartenant encore à l'assemblée du peuple — ni même le commandant de la milice populaire : quand le peuple prenait les armes, il marchait commandé par un chef distinct, élu lui aussi, qui n'était pas un subordonné mais un égal du roi[9]. Le roi était le maître seulement sur son domaine personnel. Dans le langage barbare, le mot *konung, koning* ou *cyning*, synonyme du mot latin *rex*, n'avait pas d'autre sens que celui de chef ou commandant temporaire d'une troupe d'hommes. Le commandant d'une flottille de bateaux, ou même d'un simple bateau pirate était aussi un *konung*, et jusqu'à aujourd'hui le chef de pêche en Norvège est appelé *Not-kong* — « le roi des filets[10].» La vénération qui s'attacha plus tard à la personne du roi n'existait pas encore, et tandis que la trahison à la tribu était punie de mort, le meurtre d'un roi pouvait être racheté par le paiement d'une compensation : la seule différence était qu'un roi était évalué plus cher qu'un homme libre[11]. Et lorsque le roi Knu ou Canut) eut tué un homme de sa propre schola, la saga le représente convoquant ses camarades à un thing où il se tint à genoux implorant son pardon. On le lui accorda, mais pas avant qu'il eût promis de payer neuf fois la compensation d'usage, dont un tiers était pour lui-même pour compenser la perte d'un de ses hommes, un tiers aux parents de l'homme tué et un tiers (le fred) à la schola[12]. Il fallut un changement complet des conceptions courantes, sous la double influence de l'Église et des légistes versés en droit romain, pour qu'une idée de sainteté s'attachât à la personne du roi.

Nous serions entraînés hors des limites de cet essai si nous voulions suivre le développement graduel de l'autorité dont nous venons d'indiquer les éléments. Des historiens tels que Mr. et Mrs. Green pour l'Angleterre, Augustin Thierry, Michelet et Luchaire pour la France, Kaufmann, Jansen, W. Arnold et même Nitzsch pour l'Allemagne, Leo et Botta pour l'Italie, Biélaeff, Kostomaroff et leurs continuateurs pour la Russie et bien d'autres, ont suffisamment raconté cette histoire. Ils ont montré comment les populations, d'abord libres, avaient consenti à « nourrir » une partie de leurs défenseurs militaires, pour devenir peu à peu les serfs de ces protecteurs ; comment l'homme libre fut souvent réduit à la dure nécessité de devenir le « protégé » soit de l'Église, soit d'un seigneur ; comment chaque château de seigneurs ou d'évêques devint un repaire de brigands, comment la féodalité fut imposée, en un mot, et comment les croisades, en libérant les serfs qui prenaient la croix, donnèrent la première impulsion à l'émancipation du peuple. Tout ceci n'a pas besoin d'être redit ici, notre but principal étant de suivre le génie constructif des masses dans leurs institutions d'entr'aide.

Au moment où les derniers vestiges de la liberté barbare semblaient près de disparaître, la vie européenne prit une nouvelle direction. L'Europe, tombée sous la domination de milliers de gouvernants, semblait marcher, comme les civilisations antérieures, vers un régime de théocraties et d'États despotiques, ou bien vers un régime de monarchies barbares, comme celles que nous trouvons de nos jours en Afrique ; mais alors il se produisit un mouvement semblable à celui qui donna naissance aux cités de la Grèce antique.

Avec une unanimité qui semble presque incompréhensible, et qui pendant longtemps ne fut pas comprise par les historiens, les agglomérations urbaines de toutes sortes, et jusqu'aux plus petits bourgs, commencèrent à secouer le joug de leurs maîtres spirituels et temporels. Le village fortifié se souleva contre le château du seigneur, le défia d'abord, l'attaqua ensuite et finalement le détruisit. Le mouvement s'étendit de place en place, entraînant toutes les villes de l'Europe et en moins de cent ans des cités libres étaient créées sur les côtes de la Méditerranée, de la mer du Nord, de la Baltique, de l'Océan Atlantique, jusqu'aux fjords de Scandinavie ; au pied des Apennins, des Alpes, de la Forêt-Noire, des Grampians et des Carpathes ; dans les plaines de Russie, de Hongrie, de France, d'Espagne. Partout avait lieu la même révolte, avec les mêmes manifestations, passant par les mêmes phases, menant aux mêmes résultats. Partout où les hommes trouvaient, ou espéraient trouver quelque protection derrière les murs de leur ville, ils instituaient leurs « conjurations », leurs « fraternités », leurs « amitiés », unis dans une idée commune, et marchant hardiment vers une nouvelle vie d'appui mutuel et de liberté. Ils réussirent si bien qu'en trois ou quatre cents ans ils changèrent la face même de l'Europe. Ils couvrirent les pays de beaux et somptueux édifices, exprimant le génie des libres unions d'hommes libres et dont la beauté et la puissance d'expression n'ont pas été égalées depuis ; ils léguèrent aux générations suivantes tous les arts, toutes les industries, dont notre civilisation actuelle, avec toutes ses acquisitions et ses promesses pour l'avenir, n'est qu'un développement. Et si nous essayons de découvrir les forces qui ont produit ces grands résultats, nous les trouvons, non dans le génie de héros individuels, non dans la puissante organisation des grands États ou dans les capacités politiques de leurs gouvernants, mais dans ce courant même d'entr'aide et d'appui mutuel que nous avons vu à l'œuvre dans la commune du village et que nous retrouvons, au moyen âge, vivifié et renforcé par une nouvelle sorte d'unions, inspirées du même esprit, mais formées sur un nouveau modèle : les guildes.

Il est prouvé aujourd'hui que la féodalité n'impliquait pas une dissolution de la commune du village. Quoique le seigneur eût réussi à imposer le travail servile aux paysans et se fût approprié les droits qui appartenaient auparavant à la commune du village (impôts, mainmortes, droits sur les héritages et les mariages) les paysans avaient, néanmoins, conservé les deux droits fondamentaux de leurs communautés : la possession en commun de la terre et l'autojuridiction.

Au vieux temps quand un roi envoyait son prévôt à un village, les paysans le recevaient avec des fleurs dans une main et les armes dans l'autre, et lui demandaient quelle loi il avait l'intention d'appliquer : celle qu'il trouverait au village ou celle qu'il apportait avec lui ? Dans le premier cas ils lui tendaient les fleurs et le recevaient ; dans le second cas ils le repoussaient avec leurs armes[13].

Plus tard ils acceptèrent l'envoyé du roi ou du seigneur qu'ils ne pouvaient refuser ; mais ils conservaient la juridiction de l'assemblée populaire et nommaient eux-mêmes six, sept, ou douze juges, qui siégeaient avec le juge du seigneur en présence de l'assemblée et agissaient soit comme arbitres, soit pour trouver la sentence. Dans la plupart des cas le juge imposé n'avait rien à faire qu'à confirmer la sentence et à prélever le *fred* d'usage. Ce droit précieux d'autojuridiction, qui à cette époque signifiait auto-administration et auto-législation, avait été maintenu à travers toutes les luttes. Même les légistes dont Charlemagne était entouré ne purent l'abolir ; ils furent obligés de le confirmer. En même temps, pour toutes les affaires concernant le domaine de la communauté, l'assemblée du peuple conservait sa suprématie et (comme l'a montré Maurer) revendiquait souvent la soumission du seigneur lui-même dans les affaires de possession de terres.

Nul développement de la féodalité ne put vaincre cette résistance ; et lorsqu'aux IXe et Xe siècles, les invasions des Normands, des Arabes et des Ougres eurent prouvé que les *scholæ* militaires étaient de peu de valeur pour arrêter les envahisseurs, un mouvement général commença dans toute l'Europe pour protéger les villages par des murs de pierres et des citadelles. Des milliers de centres fortifiés furent élevés grâce à l'énergie des communes villageoises ; et une fois qu'elles eurent bâti leurs murs, et qu'un intérêt commun se trouva créé dans ce nouveau sanctuaire — les murs de la ville — les communeux comprirent qu'ils pouvaient dorénavant résister aux empiétements de leurs ennemis intérieurs, les seigneurs, aussi bien qu'aux invasions des étrangers. Une nouvelle vie de liberté commença à se développer dans ces enceintes fortifiées. La cité du moyen âge était née[14].

Nulle période de l'histoire ne peut mieux montrer le pouvoir créateur des masses populaires que le Xe et le XIe siècles, lorsque les villages et les places de marché fortifiés, — autant d'« oasis dans la forêt féodale » — commencèrent à se libérer du joug des seigneurs, et lentement préparèrent la future organisation de la cité ; mais, malheureusement, c'est une période sur laquelle les renseignements historiques sont particulièrement rares : nous connaissons les résultats, mais nous savons peu touchant les moyens par lesquels ils furent obtenus. A l'abri de leurs murs, les assemblées populaires des cités — soit complètement indépendantes, soit conduites par les principales familles nobles ou marchandes — conquirent et conservèrent le droit d'élire le *défenseur* militaire de la ville et le suprême magistrat, ou au moins de choisir entre ceux qui prétendaient occuper cette position. En Italie, les jeunes communes renvoyaient continuellement leurs *défenseurs* ou *domini*, combattant ceux qui refusaient de s'en aller. La même chose se passait dans l'Est. En Bohême, les riches et les pauvres à la fois (*Bohemicæ gentis magni et parvi, nobiles et ignobiles*) prenaient part à l'élection[15] ; tandis que les *viétchés* (assemblées du peuple) des cités russes élisaient régulièrement leurs ducs — choisis toujours dans la famille des Rurik, — faisaient leurs conventions avec eux et renvoyaient leur *kniaz* s'ils en étaient mécontents[16]. A la même époque, dans la plupart des cités de l'Ouest et du Sud de l'Europe, la tendance était de prendre pour *défenseur* un évêque élu par la cité elle-même ; et tant d'évêques se mirent à la tête de la résistance pour la protection des « immunités » des villes et la défense de leurs libertés, que beaucoup d'entre eux furent, après leur mort, considérés comme des saints et devinrent les patrons de différentes cités : saint Uthelred de Winchester, saint Ulrik d'Augsbourg, saint Wolfgang de Ratisbonne, saint Héribert de Cologne, saint Adalbert de Prague et ainsi de suite. Beaucoup d'abbés et de moines devinrent aussi des saints patrons de cités, pour avoir soutenu le parti des droits du peuple[17] ; Avec ces nouveaux défenseurs — laïques ou cléricaux — les citoyens conquirent l'entière autonomie juridique et administrative pour leurs assemblées populaires[18].

Tout le progrès de libération s'accomplit par une suite imperceptible d'actes de dévouement à la chose commune, venant d'hommes du peuple — de héros inconnus dont les noms mêmes n'ont pas été conservés par l'histoire. Le merveilleux mouvement de la Trêve de Dieu (*treuga Dei*), par lequel les masses populaires s'efforcèrent de mettre une limite aux interminables dissensions de familles nobles, sortit des jeunes cités, dont les citoyens et les évêques s'efforcèrent d'étendre aux nobles la paix qu'ils avaient établie à l'intérieur de leurs murailles[19]. Déjà à cette époque les cités commerciales d'Italie, et en particulier Amalfi (qui élisait ses consuls depuis 844, et changeait fréquemment ses doges au Xe siècle)[20] créaient la loi coutumière maritime et commerciale qui devint plus tard un modèle pour toute l'Europe ; Ravenne élabora son organisation des métiers, et Milan, qui avait fait sa première révolution en 980, devint un grand centre de commerce, ses métiers jouissant d'une complète indépendance depuis le XIe siècle[21]. De même pour Bruges et Gand ; de même aussi pour plusieurs cités de France dans lesquelles le *Mahl* ou *Forum* était devenu une institution tout-à-fait indépendante[22]. Dès cette période commença l'œuvre de décoration artistique des villes par les monuments que nous admirons encore et qui témoignent hautement du mouvement intellectuel de ce temps. « Les basiliques furent alors renouvelées dans presque tout l'univers », écrit Raoul

Glaber dans sa chronique, et quelques-uns des plus beaux monuments de l'architecture du moyen âge datent de cette période : la merveilleuse vieille église de Brême fut bâtie au IXe siècle, Saint-Marc de Venise fut achevé en 1071, et le beau dôme de Pise en 1063. En réalité le mouvement intellectuel qu'on a décrit sous le nom de Renaissance du XIIe siècle[23] et de Rationalisme du XIIe siècle — ce précurseur de la Réforme[24] — datent de cette époque, alors que la plupart des cités étaient encore de simples agglomérations de petites communes villageoises ou de paroisses enfermées dans une enceinte fortifiée.

Cependant, outre le principe de la commune villageoise, il fallait un autre élément pour donner à ces centres grandissants de liberté et de lumières, l'unité de pensée et d'action et l'initiative qui firent leur force aux XIIe et XIIIe siècles. La diversité croissante des occupations, des métiers et des arts et l'extension du commerce avec les pays lointains faisaient désirer une nouvelle forme d'union, et l'élément nécessaire pour cette union fut fourni par les *guildes*. On a écrit quantité d'ouvrages sur ces associations qui sous le nom de guildes, fraternités, amitiés ou *droujestva, minne, artels* en Russie, *esnaifs* en Serbie et en Turquie, *amkari* en Géorgie, etc., prirent un développement si considérable au moyen âge et jouèrent un rôle si important dans l'émancipation des cités. Mais il fallut plus de soixante ans aux historiens pour reconnaître l'universalité de cette institution et son vrai caractère.

Aujourd'hui seulement, depuis que des centaines de statuts de guildes ont été publiés et étudiés et que l'on connaît leurs rapports d'origine avec les *collegiœ* romains et les anciennes unions de la Grèce et de l'Inde[25], nous pouvons en parler en pleine connaissance de cause ; et nous pouvons affirmer avec certitude que ces fraternités représentaient un développement des principes mêmes que nous avons vus à l'œuvre, dans les gentes et les communes villageoises.

Rien ne peut mieux donner une idée des fraternités du moyen âge que ces guildes temporaires qui se formaient à bord des navires. Quand un navire de la Hanse avait accompli sa première demi-journée de voyage après avoir quitté le port, le capitaine (Schiffer) réunissait tout l'équipage et les passagers sur le pont, et leur tenait le discours suivant, ainsi que le rapporte un contemporain :

> Comme nous sommes maintenant à la merci de Dieu et des vagues, disait-il, chacun de nous doit être égal à l'autre, et comme nous sommes environnés de tempêtes, de hautes vagues, de pirates et d'autres dangers, nous devons établir un ordre rigoureux pour amener notre voyage à bonne fin. C'est pourquoi nous allons prononcer les prières pour demander un bon vent et un bon succès, et suivant la loi maritime nous allons nommer ceux qui occuperont les sièges de juges (*Schöffen-stellen*). Après quoi l'équipage élisait un *Vogt* et quatre *scabini*, qui devaient remplir l'office de juges. A la fin du voyage, le *Vogt* et les *scabini* abdiquaient leurs fonctions et s'adressaient à l'équipage de la façon suivante : « Ce qui s'est passé à bord du navire, nous devons nous le pardonner les uns aux autres et le considérer comme mort (todt und ab sein lassen). Ce que nous avons jugé bon, nous l'avons fait pour la cause de la justice. C'est pourquoi

nous vous prions tous, au nom d'une honnête justice, d'oublier toute animosité que vous pourriez nourrir l'un contre l'autre, et de jurer sur le pain et le sel de n'y plus penser en mauvaise part. Si quelqu'un cependant se considère comme lésé, il doit en appeler au *Vogt* de terre et lui demander justice avant le coucher du soleil. » Lors du débarquement le fonds des amendes du *fred* était remis au *Vogt* du port pour être distribué parmi les pauvres [26].

Ce simple récit dépeint sans doute mieux que n'importe quelle description l'esprit des guildes du moyen âge. De semblables organisations se formaient partout où un groupe d'hommes — pêcheurs, chasseurs, marchands voyageurs, ouvriers en bâtiment ou artisans établis — se réunissaient dans un but commun. Ainsi il y avait à bord d'un navire l'autorité navale du capitaine ; mais, pour le succès même de l'entreprise commune, tous les hommes à bord, riches et pauvres, maîtres et hommes de l'équipage, capitaine et matelots, acceptaient d'être égaux dans leurs relations mutuelles, d'être simplement des hommes s'engageaient à s'aider les uns les autres et à régler leurs différends possibles devant des juges élus par tous. De même aussi lorsqu'un certain nombre d'artisans — maçons, charpentiers, tailleurs de pierre, etc. — se réunissaient pour une construction, par exemple pour bâtir une cathédrale, ils appartenaient tous à une cité qui avait son organisation politique, et chacun d'eux appartenait de plus à son propre métier ; mais ils étaient unis en outre par leur entreprise commune, qu'ils connaissaient mieux que personne, et ils s'organisaient en un corps, s'unissant par des liens étroits, quoique temporaires ; ils fondaient la guilde pour l'érection de la cathédrale[27]. Nous pouvons voir les mêmes faits encore aujourd'hui dans le *çof* des Kabyles[28] : les Kabyles ont leur commune du village ; mais cette association ne suffit pas pour tous les besoins d'union, politiques, commerciaux et personnels, aussi constituent-ils la fraternité plus étroite du *çof*.

Quant aux caractères sociaux des guildes du moyen âge, n'importe quel statut de guilde peut en donner une idée. Prenons par exemple le *skraa* de quelque guilde primitive danoise : nous y lisons d'abord un exposé des sentiments de fraternité générale qui doivent régner dans la guilde ; puis viennent les réglementations relatives à l'auto-juridiction en cas de querelles s'élevant entre deux frères, ou entre un frère et un étranger ; puis les devoirs sociaux des frères sont énumérés. Si la maison d'un frère est brûlée, ou s'il a perdu son navire, ou s'il a souffert durant un pèlerinage, tous les frères doivent venir à son aide. Si un frère tombe dangereusement malade, deux frères doivent veiller auprès de son lit jusqu'à ce qu'il soit hors de danger, et s'il meurt, les frères doivent l'enterrer — grande affaire dans ces temps d'épidémies — et l'accompagner à l'église et à sa tombe. Après sa mort ils doivent pourvoir ses enfants s'ils sont dans le besoin ; très souvent la veuve devient une « sœur » de la guilde[29].

Ces deux traits principaux se rencontrent dans toute fraternité formée dans n'importe quel but. Toujours les membres se traitaient comme des frères, et se donnaient les noms de frère et sœur[30] ; tous étaient égaux devant la guilde. Ils possédaient le « cheptel » (bestiaux, terres, bâtiments, lieux du culte, ou « fonds ») en commun. Tous les frères prêtaient le serment d'oublier toutes les dissensions anciennes ; et, sans s'imposer les uns les autres l'obligation de ne jamais se quereller de nouveau, ils convenaient qu'aucune querelle ne devrait dégénérer en vindicte, ou amener un procès devant une autre cour que le tribunal des frères eux-mêmes. Si un frère était impliqué dans une querelle avec un étranger à la guilde, la guilde devait le soutenir, qu'il ait tort ou non ; c'est-à-dire que, soit qu'il fût injustement accusé d'agression, ou qu'il eût réellement été l'agresseur, ils devaient le soutenir et amener les choses à une fin pacifique. Tant qu'il ne s'agissait pas d'une agression secrète — auquel cas il eût été traité comme un proscrit — la fraternité le défendait[31]. Si les parents de l'homme lésé voulaient se venger de l'offense immédiatement par une nouvelle agression, la fraternité lui procurait un cheval pour s'enfuir, ou un bateau, une paire de rames, un couteau et un briquet ; s'il restait dans la ville, douze frères l'accompagnaient pour le protéger ; et en même temps on s'occupait d'amener l'affaire à composition. Les frères allaient devant la cour de justice pour soutenir par serment la véracité des déclarations de leur frère, et s'il était reconnu coupable, ils ne le laissaient pas aller à une ruine complète, ni devenir esclave ; s'il ne pouvait payer la compensation due ils la payaient, comme faisait la *gens* aux époques précédentes. Mais quand un frère avait manqué à sa foi envers ses frères de la guilde, ou envers d'autres, il était exclu de la fraternité « avec le renom d'un rien du tout (*tha scal han maeles af brödrescap met nidings nafn*)[32].

Telles étaient les idées dominantes de ces fraternités qui peu à peu s'étendirent à toute la vie du moyen âge. En effet, nous connaissons des guildes parmi toutes les professions possibles ; guildes de serfs[33], guildes d'hommes libres et guildes mixtes de serfs et d'hommes libres ; guildes fondées pour un but spécial tel que la chasse, la pêche, une entreprise commerciale, dissoutes quand ce but déterminé était atteint ; et guildes durant des siècles pour certaines professions ou certains métiers. En même temps que les activités prenaient des formes diverses, le nombre des diverses guildes croissait. Ainsi nous ne voyons pas seulement des marchands, des artisans, des chasseurs, des paysans unis par ces liens ; nous voyons aussi des guildes de prêtres, de peintres, de maîtres d'écoles primaires et de maîtres d'Universités, des guildes pour jouer la Passion, pour bâtir une église, pour développer le « mystère » de telle école, de tel art ou de tel métier, ou pour une récréation spéciale — des guildes même parmi les mendiants, les bourreaux et les femmes perdues, toutes organisées sur le double principe de l'auto-juridiction et de l'appui mutuel[34]. Pour la Russie, nous avons la preuve manifeste que sa consolidation fut tout autant l'œuvre de ses artels ou associations de chasseurs, de pêcheurs et de marchands que du bourgeonnement des communes villageoises ; aujourd'hui encore le pays est couvert d'artels[35].

Ces quelques remarques montrent combien était inexacte l'opinion de ceux qui les premiers étudièrent les guildes lorsqu'ils crurent voir l'essence de cette institution dans sa fête annuelle. De fait, le jour du repas commun était le jour même ou le lendemain du jour de l'élection des aldermen ; on discutait alors les changements à apporter aux statuts et très souvent c'était le jour où l'on jugeait les différents entre frères[36] et où l'on renouvelait le serment à la guilde. Le repas commun, de même que la fête de l'ancienne assemblée populaire du clan — le *mahl* ou *malum* — ou l'*aba* des Bouriates, ou aujourd'hui le banquet de la paroisse et le souper de la moisson était simplement une affirmation de la fraternité. Ce repas symbolisait les temps où tout était mis en commun par le clan. En ce jour, au moins, tout appartenait à tous ; tous s'asseyaient à la même table et prenaient part au même repas. A une époque très postérieure, le pensionnaire de l'hospice d'une guilde de Londres s'asseyait en un tel jour à côté du riche échevin. Quant à la distinction que plusieurs écrivains ont essayé d'établir entre la « frith guilde » des anciens saxons et les guildes appelées « sociales » ou « religieuses », elle n'existe pas : toutes les guildes étaient des « frith guildes » au sens dont nous avons parlé et toutes étaient religieuses au sens où une commune villageoise ou une cité placée sous la protection d'un saint spécial est religieuse ou sociale[37]. Si les guildes ont pris une si grande extension en Asie, en Afrique et en Europe, si elles ont vécu des milliers d'années, reparaissant toujours à nouveau lorsque des conditions analogues en motivaient l'existence, c'est parce qu'elles étaient beaucoup plus que des associations pour manger, ou des associations pour l'exercice d'un culte à certain jour, ou des confréries pour les funérailles. Les guildes répondaient à un besoin profond de la nature humaine, et elles réunissaient toutes les attributions que l'État s'appropria plus tard par sa bureaucratie et sa police. Elles étaient plus que cela, puisqu'elles représentaient des associations pour l'appui mutuel en toutes circonstances et pour tous les accidents de la vie, « par action et conseil » ; c'étaient aussi des organisations pour le maintien de la justice — différentes en ceci de l'État, qu'en toutes occasions intervenait un élément humain, fraternel, au lieu de l'élément formaliste qui est la caractéristique essentielle de l'intervention de l'État. Quand il apparaissait devant le tribunal de la guilde, le frère avait à répondre à des hommes qui le connaissaient bien et avaient été auparavant à ses côtés dans leur travail journalier, au repas commun, pendant l'accomplissement de leurs devoirs confraternels : des hommes qui étaient ses égaux et véritablement ses frères, non des théoriciens de la loi, ni des défenseurs des intérêts des autres[38].

Une institution si bien faite pour satisfaire aux besoins d'union sans priver l'individu de son initiative, ne pouvait que s'étendre, s'accroître et se fortifier. La difficulté était de trouver une forme qui permit de fédérer les unions des guildes sans empiéter sur celles des communes villageoises, et de fédérer les unes et les autres en un tout harmonieux. Quand cette combinaison eût été trouvée et qu'une suite de circonstances favorables eût permis aux cités d'affirmer leur indépendance, elles le firent avec une unité de pensée qui ne peut qu'exciter notre admiration, même en notre siècle de chemins de fer, de télégraphes et d'imprimerie. Des centaines de chartes, dans lesquelles les cités proclamaient leur affranchissement nous sont parvenues ; et dans toutes — malgré la variété infinie de détails, qui dépendait de l'émancipation plus ou moins complète — on retrouve la même idée dominante. La cité s'organisait en une fédération de petites communes de villages et de guildes.

> Tous ceux qui appartiennent à l'amitié de la ville — lit-on dans une charte donnée en 1188 aux bourgeois d'Aire par Philippe, comte de Flandre — ont promis et confirmé, par la foi et le serment, qu'ils s'aideraient l'un l'autre comme des frères, en ce qui est utile et honnête. Que si l'un commet contre l'autre quelque délit en paroles ou en actions, celui qui aura été lésé ne prendra point vengeance par lui-même ou par les siens... mais il portera plainte ; et le coupable amendera le délit selon l'arbitrage des douze juges élus. Et si celui qui a fait le tort, ou celui qui l'a reçu, averti par trois fois, ne veut pas se soumettre à cet arbitrage, il sera écarté de l'amitié, comme méchant et parjure[39].

Chacun gardera en toute occasion fidélité à son juré et lui prêtera aide et conseil selon ce qu'aura dicté la justice, disent les chartes d'Amiens et d'Abbeville. Dans les limites de la commune, tous les hommes s'aideront mutuellement, selon leur pouvoir, et ne souffriront en nulle manière que qui que ce soit enlève quelque chose ou fasse payer des tailles à l'un d'eux, lisons-nous dans les chartes de Soissons, Compiègne, Senlis et beaucoup d'autres du même type[40]. Et ainsi de suite avec d'innombrables variations sur le même thème.

> Commune ! nom nouveau, nom détestable ! Par elle les censitaires (*capite censi*) sont affranchis de tout servage moyennant une simple redevance annuelle ; par elle ils ne sont condamnés, pour l'infraction aux lois, qu'à une amende légalement déterminée ; par elle, ils cessent d'être soumis aux autres charges pécuniaires dont les serfs sont accablés[41].

La même vague d'émancipation se répandit au XIIe siècle à travers tout le continent, entraînant à la fois les plus riches cités et les plus pauvres villes. Et si nous pouvons dire qu'en général les cités italiennes furent les premières à se libérer, nous ne pouvons désigner aucun centre d'où le mouvement se serait répandu. Très souvent un petit bourg de l'Europe centrale prenait l'initiative pour sa région, et de grandes agglomérations acceptaient la charte de la petite ville comme modèle pour la leur. Ainsi la charte d'une petite ville, Lorris, fut adoptée par quatre-vingt-trois villes dans le Sud-Ouest de la France ; celle de Beaumont devint le modèle de plus de cinq cents villes et cités en Belgique et en France. Des députés spéciaux étaient envoyés par les cités à leurs voisins pour obtenir une copie de leur charte, et la constitution de la commune était établie sur ce modèle. Toutefois, ils ne se copiaient pas simplement les uns les autres : ils réglaient leurs propres chartes selon les concessions qu'ils avaient obtenues de leurs seigneurs ; et le résultat était que les chartes des communes du moyen âge, comme le fait observer un historien, offrent la même variété que l'architecture gothique des églises et des cathédrales. On y trouve la même idée dominante, la cathédrale symbolisant l'union des paroisses et des guildes dans la cité — et la même variété infinie dans la richesse des détails.

L'auto-juridiction était le point essentiel, et auto-juridiction signifiait auto-administration. Mais la commune n'était pas simplement une partie « autonome » de l'État — ces mots ambigus n'avaient pas encore été inventés alors — elle était un État en elle-même. Elle avait le droit de guerre et de paix, de fédération et d'alliance avec ses voisins. Elle était souveraine dans ses propres affaires et ne se mêlait pas de celles des autres. Le pouvoir politique suprême pouvait être remis entièrement à un forum démocratique, comme c'était le cas à Pskov, dont le *viétché* envoyait et recevait des ambassadeurs, concluait des traités, acceptait et renvoyait des princes, ou s'en passait pendant des douzaines d'années ; ou bien le pouvoir était exercé ou usurpé par une aristocratie de marchands ou même de nobles, comme c'était le cas dans des centaines de cités d'Italie et du centre de l'Europe. Le principe néanmoins restait le même : la cité était un État et — ce qui était encore plus remarquable — quand le pouvoir dans la cité était usurpé par une aristocratie de marchands ou même de nobles, la vie intérieure de la cité ne s'en ressentait que peu et le caractère démocratique de la vie de tous les jours ne disparaissait pas : c'est que l'un et l'autre dépendaient peu de ce qu'on pourrait appeler la forme politique de l'État.

Le secret de cette apparente anomalie c'est qu'une cité du moyen âge n'était pas un État centralisé. Pendant les premiers siècles de son existence, la cité pouvait à peine être appelée un État quant à ce qui touche à son organisation intérieure, parce que le moyen âge ne connaissait pas plus l'actuelle centralisation des fonctions que la centralisation territoriale de notre temps. Chaque groupe avait sa part de souveraineté. La cité était généralement divisée en quatre quartiers, ou en cinq, six ou sept sections, rayonnant d'un centre ; chaque quartier ou section correspondant à peu près à un certain métier ou profession qui y dominait, mais contenant cependant des habitants de différentes positions et occupations sociales — nobles, marchands ou même demi-serfs. Chaque section ou quartier constituait une agglomération tout à fait indépendante. A Venise, chaque île formait une communauté politique indépendante. Elle avait ses métiers organisés, son commerce de sel, sa juridiction, son administration, son forum ; et la nomination d'un doge par la cité ne changeait rien à l'indépendance intérieure des unités[42]. A Cologne nous voyons les habitants divisés en *Geburschaften* et *Heimschaften* (*viciniæ*), c'est-à-dire des guildes de voisinage, qui dataient de la période franque. Chacune avait son juge (*Burrichter*) et les douze échevins élus (*Schoffen*), son prévôt et son *greve*, ou commandant de la milice locale[43]. L'histoire des premiers temps de

Londres avant la conquête — dit M. Green — est celle « d'une quantité de petits groupes disséminés dans l'enceinte des murs, chacun se développant avec sa vie propre et ses propres institutions, guildes, « sokes », chapelles, etc., et ne se consolidant que lentement en union municipale[44] ». Et si nous consultons les annales des cités russes, Novgorod et Pskov, toutes deux relativement riches en détails locaux, nous trouvons les sections (*konets*) consistant en rues (*outlitsa*) indépendantes dont chacune, quoique principalement peuplée d'artisans d'un certain métier, avait aussi parmi ses habitants des marchands et des propriétaires et formait une commune séparée. Celle-ci avait la responsabilité communale pour tous ses membres en cas de crime, sa juridiction et son administration indépendante par les échevins des rues (*ulitchanskige starosty*), son sceau particulier et, en cas de besoin, son forum à part, sa milice propre, ainsi que ses prêtres, élus par la section qui avait ainsi sa propre vie collective et ses entreprises collectives[45].

La cité du moyen âge nous apparaît ainsi comme une double fédération : d'abord, de tous les chefs de famille constituant de petites unions territoriales — la rue, la paroisse, la section — et ensuite, des individus unis par serment en guildes suivant leurs professions ; la première était un produit de la commune villageoise, origine de la cité, tandis que la seconde était une création postérieure dont l'existence était due aux nouvelles conditions.

La garantie de la liberté, de l'auto-administration et de la paix était le but principal de la cité du moyen âge ; et le travail, comme nous l'allons voir en parlant des guildes de métier, en était la base. Mais la « production » n'absorbait pas toute l'attention des économistes du moyen âge. Avec leur esprit pratique, ils comprirent que la « consommation » devait être garantie afin d'obtenir la production ; et par conséquent le principe fondamental de chaque cité était de pourvoir à la subsistance commune et au logement des pauvres comme des riches (*gemeine notdurft und gemach armer und reicher*[46]). L'achat des vivres et des autres objets de première nécessité (charbon, bois, etc.), avant qu'ils aient passé par le marché, ou dans des conditions particulièrement favorables dont les autres eussent été exclus, — en un mot la *preemptio* — était complètement prohibé. Tout devait passer par le marché et y être offert à l'achat de tous, jusqu'à ce que la cloche eût fermé le marché. Alors seulement le détaillant pouvait acheter ce qui restait, et même alors son profit devait être un « honnête gain » seulement[47]. De plus, quand le blé était acheté en gros par un boulanger après la fermeture du marché, chaque citoyen avait le droit de réclamer une part du blé (environ un demi-quarteron) pour son propre usage, au prix du gros, à condition de le réclamer avant la conclusion finale du marché, et réciproquement chaque boulanger pouvait réclamer le même droit si un citoyen achetait du blé pour le revendre. Dans le premier cas le blé n'avait qu'à être apporté au moulin de la ville pour être moulu à son tour à un prix convenu, et le pain pouvait être cuit au *four banal*, ou four communal[48]. Bref, si une disette frappait la cité, tous en souffraient plus ou moins ; mais à part ces calamités, tant que les cités libres existaient, personne n'y pouvait mourir de faim, comme c'est malheureusement trop souvent le cas aujourd'hui.

Toutes ces réglementations appartiennent à des périodes avancées de la vie des cités, tandis que dans les premiers temps, c'était la cité elle-même qui achetait toutes les subsistances nécessaires à l'usage des citoyens. Les documents récemment publiés par M. Gross sont tout à fait décisifs sur ce point et confirment pleinement ses conclusions tendant à prouver que les cargaisons de subsistances « étaient achetées par certains officiers civiques, au nom de la ville et distribuées parmi les bourgeois marchands, personne ne pouvant acheter des marchandises débarquées dans le port à moins que les autorités municipales n'aient refusé de les acheter ». Ceci semble avoir été, ajoute-t-il, un usage commun en Angleterre, en Irlande, au pays de Galles et en Écosse[49]. Même au XVIe siècle nous trouvons que des achats communaux de blé étaient faits « pour la commodité et le profit en toutes choses de cette... Cité et Chambre de Londres et de tous les citoyens et habitants d'icelle autant qu'il est en notre pouvoir — ainsi que l'écrit le maire en 1565 (for the comoditie and profit in all things of this... Citie and Chamber of London, and of all the Citizens and Inhabitants of the same as moche as in us lieth)[50] » A

Venise on sait que tout le commerce des blés était aux mains de la Cité ; les « quartiers », après avoir reçu les céréales des administrateurs des importations, devaient envoyer chez chaque citoyen la quantité qui lui était allouée[51]. En France, la cité d'Amiens avait l'habitude d'acheter du sel et de le distribuer à tous les citoyens au prix coûtant[52] ; et encore aujourd'hui on voit dans beaucoup de villes françaises des *halles* qui étaient autrefois des dépôts municipaux pour le blé et le sel[53]. En Russie, c'était une coutume habituelle à Novgorod et à Pskov.

Tout ce qui a trait aux achats communaux pour l'usage des citoyens semble n'avoir pas encore été suffisamment étudié par les historiens qui se sont occupés de cette époque, mais on trouve çà et là quelques faits très intéressants qui jettent une nouvelle lumière sur le sujet. Ainsi, parmi les documents de Ch. Gross, une ordonnance de Kilkenny, de l'année 1367, nous apprend comment les prix des marchandises étaient fixés. « Les marchands et les marins, écrit Ch. Gross, devaient, sous la foi du serment, faire connaître le prix coûtant des marchandises et les frais de transport. Puis le maire de la ville et deux prud'hommes fixaient le prix auquel les marchandises devaient être vendues. » La même règle était en vigueur à Thurso pour les marchandises venant « par mer ou par terre ». Cette façon d'« établir le prix » répond si bien à la conception même du commerce tel qu'on le comprenait au moyen âge qu'elle doit avoir été presque universelle. C'était une très vieille coutume de faire établir le prix par un tiers ; et, pour tous les échanges à l'intérieur de la cité, c'était certainement une habitude très répandue de s'en rapporter pour les prix à des « prud'hommes » — à une tierce partie — et non au vendeur ni à l'acheteur. Mais cet état de choses nous ramène encore plus loin en arrière dans l'histoire du commerce, — à une époque où c'était la cité tout entière qui faisait le commerce de ses produits, où les marchands n'étaient que des commissionnaires, des commis de la cité, chargés de vendre les marchandises que la cité exportait. Une ordonnance de Waterford, publiée aussi par Ch. Gross, dit « que toute espèce de marchandises, *de quelque nature qu'elles fussent...* devaient être achetées par le maire et les baillis qui, étant acheteurs en commun [au nom de la ville] pour ce moment donné, devaient les répartir entre les hommes libres de la cité (exception faite des biens propres des citoyens libres et des habitants[54]).

On ne peut guère expliquer cette ordonnance autrement qu'en admettant que tout le commerce extérieur de la ville était fait par ses agents, De plus nous avons la preuve directe que tel était le cas à Novgorod et à Pskov. C'était « le Souverain Novgorod » et « le Souverain Pskov » qui envoyaient leurs caravanes de marchands vers les pays lointains.

Nous savons aussi que dans presque toutes les cités du moyen âge du Centre et de l'Ouest de l'Europe, les guildes de métiers avaient l'habitude d'acheter en commun toutes les matières premières nécessaires, et de faire vendre le produit de leur travail par leurs commis. Il est probable que la même chose avait lieu pour le commerce extérieur — d'autant plus que, jusqu'au XIIIe siècle, non seulement les marchands d'une même cité étaient considérés au dehors comme responsables en corps des dettes contractées par l'un d'eux, mais la cité entière était responsable des dettes de chacun de ses marchands. Ce n'est qu'aux XIIe et XIIIe siècles que les villes du Rhin abolirent cette responsabilité[55] par des traités spéciaux. Enfin nous avons le remarquable document d'Ipswich publié par M. Gross, où nous apprenons que la guilde des marchands de cette ville était constituée par tous ceux qui avaient la franchise de la ville, et qui payaient leur contribution (« leur hanse ») à la guilde, la commune entière discutant les mesures à prendre pour le bien de la guilde des marchands et lui assignant certains privilèges. La guilde marchande d'Ipswich semble ainsi avoir été plutôt un corps de commis de la ville qu'une guilde privée ordinaire.

En résumé, mieux nous connaissons la cité du moyen âge, plus nous voyons qu'elle n'était pas une simple organisation politique pour la défense de certaines libertés politiques. C'était une tentative, sur une bien plus grande échelle que dans la commune villageoise, pour organiser une union étroite d'aide et d'appui mutuels pour la consommation et la production et pour la vie sociale dans son ensemble ; sans imposer les entraves de l'État, mais laissant pleine liberté d'expression au génie créateur de chaque groupe, dans les arts, les métiers, les sciences, le commerce et la politique. Nous verrons mieux jusqu'à quel point réussit cet essai quand nous aurons analysé, dans le chapitre suivant, l'organisation du travail dans la cité du moyen âge et les rapports des cités avec la population des campagnes qui les entouraient.

1. ↑ W. Arnold, dans *Wanderungen und Ansiedelungen der deutschen Stamme*, p. 431, assure même que la moitié des terres labourables aujourd'hui dans le centre de l'Allemagne doit avoir été défrichée du VI° au IX° siècle. Nitzsch (*Geschichte des deutschen Volkes*, Leipzig, 1888, vol. I) partage la même opinion.
2. ↑ Leo et Botta, *Histoire d'Italie*, édition française, 1844, t. I, p. 37.
3. ↑ La somme à payer pour le vol d'un simple couteau était de 15 solidi, et pour les ferrures d'un moulin, 45 solidi (voir sur ce sujet Lamprecht, *Wirthschaft und Recht der Franken*, dans Raumer, *Historisches Taschenbuch*, 1883, p. 52). Suivant la loi ripuaire, l'épée, la lance ou l'armure de fer d'un guerrier atteignait la valeur d'au moins 25 vaches ou deux années de travail d'un homme libre. Une cuirasse seule était évaluée dans la loi salique (Desmichels, cité par Michelet) à 36 boisseaux de blé.
4. ↑ La principale richesse des chefs consista pendant longtemps en domaines personnels peuplés en partie d'esclaves prisonniers, mais surtout d'hommes libres amenés à s'établir de la façon qui vient d'être décrite. Sur l'origine de la propriété, voir Inama Sternegg, *Die Ausbildung der grossen Grundberrschaften in Deutschland* dans *Forschungen* de Schmoller, vol. I, 1878 ; F. Dahn, *Urgeschichte der germanischen und romanischen Volker*, Berlin, 1881 ; Maurer, *Dorfverfassung* ; Guizot, *Essais sur l'histoire de France* ; Maine, *Village Community* ; Botta, *Histoire d'Italie* ; Seebom, Vinogradov, J. R. Green, etc.
5. ↑ Voyez sir Henry Maine, *International Law*, Londres, 1888.
6. ↑ *Ancient Laws of Ireland*, Introduction ; E. Nys, *Études de droit international*, t. 1, 1896, pp. 86 et suiv. Parmi les Ossètes, les arbitres de trois des plus vieux villages jouissent d'une réputation spéciale (M. Kovalevsky, *Coutumes modernes et lois anciennes*, Moscou, 1886, Il, 217, en russe).
7. ↑ Il est permis de penser que cette conception (qui se rattache à la conception de la « tanistry ») tint une place importante dans la vie de cette époque ; mais il n'a pas encore été fait de recherches dans cette voie.

8. ↑ Il est expressément déclaré dans la charte de Saint-Quentin de l'an 1002 que la rançon de maisons condamnées à être démolies pour crime, devrait être aux murs de la cité. La même destination était donnée a l'*Ungeld* dans les cités allemandes. A Pskov, la cathédrale était la banque des amendes, et on prenait de l'argent à ce fond pour les murs.
9. ↑ Sohm, *Frankische Rechts-und Gerichtsverfassung*, p. 23 ; aussi Nitzseh, *Geschichte des deutschen Volkes*, I, 78.
10. ↑ Voyez les excellentes remarques sur ce sujet dans les *Lettres sur l'histoire de France* d'Augustin Thierry, 7e lettre. Les traductions barbares de certaines parties de la Bible sont très instructives sur ce point.
11. ↑ Trente-six fois plus qu'un noble, suivant la loi anglo-saxonne. Dans le code de Rothari le meurtre d'un roi est cependant puni de mort ; mais (sans vouloir mentionner l'influence romane) cette nouvelle disposition fut introduite (en 646) dans la loi lombarde — comme le font remarquer Leo et Botta — pour protéger le roi contre la loi du talion. Le roi étant lui-même à ce moment l'exécuteur de ses sentences (comme le fut autrefois la tribu) il devait être protégé par une disposition spéciale d'autant plus que plusieurs rois lombards, avant Rothari, avaient été tués l'un après l'autre. (Leo et Botta, loc. cit., I, 66-90.)
12. ↑ Kaufmann, Deutsche Geschichte, vol. I, « Die Germanen der Urzeit », p. 133.
13. ↑ Dr. F. Dahn, *Urgeschichte der germanischen und romanischen Volker*, Berlin, 1881, vol. I, 96.
14. ↑ Si je suis ainsi les théories défendues depuis longtemps par Maurer (*Geschichte der Stadteverfassung* in *Deutschland*, Erlangen, 1869) c'est parce qu'il a clairement démontré comment la commune du village s'est transformée en cité médiévale par une évolution ininterrompue et que seule cette manière de voir peut expliquer l'universalité du mouvement communaliste. Savigny et Eichhorn et leurs continuateurs ont certainement prouvé que les traditions des municipes romains n'avaient jamais entièrement disparu. Mais ils ne tiennent aucun compte de la période des communes villageoises qui, chez les barbares, précédèrent les villes. Le fait est que, chaque fois que la civilisation recommença de nouveau, en Grèce, à Rome ou dans l'Europe centrale, elle passa par les mêmes phases — la tribu, la commune villageoise, la cité libre, l'État — chacun représentant une évolution naturelle de la phase précédente. Bien entendu, l'expérience de chaque civilisation n'était pas perdue. La Grèce (influencée elle-même par les civilisations de l'Orient) influença Rome, et Rome a influencé notre civilisation ; mais chacune de ces civilisations

commença de même par la tribu. Et si nous ne pouvons pas dire que nos États sont la continuation de l'État romain, nous ne pouvons pas dire non plus que les cités du moyen âge en Europe (y compris la Scandinavie et la Russie) furent une continuation des cités romaines. Elles étaient une continuation des communautés villageoises barbares, influencées jusqu'à un certain point par les traditions des villes romaines.

15. ↑ M. Kovalevsky, *Modern Customs and Ancient Laws of Russia*, (*Ilchester Lectures*, London, 1891, lecture 4).
16. ↑ Il a fallu beaucoup de recherches avant de pouvoir établir ce caractère de la période qu'on a nommée la *période oudielnyi* ; ces recherches se trouvent dans les ouvrages de Biélaïeff (*Récits tirés de l'histoire russe*), Kostomaroff (*Les Commencements de l'autocratie en Russie*) et particulièrement dans celui du professeur Serghievitch (*Le Viétché et le Prince*). On trouvera des indications sur cette période en anglais, dans l'ouvrage de M. Kovalevsky, que nous venons de citer ; en français dans l'*Histoire de la Russie* de Rambaud ; ainsi qu'un court résumé dans l'article « Russie » de la dernière édition de la *Chambers's Encyclopædia*
17. ↑ Ferrari, *Histoire des révolutions d'Italie*, I, 257 ; Kallsen, Die deutschen Städte im Mittelalter, vol. I (Halle, 1891.
18. ↑ Voyez les excellentes remarques de Mr. G. L. Gomme touchant les assemblées du peuple à Londres (*The Literature of Local Institutions*, Londres, 1886, p. 76). Il faut cependant remarquer que dans les cités royales, les assemblées du peuple n'obtinrent jamais l'indépendance qu'elles eurent ailleurs. Il est même certain que les villes de Moscou et de Paris furent choisie par les rois et par l'Église comme les berceaux de la future autorité royale dans l'État ; parce que ces villes ne possédaient pas la tradition d'assemblées populaires accoutumées à agir souverainement en toute chose.
19. ↑ A. Luchaire, *Les communes françaises* ; aussi Kluckohn *Geschichte des Gottesfrieden*, 1857. L. Sémichon (*La paix et la trêve de Dieu*, 2 vol., Paris, 1869) a essayé de représenter le mouvement communal comme issu de cette institution. En réalité, la trêve de Dieu, de même que la ligue formée sous Louis le Gros dans un but de protection à la fois contre les brigandages des nobles et contre les invasions normandes, fut un mouvement absolument populaire. Le seul historien qui mentionne cette dernière ligue — Vitalis — la décrit comme une « commune populaire » (« Considérations sur l'histoire de France » dans le vol. IV des œuvres d'Augustin Thierry, Paris, 1868, p. 191 et *note*).
20. ↑ Ferrari, I, 152, 263, etc.
21. ↑ Perrens, *Histoire de Florence*, I, 188 ; Ferrari, *loc. cit.*, I, 283

22. ↑ Augustin Thierry, *Essai sur l'histoire du Tiers-État*, Paris, 1875, p. 414, note.
23. ↑ F. Rocquain, « La Renaissance au XIIe siècle » dans les *Études sur l'histoire de France*, Paris, 1875, pp. 55-117.
24. ↑ N. Kostomaroff, Les rationalistes du XIIe siècle, dans ses « Monographies et Recherches » (en russe).
25. ↑ On trouvera des faits très intéressants relatifs à l'universalité des guildes dans « Two Thousand Years of Guild Life » par le Rev. J. N. Lambert, Hull, 1891. Sur les *amkari* de Géorgie, voir S. Éghiazarov, *Gorodskiye Tsekhi* (« Organisation des Amkari transcaucasiens »), dans les *Mémoires* de la Société géographique du Caucase, XIV, 2, 1891.
26. ↑ J. D. Wunderer, « Reisebericlit » dans Fichard, *Frankfurter Archiv*, II, 245 ; cité par Jansen, *Geschichte des deutschen Volkes*, I, 355.
27. ↑ D. Leonard Ennen, *Der Dom zu Köln, Historische Einleitung*, Cologne, 1871, pp. 46-50
28. ↑ Voir le chapitre précédent.
29. ↑ Kofod Ancher, *Om gamle Danske Gilder og deres Under-gang*, Copenhague, 1785. Statuts d'une Knu guilde.
30. ↑ Sur la situation des femmes dans les guildes, voir les remarques de l'introduction de Miss Toulmin Smith à l'ouvrage de son père, *English Guilds*. Un des statuts de Cambridge (p. 281) de l'année 1503 est formel dans la phrase suivante : « Thys statute is made by the comyne assent of all the bretherne and sisterne of alhallowe yelde. » (Ce statut est fait avec l'assentiment commun de tous les frères et sœurs de la guilde de Tous les Saints.)
31. ↑ Au moyen âge, seule l'agression secrète était traitée comme meurtre. La vengeance du sang accomplie au grand jour était justice ; tuer dans une dispute n'était pas un meurtre, pourvu que l'agresseur témoignât de son désir de se repentir et de réparer le mal qu'il avait fait. Des traces profondes de cette distinction existent encore dans les codes criminels modernes, particulièrement en Russie.
32. ↑ Kofod Ancher. Ce vieux petit livre contient beaucoup de renseignements qui ont été perdus de vue par des chercheurs plus récents.
33. ↑ Elles jouaient un rôle important dans les révoltes de serfs et furent, à cause de cela, prohibées plusieurs fois de suite dans la seconde moitié du IXe siècle. Naturellement, les interdictions du roi restaient lettre morte.
34. ↑ Les peintres italiens du moyen-âge étaient aussi organisés en guildes, qui devinrent, à une époque postérieure, les Académies d'art. Si les œuvres de l'art italien de cette époque sont empreintes d'un caractère qui permet encore aujourd'hui de distinguer les différentes écoles de Padoue, Bassano, Trévise, Vérone, etc., quoique toutes ces villes fussent sous

l'influence de Venise, cela est dû — comme J. Paul Richter l'avait remarqué — au fait que les peintres de chaque ville appartenaient à une guilde distincte, en bons termes avec les guildes des autres villes, mais menant une existence propre. Le plus ancien statut de ces guildes que nous connaissions est celui de Vérone, qui date de 1303 mais il est certainement copié sur quelque statut plus ancien. Parmi les obligations des membres, on trouve : « Assistance fraternelle en toute espèce de nécessité », « hospitalité envers les étrangers quand ils traversent la ville, car ainsi l'on peut obtenir des informations sur certaines choses que l'on peut désirer connaître », et « obligation d'offrir du soulagement en cas de faiblesse » (*Nineteenth Century*, novembre 1890 et août 1892).

35. ↑ Les principaux ouvrages sur les artels sont cités dans l'article « Russie » de l'*Encyclopædia Britannica*, 9e édition, p. 84.
36. ↑ Voir, par exemple, les textes des guildes de Cambridge donnés par Toulmin Smith (*English Guildes*, Londres, 1870, pp. 274-276) où l'on voit que le « jour général et principal » était le jour des « élections », ou encore Ch. M. Clode, *The Early History of the Guild of the Merchant Taylors*, Londres, 1888, I, 45, etc. — Pour le renouvellement de l'allégeance, voir la Saga de Jòmsviking, cité par Pappenheim, *Alldänische Shutzgilden*, Breslau, 1885, p. 167. Il semble très probable que lorsque les guildes commencèrent à être persécutées, beaucoup d'entre elles n'inscrivirent dans leurs statuts que le jour du repas, ou celui de leurs cérémonies religieuses et ne firent allusion aux fonctions judiciaires de la guilde qu'en termes vagues ; mais ces fonctions ne disparurent cependant qu'à une époque très postérieure. La question : « Qui sera mon juge ? » n'a plus de sens aujourd'hui, depuis que l'État s'est approprié l'organisation de la justice, confiée maintenant à sa bureaucratie ; mais c'était d'importance primordiale au moyen âge, d'autant plus qu'auto-juridiction signifiait auto-administration. Il faut aussi remarquer que la traduction des mots saxons et danois « guild-bretheren » ou « brödræ », par le mot latin convivii doit avoir contribué à la confusion que nous venons de signaler.
37. ↑ Voir les excellentes remarques sur la « frith guilde » par J. R Green et Mrs Green dans *The Conquest of England,* Londres, 1883, pp. 229, 230.
38. ↑ Voir appendice X.
39. ↑ *Recueil des ordonnances des rois de France,* t. XII, 563 ; cité par Aug. Thierry dans *Considérations sur l'histoire de France,* p. 241, t. VII de la 10e édition des Œuvres complètes.
40. ↑ A. Luchaire, *Les communes françaises,* pp. 45 46.
41. ↑ Guilbert de Nogent, *De vita sua*, cité par Luchaire, *loc. cit.*, p. 14.

42. ↑ Lebret, *Histoire de Venise*, I, 393 ; voir aussi Marin, cité par Leo et Botta dans *Histoire de l'Italie*, édition française, 1844, t. I, 500.
43. ↑ Dr W. Arnold, *Verfassungsgeschichte der deutschen Freistädte*, 1854, vol. II, 227 et suiv. ; Ennen, *Geschichte der Stadt Köln*, vol. I, 228, 229 ; et aussi les documents publiés par Ennen et Eckert.
44. ↑ *Conquest of England*, 1883, p. 453.
45. ↑ Biélaeff, *Histoire de Russie*, vol. II et III.
46. ↑ W. Gramich, *Verfassungs und Verwaltungsgeschichte der Stadt Würzburg im 13. bis zum 15. Jahrhundert*, Würzburg, 1882, p. 34.
47. ↑ Quand un bateau apportait une cargaison de charbon à Würzburg, le charbon ne pouvait être vendu qu'au détail pendant les huit premiers jours, chaque famille n'ayant pas droit à plus de cinquante paniers. Le reste de la cargaison pouvait être vendu en gros, mais le marchand au détail ne pouvait prélever qu'un profit honnête (zittlicher), le profit déshonnête (unzittlicher) étant strictement défendu (Gramich, *loc. cit.*). Il en était de même à Londres (*Liber albus*, cité par Ochenkowski, p. 161) et, de fait, partout.
48. ↑ Voir Fagniez, *Études sur l'industrie et la classe industrielle à Paris au XIIIe et XIVe siècle*, Paris, 1877, p. 155 et suiv. Il est à peine nécessaire d'ajouter que la taxe sur le pain, ainsi que sur la bière, ne s'établissait qu'après des expériences soigneuses touchant la quantité de pain et de bière qu'on pouvait obtenir d'une quantité donnée de grains. Les archives d'Amiens possèdent les minutes de ces expériences (A. de Calonne, *loc. cit.*, pp. 77, 93). Les archives de Londres également (Ochenkowski, *Englands wirthschaftliche Entwickelung*, etc.), Iéna, 1879, p. 165.
49. ↑ Ch. Gross, *The Guild Merchant*, Oxford, 1890, I, 135. Ces documents prouvent que cet usage existait à Liverpool (II, 148-150), à Waterford en Irlande, à Neath dans le Pays de Galles, et à Linlithgow et à Thurso en Écosse. Les textes de M. Gross montrent aussi que les achats étaient faits en vue de distributions, non seulement parmi les bourgeois marchands, mais « upon all citsains and commynalte » (p. 136, *note*) ou, comme le dit l'ordonnance de Thurso du XVIIe siècle, pour « offrir aux marchands, artisans et habitants dudit bourg, afin qu'ils puissent en avoir leur part suivant leurs besoins et leur habileté ».
50. ↑ *The early History of the Guild of Merchant Taylors*, par Charles M. Clode, Londres, 1888, I, 361, appendice 10 ; et aussi l'appendice suivant qui montre que les mêmes achats étaient faits en 1546.
51. ↑ Cibrario, *Les conditions économiques de l'Italie au temps de Dante*, Paris, 1865, p. 44.
52. ↑ A. de Calonne, *La vie municipale au XVe siècle dans le Nord de la France*, Paris, 1880, pp. 12-16. En 1845, la cité autorisait l'exportation à

Anvers d'une certaine quantité de blé, « les habitants d'Anvers étant toujours prêts à être agréables aux marchands et bourgeois d'Amiens » (ibid., pp. 75-77, et les textes).
53. ↑ A. Babeau, La ville sous l'ancien régime, Paris, 1880.
54. ↑ « That all manere of marchandis *what so everkynde they be of...* shal be bought by the Maire and balives which bene commene biers for the time being, and to distribute the same on freemen of the citie (the propre goods of free citisains and inhabitants only excepted »
55. ↑ Ennen, *Geschichte der Stadt Köln*, 1, 491, 492, ainsi que les textes.

Chapitre VI

L'ENTR'AIDE DANS LA CITÉ DU MOYEN ÂGE
(Suite)

Ressemblances et différences entre les cités du moyen âge. — Les guildes de métiers : attributs de l'État dans chacune d'elles. — Attitude de la cité envers les paysans ; tentatives pour les libérer. — Les seigneurs. — Résultats obtenus par la cité du moyen âge dans les Arts et les Sciences. — Causes de décadence.

Les cités du moyen âge ne furent pas organisées sur un plan préconçu, par la volonté d'un législateur du dehors. Chacune d'elles fut un produit naturel dans la pleine acception du mot - un résultat toujours variable des luttes entre des forces qui s'ajustaient et se réajustaient entre elles, selon leurs énergies, le hasard des conflits et l'appui qu'elles trouvaient dans le milieu ambiant. C'est pourquoi il n'y a pas deux cités dont l'organisation intérieure et les destinées aient été identiques. Chacune, prise séparément, d'un siècle à l'autre se transforme. Et cependant, quand nous jetons un regard d'ensemble sur toutes les cités de l'Europe, les différences locales et nationales disparaissent, et nous sommes frappés par la merveilleuse ressemblance que nous trouvons entre elles toutes, quoique chacune se soit développée par elle-même, indépendamment des autres et dans des conditions différentes. Une petite ville du Nord de l'Écosse, avec sa population de laboureurs et de rudes pêcheurs ; une riche cité des Flandres avec son commerce extérieur, son luxe, son amour du plaisir et sa vie animée ; une cité italienne enrichie par ses échanges avec l'Orient et cultivant dans ses murs un goût artistique et une civilisation raffinée ; une pauvre cité agricole dans la région des lacs et des marais de la Russie, semblent avoir peu de points communs. Cependant les lignes principales de leur organisation et l'esprit qui les anime se ressemblent par un air de famille très marqué. Partout nous voyons les mêmes fédérations de petites communes et de guildes, les mêmes « villes mineures » soumises à la cité mère, la même assemblée du peuple et les mêmes emblèmes de son indépendance. Le *defensor* de la cité, sous des noms différents et des insignes différents, représente la même autorité et les mêmes intérêts ; les subsistances alimentaires, le travail et le commerce sont organisés sur des plans très semblables ; des luttes intérieures et extérieures sont soutenues avec les mêmes ambitions ; plus encore, les formules mêmes employées dans ces luttes, ainsi que dans les annales, les ordonnances et les rôles sont identiques ; et les monuments d'architecture, qu'ils soient de style gothique, roman ou byzantin, expriment les mêmes aspirations et le même idéal : ils sont conçus et bâtis de la même manière. Bien des dissemblances ne sont que des différences d'époque, tandis que les différences réelles entre des cités sœurs se retrouvent dans diverses parties de l'Europe. L'unité de l'idée directrice et l'identité de l'origine compensent les différences de climat, de situation géographique, de richesse, de langue et de religion. Aussi pouvons-nous parler de *la cité* du moyen âge comme d'une phase bien définie de la civilisation ; et, bien que toute recherche faisant ressortir les différences locales et individuelles présente un vif intérêt, nous pouvons cependant indiquer les grandes lignes de développement communes à toutes les cités[1].

Certes la protection qui était accordée à la place du marché depuis les premiers temps barbares a joué un rôle important, mais non exclusif, dans l'émancipation de la cité du moyen âge. Les anciens barbares n'avaient pas de commerce à l'intérieur de leurs communes villageoises ; ils ne commerçaient qu'avec les étrangers en de certains endroits et à certains jours déterminés ; et afin que l'étranger puisse venir au lieu des échanges sans risque d'être tué dans quelque bagarre entre deux familles ennemies, le marché était toujours placé sous la protection spéciale de toutes les familles. C'était un lieu inviolable, comme le sanctuaire à l'ombre duquel il se tenait. Chez les Kabyles, il est encore *anaya*, ainsi que le sentier le long duquel les femmes rapportent l'eau du puits ; on ne doit pas y paraître en armes, même pendant des guerres entre tribus. Au moyen âge, le marché jouissait universellement de la même protection[2]. La vengeance du sang ne pouvait se poursuivre sur le terrain où l'on venait pour faire du commerce, ni dans un certain rayon alentour. Si une dispute s'élevait parmi la foule bigarrée des acheteurs et des vendeurs, elle devait être jugée par ceux sous la protection desquels se trouvait le marché — le tribunal de la communauté, ou de l'évêque, ou du seigneur, ou le juge du roi. Un étranger qui venait pour faire du commerce était un hôte, et on lui donnait ce nom. Même le seigneur qui n'avait point de scrupule de voler un marchand sur la grande route, respectait le *Weichbild*, c'est-à-dire le poteau qui était planté sur la place du marché et portait soit les armes du roi, soit un gant, soit l'image du saint local, ou simplement une croix, selon que le marché était sous la protection du roi, du seigneur, de l'église locale, ou de l'assemblée du peuple — le *viétché*[3].

Il est facile de comprendre comment l'auto-juridiction de la cité pouvait naître de la juridiction spéciale du marché, quand ce dernier droit était accordé, de bon gré ou non à la cité elle-même. Cette origine des libertés de la cité dont nous retrouvons la trace dans bien des cas, imprimait nécessairement un certain caractère à leur développement ultérieur. De là une prédominance de la partie commerçante de la communauté. Les bourgeois, qui possédaient une maison dans la cité à ses débuts et étaient co-propriétaires des terrains de la ville, constituaient très souvent une guilde marchande qui tenait en son pouvoir le commerce de la cité ; et quoique au début chaque bourgeois, riche ou pauvre, pût faire partie de la guilde marchande et que le commerce semble avoir été exercé pour la cité entière par ses commissaires, la guilde devint peu à peu une sorte de corps privilégié. Elle empêchait jalousement les étrangers, qui bientôt affluèrent dans les cités libres, de faire part de la guilde et elle réservait les avantages du commerce aux quelques « familles » qui avaient été parmi les « bourgeois » au moment de l'émancipation. Il y avait évidemment un danger de voir se constituer ainsi une oligarchie marchande. Mais déjà au Xe siècle et encore plus pendant les deux siècles suivants, les principaux métiers, organisés aussi en guildes, furent assez puissants pour s'opposer aux tendances oligarchiques des marchands.

Chaque guilde d'artisans faisait alors la vente en commun de ses produits et l'achat en commun des matières premières. Ses membres étaient marchands et ouvriers en même temps. C'est ainsi que la prédominance prise par les anciennes guildes d'artisans au début même de la vie de la cité libre assura au travail manuel la haute position qu'il occupa par la suite dans la cité[4]. En effet, dans une cité du moyen âge le travail manuel n'était pas un signe d'infériorité ; il gardait, au contraire, les traces du respect dont on l'entourait dans la commune villageoise. Le travail manuel, dans un des « mystères », était considéré comme un pieux devoir envers les citoyens : une fonction publique (*Amt*) aussi honorable que n'importe quelle autre. Producteurs et trafiquants étaient alors pénétrés d'une idée de « justice », envers la communauté, de respect des « droits » tant du producteur que du consommateur, qui semblerait bien étrange aujourd'hui. L'ouvrage du tanneur, du tonnelier, du cordonnier doit être de « bon et honnête ouvrage », écrivait-on en ce temps-là. Le bois, le cuir ou le fil qu'emploie l'artisan doit être de « bon » bois, de « bon » cuir ou de « bon » fil ; le pain doit être cuit « avec justice », et ainsi de suite. Si nous transportons ce langage dans notre vie d'aujourd'hui il semblera affecté et peu naturel ; mais il était naturel et simple alors, parce que l'artisan du moyen âge ne produisait pas pour un acheteur inconnu, ou pour envoyer ses marchandises sur un marché inconnu. Il produisait d'abord pour sa guilde : pour une fraternité d'hommes qui se connaissaient les uns les autres, qui connaissaient la technique du métier, et qui, en établissant le prix de chaque produit, tenaient compte de l'habileté déployée dans la fabrication et de la somme de travail qu'il avait fallu. Puis c'était la guilde, non le producteur particulier, qui offrait les marchandises pour la vente à la commune, et celle-ci, à son tour, offrait à la fraternité des communes alliées les marchandises qu'elle exportait, assumant la responsabilité de leur bonne qualité. Une telle organisation faisait naître en chaque corps de métier l'ambition d'offrir des marchandises qui ne fussent pas de qualité inférieure ; les défauts techniques ou les falsifications devenaient un sujet qui touchait la commune entière, parce que, disait une ordonnance : « cela détruirait la confiance publique[5] ». La production étant ainsi un devoir social, placé sous le contrôle de l'entière *amitas*, le travail manuel, tant que la cité libre fut vivante, ne put tomber dans le discrédit où il est maintenant.

Une différence entre maître et apprenti ou entre maître et ouvrier (*compayne, Geselle*) existait depuis l'origine dans les cités du moyen âge ; mais ce fut d'abord une simple différence d'âge et d'habileté, non de richesse et de pouvoir. Après un apprentissage de sept années, et après avoir prouvé son savoir et ses capacités par une œuvre d'art, l'apprenti devenait lui-même un maître. Ce fut seulement beaucoup plus tard, au XVIe siècle, après que le pouvoir royal eut détruit la commune et l'organisation des métiers, qu'il fut possible de devenir un maître en vertu d'un simple héritage ou par richesse. Mais ce fut aussi une époque de décadence générale dans les industries et les arts du moyen âge.

Il n'y avait guère place pour le travail loué dans les premières périodes florissantes des cités médiévales, moins encore pour des salariés isolés. L'ouvrage des tisseurs, des archers, des forgerons, des boulangers, etc., était fait pour la corporation et pour la cité ; et quand on louait des ouvriers pour des travaux de construction, ils travaillaient en tant que corporations temporaires (comme ils le font encore dans les *artels* russes) dont l'ouvrage était payé en bloc. Le travail pour un maître ne commença à s'implanter que bien plus tard ; mais, même en ce cas, l'ouvrier était mieux payé qu'il ne l'est aujourd'hui dans les métiers le mieux rétribués, et beaucoup plus qu'il n'était généralement payé en Europe pendant toute la première moitié du XIXe siècle. Thorold Rogers a familiarisé les lecteurs anglais avec cette idée ; mais la même chose est aussi vraie pour le reste de l'Europe, comme le montrent les recherches de Falke et de Schönberg, ainsi que beaucoup d'autres indices. Au XVe siècle, un maçon, un charpentier, ou un forgeron, était payé à Amiens 4 *sols* par jour, ce qui correspondait à quarante-huit livres de pain, ou à la huitième partie d'un petit bœuf. En Saxe le salaire du *Geselle*, dans les travaux de construction, était tel, pour me servir des mots de Falke, qu'il pouvait acheter avec les gages de six jours trois moutons et une paire de souliers[6]. Les dons des ouvriers (*Geselle*) aux cathédrales sont aussi un témoignage de leur bien-être relatif, pour ne rien dire des dons magnifiques de certaines guildes d'artisans, ni de ce qu'ils avaient coutume de dépenser en fêtes et en galas[7]. Mieux nous connaissons la cité du moyen âge, plus nous nous apercevons qu'en aucun temps le travail n'a joui d'une prospérité et d'un respect tels qu'aux temps florissants de cette institution.

Il y a plus encore ; non seulement beaucoup des aspirations de nos radicaux modernes étaient déjà réalisées au moyen âge, mais des idées que l'on traite maintenant d'utopies étaient acceptées alors comme d'indiscutables réalités. Ainsi, on rit de nous lorsque nous disons que le travail doit être agréable, mais « chacun doit se plaire à son travail », dit une ordonnance de Kuttenberg au moyen âge, « et personne ne pourra, tout en ne faisant rien (*mit nichts thun*), s'approprier ce que les autres ont produit par leur application et leur travail, puisque les lois doivent protéger l'application et le travail[8] ». En présence des discussions actuelles sur la journée de huit heures, il sera bon aussi de rappeler une ordonnance de Ferdinand Ier relative aux mines impériales de charbon, qui réglait la journée du mineur à huit heures, « comme c'était la coutume autrefois » (*wie vor Alters herkommen*), et il était défendu de travailler l'après-midi du samedi. Plus de huit heures de travail était fort rare, nous dit Janssen, mais moins de huit heures était un fait commun. En Angleterre, au XVe siècle, dit Rogers, « les ouvriers ne travaillaient que quarante-huit heures par semaine[9] ». De même, la demi-journée de repos du samedi, que nous considérons comme une conquête moderne, était en réalité une institution ancienne du moyen âge ; c'était l'après-midi du bain pour une grande partie des membres de la commune, tandis que l'après-midi du mercredi était réservé au bain des *Geselle*[10]. Et quoique les repas scolaires n'existassent point — probablement parce que aucun enfant n'arrivait à l'école à jeun — une distribution d'argent pour le bain, aux enfants dont les parents trouvaient difficile d'y pourvoir, était habituelle en plusieurs endroits. Quant aux Congrès du Travail, cela aussi existait fréquemment au moyen âge. En certaines parties de l'Allemagne les artisans d'un même métier, appartenant à différentes communes, avaient l'habitude de se réunir chaque année pour discuter des questions relatives à leur métier : années d'apprentissage, années de voyage, salaires, etc. ; et en 1572, les villes hanséatiques reconnurent formellement le droit aux artisans de se réunir en Congrès périodiques, et de prendre toutes résolutions qu'il leur plairait, tant qu'elles ne seraient point contraires aux rôles des cités, touchant la qualité des marchandises. On sait que de semblables Congrès du Travail, en partie internationaux comme la Hanse elle-même, furent tenus par des boulangers, des fondeurs, des forgerons, des tanneurs, des armuriers et des tonneliers[11].

L'organisation des corps de métiers exigeait une surveillance étroite des artisans par la guilde, et des jurés spéciaux étaient toujours nommés dans ce but. Mais il est à remarquer que, tant que les cités jouirent de leur vie libre, il ne s'éleva pas de plainte touchant cette surveillance ; tandis qu'après que l'État fût intervenu, confisquant les propriétés des guildes et détruisant leur indépendance en faveur de sa propre bureaucratie, les plaintes devinrent innombrables[12]. D'autre part les immenses progrès réalisés dans tous les arts sous le régime des guildes du moyen âge sont la meilleure preuve que ce système n'était pas un obstacle à l'initiative individuelle[13]. Le fait est que la guilde du moyen âge, comme la paroisse de cette époque, la « rue » ou le « quartier », n'était pas un corps de citoyens placé sous le contrôle des fonctionnaires de l'État ; c'était une union de tous les hommes qui s'occupaient d'un métier donné : acheteurs-jurés de matières premières, vendeurs de marchandises manufacturées, maîtres-ouvriers, compagnons et apprentis. Pour l'organisation intérieure de chaque métier, son assemblée était souveraine, tant qu'elle n'empiétait pas sur les autres guildes, auquel cas l'affaire était portée devant la guilde des guildes — la cité. Mais il y avait dans la guilde quelque chose de plus que tout cela.

Elle avait sa propre juridiction, sa force armée, ses assemblées générales, ses traditions de luttes, de gloire et d'indépendance, ses relations directes avec les autres guildes du même métier dans les autres cités : c'était en un mot un organisme complet qui existait parce qu'il représentait un ensemble de fonctions vitales. Quand la ville prenait les armes, la guilde marchait en compagnie séparée (*Schaar*), armée de ses propres armes (voire, plus tard, de ses propres canons, amoureusement ornés par la guilde), commandée par ses propres chefs, élus par elle. C'était une unité aussi indépendante dans la fédération que la république d'Uri ou de Genève l'était il y a cinquante ans dans la confédération suisse. Il en résulte que comparer la guilde à un syndicat ouvrier ou une trade-union moderne, dépouillés de tous les attributs de la souveraineté de l'État et réduits à quelques fonctions d'importance secondaire, est aussi peu raisonnable que de comparer Florence ou Bruges à une commune française, végétant sous le Code Napoléon, où à une ville russe placée sous la loi municipale de Catherine II. Toutes deux ont des maires élus, et cette dernière a aussi ses corporations de métiers ; mais la différence est — toute la différence qu'il y a entre Florence et Fontenay-les-Oies ou Tsarevokokchaisk, ou encore entre un doge vénitien et un maire moderne qui tire son chapeau devant l'employé du sous-préfet.

Les guildes du moyen âge savaient maintenir leur indépendance ; et, plus tard, particulièrement au XIVe siècle, lorsqu'à la suite de plusieurs causes que nous allons bientôt indiquer, la vieille vie municipale subit une profonde modification, les jeunes métiers se montrèrent assez forts pour conquérir leur juste part dans la gestion des affaires de la cité. Les masses, organisées en arts « mineurs », se soulevèrent pour ôter le pouvoir des mains d'une oligarchie grandissante, et la plupart réussirent dans cette tâche, ouvrant ainsi une nouvelle ère de prospérité. Il est vrai que dans certaines cités le soulèvement fut étouffé dans le sang, et qu'il y eut des exécutions en masse d'ouvriers, comme cela arriva à Paris en 1306 et à Cologne en 1371. En ces cas-là les franchises des cités tombèrent rapidement en décadence, et la cité fut soumise graduellement par l'autorité centrale. Mais la majorité des villes avait conservé assez de vitalité pour sortir de cette lutte avec une vigueur et une vie nouvelles. Une nouvelle période de rajeunissement fut leur récompense. Il y eut un regain de vie qui se manifesta par de splendides monuments d'architecture, par une nouvelle période de prospérité, par un progrès soudain, tant dans la technique que dans l'invention, et par un nouveau mouvement intellectuel qui amena la Renaissance et la Réforme[14].

La vie de la cité du moyen âge fut une suite de rudes batailles pour conquérir la liberté et pour la conserver. Il est vrai qu'une race forte et tenace de bourgeois s'était développée durant ces luttes acharnées ; il est vrai que l'amour et le respect de la cité maternelle avait été nourri par ces luttes, et que les grandes choses accomplies par les communes du moyen âge furent une conséquence directe de cet amour. Mais les sacrifices que les communes eurent à subir dans le combat pour la liberté furent cependant cruels et laissèrent des traces profondes de division jusque dans leur vie intérieure. Très peu de cités avaient réussi, par un concours de circonstances favorables à obtenir la liberté d'un seul coup, et ce petit nombre la perdit en général avec une égale facilité ; la plupart eurent à combattre cinquante ou cent ans de suite, souvent plus, avant que leurs droits à une vie libre soient reconnus, puis encore une centaine d'années pour établir leur liberté sur une base ferme — les chartes du XIIIe siècle n'étant qu'une des premières assises de la liberté[15]. La cité du moyen âge était une oasis fortifiée au milieu d'un pays plongé dans la soumission féodale, et elle avait à se faire sa place par la force des armes. Par suite des circonstances auxquelles nous avons fait allusion dans le chapitre précédent, chaque commune villageoise était peu à peu tombée sous le joug de quelque seigneur laïque ou clérical. La maison de celui-ci s'était agrandie jusqu'à devenir un château, et ses frères d'armes étaient maintenant la lie des aventuriers, toujours prêts à piller les paysans. Outre les trois jours par semaine pendant lesquels les paysans devaient travailler pour le seigneur, ils avaient encore à supporter toutes sortes d'exactions pour le droit de semer et de récolter, d'être gais ou tristes, de vivre, de se marier, ou de mourir. Le pis était de continuels pillages, exercés par des brigands armés appartenant à quelque seigneur voisin, qui se plaisait à considérer les paysans comme la famille de leur maître et exerçait sur eux, sur leurs bestiaux et sur leurs récoltes, la vindicte qu'il poursuivait contre leur maître. Chaque prairie, chaque champ, chaque rivière, chaque route autour de la cité, et chaque homme dans la campagne appartenait à un seigneur.

La haine des bourgeois contre les barons féodaux est exprimée d'une manière très caractéristique dans les termes des différentes chartes que les seigneurs furent contraints de signer. Henri V est obligé de signer dans la charte, accordée à Spire en 1111, qu'il libère les bourgeois de « l'horrible et exécrable loi de mainmorte, qui a plongé la ville dans la plus profonde misère (*von dem scheusslichen und nichtswürdigen Gesetze, welches gemein Büdel genannt wird*, Kallsen I, 307). La coutume de Bayonne écrite vers 1273 contient des passages comme celui-ci : « Les peuples sont antérieurs aux seigneurs ; ce sont les menus peuples, plus nombreux que les autres, qui, voulant vivre en paix, firent des seigneurs pour contenir et abattre les forts », et ainsi de suite (Giry, « Établissement de Rouen », I, 117, cité par Luchaire, p. 24). Une charte soumise à la signature du roi Robert est également caractéristique. On lui fait dire : « Je ne volerai ni bœufs ni autres animaux. Je ne saisirai pas de marchands, ni ne prendrai leur argent, ni n'imposerai de rançon. Du jour de l'Annonciation jusqu'au jour de la Toussaint, je ne prendrai ni chevaux, ni juments, ni poulains dans les prairies. Je ne brûlerai pas les moulins, ni ne volerai la farine. Je ne protégerai point les voleurs, etc... » (Pfister a publié ce document reproduit par Luchaire). La charte « accordée », par l'archevêque de Besançon, Hugues, dans laquelle il a été forcé d'énumérer tous les méfaits dus à ses droits de mainmorte, est aussi caractéristique[16]. Il en était de même un peu partout.

La liberté ne pouvait être conservée avec de tels voisins, et les cités étaient forcées de faire la guerre en dehors de leurs murs. Les bourgeois envoyaient des émissaires pour soulever des révoltes dans les villages, ils recevaient des villages dans leurs corporations et ils guerroyaient directement contre les nobles. En Italie, où il y avait un très grand nombre de châteaux féodaux, la guerre prenait des proportions héroïques, et était menée avec un sombre acharnement des deux côtés. Florence soutint pendant soixante-dix-sept ans une suite de guerres sanglantes afin d'affranchir son *contado* des nobles ; mais quand la conquête fut accomplie (en 1181) tout fut à recommencer. Les nobles se rallièrent ; ils constituèrent leurs propres ligues, en opposition aux ligues des villes, et recevant de nouveaux renforts soit de l'Empereur, soit du Pape, ils firent durer la guerre encore pendant cent trente ans. Les choses se passèrent de même à Rome, en Lombardie, dans toute l'Italie.

Les citoyens déployèrent dans ces guerres des prodiges de valeur, d'audace et de ténacité. Mais les arcs et les haches des artisans et des bourgeois n'avaient pas toujours le dessus dans les rencontres avec les chevaliers revêtus d'armures, et bien des châteaux résistèrent aux ingénieuses machines de siège et à la persévérance des citoyens. Quelques cités, comme Florence, Bologne et plusieurs villes de France, d'Allemagne et de Bohême, réussirent à émanciper les villages environnants, et elles furent récompensées de leurs efforts par une prospérité et une tranquillité extraordinaires. Mais même dans ces cités, et encore plus dans les villes moins fortes ou moins entreprenantes, les marchands et les artisans, épuisés par la guerre et méconnaissant leurs propres intérêts, finirent par signer des traités par lesquels ils sacrifiaient les paysans.

Les seigneurs furent forcés de jurer allégeance à la cité ; leurs châteaux dans la campagne furent démolis, et ils durent bâtir leur maison et résider dans la cité, dont ils devinrent com-bourgeois (*con-cittadini*) ; mais ils conservèrent en retour la plupart de leurs droits sur les paysans, qui n'obtinrent qu'un soulagement partiel de leurs redevances. Les bourgeois ne comprirent pas que des droits de cité égaux pouvaient être accordés aux paysans, sur lesquels ils avaient à compter pour trouver les approvisionnements ; et le résultat fut qu'un abîme profond se creusa entre la ville et le village. En certains cas les paysans changèrent simplement de maîtres, la cité achetant les droits des barons, et les vendant par parts à ses propres citoyens[17]. Le servage fut maintenu, et ce n'est que beaucoup plus tard, vers la fin du XIIIe siècle, que la révolution des artisans entreprit d'y mettre fin et abolit le servage personnel, mais déposséda en même temps les serfs de la terre[18]. Il est à peine besoin d'ajouter que les résultats funestes d'une telle politique furent bientôt sentis par les cités elles-mêmes ; la campagne devint l'ennemie de la cité.

La guerre contre les châteaux eut une autre conséquence fatale. Elle entraîna les cités dans une longue suite de guerres entre elles ; et cela a donné naissance à la théorie, en vogue jusqu'à nos jours, que les villes perdirent leur indépendance par suite de leurs propres rivalités et de leurs luttes réciproques. Les historiens impérialistes ont particulièrement soutenu cette théorie qui cependant ne se trouve pas confirmée par les recherches modernes. Il est vrai qu'en Italie les cités se combattirent l'une l'autre avec une animosité opiniâtre, mais nulle part ailleurs ces luttes n'atteignirent les mêmes proportions ; et même en Italie, les guerres des cités, particulièrement celles de la première période, eurent leurs causes spéciales. Ce n'était (comme l'ont déjà montré Sismondi et Ferrari) qu'une simple continuation de la guerre contre les châteaux — le principe de la libre municipalité et de la libre fédération entrant inévitablement en lutte violente contre la féodalité, l'impérialisme et la papauté. Beaucoup de villes qui n'avaient pu secouer que partiellement le joug de l'évêque, du seigneur ou de l'empereur, furent littéralement poussées contre les cités libres par les nobles, l'empereur et l'Église, dont la politique était de diviser les cités et de les armer l'une contre l'autre. Ces circonstances spéciales (qui eurent un contre-coup partiel aussi en Allemagne) expliquent pourquoi les villes italiennes, dont quelques-unes cherchaient à avoir l'appui de l'empereur pour combattre le pape, tandis que d'autres recherchaient l'appui de l'Église pour résister à l'empereur, furent bientôt divisées en deux camps, Gibelins et Guelfes, et pourquoi la même division se reproduisit dans chaque cité[19].

L'immense progrès économique réalisé par la plupart des cités italiennes à l'époque même où ces guerres étaient le plus acharnées[20], et les alliances si aisément conclues entre villes, montrent mieux le caractère de ces luttes et achèvent de ruiner la théorie dont nous venons de parler. Déjà pendant les années 1130-1150 des ligues puissantes s'étaient formées. Quelques années plus tard, lorsque Frédéric Barberousse envahit l'Italie et, soutenu par les nobles et par quelques cités retardataires, marcha contre Milan, le peuple plein d'enthousiasme, fut soulevé dans beaucoup de villes par des prédicateurs populaires. Crema, Piacenza, Brescia, Tortona, etc., vinrent à la rescousse ; les bannières des guildes de Vérone, Padoue, Vicence et Trévise flottèrent côte à côte dans le camp des cités contre les bannières de l'empereur et des nobles. L'année suivante la ligue lombarde fut créée, et, soixante ans plus tard, nous la voyons renforcée par beaucoup d'autres cités, formant une organisation solide qui avait la moitié de son trésor fédéral pour la guerre à Gênes et l'autre moitié à Venise[21]. En Toscane, Florence se mit à la tête d'une autre ligue puissante, à laquelle Lucques, Bologne, Pistoïe, etc., appartenaient, et qui joua un rôle important en écrasant les nobles dans le centre de l'Italie. D'autres ligues, plus petites, étaient fréquentes. Ainsi malgré les mesquines rivalités qui engendraient aisément la discorde, les villes s'unissaient pour la défense commune de la liberté. Plus tard seulement, lorsque les cités devinrent de petits États, les guerres éclatèrent entre elles, comme il est fatal lorsque des États entrent en lutte pour la suprématie ou pour la possession de colonies.

Des ligues semblables se formaient en Allemagne dans le même but. Lorsque, sous les successeurs de Conrad, le pays fut en proie à d'interminables querelles entre les nobles, les villes de Westphalie conclurent une ligue contre les chevaliers, dont une des clauses était de ne jamais prêter d'argent à un chevalier qui continuerait à receler des marchandises volées[22]. Les « chevaliers vivaient de rapines et tuaient celui qu'il leur plaisait de tuer », — selon les plaintes formulées par le *Wormser Zorn* ; les villes du Rhin (Mayence, Cologne, Spire, Strasbourg et Bâle) prirent alors l'initiative d'une ligue qui compta bientôt soixante villes alliées, réprima les pillages et maintint la paix. Plus tard la ligue des villes de Souabe, divisée en trois « districts de paix » (Augsbourg, Constance et Ulm) eut le même but. Et même lorsque ces ligues furent brisées[23], elles avaient assez vécu pour montrer que tandis que ceux, que l'on a cherché à représenter comme des pacificateurs — les rois, les empereurs et l'Église — fomentaient la discorde et étaient eux-mêmes impuissants contre les chevaliers pillards, c'était des cités qu'était venue l'impulsion pour le rétablissement de la paix et de l'union. Les cités, non les empereurs, furent les vrais fondateurs de l'unité nationale[24].

Des fédérations analogues furent organisées dans le même but entre petits villages ; et maintenant que l'attention a été éveillée sur ce sujet par M. Luchaire, nous pouvons espérer en apprendre bientôt davantage. Nous savons qu'un certain nombre de villages se réunirent en petites fédérations dans le *contado* de Florence et qu'il en fut de même dans les dépendances de Novgorod et de Pskov. Quant à la France, on sait d'une façon certaine qu'une fédération de dix-sept villages de paysans exista dans le Laonnais pendant près de cent ans (jusqu'en 1256) et combattit vigoureusement pour son indépendance. Il existait aussi dans les environs de Laon trois autres républiques paysannes, qui avaient prêté serment sur des chartes semblables à celles de Laon et de Soissons ; leurs territoires étant contigus, elles se soutenaient mutuellement dans leurs guerres de libération. M. Luchaire pense que plusieurs fédérations semblables avaient dû se former en France aux XIIe et XIIIe siècles, mais que les documents s'y rapportant sont pour la plupart perdus. N'étant pas protégées par des murs, elles pouvaient aisément être anéanties par les rois et les seigneurs ; mais dans certaines circonstances favorables, ayant trouvé aide auprès d'une ligue de villes, ou protection dans leurs montagnes, de telles républiques paysannes sont devenues les unités indépendantes de la confédération suisse[25].

Les unions entre cités dans des buts pacifiques étaient très fréquentes. Les relations qui s'étaient établies durant la période de libération ne furent pas interrompues dans la suite. Quelquefois, quand les échevins d'une ville allemande, ayant à prononcer un jugement dans un cas nouveau et compliqué, déclaraient ne pas connaître la sentence (*des Urtheiles nicht weise zu sein*), ils envoyaient des délégués à une autre cité pour obtenir cette sentence. La même chose se passait égaiement en France[26] ; et l'on sait que Forli et Ravenne ont réciproquement naturalisé leurs citoyens et leur ont accordé tous leurs droits dans les deux cités. Il était aussi dans l'esprit de l'époque de soumettre une contestation soulevée entre deux villes, ou à l'intérieur d'une cité, à une autre commune prise comme arbitre[27]. Quant aux traités commerciaux entre cités, ils étaient tout à fait habituels[28]. Des unions pour réglementer la fabrication et la contenance des tonneaux employés dans le commerce des vins. des « unions pour le commerce des harengs » etc., n'étaient que les avant-coureurs de la grande fédération commerciale de la Hanse flamande, et plus tard de la grande Hanse de l'Allemagne du Nord, dont l'histoire à elle seule fournirait bien des pages donnant une idée de l'esprit de fédération qui caractérisait les hommes de cette époque. Nous avons à peine besoin d'ajouter que les cités du moyen âge ont plus contribué par les Unions hanséatiques au développement des relations internationales, de la navigation et des découvertes maritimes que tous les États des premiers dix-sept siècles de notre ère.

En résumé, des fédérations entre de petites unités territoriales, ainsi qu'entre des hommes unis par des travaux communs dans leurs guildes respectives, et des fédérations entre cités et groupes de cités constituaient l'essence même de la vie et de la pensée à cette époque. La période comprise entre le Xe et le XVIe siècle de notre ère pourrait ainsi être décrite comme un immense effort pour établir l'aide et l'appui mutuels dans de vastes proportions, le principe de fédération et d'association étant appliqué à toutes les manifestations de la vie humaine et à tous les degrés possibles. Cet effort fut en très grande partie couronné de succès. Il unit des hommes qui étaient divisés auparavant ; il leur assura beaucoup de liberté, et il décupla leurs forces. A une époque où le particularisme était engendré par tant de circonstances, et où les causes de discorde et de jalousie auraient pu être si nombreuses, il est réconfortant de voir des cités, éparses sur un vaste continent, avoir tant en commun et être prêtes à se confédérer pour la poursuite de tant de buts communs. Elles succombèrent à la longue devant des ennemis puissants. Pour n'avoir pas compris le principe de l'entr'aide assez largement, elles commirent elles-mêmes des fautes fatales. Mais elles ne périrent pas par leurs jalousies réciproques, et leurs erreurs ne provenaient pas du manque de l'esprit de fédération.

Les résultats de ce nouveau progrès de l'humanité dans la cité du moyen âge furent immenses. Au commencement du XIe siècle les villes d'Europe étaient de petits groupes de huttes misérables, ornés seulement d'églises basses et lourdes, dont les constructeurs savaient à peine comment faire une voûte ; les arts — il n'y avait guère que des tisserands et des forgeron — étaient dans l'enfance ; le savoir ne se rencontrait qu'en quelques rares monastères. Trois cent cinquante ans plus tard, la face de l'Europe était changée. Le territoire était parsemé de riches cités, entourées d'épaisses murailles, ornées elles-mêmes de tours et de portes, dont chacune était une œuvre d'art. Les cathédrales, d'un style plein de grandeur et décorées avec abondance, élevaient vers le ciel leurs clochers d'une pureté de forme et d'une hardiesse d'imagination que nous nous efforçons vainement d'atteindre aujourd'hui. Les arts et les métiers avaient atteint un degré de perfection que dans mainte direction nous ne pouvons nous vanter d'avoir dépassé, si nous estimons l'habileté inventive de l'ouvrier et le fini de son ouvrage plus que la rapidité de fabrication. Les navires des cités libres sillonnaient dans toutes les directions les mers intérieures de l'Europe ; un effort de plus, et ils allaient traverser les océans. Sur de grands espaces de territoire le bien-être avait remplacé la misère ; le savoir s'était développé, répandu. Les méthodes scientifiques s'élaboraient, les bases de la physique avaient été posées, et les voies avaient été préparées pour toutes les inventions mécaniques dont notre siècle est si fier. Tels furent les changements magiques accomplis en Europe en moins de quatre cents ans. Et si on veut se rendre compte des pertes dont l'Europe souffrit par la destruction des cités libres, il faut comparer le XVIIe siècle avec le XIVe ou le XIIIe. La prospérité qui caractérisait autrefois l'Écosse, l'Allemagne, les plaines d'Italie a disparu ; les routes sont tombées dans l'abandon ; les cités sont dépeuplées, le travail est asservi, l'art est en décadence, le commerce même décline[29].

Si les cités du moyen âge ne nous avaient légué aucun monument écrit pour témoigner de leur splendeur et n'avaient laissé que les monuments d'architecture que nous voyons encore aujourd'hui dans toute l'Europe, depuis l'Écosse jusqu'en Italie, et depuis Girone en Espagne jusqu'à Breslau en territoire slave, nous pourrions déjà affirmer que l'époque où les cités eurent une vie indépendante fut celle du plus grand développement de l'esprit humain depuis l'ère chrétienne jusqu'à la fin du XVIIIe siècle. Si nous regardons, par exemple, un tableau du moyen âge représentant Nuremberg avec ses tours et ses clochers élancés, dont chacun porte l'empreinte d'un art librement créateur, nous pouvons à peine concevoir que trois cents ans auparavant la ville n'était qu'un amas de misérables huttes. Et notre admiration ne fait que croître lorsque nous entrons dans les détails de l'architecture et des décorations de chacune de des innombrables églises, beffrois, maisons communales, portes des cités, etc., que nous trouvons en Europe, aussi loin vers l'Est que la Bohême et les villes, mortes aujourd'hui, de la Galicie polonaise. Non seulement l'Italie est la patrie des arts, mais toute l'Europe est couverte de ces monuments. Le fait même que parmi tous ces arts, l'architecture, — art social par excellence — a atteint son plus haut développement, est significatif. Pour arriver au degré de perfection qu'il a atteint, cet art a dû être le produit d'une vie éminemment sociale.

L'architecture du moyen âge a atteint sa grandeur, non seulement parce qu'elle fut l'épanouissement naturel d'un métier, ainsi qu'on l'a dit récemment ; non seulement parce que chaque bâtiment, chaque décoration architecturale était l'œuvre d'hommes qui connaissaient par l'expérience de leurs propres mains les effets artistiques que l'on peut obtenir de la pierre, du fer, du bronze, ou même de simples poutres et de mortier ; non seulement parce que chaque monument était le résultat de l'expérience collective accumulée dans chaque « mystère » ou métier[30] — l'architecture médiévale fut grande parce qu'elle était née d'une grande idée. Comme l'art grec, elle jaillissait d'une conception de fraternité et d'unité engendrée par la cité. Elle avait une audace qui ne peut s'acquérir que par des luttes audacieuses et des victoires ; elle exprimait la vigueur, parce que la vigueur imprégnait toute la vie de la cité. Une cathédrale, une maison communale symbolisaient la grandeur d'un organisme dont chaque maçon et chaque tailleur de pierres était un constructeur ; et un monument du moyen âge n'apparaît jamais comme un effort solitaire, ou des milliers d'esclaves auraient exécuté la part assignée à eux par l'imagination d'un seul homme — toute la cité y a contribué. Le haut clocher s'élevait sur une construction qui avait de la grandeur par elle-même, dans laquelle on pouvait sentir palpiter la vie de la cité ; ce n'était pas un échafaudage absurde comme la tour de fer de 300 mètres de Paris, ni une simili bâtisse en pierre faite pour cacher la laideur d'une charpente de fer comme le Tower Bridge à Londres. Comme l'Acropole d'Athènes, la cathédrale d'une cité du moyen âge était élevée dans l'intention de glorifier la grandeur de cette cité victorieuse, de symboliser l'union de ses arts et métiers, d'exprimer la fierté de chaque citoyen dans une cité qui était sa propre création. Souvent, la seconde révolution des jeunes métiers une fois accomplie, on vit la cité commencer une nouvelle cathédrale afin d'exprimer l'union nouvelle, plus large, plus vaste, qui venait d'être appelée à la vie.

Les ressources dont on disposait pour ces grandes entreprises étaient d'une modicité étonnante. La cathédrale de Cologne fut commencée avec une dépense annuelle de 500 marks seulement ; un don de 100 marks fut inscrit comme une grande donation[31] ; et même lorsque les travaux approchaient de la fin et que les dons affluaient de plus en plus, la dépense annuelle en argent demeura d'environ 5.000 marks et n'excéda jamais 14.000. La cathédrale de Bâle également fut bâtie avec des ressources aussi modiques. Mais chaque corporation contribuait pour sa part en pierres, en travaux et en inventions décoratives pour *leur* monument commun. Chaque guilde y exprimait ses conceptions politiques, racontant en bronze ou en pierre l'histoire de la cité, glorifiant les principes de « Liberté, Égalité et Fraternité[32] », louant les alliés de la cité et vouant ses ennemis aux feux éternels. Et chaque guilde témoignait son *amour* au monument communal en le décorant de vitraux, de peintures, de « grilles dignes d'être les portes du Paradis » comme le dit Michel-Ange, ou en décorant de sculptures en pierre les plus petits recoins du bâtiment[33]. De petites cités, même de petites paroisses[34], rivalisaient avec les grandes agglomérations dans ces travaux, et les cathédrales de Laon et de Saint-Ouen le cèdent de peu à celle de Reims, ou à la maison communale de Brême, ou au beffroi de l'assemblée du peuple de Breslau. « Aucune œuvre ne doit être entreprise par la commune si elle n'est conçue selon le grand cœur de la commune, composé des cœurs de tous les citoyens, unis dans une commune volonté » — telles sont les paroles du Conseil de Florence ; et cet esprit apparaît bien dans toutes les œuvres communales d'une utilité sociale : les canaux, les terrasses, les vignobles et les jardins fruitiers autour de Florence, ou les canaux d'irrigation qui sillonnent les plaines de la Lombardie, ou le port et l'aqueduc de Gênes, bref tous les travaux de cette sorte qui furent accomplis par presque toutes les cités[35].

Tous les arts avaient progressé de la même façon dans les cités du moyen âge. Les arts de notre temps ne sont pour la plupart qu'une continuation de ceux qui s'étaient développés à cette époque. La prospérité des cités flamandes était basée sur la fabrication des beaux tissus de laine. Florence, au commencement du XIVe siècle, avant la peste noire, fabriquait de 70.000 à 100.000 *panni* d'étoffes de laine, qui étaient évalués à 120.000 florins d'or[36]. Le ciselage des métaux précieux, l'art du fondeur, les beaux fers forgés furent des créations des « mystères » du moyen âge, qui réussirent à exécuter chacun dans son propre domaine tout ce qu'il était possible de faire faire à la main sans l'emploi d'un puissant moteur.

Par la main et par l'invention car, pour nous servir des paroles de Whewell :

> Le parchemin et le papier, l'imprimerie et la gravure, le verre et l'acier perfectionnés, la poudre à canon. les horloges, les télescopes, la boussole, le calendrier réformé, la notation décimale ; l'algèbre, la trigonométrie, la chimie, le contre-point (invention qui équivaut à une nouvelle création de la musique) ; toutes ces acquisitions nous viennent de ce qu'on a appelé avec tant de mépris la Période stationnaire. (*History of Inductive Sciences*, I, 252).

Il est vrai, comme dit Whewell, qu'aucune de ces découvertes n'avait été le résultat de quelque nouveau principe ; mais la science du moyen âge avait fait plus que la découverte proprement dite de nouveaux principes. Elle avait préparé la découverte de tous les nouveaux principes que nous connaissons à l'époque actuelle dans les sciences mécaniques : elle avait habitué le chercheur à observer les faits et à raisonner d'après eux. C'était déjà la science inductive, quoiqu'elle n'eût pas encore pleinement saisi l'importance et la puissance de l'induction ; et elle posait déjà les fondements de la mécanique et de la physique. François Bacon, Galilée et Copernic furent les descendants directs d'un Roger Bacon et d'un Michael Scot, de même que la machine à vapeur fut un produit direct des recherches poursuivies dans les universités italiennes de cette époque sur le poids de l'atmosphère, et des études techniques et mathématiques qui caractérisaient Nuremberg.

Mais pourquoi prendre la peine d'insister sur les progrès des sciences et des arts dans la cité du moyen âge ? N'est-ce point assez de mentionner les cathédrales dans le domaine de l'habileté technique, ou la langue italienne et les poèmes de Dante dans le domaine de la pensée, peut donner immédiatement la mesure de ce que la cité médiévale créa durant les quatre siècles qu'elle vécut ?

Les cités du moyen âge ont rendu un immense service à la civilisation européenne. Elles l'ont empêchée de verser dans la voie des théocraties et des états despotiques de l'antiquité ; elles lui ont donné la variété, la confiance en soi-même, la force d'initiative et les immenses énergies intellectuelles et matérielles qu'elle possède aujourd'hui et qui sont la meilleure garantie de son aptitude à résister à une nouvelle invasion venant de l'Orient. Mais pourquoi donc ces centres de civilisation qui avaient essayé de répondre à des besoins si profonds de la nature humaine et qui étaient si pleins de vie, ne vécurent-ils pas davantage ? Pourquoi furent-ils atteints de débilité sénile au XVIe siècle, et après avoir repoussé tant d'assauts du dehors et avoir trouvé d'abord une nouvelle vigueur dans leurs luttes intérieures, pourquoi finalement succombèrent-ils sous ces doubles attaques ?

Des causes variées contribuèrent à cet effet, certaines ayant leurs racines dans un passé lointain, d'autres venant des fautes commises par les cités elles-mêmes.

Vers la fin du XVe siècle, de puissants États, reconstruits sur le vieux modèle romain, commençaient déjà à se constituer. Dans chaque région quelque seigneur féodal, plus habile, plus avide de richesses et souvent moins scrupuleux que ses voisins avait réussi à s'approprier de plus riches domaines personnels, plus de paysans sur ses terres, plus de chevaliers dans sa suite, plus de trésors dans ses coffres. Il avait choisi pour sa résidence un groupe de villages avantageusement situés, où ne s'était pas encore développée la libre vie municipale — Paris, Madrid ou Moscou — et, avec le travail de ses serfs, il en avait fait des cités royales fortifiées. Là il attirait des compagnons d'armes en leur donnant libéralement des villages, et des marchands en offrant sa protection au commerce. Le germe d'un futur État, qui commençait graduellement à absorber d'autres centres semblables, était ainsi formé. Des jurisconsultes, versés dans l'étude du Droit romain, abondaient dans ces centres, race d'hommes tenaces et ambitieux, issus des bourgeois ; ils détestaient également la morgue des seigneurs et ce qu'ils appelaient l'esprit rebelle des paysans. La forme même de la commune villageoise, que leurs codes ignoraient, et les principes du fédéralisme leur répugnaient comme un héritage des « barbares ». Le césarisme, soutenu par la fiction du consentement populaire et par la force des armes, tel était leur idéal, et ils travaillèrent âprement pour ceux qui promettaient de le réaliser[37].

L'Église chrétienne, autrefois rebelle à la loi romaine et maintenant son alliée, travailla dans la même direction. La tentative de constituer l'Empire théocratique de l'Europe ayant échoué, les évêques les plus intelligents et les plus ambitieux prêtèrent alors leur concours à ceux sur lesquels ils comptaient pour reconstituer le pouvoir des rois d'Israël ou des empereurs de Constantinople. L'Église consacra ces dominateurs naissants, elle les couronna comme des représentants de Dieu sur la terre, elle mit à leur service la science et l'esprit politique de ses ministres, ses bénédictions et ses malédictions, ses richesses et les sympathies qu'elle avait conservées parmi les pauvres. Les paysans que les cités n'avaient pas pu ou n'avaient pas voulu libérer, voyant que les bourgeois ne réussissaient pas à mettre fin aux guerres interminables entre nobles — guerres pour lesquelles ils avaient à payer si cher, — tournèrent aussi leurs espérances vers le roi, l'empereur ou le grand prince ; et tout en les aidant à écraser les puissants propriétaires de fiefs, ils les aidèrent à constituer l'État centralisé. Enfin les invasions des Mongols et des Turcs, la guerre sainte contre les Maures en Espagne, ainsi que les terribles guerres qui éclatèrent bientôt entre les centres naissants de souveraineté — l'Île-de-France et la Bourgogne, l'Écosse et l'Angleterre, l'Angleterre et la France, la Lithuanie et la Pologne, Moscou et Tver, etc., — contribuèrent à la même fin. De puissants États furent constitués ; et les cités eurent désormais à résister, non seulement à de vagues fédérations de seigneurs, mais encore à des centres solidement organisés, qui avaient des armées de serfs à leur disposition.

Le pis fut que ces autocraties croissantes trouvèrent des appuis dans les divisions qui s'étaient formées au sein des cités mêmes. L'idée fondamentale de la cité du moyen âge était grande, mais elle n'était pas assez large. L'aide et le soutien mutuels ne peuvent pas être limités à une petite association ; ils doivent s'étendre à tout l'entourage, sans quoi l'entourage absorbe l'association. Mais sous ce rapport le citoyen du moyen âge avait commis une terrible faute dès le début. Au lieu de voir dans les paysans et les artisans qui se réunissaient sous la protection de ses murs autant d'aides qui contribueraient pour leur part à la prospérité de la cité — comme ce fut vraiment le cas, — une profonde division fut tracée entre les « familles » des vieux bourgeois et les nouveaux venus. Aux premiers furent réservés tous les bénéfices venant du commerce communal et des terres communales ; rien ne fut laissé aux derniers que le droit de se servir librement de l'habileté de leurs mains. La cité fut ainsi divisée : d'un côté « les bourgeois », ou « la commune », et de l'autre « les habitants »[38]. Le commerce, qui était d'abord communal, devint le privilège des « familles » de marchands et d'artisans, et il n'y eut plus qu'un pas à faire pour qu'il devint un privilège individuel ou le privilège de groupes oppresseurs ; ce pas était inévitable, et il fut fait.

La même division s'établit entre la cité proprement dite et les villages environnants. La commune avait bien essayé, au début, de libérer les paysans ; mais ses guerres contre les seigneurs devinrent, ainsi que nous l'avons déjà dit, des guerres pour libérer la cité elle-même des seigneurs plutôt que pour libérer les paysans. La cité laissa au seigneur ses droits sur les vilains, à condition qu'il ne l'inquiéterait plus et deviendrait un co-bourgeois. Mais les nobles, « adoptés » par la cité et résidant maintenant dans ses murs, ne firent que continuer l'ancienne guerre dans l'enceinte même de la cité. Il leur déplaisait de se soumettre à un tribunal de simples artisans et de marchands, et ils poursuivirent leurs anciennes hostilités de famille, leurs guerres privées dans les rues. Chaque cité avait maintenant ses Colonna et ses Orsini, ses Overstolze et ses Wise. Tirant de grands revenus des terres qu'ils avaient conservées, ils s'entouraient de nombreux clients, féodalisaient les coutumes et les habitudes de la cité elle-même. Et quand des dissensions commencèrent à se faire sentir dans la ville parmi les artisans, ils offrirent leur épée et leurs compagnons armés pour trancher les différents par des combats, au lieu de laisser les dissensions trouver des solutions plus paisibles, qui ne manquaient jamais d'être découvertes dans l'ancien temps.

La plus grande et la plus fatale erreur de la plupart des cités fut de prendre pour base de leur richesse le commerce et l'industrie au détriment de l'agriculture. Elles répétèrent ainsi l'erreur qui avait été commise par les cités de la Grèce antique, et par cela même, elles tombèrent dans les mêmes crimes.[39] Devenues étrangères à l'agriculture, un grand nombre de cités se trouvèrent nécessairement entraînées vers une politique hostile aux paysans. Cela devint de plus en plus évident à l'époque d'Edouard III[40] , de la Jacquerie en France, des guerres hussites et de la guerre des paysans en Allemagne. D'autre part, la politique commerciale les engageait dans des entreprises lointaines. Des colonies furent fondées par les Italiens dans le Sud-Est, par les cités allemandes dans l'Est, par les cités slaves vers l'extrême Nord-Est. On commença à entretenir des armées mercenaires pour les guerres coloniales, et bientôt aussi pour la défense de la cité elle-même. Des emprunts furent contractés dans des proportions démesurées qu'ils démoralisèrent complètement les citoyens ; et les querelles intérieures empirèrent à chaque élection où la politique coloniale, dans l'intérêt de quelques familles seulement, était en jeu. La division entre riches et pauvres devint plus profonde, et au XVIe siècle, dans chaque cité, l'autorité royale trouva des alliés empressés et un appui parmi les pauvres.

Il y eut encore une autre cause de la ruine des institutions communales, plus profonde à la fois, et d'un ordre plus élevé que toutes les précédentes. L'histoire des cités du moyen âge offre un des plus frappants exemples du pouvoir des *idées* et des *principes* sur les destinées de l'humanité, et de la différence absolue des résultats qui accompagnent toute profonde modification des idées directrices. La confiance en soi-même et le fédéralisme, la souveraineté de chaque groupe et la constitution du corps politique du simple au composé, étaient les idées directrices au XIe siècle. Mais depuis cette époque, les conceptions avaient entièrement changé. Les étudiants en Droit romain et les prélats de l'Église, étroitement unis depuis l'époque d'Innocent III, avaient réussi à paralyser l'idée — l'antique idée grecque — qui présida à la fondation des cités. Pendant deux ou trois cents ans, ils prêchèrent du haut de la chaire, enseignèrent à l'Université, prononcèrent au banc du Tribunal, qu'il fallait chercher le salut dans un État fortement centralisé, placé sous une autorité semi-divine[41]. Ce serait *un* homme, doué de pleins pouvoirs, un dictateur, qui seul pourrait être et serait le sauveur de la société ; au nom du salut public il pourrait alors commettre toute espèce de violence : brûler des hommes et des femmes sur le bûcher, les faire périr dans d'indescriptibles tortures, plonger des provinces entières dans la plus abjecte misère. Et ils ne manquèrent pas de mettre ces théories en pratique avec une cruauté inouïe, partout où purent atteindre l'épée du roi, ou le feu de l'Église, ou les deux à la fois. Par ces enseignements et ces exemples, continuellement répétés et forçant l'attention publique, l'esprit même des citoyens fut modelé d'une nouvelle façon. Bientôt aucune autorité ne fut trouvée excessive, aucun meurtre à petit feu ne parut trop cruel, tant qu'il était accompli « pour la sécurité publique ». Et avec cette nouvelle direction de l'esprit et cette nouvelle foi dans le pouvoir d'un homme, le vieux principe fédéraliste s'évanouit et le génie créateur même des masses s'éteignit. L'idée romaine triomphait, et dans ces circonstances, l'État centralisé trouva dans la cité une proie toute prête.

Florence au XVe siècle est le type de ce changement. Auparavant une révolution populaire était le signal d'un nouvel essor. Maintenant, quand le peuple poussé au désespoir s'insurge, il n'a plus d'idées constructives ; nulle idée nouvelle ne se fait jour. Un millier de représentants entrent au conseil communal au lieu de quatre cents ; cent hommes entrent à la *Signoria* au lieu de quatre-vingts. Mais une révolution en chiffres ne veut rien dire. Le mécontentement du peuple s'accroît et de nouvelles révoltes s'élèvent. Alors on fait appel à un sauveur — au « tyran ». Il massacrera les rebelles, mais la désintégration du corps communal continue, pire que jamais. Et quand, après une nouvelle révolte, le peuple de Florence s'adresse à l'homme le plus populaire de la cité, Jérôme Savonarole, le moine répond : « Oh mon peuple, tu sais bien que je ne peux m'occuper des affaires de l'État..., purifie ton âme, et si dans cette disposition d'esprit, tu réformes ta cité, alors, peuple de Florence, tu auras inauguré la réforme de toute l'Italie ! » Les masques et les mauvais livres sont brûlés, on fait passer une loi de charité, une autre contre les usuriers - et la démocratie de Florence reste ce qu'elle était. L'esprit de l'ancien temps est mort. Pour avoir eu trop de confiance dans le gouvernement, les citoyens ont cessé d'avoir confiance en eux-mêmes ; ils sont incapables de trouver de nouvelles voies. L'État n'a plus qu'à intervenir et à écraser les dernières libertés.

Et pourtant le courant d'entr'aide et d'appui mutuel n'était pas tout à fait tari dans les masses ; il continua de couler, même après cette défaite. Il grossit de nouveau avec une force formidable aux appels communistes des premiers propagateurs de la Réforme, et il continua à exister même après que les masses, n'ayant pas réussi à réaliser la vie qu'elles espéraient inaugurer sous l'inspiration de la religion réformée, tombèrent sous la domination d'un pouvoir autocratique. Le flot coule encore aujourd'hui, et il cherche à trouver une nouvelle expression qui ne serait plus l'État, ni la cité du moyen âge, ni la commune villageoise des barbares, ni le clan sauvage, mais participerait de toutes ces formes et leur serait supérieure par une conception plus large et plus profondément humaine.

1. ↑ Les études traitant ce sujet sont très nombreuses ; mais il n'y a pas encore d'ouvrage qui traite de la cité du moyen âge en général. Pour les communes françaises, les *Lettres* et les *Considérations sur l'histoire de France* d'Augustin Thierry demeurent classiques, et les *Communes françaises* de Luchaire y sont une excellente addition. Pour les cités d'Italie, le grand ouvrage de Sismondi (*Histoire des républiques italiennes du moyen âge*, Paris, 1826, 16 vol.), l'*Histoire d'Italie* de Leo et Botta, les *Révolutions d'Italie* de Ferrari et *Geschichte der*

Städteverfassung in Italien de Hegel, sont les principales sources d'information générale. Pour l'Allemagne nous avons *Städteverfassung* de Maurer, *Geschichte der deutschen Städte* de Barthold, et, comme ouvrages récents, *Städte und Gilden der germanischen Volker* de Hegel (2 vol., Leipzig, 1891) et *Die deutschen Städte im Mittelalter* du Dr Otto Kallsen (2 vol., Halle, 1891) ainsi que *Geschichte des deutschen Volkes* de Janssen (5 vol., 1886) dont une traduction française a paru en 1892. Pour la Belgique, *Les Libertés communales* de A. Wauters (Bruxelles, 1869-78, 3 vol.). Pour la Russie, les œuvres de Biélaeff, Kostomaroff et Serghievitch. Enfin pour l'Angleterre nous possédons un des meilleurs ouvrages sur les cités d'une région étendue : *Town Life in the Fifteenth Century* de Mrs. J. R. Green (2 vol., Londres, 1874). Nous avons de plus une grande abondance d'histoires locales bien connues, et plusieurs excellents ouvrages d'histoire générale ou économique que j'ai souvent cités dans les deux chapitres précédents. La richesse de cette littérature consiste cependant surtout en études séparées, quelquefois admirables, sur l'histoire de certaines cités, particulièrement italiennes et allemandes ; sur les guildes ; la question agraire ; les principes économiques de l'époque ; l'importance économique des guildes et des métiers ; les ligues entre les cités (la Hanse) ; et l'art communal. Une incroyable richesse d'informations est contenue dans les ouvrages de cette seconde catégorie, dont seulement quelques-uns parmi les plus importants sont cités ici.

2. ↑ Kulischer, dans un excellent essai sur le commerce primitif (*Zeitschrift für Völkerpsychologie*, vol. X, 380), montre aussi que, suivant Hérodote, les Aggripéens étaient considérés comme inviolables, parce que le commerce entre les Scythes et les tribus du Nord avait lieu sur leur territoire. Un fugitif était sacré sur leur territoire, et on leur demandait souvent d'agir comme arbitres entre leurs voisins. voir appendice XI.

3. ↑ Il s'est élevé dernièrement des discussions sur le *Weichbild* et la loi du *Weichbild*, qui demeurent encore obscurs (voir Zopfl, *Alterthümer des deutschen Reichs und Rechts*, Ill, 29 ; Kallsen, I, 316). L'explication ci-dessus semble être la plus probable ; mais, bien entendu, il faut qu'elle soit confirmée par de nouvelles recherches. Il est évident aussi que, pour employer une expression écossaise, the « mercet cross », la croix du marché, peut être considérée comme un emblème de la juridiction de l'Église, mais nous la trouvons à la fois dans les cités épiscopales et dans celles où l'assemblée du peuple était souveraine.

4. ↑ Pour tout ce qui concerne les guildes marchandes, voir l'ouvrage très complet de Ch. Gross, *The Guild Merchand* (Oxford, 1890, 2 vol.), ainsi que les remarques de Mrs. Green dans *Town Life in the Fifteenth*

Century, vol. II, ch. V, VIII, X ; et la critique de ce sujet par A. Doren dans Schmoller, *Forschungen*, vol. XII. Si les considérations indiquées dans le chapitre précédent (selon lesquelles le commerce était communal à l'origine) se trouvent vérifiées, il sera permis de suggérer, comme hypothèse possible, que la guilde marchande fut un corps chargé du commerce dans l'intérêt de la cité entière, et ne devint que graduellement une guilde de marchands faisant du commerce pour eux-mêmes ; tandis qu'il était réservé aux marchands aventuriers de la Grande-Bretagne, aux *povolniki* de Novgorod (marchands et colonisateurs libres) et aux *mercati personati* d'ouvrir de nouveaux marchés et de nouvelles branches de commerce pour eux-mêmes. En résumé, il faut noter que l'origine de la cité du moyen âge ne peut être attribuée à aucun facteur spécial. Ce fut un résultat de beaucoup de facteurs plus ou moins importants.

5. ↑ Janssen, *Geschichte des deutschen Volkes*, I, 315 ; Gramich, *Würzburg* ; ou n'importe quel recueil d'ordonnances.
6. ↑ Falke, *Geschichtliche Statistik*, I, 373-393, et II, 66 ; cité dans Janssen, *Geschichte*, I,339 ; J -D Blavignac, dans les *Comptes et Dépenses de la construction du clocher de Saint-Nicolas à Fribourg en Suisse*, arrive à une conclusion semblable. Pour Amiens, de Calonne, *Vie municipale*, p. 99, et appendice. Pour une appréciation très complète et une représentation graphique des salaires au moyen âge en Angleterre et leur équivalent en pain et en viande, voir l'excellent article et les courbes de G. Steffen, dans le *Nineteenth Century* de 1891 et *Studier öfver lönsystemets historia i England*, Stockholm, 1895.
7. ↑ Pour ne citer qu'un exemple parmi tous ceux qui peuvent être trouvés dans les ouvrages de Falke et de Schönberg, les seize ouvriers cordonniers (*Schüsterknechte*) de la ville de Xanten sur le Rhin donnèrent pour l'érection d'un dais et d'un autel dans l'église 75 gouldens par souscription et 12 gouldens de leur caisse particulière, et l'argent valait, selon les plus justes évaluations, dix fois ce qu'il vaut aujourd'hui.
8. ↑ Cité par Janssen, *loc. cit.*, I, 843.
9. ↑ *The Economical Interpretation of History*, Londres, 1891.
10. ↑ Janssen, loc. cit. Voir aussi Dr Alwin Schultz, *Deutsches Leben im XIV und XV Jahrhundert*, grande édition, Vienne, 1892, pp. 67 et suiv. A Paris, la journée de travail variait de 7 à 8 heures en hiver, à 14 heures en été dans certains métiers ; tandis que pour d'autres, elle était de 8 à 9 heures en hiver, et de 10 ou 12 en été. Tout travail était arrêté le samedi et environ vingt-cinq autres jours (*jours de commun de vile foire*) à 4 heures ; le dimanche et trente autres jours de fêtes, il n'y avait pas de travail du tout. La conclusion générale est que l'ouvrier du moyen âge

travaillait *moins* d'heures, tout compris, que l'ouvrier d'aujourd'hui (Dr E. Martin Saint-Léon, *Histoire des corporations*, p. 121.)

11. ↑ W. Stieda « Hansische Vereinbarungen uber stadtisches Gewerbe im XIV. und XV. Jahrhundert » dans *Hansische Geschichtsblätter*, année 1886, p. 121. Schönberg, *Wirthschaftliche Bedeutung der Zünfte*) ainsi que Roscher, *passim*.

12. ↑ Voir les remarques profondes de Toulmin Smith sur la spoliation des guildes par le roi, dans l'introduction de Miss Smith à *English Guilds* ; En France la même spoliation et l'abolition de la juridiction des guildes par le pouvoir royal furent commencées en 1306 et le coup final fut frappé en 1382 (Fagniez, *loc. cit.*, pp. 52-54).

13. ↑ Adam Smith et ses contemporains savaient bien ce qu'ils quand ils écrivaient contre l'ingérence de l'*État* dans le commerce, et contre les monopoles crées par l'*État*. Malheureusement des continuateurs déplorablement superficiels mirent les guildes du moyen âge et l'ingérence de l'État dans le même sac, sans faire de distinction entre un édit de Versailles et une ordonnance de guilde. Il est à peine besoin de dire que les économistes qui ont sérieusement étudié ce sujet, comme Schönberg (l'auteur du cours bien connu d'*Économie politique*) ne tombent pas dans une erreur semblable. Mais, récemment encore, des confusions de ce genre passaient pour de la « science » économique.

14. ↑ A Florence les sept arts mineurs firent leur révolution en 1270-82 ; les résultats ont été amplement décrits par Perrens (*Histoire de Florence*, Paris, 1877, 3 vol.) et surtout par Gino Capponi (*Storia della republica de Firenze* ; 26 6d., 1876, I, 58-80 ; traduite en allemand). A Lyon, au contraire, où les métiers mineurs se soulevèrent en 1402, ils subirent une défaite et perdirent le droit de nommer eux-mêmes leurs propres juges. Les deux partis en vinrent probablement à un compromis. A Rostock le même mouvement eut lieu en 1313 ; à Zurich en 1336 ; à Berne en 1363 ; à Brünswick en 1374, et l'année suivante à Hambourg ; à Lübeck en 1376-84, etc. Voir Schmoller, *Strassburg zur Zeit der Zunftkämpfe* et *Strassburg's Blüthe* ; *Brentano, Arbeitergilden der Gegenwart*, 2 vol, Leipzig, 1871-72 ; Eb. Bain, *Merchant and Craft Guilds*, Aberdeen, 1887, pp. 26-47, 75, etc. Quant à l'opinion de M. Gross relative aux mêmes luttes en Angleterre, voir les remarques de Mrs. Green dans *Town Life in the Fifteenth Century*, II, 190-217 ; ainsi que le chapitre sur la question ouvrière et tout ce volume extrêmement intéressant. Les opinions de Brentano sur les luttes des métiers qu'il a exprimées principalement dans les § III et IV de son essai « On the History and Development of Guilds », dans le volume de Toulmin Smith, *English*

Guilds, sont classiques sur ce sujet et on peut dire qu'elles ont été confirmées sans cesse par les recherches qui ont suivi.
15. ↑ Pour ne donner qu'un exemple, Cambrai fit sa première révolution en 907, et après trois ou quatre autres révoltes, obtint sa charte en 1076. Cette charte fut abrogée deux fois (1107 et 1138) et deux fois obtenue à nouveau (en 1127 et 1180). Au total 223 années de luttes avant de conquérir le droit à l'indépendance, Lyon, 1195 à 1320.
16. ↑ Voir Tuetey, « Étude sur le droit municipal... en Franche-Comté », dans les *Mémoires de la Société d'émulation de Montbéliard*, 2e série, II, 129 et suiv.
17. ↑ Ceci semble avoir été souvent le cas en Italie. En Suisse, Berne acheta même les villes de Thun et de Burgdorf.
18. ↑ Ce fut au moins le cas dans les cités de Toscane (Florence, Lucques, Sienne, Bologne, etc.) dont les relations entre cité et paysans sont les mieux connues (Lutchitzkiy, « Servitude et serfs russes à Florence », dans les *Izvestia* de l'Université de Kiev de 1885 ; l'auteur cite Rumohr, *Ursprung der Besitzlosigkeit der Colonien in Toscana*, 1830). — Tout ce qui concerne les relations entre les cités et les paysans aurait cependant besoin de beaucoup plus d'études qu'on n'en a faites jusqu'à présent.
19. ↑ Les généralisations de Ferrari sont souvent trop théoriques pour être toujours correctes ; mais ses opinions sur le rôle joué par les nobles dans les guerres des cités sont basées sur un grand nombre de faits authentiques.
20. ↑ Seules les cités qui soutinrent obstinément la cause des barons, comme Pise ou Vérone, perdirent à ces guerres. Pour beaucoup de villes qui combattirent du côté des barons, la défaite fut aussi le commencement de la libération et du progrès.
21. ↑ Ferrari, II, 18,104 et suiv. ; Leo et Botta, I, 432.
22. ↑ Joh. Falke, *Die Hansa als Deutsche See- und Handelsmacht*, Berlin, 1863, pp. 31-33.
23. ↑ Pour Aix-la-Chapelle et Cologne nous savons par des témoignages directs que ce furent les évêques de ces deux villes — dont l'un fut acheté — qui ouvrirent les portes à l'ennemi.
24. ↑ Voir les faits, mais non pas toujours les conclusions de Nitzsch, III, 133 et suiv. ; aussi Kallsen, 1, 458, etc...
25. ↑ Sur la commune du Laonnais qui jusqu'aux recherches de Melleville (*Histoire de la commune du Laonnais*, Paris, 1853) fut confondue avec la commune de Laon, voir Luchaire, pp. 75 et suiv. Pour les premières guildes de paysans et les unions ultérieures, voir R. Wilman, « Die ländlichen Schutzgilden Westphaliens » dans *Zeitschrift für*

Kulturgeschlichte, nouvelle série, vol. III, cité dans *Kulturgeschichte* de Henne-am-Rhyn, III, 249.

26. ↑ Luchaire, p. 149.
27. ↑ Deux cités importantes comme Mayence et Worms cherchent à régler une contestation politique par l'arbitrage. A la suite d'une guerre civile qui se déclare dans Abbeville, Amiens agit en 1231, comme arbitre (Luchaire, 149), et ainsi de suite.
28. ↑ Voir par exemple W. Stieda, *Hansische Vereinbarungen, loc. cit.,* p. 114.
29. ↑ Cosmo Innes, *Early Scottish History and Scotland in Middle Ages,* cités par le Rev. Denton, loc. cit., pp. 68, 69. Lamprecht, *Deutsches wirthschaftliches Leben im Mittelalter,* analysé par Schmoller dans son *Jahrbuch,* vol. XII ; Sismondi, *Tableau de l'agriculture toscane,* p. 226 et suiv. Les territoires appartenant à Florence se reconnaissaient au premier coup d'œil à leur prospérité.
30. ↑ Mr John J. Ennett (*Six Essays,* Londres, 1891) a écrit d'excellentes pages touchant ce caractère de l'architecture du moyen âge. Mr Willis dans son appendice à l'ouvrage de Whewell, *History of Inductive Sciences* (I, 261-162) a montré la beauté des rapports mécaniques dans les constructions du moyen âge. « Une nouvelle construction décorative fut créée, écrit-il, qui ne luttait pas contre la construction mécanique, ne cherchait pas à la dominer, mais au contraire venait l'aider et s'harmoniser avec elle. Chaque poutre, chaque moulure devient un support du poids ; par la multiplicité des appuis s'aidant les uns les autres et par la subdivision du poids qui en résultait, l'œil était satisfait de la stabilité de la structure, malgré l'aspect curieusement effilé des parties séparées. » On ne saurait mieux caractériser un art qui jaillissait de la vie sociale de la cité
31. ↑ Dr Ennen, *Der Döm zu Köln, seine Construction und Anstaltung,* 1871.
32. ↑ Ces trois statues sont parmi les décorations extérieures de Notre-Dame de Paris.
33. ↑ L'art du moyen âge, comme l'art grec, ne connaissait pas ces magasins de curiosités que nous appelons un Musée ou une Galerie Nationale. Une statue était sculptée, une décoration en bronze était fondue ou un tableau était peint pour être mis à sa place propre dans un monument d'art communal. Là il était vivant, il était une partie d'un tout, et il contribuait à l'unité d'impression produite par le tout.
34. ↑ Comparez J. T. Ennet « Second Essay », p. 36.
35. ↑ Sismondi, IV, 172 ; XVI, 356. Le grand canal, *Naviglio grande,* qui apporte l'eau du Tessin fut commencé en 1179, c'est-à-dire après la

conquête de l'indépendance, et il fut terminé au XIIIe siècle. Sur la décadence qui suivit, voir XVI, 355.

36. ↑ En 1336, Florence comptait 8 à 10.000 garçons et filles dans ses écoles primaires, 1.000 à 1.200 garçons dans ses sept écoles secondaires et de 500 à 600 étudiants dans ses quatre universités. Les trente hôpitaux communaux contenaient plus de 1.000 lits, pour une population de 90.000 habitants (Capponi, II, 249 et suiv.). Plus d'une fois des écrivains autorisés ont émis l'opinion que l'éducation était en général à un niveau beaucoup plus élevé qu'on ne le suppose d'habitude. Il en était certainement ainsi dans la cité démocratique de Nuremberg.

37. ↑ Comparez les excellentes considérations de L. Ranke sur l'essence du droit romain dans *Weltgeschichte*, vol. IV, Abt. 2, pp. 20-31. Voir aussi les remarques de Sismondi sur la part jouée par les légistes dans la constitution de l'autorité royale, *Histoire des Français*, Paris, 1826, V111, 85-99. La haine populaire contre ces « Weise Doctoren und Beutelschneider des Volks » éclata dans toute sa force aux premières années du XVIe siècle dans les sermons du début de la Réforme.

38. ↑ Brentano a bien compris les effets fatals de la lutte entre les « vieux bourgeois » et les nouveaux venus. Miaskowski, dans son ouvrage sur les communes de la Suisse, a indiqué la même chose pour les communautés villageoises.

39. ↑ Le commerce d'esclaves enlevés en Orient ne cessa jamais dans les républiques italiennes jusqu'au XVe siècles. De faibles traces s'en rencontrent aussi en Allemagne et ailleurs. Voir Cibrario, *Della schiavitù e del servaggio*, 2 vol., Milan, 1868 ; aussi, le professeur Loutchitzkiy, « L'esclavage et les esclaves russes à Florence, au XIVe et au XVe siècles », dans *Izvestia* de l'Université de Kiev, 1885 (en russe).

40. ↑ J.R. Greco, *History of English People*, London, 1878, I, 455.

41. ↑ Voir les théories exprimées par les jurisconsultes de Bologne, déjà au Congrès de Roncaglia en 1158.

Chapitre VII

L'ENTR'AIDE CHEZ NOUS.

Révoltes populaires au commencement de la période des États. — Institutions d'entr'aide de l'époque actuelle. — La commune villageoise ; ses luttes pour résister à l'abolition par l'État. — Habitudes venant de la vie des communes villageoises et conservées dans nos villages modernes. — Suisse, France, Allemagne, Russie.

La tendance à l'entr'aide chez l'homme a une origine si lointaine et elle est si profondément mêlée à toute l'évolution de la race humaine qu'elle a été conservée par l'humanité jusqu'à l'époque actuelle, à travers toutes les vicissitudes de l'histoire. Elle se développa surtout durant les périodes de paix et de prospérité : mais, même lorsque les plus grandes calamités accablèrent les hommes - lorsque des régions entières furent dévastées par des guerres, et que des populations nombreuses furent décimées par la misère, ou gémirent sous le joug de la tyrannie - la même tendance continua d'exister dans les village et parmi les classes les plus pauvres des villes ; elle continua à unir les hommes entre eux et, à la longue, elle réagit même sur les minorités dominatrices, combatives et dévastatrices, qui l'avaient rejetée comme une sottise sentimentale. Et chaque fois que l'humanité eut à créer une nouvelle organisation sociale, correspondant à une nouvelle phase de son évolution, c'est de cette même tendance, toujours vivante, que le génie constructif du peuple tira l'inspiration et les éléments du nouveau progrès. Les nouvelles institutions économiques et sociales, en tant qu'elles furent une création des masses, les nouveaux systèmes de morale et les nouvelles religions ont pris leur origine de la même source ; et le progrès moral de notre race, vu dans ses grandes lignes, apparaît comme une extension graduelle des principes de l'entr'aide, de la tribu à des agglomérations toujours de plus en plus nombreuses, jusqu'à ce qu'enfin il embrasse un jour l'humanité entière, avec ses différentes croyances, ses langues et ses races diverses.

Après avoir traversé l'état de tribu sauvage, puis de commune villageoise, les Européens étaient arrivés à trouver au moyen âge une nouvelle forme d'organisation qui avait l'avantage de laisser une grande latitude à l'initiative individuelle, tout en répondant largement au besoin d'appui mutuel de l'homme. Une fédération de communes villageoises, couverte d'un réseau de guildes et de fraternités, vit le jour dans la cité du moyen âge. Les immenses résultats atteints par cette nouvelle forme d'union - le bien-être pour tous, le développement des industries, des arts, des sciences et du commerce — ont été analysés dans les deux chapitres précédents ; et nous avons essayé d'expliquer aussi pourquoi, vers la fin du XVe siècle, les républiques du moyen âge — entourées par les domaines de seigneurs féodaux hostiles, incapables de libérer les paysans de la servitude et corrompues peu à peu par les idées du césarisme romain — se trouvèrent condamnées à devenir la proie des États militaires qui commençaient à se développer.

Cependant, avant de se soumettre durant les trois siècles suivants à l'autorité absorbante de l'État, les masses du peuple firent un formidable effort pour reconstituer la société sur l'ancienne base de l'entr'aide et du soutien mutuel. On sait aujourd'hui que le grand mouvement de la Réforme ne fut pas une simple révolte contre les abus de l'Église catholique. Il avait aussi son idéal constructif, et cet idéal était la vie en communes fraternelles et libres. Ceux des premiers écrits et des premiers sermons de la Réforme qui touchèrent le plus le cœur des masses étaient imbus des idées de fraternité économique et sociale. Les « Douze Articles » et les professions de foi du même genre, qui circulaient parmi les paysans et les artisans allemands et suisses, ne soutenaient pas seulement le droit pour chacun d'interpréter la Bible suivant son propre jugement : elles demandaient aussi la restitution des terres communales aux communes villageoises, et l'abolition des servitudes féodales. Toujours on y faisait appel à la « vraie » foi — une foi de fraternité. A la même époque, des dizaines de milliers d'hommes et de femmes se réunissaient aux confréries communistes de Moravie, leur donnant toute leur fortune et formant des établissements nombreux et prospères, organisés d'après les principes du communisme[1].

Des massacres en masse, par milliers, purent seuls arrêter ce mouvement populaire très étendu, et ce fut par l'épée, le feu et la torture que les jeunes États assurèrent leur première et décisive victoire sur les masses[2].

Pendant les trois siècles suivants, les États, tant sur le Continent que dans les Îles Britanniques, travaillèrent systématiquement à anéantir toutes les institutions dans lesquelles la tendance à l'entr'aide avait autrefois trouvé son expression. Les communes villageoises furent privées de leurs assemblées populaires, de leurs tribunaux et de leur administration indépendante ; leurs terres furent confisquées. Les guildes furent spoliées de leurs biens et de leurs libertés et placées sous le contrôle de l'État, à la merci du caprice et de la vénalité de ses fonctionnaires. Les cités furent dépouillées de leur souveraineté, et les principaux ressorts de leur vie intérieure — l'assemblée du peuple, la justice et l'administration élues, la paroisse souveraine et la guilde souveraine — furent annihilés ; les fonctionnaires de l'État prirent possession de chacune des parties qui formaient auparavant un tout organique.

Sous cette politique funeste et pendant les guerres sans fin qu'elle engendra, des régions entières, autrefois populeuses et riches, furent totalement ruinées et dévastées ; des cités florissantes devinrent des bourgs insignifiants ; les routes mêmes qui les unissaient à d'autres cités devinrent impraticables. L'industrie, l'art et la science tombèrent en décadence. L'instruction politique, scientifique et juridique fut mise au service de l'idée de centralisation de l'État. On enseigna, dans les universités et dans les églises, que les institutions, qui avaient permis aux hommes d'exprimer autrefois leur besoin d'entr'aide, ne pouvaient être tolérées dans un État bien organisé. L'État seul pouvait représenter les liens d'union entre ses sujets. Le fédéralisme et le « particularisme » étaient les ennemis du progrès, et l'État était le seul initiateur du progrès, le seul vrai guide vers le progrès. A la fin du XVIIIe siècle les rois dans l'Europe centrale, le Parlement dans les Îles Britanniques, et la Convention révolutionnaire en France, bien que tous ces pays fussent en guerre les uns contre les autres, étaient d'accord entre eux pour déclarer qu'aucune union distincte entre citoyens ne devait exister dans l'État ; que les travaux forcés ou la mort étaient les seuls châtiments qui convinssent aux travailleurs qui oseraient entrer dans des « coalitions ». « Pas d'état dans l'État ! » L'État seul et l'Église d'État doivent s'occuper des affaires d'intérêt général, tandis que les sujets doivent représenter de vagues agglomérations d'individus, sans aucun lien spécial, obligés de faire appel au gouvernement chaque fois qu'ils peuvent sentir un besoin commun. Jusqu'au milieu du XIXe siècle, ce fut la théorie et la pratique en Europe. On regardait avec méfiance jusqu'aux sociétés commerciales et industrielles. Quant aux travailleurs, leurs associations étaient traitées comme illégales en Angleterre jusqu'au milieu du XIXe siècle et dans le reste de l'Europe jusqu'en ces vingt dernières années. Tout le système de notre éducation d'État fut tel que, jusqu'à l'époque actuelle, même en Angleterre, une grande partie de la société considéra comme une mesure révolutionnaire la concession de ces mêmes droits que chacun, fût-il homme libre ou serf, exerçait il y a cinq cents ans dans l'assemblée populaire de son village, dans la guilde, la paroisse, la cité.

L'absorption de toutes les fonctions par l'État favorisa nécessairement le développement d'un individualisme effréné, et borné à la fois dans ses vues. A mesure que le nombre des obligations envers l'État allait croissant, les citoyens se sentaient dispensés de leurs obligations les uns envers les autres. Dans la guilde — et, au moyen âge, chacun appartenait à quelque guilde ou fraternité — deux « frères » étaient obligés de veiller chacun à leur tour un frère qui était tombé malade ; aujourd'hui on considère comme suffisant de donner à son voisin l'adresse de l'hôpital public le plus proche. Dans la société barbare, le seul fait d'assister à un combat entre deux hommes, survenu à la suite d'une querelle, et de ne pas empêcher qu'il ait une issue fatale, exposait à des poursuites comme meurtrier ; mais avec la théorie de l'État protecteur de tous, le spectateur n'a pas besoin de s'en mêler : c'est à l'agent de police d'intervenir, ou non. Et tandis qu'en pays sauvage, chez les Hottentots par exemple, il serait scandaleux de manger sans avoir appelé à haute voix trois fois pour demander s'il n'y a personne qui désire partager votre nourriture, tout ce qu'un citoyen respectable doit faire aujourd'hui est de payer l'impôt et de laisser les affamés s'arranger comme ils peuvent. Aussi la théorie, selon laquelle les hommes peuvent et doivent chercher leur propre bonheur dans le mépris des besoins des autres, triomphe-t-elle aujourd'hui sur toute la ligne — en droit, en science, en religion. C'est la religion du jour, et douter de son efficacité c'est être un dangereux utopiste. La science proclame hautement que la lutte de chacun contre tous est le principe dominant de la nature, ainsi que des sociétés humaines. La biologie attribue à cette lutte l'évolution progressive du monde animal. L'histoire adopte le même point de vue, et les économistes, dans leur ignorance naïve, rapportent tout le progrès de l'industrie et de la mécanique moderne aux « merveilleux effets » du même principe. La religion même des prédicateurs de l'église est une religion d'individualisme, légèrement mitigée par des rapports plus ou moins charitables avec les voisins — particulièrement le dimanche. Hommes d'action « pratique » et théoriciens, hommes de science et prédicateurs religieux, hommes de loi et politiciens, tous sont d'accord sur un point : l'individualisme, disent-ils, peut bien être plus ou moins adouci dans ses conséquences les plus âpres par la charité, mais il reste la seule base certaine pour le maintien de la société et son progrès ultérieur.

Il semblerait, par conséquent, inutile de chercher des institutions ou des habitudes d'entr'aide dans notre société moderne. Que pourrait-il en rester ? Et cependant, aussitôt que nous essayons de comprendre comment vivent les millions d'êtres humains, et que nous commençons à étudier leurs rapports de chaque jour, nous sommes frappés de la part immense que les principes d'entr'aide et d'appui mutuel tiennent encore aujourd'hui dans la vie humaine. Quoique la destruction des institutions d'entr'aide ait été poursuivie, en pratique et en théorie depuis plus de trois ou quatre cents ans, des centaines de millions d'hommes continuent à vivre avec de telles institutions ; ils les conservent pieusement et s'efforcent de les reconstituer là où elles ont cessé d'exister. En outre, dans nos relations mutuelles, chacun de nous a ses mouvements de révolte contre la foi individualiste qui domine aujourd'hui, et les actions dans lesquelles les hommes sont guidés par leurs inclinations d'entr'aide constituent une si grande partie de nos rapports de chaque jour que si de telles actions pouvaient être supprimées, toute espèce de progrès moral serait immédiatement arrêtée. La société humaine elle-même ne pourrait pas se maintenir pour la durée d'une seule génération.

Ces faits, pour la plupart négligés par les sociologues, et cependant d'importance capitale pour la vie et pour le progrès de l'humanité, nous allons maintenant les analyser, en commençant par les institutions permanentes d'entr'aide et passant ensuite aux actes d'aide mutuelle qui ont leur origine dans des sympathies personnelles ou sociales.

Lorsque nous considérons la constitution actuelle de la société en Europe, nous sommes frappés immédiatement de ce fait que, quoique tant d'efforts aient été faits pour détruire la commune du village, cette forme d'union continue à exister — nous allons voir tout à l'heure jusqu'à quel degré — et que beaucoup de tentatives se font aujourd'hui, soit pour la reconstituer sous une forme ou une autre, soit pour lui trouver quelque substitut. La théorie courante, en ce qui regarde la commune du village, est que dans l'Ouest de l'Europe elle est morte de sa mort naturelle, parce que la possession en commun du sol s'est trouvée incompatible avec les besoins de l'agriculture moderne. Mais la vérité est que nulle part la commune villageoise n'a disparu du gré de ceux dont elle se composait ; partout, au contraire, il a fallu aux classes dirigeantes plusieurs siècles d'efforts persistants, quoique pas toujours couronnés de succès, pour abolir la commune et confisquer les terres communales.

En France les communes villageoises commencèrent à être privées de leur indépendance et à être dépouillées de leurs terres dès le XVIe siècle. Cependant, ce fut seulement au siècle suivant, lorsque la masse des paysans fut réduite par les exactions et les guerres à cet état d'asservissement et de misère, décrit par tous les historiens, que le pillage des terres communales devint aisé et atteignit des proportions scandaleuses. « Chacun s'en est accommodé selon sa bienséance... On les a partagées... pour dépouiller les communes, on s'est servi de dettes simulées[3].» Naturellement le remède de l'État à de tels maux fut de rendre les communes encore plus asservies à l'État et de les piller lui-même. En effet, deux années plus tard tout le revenu en argent des communes était confisqué par le roi. Quant à l'appropriation des terres communales par les particuliers, le mal empira continuellement, et, au siècle suivant, les nobles et le clergé avaient déjà pris possession d'immenses étendues de terres — la moitié de l'espace cultivé suivant certaines estimations — le plus souvent pour les laisser en friche[4]. Cependant les paysans maintinrent encore leurs institutions communales, et jusqu'à l'année 1787 les assemblées populaires des villages, composées de tous les chefs de famille, avaient l'habitude de se réunir à l'ombre du clocher ou d'un arbre, pour partager et repartager ce qu'ils avaient conservé de leurs champs, pour répartir les impôts et pour élire leurs membres exécutifs, exactement comme le *mir* russe le fait encore aujourd'hui. Cela est prouvé par les recherches de Babeau[5].

Le gouvernement trouva cependant les assemblées populaires « trop bruyantes », trop désobéissantes et les remplaça, en 1787, par des conseils élus, composés d'un maire et de trois à six syndics, choisis parmi les plus riches paysans. Deux ans plus tard l'Assemblée Constituante révolutionnaire, qui était sur ce point d'accord avec l'ancien régime, ratifia entièrement cette loi (le 14 décembre 1789) et ce fut le tour des bourgeois du village de piller les terres communales, ce qu'ils s'empressèrent de faire pendant toute la période révolutionnaire. Cependant, le 16 août 1792, la Convention, sous la pression des insurrections de paysans, décida de rendre aux communes les terres qui leur avaient été enlevées depuis deux siècles par les seigneurs, laïques et religieux[6] ; mais elle ordonna en même temps que ces terres seraient divisées en parts égales et seulement entre les paysans les plus riches (les citoyens actifs), — mesure qui provoqua de nouvelles insurrections et fut abrogée l'année suivante, en 1793 ; l'ordre fut donné alors de diviser les terres communales entre tous les membres de la commune, riches et pauvres, « actifs et inactifs ».

Ces deux lois, cependant, étaient tellement opposées aux conceptions des paysans qu'elles ne furent point obéies, et partout où les paysans avaient pu reprendre possession d'une partie de leurs terres, ils les gardèrent indivises. Mais alors vinrent les longues années de guerre, et les terres communales furent simplement confisquées par l'État (en 1794) comme hypothèques pour les emprunts de l'État : comme telles, elles furent mises en coupe réglée et en vente ; puis elles furent de nouveau rendues aux communes et confisquées encore une fois (en 1813). Enfin en 1816, ce qu'il en restait, c'est-à-dire plus de 5.000.000 d'hectares des terres les moins productives, fut rendu aux communes villageoises[7]. Cependant ce ne fut pas la encore la fin des tribulations des communes. Chaque nouveau régime vit dans les terres communales un moyen de récompenser ses partisans, et trois lois (la première en 1837 et la dernière sous Napoléon III) furent promulguées pour amener les communes villageoises à partager leurs domaines. Trois fois ces lois durent être abrogées, à cause de l'opposition qu'elles rencontrèrent dans leurs villages ; mais chaque fois on prenait quelque chose et Napoléon III, sous prétexte d'encourager les méthodes perfectionnées d'agriculture, accordait de grand domaines, pris sur les terres communales, à plusieurs de ses favoris.

Quant à l'autonomie des communes de village, que pouvait-il en rester après tant de coups ? Le maire et les syndics n'étaient regardés que comme des fonctionnaires non payés du mécanisme de l'État. Aujourd'hui même, sous la Troisième République, il est difficile de faire quoi que ce soit dans une commune sans mettre en mouvement toute l'énorme machine de l'État, jusqu'aux préfets et aux ministres. Il est à peine croyable, et cependant il est vrai que lorsque, par exemple, un paysan veut payer en argent sa part de l'entretien d'une route communale, au lieu d'aller lui-même casser les pierres nécessaires, il ne faut pas moins que l'approbation de douze différents fonctionnaires de l'État. *Cinquante-deux* actes différents doivent être accomplis et échangés entre ceux-ci, avant qu'il soit permis au paysan de payer cet argent au Conseil municipal. Et tout est à l'avenant[8].

Ce qui eut lieu en France eut lieu partout dans l'Ouest et dans le Centre de l'Europe. Même les dates principales des grands assauts qu'eurent à subir les terres des paysans se correspondent. Pour l'Angleterre, la seule différence est que la spoliation fut accomplie par des actes séparés plutôt que par de grandes mesures générales — avec moins de hâte, mais plus complètement qu'en France. La saisie des terres communales par les seigneurs commença aussi au XVe siècle, après la défaite de l'insurrection des paysans de 1380 — comme on le voit d'après l'*Historia* de Rossus et d'après un statut de Henry VII, dans lequel ces saisies sont mentionnées et sont qualifiées d'énormités et de dommages préjudiciables au bien commun[9]. Plus tard, la Grande Enquête fut commencée, comme on sait, sous Henri VIII dans le but d'empêcher l'accaparement des terres communales ; mais elle se termina par la sanction de ce qui avait été fait[10]. Les terres communales continuèrent d'être pillées, et les paysans furent chassés de la terre. Mais c'est surtout à partir de la seconde moitié du XVIIIe siècle que, en Angleterre comme partout ailleurs, on s'appliqua systématiquement à détruire jusqu'aux vestiges de la propriété communale. Il n'y a donc pas lieu de s'étonner que les propriétés communales aient disparu, mais il est surprenant, au contraire, que certaines aient pu être conservées, même en Angleterre, jusqu'à être « très répandues encore à l'époque des grands-pères de la génération actuelle[11] ». Le but même des « Actes de Clôture » (Enclosure Acts), comme l'a montré M. Seebohm, était de supprimer ce système[12], et il fut si bien supprimé par près de quatre mille actes promulgués entre 1760 et 1844 que de faibles traces seulement en sont conservées aujourd'hui. Les terres des communes villageoises furent saisies par les seigneurs, et dans chaque cas particulier l'appropriation fut sanctionnée par un acte du Parlement. En Allemagne, en Autriche, en Belgique, la commune villageoise fut détruite aussi par l'État. Les cas où les propriétaires de biens communaux partagèrent eux-mêmes leurs terres sont rares[13], tandis que partout les États favorisèrent l'appropriation privée, ou bien contraignirent au partage. Le dernier coup porté à la propriété commune dans l'Europe centrale date aussi du milieu du XVIIIe siècle. En Autriche, le gouvernement eut recours en 1768 à la force brutale pour contraindre les communes à partager leurs terres, et une commission spéciale fut nommée deux ans plus tard à cet effet. En Prusse, Frédéric II, dans plusieurs de ses ordonnances (en 1752, 1763, 1765 et 1769) recommanda aux *Justizcollegien* de contraindre les paysans au partage. En Silésie on prit une décision spéciale dans le même but en 1771. La même chose eut lieu en Belgique, et comme les communes n'obéissaient pas, une loi fut promulguée en 1847 donnant pouvoir au gouvernement d'acheter les prairies communales pour les revendre en détail, et de procéder à une vente forcée de la terre communale dès qu'il se trouvait un acquéreur[14].

Bref, parler de la mort naturelle des communes villageoises « en vertu de lois économiques », est une aussi mauvaise plaisanterie que de parler de la mort naturelle des soldats qui tombent sur le champ de bataille. Le fait est que les communes villageoises se sont maintenues plus de mille ans, et que partout où les paysans ne furent pas ruinés par les guerres et les exactions, ils ne cessèrent de perfectionner leurs méthodes de culture Mais comme la valeur de la terre croissait, en conséquence de l'accroissement de la population et du développement de l'industrie, et que la noblesse avait acquis, sous l'organisation de l'État, un pouvoir qu'elle n'avait jamais possédé sous le régime féodal, elle s'empara des meilleures parties des terres communales et fit tout ce qu'elle pouvait pour détruire les institutions communales.

Et cependant les institutions de la commune du village répondent si bien aux besoins et aux conceptions des cultivateurs du sol que, en dépit de tout, l'Europe est aujourd'hui encore couverte de vestiges *vivants* des communes villageoises, et la vie de la campagne, en Europe, est encore toute pleine de coutumes et d'habitudes datant de la période des communes. Même en Angleterre, malgré toutes les mesures radicales prises contre l'ancien ordre de choses, celui-ci a prévalu jusqu'au commencement du XIXe siècle. Mr. Gomme — un des rares savants anglais qui se soient occupés de cet sujet — montre dans son ouvrage que beaucoup de traces de la possession du sol en commun se rencontrent encore en Écosse ; le « runrig tenancy » a été conservé dans le Forfarshire jusqu'en 1813, tandis que dans certains villages d'Inverness la coutume était, jusqu'en 1801, de faire le labourage de la terre pour toute la commune, sans tracer de limites, et de partager après que le labourage était fait. Dans la paroisse de Kilmorie (île d'Arran) la distribution et la redistribution des champs était en pleine vigueur « jusqu'en ces dernières vingt-cinq années », et la commission des Crofters trouva ce système encore en vigueur dans certaines autres îles[15]. En Irlande, la commune se maintint jusqu'à la grande famine ; et quant à l'Angleterre, les ouvrages de Marshall. sur lesquels Nasse et Sir Henry Maine ont attiré l'attention, ne laissent aucun doute sur le fait que le système de la commune villageoise était très répandu dans presque tous les comtés anglais, encore au commencement du XIXe siècle[16]. Il y a vingt-cinq ans à peine, Henry Maine fut « grandement surpris du nombre de titres de propriétés irréguliers, impliquant nécessairement l'existence antérieure d'une propriété collective et d'une culture en commun », qu'il découvrit pendant une enquête de courte durée[17]. Et puisque les institutions communales se sont maintenues si longtemps, il est certain qu'un grand nombre d'habitudes et de coutumes d'entr'aide pourraient être découvertes aujourd'hui même dans les villages anglais, si les écrivains de ce pays prêtaient quelque attention à la vie des villages[18].

Les institutions communales se retrouvent bien vivantes, dans beaucoup de parties de la France, de la Suisse, de l'Allemagne, de l'Italie, de la Scandinavie et de l'Espagne, pour ne rien dire de l'Est de l'Europe. Dans toutes ces contrées, la vie des villages reste imprégnée d'habitudes et de coutumes communales ; et presque chaque année la littérature de ces pays est enrichie d'œuvres sérieuses traitant de ce sujet et de ceux qui s'y rattachent. Il me faut donc limiter mes exemples aux plus typiques. La Suisse est incontestablement un des meilleurs. Non seulement les cinq républiques d'Uri, Schwytz, Appenzell, Glaris et Unterwald conservent une partie considérable de leurs terres en propriétés indivises et sont gouvernées par leurs assemblées populaires, mais aussi dans les autres cantons les communes villageoises sont restées en possession d'une large autonomie, et des parties considérables du territoire fédéral restent encore propriété communale[19]. Les deux tiers de toutes les prairies alpestres et les deux tiers de toutes les forêts de la Suisse sont jusqu'à aujourd'hui terres communales ; et un grand nombre de champs, de vergers, de vignobles, de tourbières, de carrières, etc., sont possédés par les communes. Dans le canton de Vaud, où les chefs de famille ont le droit de prendre part aux délibérations de leurs conseils communaux élus, l'esprit communal est particulièrement vivant. Vers la fin de l'hiver les jeunes gens de plusieurs villages vont passer quelques jours dans les bois, pour abattre les arbres et les faire descendre en les laissant glisser le long des pentes escarpées ; le bois de charpente et le bois à brûler est ensuite partagé entre les familles, ou vendu à leur bénéfice. Ces excursions sont de vraies *fêtes* du travail viril. Sur les rives du lac Léman une partie des travaux que nécessitent les terrasses des vignobles est encore faite en commun ; et, au printemps, si le thermomètre menace de tomber au-dessous de zéro avant le lever du soleil, le veilleur appelle tous les habitants qui allument des feux de paille et de fumier et protègent leurs vignes de la gelée par un nuage artificiel. Dans presque tous les cantons, les communes villageoises possèdent des

« Bürgernutzen » : un certain nombre de citoyens, descendants ou héritiers des vieilles familles, possèdent en commun un certain nombre de vaches ; ou bien ils ont en commun quelques champs, ou des vignobles, dont le produit est partagé entre eux ; ou encore la commune loue certaines terres au bénéfice des citoyens[20].

On peut considérer comme certain que partout où les communes ont conservé de nombreuses attributions, qui en font des parties vivantes de l'organisme national, et là où elles n'ont pas été réduites à l'extrême misère, elles ne manquent jamais de bien cultiver leurs terres. Ainsi les propriétés communales en Suisse font un contraste frappant avec les misérables « commons » de l'Angleterre. Les forêts communales du canton de Vaud et du Valais sont très bien administrées, conformément aux règles de la sylviculture moderne. Ailleurs les « parcelles » de champs communaux, qui changent de propriétaires d'après le système des redistributions, sont bien cultivées et particulièrement bien fumées. Les prairies des hautes régions sont bien entretenues et les chemins ruraux sont en bon état. Et lorsque nous admirons les chalets, les routes des montagnes, les bestiaux des paysans, les terrasses de vignobles ou les écoles de la Suisse, il faut nous rappeler que souvent le bois de charpente pour les chalets est pris aux bois communaux, et la pierre aux carrières communales, les vaches sont gardées sur des prairies communales et les routes, ainsi que les écoles, ont été construites par le travail communal. Évidemment, en

Suisse, comme partout, la commune a immensément perdu dans ses attributions, et la « corporation », limitée à un petit nombre de familles, s'est substituée à l'ancienne commune du village. Mais ce qui reste des attributions de l'ancienne commune est encore, de l'avis de ceux qui ont étudié ce sujet, plein de vitalité[21].

Il est à peine besoin de dire qu'un grand nombre d'habitudes et de coutumes d'entr'aide ont persisté dans les villages suisses : réunions du soir pour éplucher les noix, se tenant tour à tour dans chaque maison ; veillée pour coudre le trousseau d'une jeune fille qui va se marier ; appel des « aides » pour construire les maisons et rentrer les moissons, ainsi que pour toute espèce de travaux dont peut avoir besoin l'un des membres de la communauté ; habitude d'échanger des enfants d'un canton à l'autre, afin de leur faire apprendre deux langues, le français et l'allemand, etc. ; ce sont là des coutumes tout à fait habituelles[22] ; et les nouvelles exigences qui peuvent surgir sont accueillies dans le même esprit. Dans le canton de Glaris la plupart des prairies alpestres ont été vendues pendant une période de calamités ; mais les communes continuent encore d'acheter des champs, et lorsque les champs nouvellement achetés ont été laissés dans la possession de différents membres de la commune pendant dix, vingt ou trente ans, ils retournent après cela au fond commun, qui est redistribué suivant les besoins de chacun. Il se forme en outre un grand nombre de petites associations pour produire quelque-unes des nécessités de la vie — le pain, le fromage et le vin — par le travail commun, ne serait-ce que sur une petite échelle ; et la coopération agricole se répand en Suisse avec la plus grande facilité. Des associations de dix à trente paysans, qui achètent des prairies et des champs en commun et les cultivent comme co-propriétaires, se rencontrent fréquemment ; et quant aux crémeries coopératives pour la vente du lait, du beurre et du fromage, elles sont organisées partout. En effet, la Suisse a été le pays d'origine de cette forme de coopération. Elle offre, de plus, un immense champ pour l'étude de toutes sortes de petites et de grandes sociétés, formées pour la satisfaction de divers besoins modernes. Dans certaines parties de la Suisse, on trouve dans presque chaque village des associations pour la protection contre l'incendie, pour la navigation, pour l'entretien des quais sur les rives d'un lac, pour la canalisation de l'eau, etc., sans parler des sociétés, très répandues, d'archers, de tireurs, de topographes, d' « explorateurs des sentiers », etc., — effet du militarisme moderne des grands États.

Mais la Suisse n'est en aucune façon une exception en Europe, car les mêmes institutions et les mêmes habitudes se rencontrent dans les villages de France, d'Italie, d'Allemagne, du Danemark, etc. Nous venons de voir ce qui fut fait en France par les divers gouvernements pour détruire la commune du village et pour permettre à la bourgeoisie de s'approprier ses terres ; mais en dépit de tout cela, un dixième de tout le territoire bon pour la culture, c'est-à-dire 5.460.000 hectares, comprenant la moitié de toutes les prairies naturelles et presque le cinquième de toutes les forêts du pays, demeure possession communale. Les forêts fournissent le bois de chauffage aux membres de la commune, et le bois de charpente est coupé en grande partie par le travail communal, avec toute la régularité désirable ; les pâturages sont libres pour les bestiaux des membres de la commune : et ce qui reste des champs communaux est distribué et redistribué dans certaines parties de la France, par exemple dans les Ardennes, de la façon habituelle[23].

Ces sources d'approvisionnement supplémentaire qui aident les plus pauvres paysans à traverser une année de mauvaises récoltes, sans être forcés de vendre leurs lopins de terre ou sans avoir recours à de funestes emprunts, ont certainement leur importance, à la fois pour les ouvriers agricoles et pour les petits propriétaires paysans qui sont près de trois millions. On peut même se demander si la petite propriété paysanne pourrait se maintenir sans ces ressources supplémentaires. Mais l'importance morale des possessions communales, si petites soient-elles, est encore plus grande que leur valeur économique. Elles conservent dans la vie du village un noyau de coutumes et d'habitudes d'entr'aide qui agit comme un frein puissant sur le développement de l'individualisme sans merci et de l'avidité, que la petite propriété ne développe que trop facilement. L'entr'aide, dans toutes les circonstances possibles de la vie du village, fait partie de la vie de chaque jour dans toute la France. Partout nous rencontrons sous différents noms, le *charroi*, c'est-à-dire l'aide libre des voisins pour rentrer la moisson, pour la vendange, ou pour bâtir une maison ; partout nous trouvons les mêmes réunions du soir comme celles que nous avons notées en Suisse ; partout les membres de la commune s'associent pour toutes sortes de travaux. Presque tous ceux qui ont écrit sur la vie des villages en France mentionnent de telles habitudes. Mais le mieux serait peut-être de donner ici quelques extraits des lettres que j'ai reçues d'un ami à qui j'avais demandé de me communiquer ses observations sur ce sujet. Elles me viennent d'un homme âgé qui a été pendant quatre ans maire de sa commune dans le Midi de la France (dans l'Ariège) ; les faits qu'il mentionne lui sont connus par de longues années d'observation personnelle, et ils ont l'avantage d'avoir été pris dans une région limitée, au lieu d'avoir été cueillis sur un vaste espace. Quelques-uns peuvent sembler insignifiants, mais dans leur ensemble ils dépeignent bien un petit coin de la vie des villages :

Dans plusieurs communes des environs de Foix (vallée de la Barguillière) est encore en vigueur un antique usage appelé l'*emprount* (l'emprunt) : quand, dans une métairie on a besoin de beaucoup de bras pour faire vivement un travail, par exemple quand il s'agit de ramasser des pommes de terre, de couper les foins, la jeunesse des environs est convoquée ; garçons et filles accourent, font la besogne en riant, avec entrain et gratuitement ; puis, le soir, après un joyeux repas, on danse.

Dans ces mêmes communes, quand une jeune fille se marie, les jeunes filles du voisinage viennent gratuitement aider la fiancée à faire son trousseau, Dans plusieurs communes du canton d'Ax (Ariège), les femmes et filles filent encore beaucoup. Quand il s'agit de dévider le fil dans une famille, grande réunion des amis de la famille pour aider gratuitement à faire l'opération en une seule soirée qui se termine par un repas. Dans bien des communes de l'Ariège et autres départements du Sud-Ouest, quand il s'agit de dépouiller de leurs enveloppes les épis de maïs, l'opération se fait gratuitement à l'aide de voisins qu'on régale de châtaignes et de vin. Et après boire, la jeunesse danse.

Dans d'autres communes, pour faire de l'huile de noix, les jeunes gens, garçons et filles, se réunissent le soir, en hiver, chez le propriétaire qui veut faire de l'huile ; les uns cassent, les autres épluchent les noix, gratuitement. Les jeunes filles vont broyer le chanvre dans les maisons, gratuitement, le soir ; et les jeunes gens arrivent, dans le courant de la soirée, pour chanter et danser. Dans la commune de L., quand il s'agit de transporter les gerbes, chaque famille a recours à tout ce qu'il y a de jeune et de vigoureux pour faire ce pénible travail. Et ces rudes journées sont transformées en jours de fête, car chacun tient à honneur de servir de bons repas aux travailleurs. Aucune autre rémunération n'est donnée aux ouvriers : chacun fait le travail pour les autres, à charge de revanche. Travail pour travail[24].

Dans la commune de S., les pâturages communaux s'accroissent d'année en année à tel point que le sol presque entier de la commune devient communal. Les pâtres communaux sont choisis à l'élection par tous les propriétaires de bestiaux : les femmes prennent part à ce scrutin quand ce sont elles qui possèdent des bestiaux. Les taureaux nécessaires pour la reproduction sont communaux.

Dans la commune de M., les quarante à cinquante troupeaux sont réunis en trois ou quatre troupeaux pendant la belle saison et conduits sur la haute montagne. Chaque propriétaire, à tour de rôle, devient gardien, pendant une semaine, du grand troupeau dont ses brebis font partie. Deux vachers communaux sont payés par les propriétaires de vaches, au prorata du nombre des vaches de chaque propriétaire. Deux taureaux sont achetés et entretenus sur les fonds du budget municipal.

Au hameau du C., une batteuse a été achetée par trois cultivateurs qui s'en servent successivement ; chacune des trois familles est aidée par les deux autres, car il faut au moins une quinzaine de personnes pour le service de la batteuse. Trois autres batteuses ont été achetées par trois cultivateurs qui les louent moyennant dix francs par jour. Le propriétaire de la batteuse est là pour lui donner les gerbes. Quant aux quinze à vingt personnes nécessaires pour le service de la batteuse, ce sont, outre les membres de la famille qui a loué la batteuse, des parents, des amis, qui viennent aider gratuitement, mais à charge de revanche, Les repas sont offerts par la famille dont on dépique le blé.

Dans notre commune de R., il fallut relever les murs du cimetière. La commission départementale donna 200 francs et 200 francs furent donnés par deux personnes. Ces 400 francs servirent à payer la chaux et les ouvriers d'art. Tout le travail fut fait gratuitement par journées volontaires : chacun consentit à ramasser le sable et à le transporter, à transporter l'eau, à faire le mortier, à servir les maçons [tout comme dans la *djemmâa* des Kabyles]. Nous arrangeâmes de même, par journées volontaires, les chemins ruraux. D'autres communes bâtirent de même leurs fontaines. Le pressoir pour la vendange et autres instruments de moindre importance sont souvent fournis par la commune.

Deux personnes qui résident dans l'Ariège, questionnées par notre ami, lui écrivent ce qui suit :

À O. (Ariège), il y a quelques années, on n'avait pas de moulin pour moudre les grains du pays. La commune s'imposa pour bâtir un moulin. Restait à confier le moulin à un meunier ; Pour empêcher toute fraude, toute partialité, il fut convenu que le grain serait moulu gratuitement et que le meunier serait payé à raison de deux francs par personne capable de manger du pain.

Dans le St-G. (Ariège), peu de personnes sont assurées contre l'incendie. Quand une famille est victime d'un sinistre, voici comment on procède et comment on a procédé tout dernièrement à B. et à A. Tous donnent quelque chose aux incendiés : qui une marmite, qui un drap de lit, qui une chaise, etc. On monte ainsi un modeste ménage ; on loge les malheureux gratuitement ; et chacun aide à la construction d'une nouvelle maison. Les habitants des villages voisins donnent aussi quelques secours. Les habitants de M. sont en train de constituer une caisse d'assurance contre l'incendie qui a pour base l'appui mutuel.

Ces habitudes d'entr'aide — dont nous pourrions donner bien d'autres exemples — expliquent sans doute la facilité avec laquelle les paysans français s'associent pour se servir, à tour de rôle, de la charrue avec son attelage de chevaux, du pressoir, ou de la machine à battre, lorsqu'un seul membre du village en possède ; et on comprend comment ils s'unissent pour accomplir en commun toute espèce de travail rural. Les canaux ont été entretenus, les forêts ont été défrichées, des arbres ont été plantés, des marais ont été asséchés par les communes villageoises depuis des temps immémoriaux ; et la même chose continue encore aujourd'hui. Il y a quelques années, à La Borne, dans la Lozère, des collines arides furent transformées en jardins fertiles par le travail communal. « La place faisant défaut, ils ont construit des terrasses ; la terre manquant, ils l'ont apportée à dos d'hommes. Sur ces terrasses ils ont planté des châtaigniers, des vignes, des pêchers, de nombreux arbres fruitiers, des légumes. Pour fertiliser ce sol factice, ils ont construit des *béals* ou canaux longs de 3, de 5 kil., et même plus ; récemment ils en ont fait un de 16 à 17 kilomètres[25]. »

C'est encore au même esprit qu'on doit le remarquable succès obtenu récemment par les *syndicats agricoles*, ou associations de paysans et de fermiers. Ce ne fut qu'en 1884 que les associations de plus de dix-neuf personnes furent tolérées en France, et je n'ai pas besoin de dire que lorsque cette « dangereuse expérience » fut risquée — j'emprunte ces termes aux Chambres — toutes les « précautions » possibles que peuvent inventer des fonctionnaires furent prises. Mais en dépit de tout cela, la France commence à être couverte de syndicats. Au début, ils étaient simplement fondés dans le but d'acheter des engrais et des graines, la falsification ayant atteint des proportions colossales dans ces deux commerces[26] ; mais peu à peu ils étendirent leurs fonctions dans diverses directions, comprenant la vente des produits agricoles et l'amélioration permanente des terres. Ainsi dans le Midi de la France, les ravages du phylloxéra ont fait naître un grand nombre d'associations de viticulteurs : de dix à trente vignerons forment un syndicat, achètent une machine à vapeur pour pomper l'eau, et organisent les installations nécessaires pour inonder leurs vignobles à tour de rôle[27]. Des associations toutes nouvelles, pour garantir les terres des inondations, pour l'irrigation, pour entretenir les canaux, se forment continuellement, et l'unanimité des paysans de la région, unanimité requise par la loi, n'est pas un obstacle. Ailleurs nous trouvons les *fruitières*, c'est-à-dire, des associations laitières, dont quelques-unes partagent le beurre et le fromage produits en parties égales, sans égard au rendement de chaque vache. Dans l'Ariège nous trouvons même une association de huit communes distinctes pour la culture en commun des terres, qu'elles ont réunies. Dans le même département des syndicats pour l'assistance médicale gratuite ont été formés dans 172 communes sur 337 ; des associations de consommateurs surgissent en rapports avec les syndicats ; et ainsi de suite[28]. « Une vraie révolution a lieu dans nos villages, écrit Alfred Baudrillart, avec ces associations qui prennent dans chaque région un caractère particulier. »

On peut dire à peu près la même chose de l'Allemagne. Partout où les paysans ont pu résister au pillage de leurs terres, ils les ont conservées en propriété commune. Cet état de choses est prédominant dans le Würtemberg, le duché de Bade, le Hohenzollern, et dans la province hessoise de Starkenberg[29]. Les forêts communales sont, en général, très bien aménagées en Allemagne, et dans des milliers de communes le bois de charpente et le bois de chauffage sont partagés chaque année entre les habitants. La vieille coutume du *Lesholztag* est très répandue : lorsque sonne la cloche du village tous vont à la forêt et prennent autant de bois de chauffage qu'ils en peuvent porter[30]. En Westphalie, on trouve des communes dans lesquelles toute la terre est cultivée comme une seule propriété commune avec les perfectionnements de l'agronomie moderne. Quant aux vieilles coutumes et habitudes communales, elles sont en vigueur dans la plus grande partie de l'Allemagne. L'appel des « aides », qui sont de vraies fêtes du travail, est tout à fait habituel en Westphalie, dans la Hesse et le Nassau. Dans les régions bien boisées le bois de charpente pour bâtir une maison neuve est pris généralement à la forêt communale, et tous les voisins se réunissent pour construire la maison. Les coutumes d'entr'aide se rencontrent même aux alentours des grandes villes : ainsi dans les faubourgs de Francfort c'est une coutume parmi les jardiniers que, au cas où l'un d'eux tombe malade, tous viennent le dimanche cultiver son jardin[31].

En Allemagne, comme en France, dès que les gouvernants supprimèrent les lois contre les associations des paysans — ce ne fut qu'en 1884-1888 — , ces unions commencèrent à se développer avec une merveilleuse rapidité, malgré tous les obstacles légaux par lesquels on essaya de les entraver[32]. « Le fait est, dit Buchenberger, que dans des *milliers* de communes villageoises, où toute espèce d'engrais chimique ou de fourrage rationnel était inconnu, ces deux perfectionnements modernes sont devenus d'un emploi courant et ont pris une extension tout à fait imprévue, grâce aux associations » (Vol. II, p. 507). Toutes sortes d'instruments économisant le travail, des machines agricoles ainsi que de meilleures races d'animaux sont achetés aujourd'hui grâce à ces associations, et divers arrangements sont pris pour améliorer la qualité des produits. Des unions pour la vente des produits agricoles sont formées, ainsi que des unions pour l'amélioration permanente des terres[33].

Au point de vue de l'économie sociale tous ces efforts des paysans sont certainement de peu d'importance. Ils ne peuvent soulager effectivement, et bien moins encore définitivement, la misère à laquelle les cultivateurs du sol sont voués dans toute l'Europe. Mais au point de vue moral, auquel nous nous plaçons en ce moment, leur importance ne saurait être estimée trop haut. Ils prouvent que, même sous le système de l'individualisme sans merci qui prévaut aujourd'hui, les masses agricoles conservent pieusement leurs traditions d'entr'aide. Dès que les gouvernements relâchent les lois de fer par lesquelles ils ont brisé tous les liens entre les hommes, ces liens se reconstituent immédiatement, malgré les difficultés politiques, économiques et sociales, qui sont nombreuses ; et ils se reconstituent sous les formes qui répondent le mieux aux besoins modernes. Ils montrent dans quelle direction et sous quelle forme le progrès ultérieur doit être atteint.

Je pourrais facilement multiplier ces exemples, en les prenant en Italie, en Espagne, au Danemark, etc., et en indiquant certains traits intéressants qui sont propres à chacun de ces pays[34]. Les populations slaves d'Autriche et de la péninsule des Balkans, chez lesquelles la « famille composée » ou « ménage indivis » existe encore, devraient aussi être mentionnées[35]. Mais je me hâte de passer à la Russie, où la même tendance d'entr'aide prend certaines formes nouvelles et imprévues. De plus, pour la commune villageoise en Russie, nous avons l'avantage de posséder une somme énorme de matériaux, réunis durant la colossale enquête de maison en maison, qui a été faite récemment par plusieurs *zemstvos* (conseils départementaux) et qui embrasse une population de près de vingt millions de paysans dans différentes régions[36].

Deux conclusions importantes peuvent être tirées de la masse des témoignages réunis par les enquêtes russes. Dans la Russie centrale, où un tiers au moins des paysans ont été réduits à une ruine complète (par les lourds impôts, la trop petite dimension des parcelles allouées aux paysans lors de leur libération, un loyer excessif et les très sévères prélèvements de taxes après les récoltes manquées), il y eut, pendant les premières vingt-cinq années qui suivirent l'émancipation des serfs, au sein même des communes villageoises, une tendance prononcée vers la constitution de propriétés individuelles. Beaucoup de paysans ruinés, sans chevaux, abandonnèrent la terre à laquelle ils avaient droit dans la commune, et cette terre devint souvent la propriété de cette classe de paysans plus fortunés qui s'enrichissent par le commerce, ou de commerçants du dehors qui achètent de la terre pour prélever des loyers excessifs sur les paysans. Il faut aussi ajouter qu'un vice dans la loi de 1861, concernant le rachat de la terre, présentait de grandes facilités pour l'achat à vil prix des terres des paysans[37], et que presque toujours les fonctionnaires employaient leur puissante influence en faveur de la propriété individuelle et contre la propriété communale. Cependant, dans les vingt dernières années, un puissant souffle d'opposition à l'appropriation individuelle de la terre se fait sentir de nouveau dans les villages de la Russie centrale, et des efforts énergiques sont faits par la masse de ces paysans qui tiennent le milieu entre les riches et les très pauvres, pour défendre la commune villageoise. Quant aux plaines fertiles du Sud, qui sont maintenant la partie la plus populeuse et la plus riche de la Russie d'Europe, elles furent pour la plupart colonisées, pendant le dix-neuvième siècle, sous le système de l'occupation ou de l'appropriation individuelle, sanctionnée par l'État. Mais depuis que des méthodes perfectionnées d'agriculture à l'aide des machines ont été introduites dans la région, les propriétaires paysans ont peu à peu commencé à transformer eux-mêmes leurs propriétés individuelles en possessions communales, et on trouve aujourd'hui, dans ce grenier d'abondance de la Russie, un très grand nombre de communes villageoises d'origine récente, qui se sont formées spontanément[38].

La Crimée et la région située au Nord de la Crimée (la province de Tauride), pour lesquelles nous possédons des documents détaillés, sont un excellent exemple de ce mouvement. Ce territoire commença à être colonisé, après son annexion en 1783, par des Petits et des Grands Russiens, par des habitants de la Russie Blanche et des Cosaques, des hommes libres et des serfs fugitifs qui vinrent isolément ou en petits groupes de tous les côtés de la Russie. Ils s'occupèrent d'abord de l'élevage des bestiaux et, quand ils commencèrent plus tard à cultiver le sol, chacun en cultiva autant que ses moyens le lui permirent. Mais quand, l'immigration continuant et les charrues perfectionnées ayant été introduites, la terre se trouva très recherchée, d'âpres querelles s'élevèrent entre les colons. Ces disputes durèrent des années, jusqu'à ce que les colons, qui n'étaient auparavant unis par aucun lien mutuel, en vinrent peu à peu à l'idée qu'un terme devait être mis aux disputes par l'introduction de la propriété communale de la terre. Ils adoptèrent des décisions stipulant que la terre qu'ils possédaient individuellement deviendrait dorénavant propriété communale, et ils se mirent à la répartir entre les habitants selon les règles habituelles de la commune villageoise. Le mouvement prit peu à peu une grande extension, et, sur une partie seulement de ce territoire, les statisticiens comptèrent 161 villages dans lesquels la propriété communale avait été introduite par les propriétaires paysans eux-mêmes, principalement dans les années 1855-1885, pour remplacer la propriété individuelle. Toute une variété de types de la commune villageoise fut ainsi créée librement par les colons[39]. Ce qui ajoute à l'intérêt de cette transformation, c'est qu'elle eut lieu non seulement parmi les Grands Russiens, qui sont habitués à la vie de la commune villageoise, mais aussi parmi les Petits Russiens, qui ont eu le temps de l'oublier sous la domination polonaise, parmi les Grecs, les Bulgares et même parmi les Allemands. Ceux-ci ont depuis longtemps créé dans leurs colonies prospères, sur la Volga, un type spécial de commune villageoise mi-industrielle[40].

Les Tartares musulmans de la Tauride possèdent leurs terres sous la loi coutumière musulmane, qui est la possession personnelle limitée ; mais même chez eux la commune villageoise européenne s'est introduite en quelques cas. Quant aux autres nationalités que l'on trouve en Tauride, la propriété individuelle a été abolie dans six villages esthoniens, deux grecs, deux bulgares, un tchèque et un allemand.

Ce mouvement est caractéristique pour toute la fertile région des steppes du Sud. Mais des exemples isolés se rencontrent aussi dans la Petite Russie. Ainsi dans un certain nombre de villages de la province de Tchernigov, les paysans étaient autrefois propriétaires personnels de leurs terres ; ils avaient des titres légaux distincts pour leurs terrains et ils étaient accoutumés à louer et à vendre leurs terres selon leur volonté. Mais vers 1850 un mouvement se dessina parmi eux en faveur de la possession communale, le principal argument étant le nombre croissant des familles indigentes. L'initiative de la réforme fut prise par un village, et les autres suivirent ; le dernier cas signalé date de 1882. Naturellement il y eut des luttes entre les pauvres, qui réclament d'ordinaire la possession communale, et les riches, qui préfèrent généralement la propriété individuelle ; les luttes durèrent souvent pendant des années. En certains endroits, l'unanimité, requise alors par la loi, étant impossible à obtenir, le village se divisa en deux villages, l'un sous le régime de la propriété individuelle, l'autre sous celui de la possession communale ; ils demeurèrent ainsi jusqu'à ce que les deux villages se fussent unis en une seule commune ; parfois ils continuèrent à être divisés. Quant à la Russie centrale, c'est un fait que dans beaucoup de villages qui tendaient à la propriété individuelle, on remarque depuis 1880 un mouvement prononcé en faveur du rétablissement de la commune villageoise. Des propriétaires paysans qui avaient vécu depuis des années sous le système individualiste revinrent en masse aux institutions communales. Ainsi, il y a un nombre considérable d'ex-serfs qui n'ont reçu qu'un quart des lots accordés par la loi d'émancipation, mais ils les ont reçus libres de tous droits de rachat et en propriété individuelle. Ils restèrent sous ce régime jusqu'en 1890, lorsqu'il se produisit parmi eux un grand mouvement (dans les provinces de Koursk, Riazan, Tambov, Orel, etc.) en faveur de la mise en commun de leurs lots et de l'introduction de la commune villageoise. De même, les « libres agriculteurs » (*volnyie khlebopachtsy*) qui avaient été libérés du servage par la loi de 1803, et avaient acheté leurs lots, pour chaque famille séparément, sont maintenant presque tous sous le système de la commune, qu'ils ont introduite eux-mêmes. Tous ces mouvements sont d'origine récente, et des étrangers Russes s'y joignent. Ainsi les bulgares, dans le district de Tiraspol après être restés pendant soixante ans sous le système de la propriété personnelle introduisirent la commune villageoise dans les années 1876-1882. Les Allemands Mennonites de Berdiansk luttaient en 1890 pour obtenir la commune villageoise, et les petits propriétaires paysans (*Kleinwirthschaftliche*) parmi les Baptistes allemands faisaient une agitation dans la même but.

Encore un exemple : dans la province de Samara, le gouvernement russe créa vers 1840, à titre d'expérience, 103 villages sous le régime de la propriété individuelle, Chaque ménage reçut une splendide propriété de 40 hectares. En 1890, les paysans de 72 villages, sur les 103, avaient déjà notifié leur désir d'introduire la commune villageoise. Je tire tous ces exemples de l'excellent ouvrage de « V. V. » qui s'est borné à classer les faits rapportés dans l'enquête de maison à maison, dont nous avons parlé.

Ce mouvement en faveur de la possession communale va fortement à l'encontre des théories économiques courantes, suivant lesquelles la culture intensive est incompatible avec la commune villageoise, Mais ce qu'on peut dire de plus charitable touchant ces théories, c'est qu'elles n'ont jamais été soumises à l'épreuve de l'expérience : elles appartiennent au domaine de la métaphysique politique. Les faits que nous avons devant nous montrent au contraire que, partout où les paysans russes, grâce au concours de diverses circonstances, sont moins misérables que d'ordinaire, et partout où ils rencontrent des hommes instruits et de l'initiative parmi leurs voisins, la commune villageoise devient le moyen même d'introduire des perfectionnements variés dans l'agriculture et dans l'ensemble de la vie du village. Ici, comme ailleurs, l'entr'aide est un meilleur guide vers le progrès que la guerre de chacun contre tous, comme on le verra par les faits suivants.

Sous le gouvernement de Nicolas Ier beaucoup de fonctionnaires de la couronne et de propriétaires de serfs forçaient les paysans à adopter la culture en commun d'une partie des terres du village, afin de remplir chaque année les greniers de provisions communaux, après que des prêts de grains auraient été accordés aux membres nécessiteux de la commune. Ces cultures, unies dans l'esprit des paysans aux pires souvenirs du servage, furent abandonnées dès que le servage fut aboli ; mais aujourd'hui les paysans commencent à les reprendre pour leur propre compte. Dans un district (Ostrogojsk, gouvernement de Koursk) l'initiative d'une seule personne fut suffisante pour faire revivre la culture communale dans les quatre cinquièmes de tous les villages. On observe le même phénomène dans plusieurs autres localités. A un certain jour convenu, les membres de la commune se rendent au travail : le riche avec sa charrue ou un chariot, le pauvre n'apportant que le travail de ses bras, et aucune évaluation du travail de chacun n'est faite. La récolte sert ensuite à faire des prêts aux plus pauvres membres de la commune, sans imposer aucune condition de remboursement ; ou bien, le produit de la récolte sert à soutenir les orphelins et les veuves, ou bien on l'emploie pour l'église du village, ou pour l'école, ou encore pour rembourser une dette communale[41].

Que tous les travaux qui entrent, pour ainsi dire, dans la vie de tous les jours du village (entretien des routes et des ponts, des digues et du drainage, canalisation des eaux d'irrigation, coupe des bois, plantation d'arbres, etc.) soient exécutés par des communes entières, que des terres soient louées aux propriétaires voisins par toute la commune, et que les prairies soient fauchées par la commune, — jeunes et vieux, hommes et femmes, tous prennent part au travail, de la façon décrite par Tolstoï, — c'est bien ce que l'on peut attendre de gens vivant sous le système de la commune villageoise[42]. Ce sont là des faits que l'on rencontre chaque jour dans toute la Russie. — Mais la commune villageoise ne s'oppose pas non plus aux perfectionnements de l'agriculture moderne, quand elle peut en supporter les frais, et quand les connaissances, jusqu'à présent réservées aux seuls riches, arrivent à pénétrer jusque dans la maison du paysan.

Nous venons de dire que les charrues perfectionnées se répandaient rapidement dans la Russie méridionale et que, dans bien des cas, les communes contribuaient à en répandre l'usage. Ainsi, la commune achète une charrue et on l'essaie sur une partie de la terre communale ; on indique ensuite les perfectionnements nécessaires aux fabricants, et ceux-ci sont souvent aidés par la commune pour entreprendre la fabrication de charrues à bon marché sous forme de petite industrie villageoise. Dans le district de Moscou, où, en cinq ans, 560 charrues furent achetées par les paysans, l'impulsion vint des communes qui louaient des terres, précisément dans le but d'introduire une culture perfectionnée.

Dans le Nord-Est (Viatka) les petites associations de paysans qui circulent avec leurs machines pour le vannage (fabriquées par la petite industrie dans les villages d'un district métallurgique) ont répandu l'usage de ces machines dans les districts voisins. Le très grand nombre de machines à battre, que l'on trouve dans les provinces de Samara, Saratov et Kherson, est dû aux associations paysannes, qui sont en état d'acheter une machine coûteuse, alors que le paysan isolé ne le pourrait pas. Et tandis que nous lisons dans presque tous les traités économiques que la commune villageoise fut condamnée à disparaître lorsque l'assolement triennal dut être remplacé par le roulement quinquennal des cultures, nous voyons en Russie, que beaucoup de communes villageoises prennent elles-mêmes l'initiative pour introduire le roulement perfectionné des récoltes. Avant de l'accepter les paysans réservent généralement une partie des champs communaux pour expérimenter les prairies artificielles, et la commune achète les graines[43]. Si l'expérience réussit, la commune surmonte toutes les difficultés qui l'empêcheraient de repartager les champs, de façon à pouvoir appliquer le système des cinq ou six assolements.

Ce système est maintenant en usage dans des *centaines* de villages dans les gouvernements de Moscou, Tver, Smolensk, Viatka et Pskov[44]. Et là où l'on peut disposer d'un peu de terre, les communes donnent aussi une partie de leur domaine pour en faire des vergers. Enfin, l'extension soudaine qu'ont prise dernièrement en Russie les petites fermes modèles, les vergers, les potagers et les magnaneries créés dans les écoles des villages, sous la direction du maître d'école ou d'un villageois de bonne volonté, est due aussi au soutien que toutes ces nouvelles créations ont trouvé dans les communes de paysans.

Des perfectionnements permanents, tels que des drainages et des travaux d'irrigation sont souvent entrepris par les communes. Ainsi, dans trois districts de la province de Moscou — en grande partie industrielle — d'importants travaux de drainage ont été accomplis durant ces dernières dix années, sur une grande échelle, dans 180 à 200 villages différents, tous les membres de la commune travaillant eux-mêmes avec la bêche. A une autre extrémité de la Russie, dans les steppes desséchées de Novo-ouzen, plus d'un millier de digues, pour faire des étangs, furent construites, et plusieurs centaines de puits profonds furent creusés par les communes ; et dans une riche colonie allemande du Sud-Est les membres de la commune, tant hommes que femmes, travaillèrent, durant cinq semaines de suite, pour élever une digue, longue de trois kilomètres, destinée à l'irrigation. Que pourraient faire des hommes isolés dans cette lutte contre la sécheresse du climat ? Qu'aurait-on pu obtenir par l'effort individuel lorsque la Russie méridionale fut atteinte par l'invasion des marmottes, et que tous les habitants de la région, riches et pauvres, communistes et individualistes, durent travailler de leurs mains pour combattre le fléau ? Il n'eût été d'aucune utilité d'en appeler au secours des gendarmes ; le seul remède était l'association.

Et maintenant, après avoir parlé de l'entr'aide et de l'appui mutuel, mis en pratique par les travailleurs du sol dans les pays « civilisés », je vois que je pourrais remplir un fort volume d'exemples pris dans la vie des centaines de millions d'hommes qui sont aussi sous la tutelle d'États plus ou moins centralisés, mais ne se trouvent pas en contact avec la civilisation moderne et les idées modernes. Je pourrais décrire l'organisation intérieure d'un village turc et son réseau d'admirables coutumes et de traditions d'entr'aide. En parcourant mes notes pleines d'exemples de la vie des paysans du Caucase, je rencontre des faits touchants d'appui mutuel. Je suis la trace des mêmes coutumes dans la *djemmâa* arabe et la *purra* des Afghans, dans les villages de la Perse, de l'Inde et de Java, dans la famille indivise des Chinois, dans les campements semi-nomades de l'Asie centrale et chez les nomades de l'extrême Nord. Si je consulte mes notes prises au hasard dans les ouvrages concernant l'Afrique, je les trouve pleines de faits semblables : d'aides convoquées pour rentrer les moissons, de maisons construites par tous les habitants du village — quelquefois pour réparer les ravages causés par les flibustiers civilisés — de gens s'entr'aidant en cas d'accident, protégeant le voyageur et ainsi de suite. Et quand je parcours des ouvrages tels que le compendium de la loi coutumière d'Afrique, de Post, je comprends pourquoi, malgré toute la tyrannie, l'oppression, les brigandages et les raids, les guerres entre tribus, les rois avides, les sorciers et les prêtres trompeurs, les marchands d'esclaves et autres calamités, ces populations ne se sont pas dispersées dans les bois ; pourquoi elles ont conservé une certaine civilisation, et sont restées des êtres humains, au lieu de tomber au niveau des familles éparses d'orangs-outangs qui tendent à disparaître. Le fait est que les marchands d'esclaves, les voleurs d'ivoire, les rois guerriers, les héros qui ont acquis leur gloire en exterminant les Matabélés ou les Malgaches — tous ceux-là passent et disparaissent, laissant des traces de sang et de feu ; mais le noyau des institutions, les habitudes et les coutumes d'entr'aide, qui se sont développées dans la tribu et dans la commune villageoise, demeurent ; et elles maintiennent les hommes unis en sociétés, ouvertes au progrès de la civilisation et prêtes à la recevoir quand le jour sera venu où on leur apportera la civilisation et non plus des coups de fusil.

Cela est vrai aussi pour nos nations policées. Les calamités naturelles et sociales viennent et disparaissent. Des populations entières sont réduites périodiquement à la misère ou à la famine ; les sources mêmes de la vie sont taries chez des millions d'hommes, réduits au paupérisme des villes ; l'intelligence, la raison et les sentiments de millions d'hommes sont viciés par des enseignements conçus dans l'intérêt d'une minorité. Tout cela fait certainement une partie de notre existence. Mais le noyau d'institutions, d'habitudes et de coutumes d'entr'aide demeure vivant parmi les millions d'hommes dont se composent les masses ; il les maintient unis ; et ils préfèrent se tenir à leurs coutumes, à leurs croyances et à leurs traditions, plutôt que d'accepter la doctrine d'une guerre de chacun contre tous, qu'on leur présente sous le nom de science, mais qui n'est pas du tout la science.

1. ↑ De nombreuses études, concernant ce sujet, autrefois fort négligé, se publient aujourd'hui en Allemagne. Les ouvrages de Keller, *Ein Apostel der Wiedertäufer et Geschichte der Wiedertäufer*, de Cornélius, *Geschichte des münsterischen Aufruhrs*, et de Janssen, *Geschichte des*

deutschen Volkes, peuvent être cités comme les sources principales. Le premier essai pour familiariser les lecteurs anglais avec les résultats des grandes recherches faites en Allemagne dans cette direction a été fait dans un excellent petit ouvrage de Richard Heath, « Anabaptism from its Rise at Zwickau to its Fall at Münster, 1521-1536 », Londres, 1895 (*Baptist Manuals*, vol. I) ; les traits caractéristiques du mouvement y sont bien indiqués et les informations bibliographiques abondantes. Voir aussi K. Kautsky, *Communism in Central Europe in the Time of the Reformation*, Londres, 1897.
2. ↑ Peu de nos contemporains se rendent compte à la fois de l'étendue de ce mouvement et des moyens par lesquels il fut supprimé. Mais ceux qui écrivirent immédiatement après la grande guerre des paysans estimèrent de 100 à 150.000 hommes le nombre des paysans massacrés après leur défaite en Allemagne. Voir Zimmermann, *Allgemeine Geschichte des grossen Bauernkrieges*. Pour les mesures prises dans les Pays-Bas pour supprimer le mouvement, voir *Anabaptism* de Richard Heath.
3. ↑ Édit de Louis XIV, en 1667, cité par plusieurs auteurs. Huit ans avant cette date les communes avaient été mises sous la gestion de l'État.
4. ↑ « Dans les biens d'un grand propriétaire, même s'il a des millions de revenu, on est sûr de trouver la terre non cultivée » (Arthur Young). « Un quart des terres redevient inculte » ; « pendant les derniers cent ans la terre est retournée à l'état sauvage » ; « la Sologne jadis florissante est devenue un marécage et une forêt » ; et ainsi de suite (Théron de Montaugé, cité par Taine dans les « Origines de la France contemporaine », tome 1, p. 442).
5. ↑ A. Babeau, *Le Village sous l'Ancien Régime*, 3° édition, Paris, 1892.
6. ↑ Dans l'Est de la France, la loi confirma seulement ce que les paysans avaient déjà fait eux-mêmes ; dans d'autres parties de la France la loi resta souvent lettre morte.
7. ↑ Après le triomphe de la réaction bourgeoise en thermidor, les terres communales furent déclarées Domaines d'État (24 août 1794) et elles furent mises en vente, avec les terres confisquées à la noblesse, pour être pillées par les « bandes noires » de la petite bourgeoisie. Il est vrai qu'on arrêta ce pillage l'année suivante (loi du 2 prairial an V) et la loi précédente fut abrogée ; mais alors les communes de village furent simplement abolies, et remplacées par des conseils cantonaux. Sept ans plus tard (9 prairial, an XII, c'est-à-dire en 1801) les communes de village furent rétablies, mais après avoir été privées de tous leurs droits : le maire et les syndics étaient nommés par le gouvernement dans les 36.000 communes de France ! Ce système fut maintenu jusqu'après la révolution de 1830, lorsque les conseils communaux élus furent

réintroduits par un retour à la loi de 1787. Quant aux terres communales, l'État s'en saisit encore en 1813, les pilla, et ne les restitua que partiellement aux communes en 1816. Voyez la collection classique des lois françaises, par Dalloz, *Répertoire de Jurisprudence* ; voir aussi les ouvrages de Doniol, Dareste, Bonnemère, Babeau et tant d'autres.

8. ↑ Cette procédure est si absurde qu'on ne pourrait la croire possible si les cinquante-deux actes différents n'étaient énumérés en détail par un écrivain tout à fait autorisé dans le *Journal des Économistes* (1893, avril, p. 94) ; plusieurs autres exemples du même genre sont donnés par le même auteur.

9. ↑ « Enormitees and myschefes as be hurtfull... to the common wele. » Voir Dr Ochenkowski, *Englands wirthschäftliche Entwickelung im Ausgange des Mittelalters* (Iéna, 1879), pp. 35 et suiv., où toute cette question est discutée avec une connaissance approfondie des textes.

10. ↑ Nasse, *Ueber die mittelalterliche Feldgemeinschaft und die Einhegungen des XVI. Jahrhunderts in England* (Bonn, 1869), p.4, 5 ; Vinogradov, *Villainage in England* (Oxford, 1892).

11. ↑ Frédéric Seebohm, *The English Village community*, 3e édition, 1884, pp. 13-15.

12. ↑ L'examen détaillé de chaque acte de clôture montrera clairement que le système que nous venons de décrire [propriété communale] est le système que l'acte de clôture avait pour but de détruire » (Seebohm, *loc. cit.*, p. 13). Et plus loin. « Ils étaient généralement rédigés dans les mêmes termes, commençant par exposer que les champs et les propriétés communales étaient dispersés en petits lopins, mêlés les uns avec les autres et situés d'une façon incommode ; que différentes personnes en possédaient des parties et y avaient des droits en commun... et qu'il est à désirer qu'ils soient partagés et enclos, une part distincte étant allouée à chaque propriétaire. » p. 14. La liste de Porter contenait 3.867 actes semblables, dont le plus grand nombre date des années 1770-1780 et 1800-1820 — comme en France.

13. ↑ En Suisse, nous voyons un certain nombre de communes, ruinées par les guerres, qui ont perdu une partie de leurs terres, et qui s'efforcent maintenant de les racheter.

14. ↑ A. Buchenberger, « Agrarwesen und Agrarpolitik » dans A. Wagner, *Handbuch der politischen Oekonomie*, 1892, vol. I, pp. 280 et suiv.

15. ↑ G. L. Gomme, « *The village community with special reference* to its Origin and Forms of Survival in Great Britain » (*Contemporary Science Series*), Londres, 1890, pp. 141-143. Voir aussi ses *Primitive Folkmoots* (Londres, 1880), pp. 98 et suiv.

16. ↑ Dans presque toute l'Angleterre, et particulièrement dans les comtés du Centre et de l'Est, mais aussi dans l'Ouest — dans le Wiltshire par exemple — dans le Sud comme en Surrey — dans le Nord — comme dans le Yorkshire — il y a de vastes champs communaux. Sur 316 paroisses du comté de Northampton 89 sont dans cette condition ; plus de 100 dans le comté d'Oxford ; environ 50.000 acres dans le comté de Warwick ; la moitié du comté de Berk ; plus de la moitié du Wiltshire ; dans le comté de Huntingdon, sur une surface totale de 240.000 acres, 130.000 étaient des prairies communales, des terrains incultes et des champs communaux (Marshall, cité dans Sir Henry Maine, *Village Communities in the East and West*, édition de New York, 1876, pp. 88-89).
17. ↑ *Ibid.*, p. 88 ; voir aussi la cinquième conférence. Les vastes étendues de « commons » (terres communales incultes) existant encore aujourd'hui dans le Surrey sont bien connues.
18. ↑ J'ai considéré un grand nombre de livres traitant de la vie de la campagne anglaise ; j'y ai trouvé des descriptions charmante du paysage, etc., mais presque rien sur la vie de chaque jour et les coutumes des travailleurs.
19. ↑ En Suisse aussi les terres non clôturées des paysans tombèrent sous la domination des seigneurs, et de grandes parties de leurs biens furent saisies par les nobles au XVIe et au XVIIe siècles (voir par exemple D, A. Miaskowski, dans Schmoller, *Forschungen*, vol. II, 1879, p. 12 et suiv). Mais la guerre des paysans en Suisse ne se termina pas par une défaite écrasante des paysans, comme dans d'autres pays, et une grande partie des droits communaux et des terres communales leur fut conservée. L'autonomie des communes est, en effet, le fondement même des libertés suisses. — « L'Ober-Allmig » du canton de Schwytz comprend 18 paroisses et plus de 30 villages et hameaux séparés (K. Bürkli, *Der Ursprung der Eidgenossenschaft aus der Markgenossenschaft*. Zürich, 1891).
20. ↑ Miaskowski, dans *Forschungen* de Schmoller, vol. 1, 1879, p. 15. Aussi les articles « Domanen » et « Allmend » dans le *Handwörterbach der Schweizerischen Volksmirthschaft*, etc., du Dr Reichesberg, Bern, 1903.
21. ↑ Voir sur ce sujet une série d'ouvrages, résumés dans l'un des excellents chapitres que K. Bücher a ajoutés à la traduction allemande de Laveleye, *Propriété primitive*. Cf. aussi Meitzen, « Das Agrar- und Forst- Wesen, die Allmenden und die Landgemeinden der Deutschen Schweiz », dans *Jahrbuch für Staatswissenschaft*, 1880, IV (analyse des ouvrages de

Miaskowski) ; O'Brien, « *Notes in a Swiss village* » dans *Macmillan's Magazine*, octobre 1885. — Voyez aussi Appendice XII.

22. ↑ Les présents de noces, qui contribuent souvent matériellement en ce pays au confort des jeunes ménages, sont évidemment un reste des habitudes communales.
23. ↑ Les communes possèdent 1.843.000 hectares de forêts, sur les 10.041.000 de tout le territoire, et 2.807.100 hectares de prairies naturelles sur les 4.610.500 hectares qu'il y a en France. Les 809.500 hectares qui restent sont des champs, des vergers, etc.
24. ↑ Les Géorgiens font encore mieux au Caucase : le repas étant une dépense et un homme pauvre ne pouvant y subvenir, un mouton est fourni par ces mêmes voisins qui viennent pour aider au travail.
25. ↑ Alfred Baudrillart dans H. Baudrillart, *Les populations agricoles de la France*, 3e série (Paris, 1893), p. 479.
26. ↑ Le *Journal des économistes* (août 1892, mai et août 1893) a donné quelques-uns des résultats d'analyses faites aux laboratoires agricoles de Gand et de Paris. L'extension de la falsification est vraiment incroyable, ainsi que les ruses des « honnêtes commerçants ». Dans certaines graines de foin il y avait 32 pour 100 de grains de sable, colorés de façon à tromper un œil exercé ; d'autres échantillons contenaient de 52 à 22 pour 100 seulement de bonnes graines, le reste étant des graines de mauvaises herbes. Des graines de vesce contenaient 11 pour 100 d'une herbe vénéneuse (nielle) ; une farine pour engraisser les bestiaux contenait 36 pour 100 de sulfates, et ainsi de suite.
27. ↑ A. Baudrillart, *loc. cit.*, p. 309. A l'origine un vigneron entreprenait de fournir l'eau, et plusieurs autres s'accordaient pour s'en servir. « Ce qui achève de caractériser ce genre d'association, c'est qu'il n'existe aucun contrat entre le propriétaire de l'eau et l'acheteur. Tout repose sur la parole donnée ; il n'y a pas eu d'exemple de difficultés entre les deux parties. »
28. ↑ A. Baudrillart, *loc. cit.*, pp. 300, 341, etc. — M. Tersac, président du syndicat Saint-Gironnais (Ariège), écrivit à mon ami à peu près en ces termes : « Pour l'exposition de Toulouse, notre association a groupé les propriétaires de bestiaux qui nous semblaient dignes d'exposer. La Société entreprit de payer la moitié des frais de transport et d'exposition ; un quart fut payé par chaque propriétaire et le dernier quart par ceux des exposants qui obtinrent des prix. Le résultat fut que beaucoup prirent part à l'exposition qui n'auraient jamais pu le faire autrement. Ceux qui ont obtenu les plus hautes récompenses (350 francs) ont donné 10 pour 100 de leurs prix, tandis que ceux qui n'ont pas eu de prix n'ont dépensé que 6 à 7 francs chacun. »

29. ↑ Dans le Wurtemberg, 1.629 communes sur 1.910 ont des biens communaux. Elles possédaient en 1863 plus de 400.000 hectares de terres. Dans le duché de Bade, 1.256 communes sur 1.582 ont des terres communales ; en 1884-1888 elles possédaient 49.200 hectares de champs en culture communale et 273.000 hectares de forêts, c'est-à-dire 46 pour 100 de la surface totale des forêts. En Saxe, 39 pour 100 de la surface totale est propriété communale (Schmoller, *Jabrbuch*, 1886, p. 359). Dans le Hohenzollern, presque les deux tiers de toutes les prairies et dans le Hohenzollern-Hechingen, 44 pour 100 de tous les biens fonciers sont possédés par les communes villageoises (Buchenberger, *Agrarwesen und Agrarpolitik*, vol. I, p. 300).
30. ↑ Voir K. Bücher, qui, dans un chapitre spécial ajouté à *Ureigenthum* de Laveleye, a réuni toutes les informations relatives à la commune villageoise en Allemagne.
31. ↑ K. Bücher, *ibid.*, pp. 89, 90.
32. ↑ Pour cette législation et les nombreux obstacles que la bureaucratie et la surveillance opposèrent à ces associations, voir Buchenberger, *Agrarwesen and Agrarpolitik*, vol. II, pp. 342, 363 et 506, note.
33. ↑ Buchenberger, *loc. cit.*, vol. II, p. 510. L'Union générale de la corporation agricole comprend une union de 1679 sociétés. En Silésie, un ensemble de 12.000 hectares de terres a été drainé dernièrement par 73 associations ; 182.000 hectares en Prusse, par 516 associations ; en Bavière, il y a 1.715 unions de drainage et d'irrigation.
34. ↑ Voir appendice XII.
35. ↑ Pour la péninsule des Balkans, voir Laveleye, *La propriété primitive*.
36. ↑ Les faits concernant la commune villageoise qui tiennent près de cent volumes (sur 450) de ces enquêtes ont été classifiés et résumés dans un excellent ouvrage russe par « V. V. » La commune paysanne (*Krestianskaya Obschina*), Saint-Pétersbourg, 1892 ; cet ouvrage, outre sa valeur théorique, est un recueil riche de faits relatifs à ce sujet. Les enquêtes dont nous venons de parler ont donné naissance aussi à un grand nombre d'ouvrages dans lesquels la question de la commune villageoise moderne sort pour la première fois du domaine des généralités et se trouve posée sur la base solide de faits suffisamment détaillés et vérifiés.
37. ↑ Le rachat devait être payé par annuités durant quarante-neuf ans. A mesure que les années passaient et que la plus grande partie de la somme était payée, il devenait de plus en plus aisé de « racheter » la petite part qui restait à payer, et comme chaque lot de terre pouvait être racheté séparément, les trafiquants en prirent avantage pour acheter aux paysans

ruinés la terre à moitié de sa valeur. Dans la suite une loi fut promulguée pour mettre un terme à ces manœuvres.
38. ↑ M. V. V., dans sa *Communauté paysanne*, a groupé tous les faits relatif à ce mouvement. Touchant le rapide développement agricole du Sud de la Russie et la propagation des machines, les lecteurs anglais trouveront des informations dans les rapports de leurs consuls (Odessa, Taganrog),
39. ↑ Dans certains cas, ils procédèrent avec une grande circonspection. Dans un village, ils commencèrent à mettre en commun toutes les prairies, mais seulement une petite partie des champs (deux hectares par homme) ; le reste des champs continua à être possession individuelle. Plus tard, en 1862-1864, le système fut étendu, mais ce fut seulement en 1884 que la possession communale fut introduite complètement. — V. V. (Vorontsoff), *La Commune paysanne* (en russe), pp. 1-14.
40. ↑ Touchant la commune villageoise mennonite, voir A. Klaus, *Nos colonies* (*Nashi Kolonii*), Saint-Pétersbourg, 1869.
41. ↑ Il existe de semblables cultures communales dans 159 villages sur 195 dans le district d'Ostrogojsk ; dans 150 sur 187 dans celui de Slavianoserbsk ; dans 107 communes de celui d'Alexandrovsk, 93 de Nikolaievsk, 35 d'Elisabethgrad. Dans une colonie allemande la culture communale sert à rembourser une dette communale. Tous s'unissent pour faire l'ouvrage, quoique la dette n'ait été contractée que par 94 membres sur 155.
42. ↑ On trouvera l'énumération des travaux communaux, dont les statisticiens des *Zemstvos* prirent connaissance pendant leurs enquêtes, dans *Commune paysanne*, par V. V(orontsoff), pp. 459-600.
43. ↑ Dans le gouvernement de Moscou, l'expérience était généralement faite sur le champ qui était réservé pour la culture communale mentionnée ci-dessus.
44. ↑ Plusieurs exemples de ces perfectionnements et d'autres analogues furent donnés dans le *Messager officiel*, 1894, n° 256-258. Des associations entre des paysans « sans chevaux » commencent aussi à se former dans la Russie du Sud. Un autre fait extrêmement intéressant est le développement soudain dans le midi de la Sibérie occidentale de très nombreuses crémeries coopératives pour faire le beurre. Des centaines furent créées à Tobolsk et à Tomsk sans qu'on sache trop d'où était né ce mouvement. L'initiative vint des coopérateurs du Danemark, qui avaient l'habitude d'exporter leur beurre de qualité supérieure, et d'acheter du beurre d'une qualité inférieure pour leur propre usage en Sibérie. Après plusieurs années de relations, ils introduisirent leurs crémeries en Sibérie. Maintenant un important commerce d'exportation a été créé par leurs efforts.

Chapitre VIII

L'ENTR'AIDE DE NOS JOURS. *(Suite).*

Unions de travailleurs formées après la destruction des guildes par l'État. — Leurs luttes. — L'entr'aide et les grèves. — Coopération. — Libres associations dans des buts divers. — Esprit de sacrifice. — Innombrables sociétés pour l'action en commun sous tous les aspects possibles. — L'entr'aide dans la misère. — L'aide personnelle.

Lorsqu'on examine de près la manière de vivre des populations rurales de l'Europe, on s'aperçoit que, malgré tout ce qui a été fait dans les États modernes pour détruire la commune villageoise, des restes importants de la possession communale du sol ont été conservés, et la vie journalière des paysans reste encore imprégnée d'habitudes et de coutumes d'aide et d'appui mutuels. On constate aussi que, dès que les obstacles légaux à l'association rurale eurent été levés, il y a quelques années, il se forma rapidement parmi les paysans tout un réseau d'unions libres pour divers buts économiques - la tendance de ce nouveau mouvement étant de reconstituer une espèce d'union visant le même but que les communes villageoises d'autrefois.

Telles étant les conclusions auxquelles nous sommes arrivés dans le chapitre précédent, nous avons maintenant à examiner les institutions d'appui mutuel qui peuvent exister de notre temps parmi les populations industrielles.

Durant les trois derniers siècles, les conditions pour le développement de telles institutions ont été aussi défavorables dans les villes que dans les villages. En effet, lorsque les cités du moyen âge furent soumises au XVIe siècle par les États militaires naissants, toutes les institutions qui maintenaient l'union dans les guildes et les cités, entre les artisans, les maîtres et les marchands, furent violemment détruites. L'autonomie et l'auto-juridiction de la guilde et de la cité furent abolies ; le serment de fidélité entre les frères de la guilde devint un acte de félonie envers l'État ; les biens des guildes furent confisqués de la même façon que les terres des communes villageoises, et l'organisation intérieure et technique de chaque métier fut accaparée par l'État. Des lois, de plus en plus sévères, furent faites pour empêcher les artisans de s'unir d'aucune manière. Pendant un certain temps, quelques vestiges des anciennes guildes furent tolérés : les guildes de marchands purent subsister, à condition d'accorder généreusement des subsides aux rois, et des guildes d'artisans continuèrent d'exister, en tant qu'organes de l'administration centrale. Quelques-unes traînent encore aujourd'hui une existence insignifiante. Mais ce qui faisait autrefois la force de la vie du moyen âge et de son industrie a disparu depuis longtemps, sous le poids écrasant de l'État centralisé.

En Grande-Bretagne, pays qui offre le meilleur exemple de la politique industrielle des États modernes, nous voyons le Parlement commencer la destruction des guildes dès le XVe siècle ; mais ce fut surtout au siècle suivant que l'on procéda par mesures décisives. Henry VIII non seulement détruisit l'organisation des guildes, mais il confisqua leurs biens, en y mettant, — comme le dit Toulmin Smith, — encore moins de prétextes et de façons que pour confisquer les biens des monastères[1]. Édouard VI acheva son œuvre[2], et dès la seconde moitié du XVIe siècle nous voyons le Parlement juger tous les différends entre les artisans et les marchands, tandis qu'auparavant, ils étaient jugés dans chaque cité, par la cité. Le Parlement et le roi non seulement firent la loi dans ces contestations, mais, poursuivant les intérêts de la Couronne dans l'exportation, ils entreprirent bientôt de fixer le nombre des apprentis dans chaque métier et réglementèrent minutieusement la technique même de chaque fabrication : les poids des matériaux, le nombre de fils dans chaque mètre d'étoffe. Avec peu de succès, il faut le dire, car les contestations et les difficultés techniques qui avaient été réglées depuis des siècles par des conventions entre des guildes, dépendant étroitement les unes des autres, et par les cités fédérées, échappaient complètement à la compétence de l'État centralisé. L'ingérence continuelle de ses fonctionnaires paralysait, en effet, les métiers et réduisit la plupart à une ruine complète ; si bien que les économistes du XVIIIe siècle, en s'élevant contre les réglementations des industries par l'État, ne firent qu'exprimer le mécontentement général. L'abolition de cette ingérence par la Révolution française fut accueillie comme un acte de libération, et l'exemple de la France fut bientôt suivi dans d'autres pays.

Pour la réglementation des salaires, l'État n'eut pas plus de succès. Dans les cités du moyen âge, lorsque la division entre maîtres et apprentis ou journaliers devint de plus en plus marquée au XVe siècle, des associations d'apprentis (*Gesellenwerbände*), ayant parfois un caractère international, étaient opposées aux associations des maîtres et des marchands. Désormais ce fut l'État qui entreprit de régler les différends et, par le Statut d'Élisabeth de 1563, les Juges de Paix eurent à fixer les salaires, afin d'assurer une existence « convenable » aux journaliers et aux apprentis. Mais les juges se montrèrent impuissants à concilier les intérêts en conflit et encore plus à forcer les maîtres à obéir à leurs décisions. La loi devint graduellement lettre morte et fut abrogée à la fin du XVIIIe siècle. Cependant en même temps que l'État abandonnait ainsi la fonction de réglementer les salaires, il continuait à prohiber sévèrement les associations de journaliers et d'ouvriers tendant à élever les salaires, ou à les maintenir à un certain niveau. Pendant tout le XVIIIe siècle l'État fit des lois contre les associations d'ouvriers, et en 1799, il prohiba définitivement toute espèce d'unions, sous peine de châtiments sévères. En cela, le Parlement anglais ne fit que suivre l'exemple de la Convention révolutionnaire française, qui avait promulgué une loi draconienne contre les associations d'ouvriers, toute association entre un certain nombre de citoyens étant considérée comme un attentat contre la souveraineté de l'État, qui était supposé étendre sa protection également sur tous ses sujets. L'œuvre de destruction des unions du moyen âge fut ainsi achevée. Dans la ville et dans le village l'État régna dès lors sur des agrégations d'individus sans cohésion, prêt à empêcher par les mesures les plus sévères, la reconstitution de toute espèce d'associations particulières parmi eux. Tels étaient les obstacles parmi lesquels la tendance à l'entr'aide eut à frayer son chemin au XIXe siècle.

Est-il besoin de dire que même de telles mesures ne pouvaient détruire cette tendance ? Pendant tout le XVIIIe siècle, les unions d'ouvriers furent continuellement reconstituées[3]. Elles ne furent pas non plus arrêtées par les poursuites cruelles qui eurent lieu en vertu des lois de 1797 et 1799. Chaque défaut dans la surveillance, chaque délai des maîtres à dénoncer les associations furent mis à profit. Sous le couvert de sociétés amicales, de clubs pour les funérailles ou de confréries secrètes, les associations se répandirent dans les industries textiles, parmi les couteliers de Sheffield, les mineurs, et de fortes organisations fédérales furent formées pour soutenir les divers corps de métiers durant les grèves et les persécutions[4].

L'abrogation des lois sur les associations, en 1825, donna une nouvelle impulsion à ce mouvement. Des unions et des fédérations nationales furent formées dans les métiers[5] ; et lorsque Robert Owen fonda la « Grand National

Consolidated Trades'Union », elle réunit un demi-million de membres en quelques mois. Il est vrai que cette période de liberté relative ne dura pas longtemps, Les poursuites recommencèrent, vers 1830, et furent suivies par des condamnations féroces, de 1832 à 1844. La Grande Union Nationale des Métiers fut dissoute, et partout les patrons, ainsi que le Gouvernement dans ses propres ateliers, forcèrent les ouvriers à renoncer à tout rapport avec les associations et à signer à cet effet le « Document ». Les membres de l'Union furent poursuivis en masse, en vertu de l'« Acte des Maîtres et Serviteurs », les ouvriers étant arrêtés sommairement et condamnés sur une simple plainte de mauvaise conduite déposée par le patron[6] . Les grèves furent supprimées d'une façon autocratique, et les plus étonnantes condamnations furent prononcées simplement pour avoir annoncé une grève, ou pour avoir agi comme délégué, — sans parler de la répression militaire des émeutes de grévistes, ni des condamnations qui suivaient les actes de violences devenus fréquents. Pratiquer l'entr'aide dans de telles circonstances n'était rien moins que facile. Et cependant, malgré tous les obstacles, dont notre génération peut à peine se faire une idée, la renaissance des associations commença de nouveau en 1841, et l'organisation des ouvriers se continua depuis avec persévérance. Après une longue lutte, qui dura plus de cent ans, le droit de s'associer fut conquis, et, à l'époque actuelle, près d'un quart des ouvriers régulièrement employés, c'est-à-dire environ 1.500.000, font partie de syndicats (trade unions)[7].

Quant aux autres États européens, il suffit de dire que jusqu'à une date très récente, toutes espèces d'unions étaient poursuivies comme conspirations. Cependant, il en existe partout, quoiqu'elles doivent prendre souvent la forme de sociétés secrètes ; l'extension et la force des organisations du travail, et particulièrement celle des Chevaliers du Travail, aux États-Unis et en Belgique, ont été suffisamment mises en évidence par les grandes grèves depuis 1890. On doit cependant se rappeler que, outre les persécutions, le simple fait d'appartenir à une union ouvrière entraîne des sacrifices considérables d'argent, de temps, de travail non payé, et implique continuellement le risque de perdre son emploi pour le simple fait d'appartenir à l'union[8]. En outre, chaque membre d'une union a toujours à envisager la grève ; et l'effrayante réalité de la grève, c'est que le crédit limité d'une famille d'ouvriers chez le boulanger et le prêteur sur gages est vite épuisé, la paye de grève ne mène pas loin, même pour la simple nourriture, et la faim se lit bientôt sur les figures des enfants. Pour celui qui vit en contact intime avec les ouvriers, une grève qui se prolonge est un spectacle des plus déchirants ; et on peut facilement concevoir ce qu'était une grève, il y a quarante ans en Angleterre, et ce qu'elle est encore dans presque toutes les contrées d'Europe, surtout les plus pauvres. Aujourd'hui encore, les grèves se terminent souvent par la ruine totale et l'émigration forcée de populations entières ; et quant à la fusillade des grévistes, pour la plus légère provocation, ou même sans provocation aucune[9], c'est encore tout à fait habituel en Europe.

Cependant, chaque année, il y a des milliers de grèves et de contre-grèves patronales en Europe et en Amérique — et les luttes les plus longues et les plus terribles sont, en général, celles qu'on nomme « les grèves de sympathie », entreprises par les ouvriers pour soutenir leurs camarades renvoyés en masse, ou pour défendre les droits d'association. Et tandis qu'une partie de la presse est disposée à expliquer les grèves par « l'intimidation », ceux qui ont vécu parmi les grévistes parlent avec admiration de l'aide et du soutien mutuel qui sont constamment pratiqués par eux. Tout le monde a entendu parler de la somme énorme de travail qui fut fournie par les ouvriers volontaires pour organiser des secours pendant la grève des ouvriers des docks de Londres ; ou bien des mineurs anglais qui, après avoir eux-mêmes chômé pendant bien des semaines, payaient une contribution de 4 shillings par semaine aux fonds de la grève, dès qu'ils avaient repris leur travail ; de la veuve du mineur qui, pendant la grande grève dans le Yorkshire en 1894, apporta aux fonds des grévistes les épargnes qu'avait pu faire son mari durant toute sa vie ; de la dernière miche de pain qui est toujours partagée avec les voisins ; des mineurs de Radstock qui, ayant l'avantage de posséder de grands jardins potagers, invitèrent quatre cents mineurs de Bristol à venir prendre leur part de choux et de pommes de terre, et ainsi de suite... Tous les correspondants des journaux, durant la grande grève des mineurs du Yorkshire, en 1894, savaient quantité de faits semblables, mais tous ne voulaient pas donner des détails aussi « déplacés » à leurs journaux respectifs[10].

Le syndicat n'est pas cependant la seule forme par laquelle se manifeste le besoin d'entr'aide de l'ouvrier. Il y a encore les associations politiques, considérées par bien des ouvriers comme plus capables de conduire au bien-être général que les unions de métier, qui n'ont jusqu'à présent que des desseins limités. Bien entendu, le simple fait d'appartenir à un corps politique ne peut pas être regardé comme une manifestation de la tendance à l'entr'aide. Nous savons tous que la politique est le champ dans lequel les éléments purement égoïstes de la société forment les combinaisons les plus complexes avec les aspirations altruistes. Mais tout politicien expérimenté sait que les grands mouvements politiques ont été ceux qui avaient de grands buts, souvent très lointains, et que les plus puissants ont été ceux qui ont provoqué l'enthousiasme le plus désintéressé. Tous les grands mouvements historiques ont eu ce trait distinctif, et pour notre génération, le socialisme est dans ce cas. « Ce sont des agitateurs payés », disent ceux qui ne connaissent rien à la question. Mais la vérité est que pour parler seulement de ce que je sais personnellement — si j'avais tenu un journal pendant ces derniers vingt-quatre ans et si j'y avais inscrit tous les dévouements et les sacrifices que j'ai rencontrés dans le parti socialiste, le lecteur de ce journal aurait eu constamment le mot « héroïsme » sur les lèvres. Cependant les hommes dont j'aurais parlé n'étaient pas des héros ; c'étaient des hommes ordinaires, inspirés par une grande idée. Tout journal socialiste — et il y en a des centaines en Europe seulement — a la même histoire de sacrifices, sans aucun espoir de gain, et le plus souvent même sans aucune ambition personnelle. J'ai vu des familles vivant sans savoir ce que serait leur nourriture du lendemain — le mari « boycotté » de toutes parts dans sa petite ville, parce qu'il travaillait au journal, et la femme soutenant toute sa famille par du travail de couture. Une telle situation durait des années, jusqu'à ce que la famille se retirât enfin, sans un mot de reproche, disant simplement « Continuez, nous n'en pouvons plus ! » J'ai vu des hommes, mourant de phtisie, et le sachant, et cependant courant toute la journée, dans la neige et le brouillard, pour préparer des meetings, parlant à ces meetings quelques semaines avant leur mort, et s'en allant mourir à l'hôpital avec ces mots : « Maintenant, mes amis, je suis fini ; les docteurs disent que je n'ai plus que quelques semaines à vivre. Dites aux camarades que je serai heureux s'ils viennent me voir. » J'ai vu des faits, dont on dirait : « c'est de l'idéalisation », si je les rapportais ici ; et les noms même de ces hommes, à peine connus en dehors d'un cercle étroit d'amis, seront bientôt oubliés, lorsque les amis, eux aussi, auront disparu. En vérité, je ne sais pas vraiment ce qu'il faut le plus admirer : le dévoûment sans bornes de ces quelques individus, ou la somme totale des petits actes de dévoûment du grand nombre. Chaque liasse vendue d'un journal à un sou, chaque meeting, chaque centaine de votes gagnés à une élection socialiste, représentent une somme d'énergie et de sacrifices, dont ceux qui sont en dehors du mouvement n'ont pas la moindre idée. Et ce qui est fait aujourd'hui par les socialistes a été fait, autrefois, par chaque parti populaire avancé, politique ou religieux. Tout le progrès passé est l'œuvre de tels hommes et a été accompli grâce à des dévoûments semblables.

Les associations coopératives, particulièrement en Angleterre, sont souvent décrites comme des compagnies d'actionnaires individualistes ; et, dans l'état actuel, la coopération tend sans doute à produire un égoïsme coopératif, non seulement dans la communauté, mais aussi parmi les coopérateurs eux-mêmes. Il est néanmoins certain qu'à son origine le mouvement avait essentiellement un caractère d'entr'aide. Encore aujourd'hui, ses plus ardents promoteurs sont persuadés que la coopération amènera l'humanité à un état de plus parfaite harmonie dans ses relations économiques, et il n'est pas possible de séjourner dans quelques-unes des places fortes des coopératives dans le Nord de l'Angleterre, sans se convaincre que le plus grand nombre, la masse des coopérateurs, partagent cette opinion. La plupart d'entre eux perdraient tout intérêt dans le mouvement s'ils n'avaient cette foi, et il faut reconnaître que, durant les dernières années, un idéal plus élevé de bien-être général et de solidarité entre producteurs a commencé à avoir cours parmi les coopérateurs. Il y a certainement aujourd'hui une tendance à établir de meilleures relations entre les propriétaires des ateliers coopératifs et les ouvriers.

L'importance de la coopération en Angleterre, en Hollande et en Danemark est bien connue ; en Allemagne, particulièrement sur le Rhin, les sociétés coopératives sont déjà un facteur important de la vie industrielle[11]. Cependant, c'est peut-être la Russie qui offre le meilleur champ d'études des coopérations sous une infinie variété d'aspects. En Russie, c'est un développement naturel, un héritage du moyen âge, et tandis qu'une société coopérative établie formellement aurait à lutter contre un grand nombre de difficultés légales et de soupçons bureaucratiques, les coopérations spontanées — les *artels* — forment la substance même de la vie des paysans russes. L'histoire de la formation de la Russie et de la colonisation de la Sibérie, est une histoire des *artels* (ou guildes) pour la chasse et le commerce continués par des communes villageoises ; et à l'époque actuelle nous trouvons des *artels* partout. On les rencontre dans les groupes de paysans venus du même village pour travailler dans une manufacture, dans tous les métiers du bâtiment, parmi les pêcheurs et les chasseurs, parmi les déportés que l'on transporte en Sibérie et durant leur séjour au bagne, parmi les commissionnaires dans les gares des chemins de fer, à la Bourse et dans les douanes et enfin dans toutes les industries villageoises, qui occupent 7 millions d'hommes. Bref, ils existent du haut en bas du monde des travailleurs, temporairement ou d'une façon permanente, pour la production et pour la consommation, sous tous les aspects possibles. Jusqu'à aujourd'hui, beaucoup de pêcheries sur les affluents de la mer Caspienne sont exploitées par d'immenses *artels*, et le fleuve Oural appartient à l'ensemble des Cosaques de l'Oural, qui partagent et repartagent entre leurs villages, sans aucune ingérence des autorités, les lieux de pêche, peut-être les plus riches du monde. La pêche est toujours faite par *artels* sur l'Oural, la Volga et dans les lacs du Nord de la Russie. Mais outre ces organisations permanentes, il y a les *artels* temporaires, innombrables, formés dans toutes sortes de desseins. Quand dix ou vingt paysans viennent de quelque localité dans une grande ville, pour travailler comme tisserands, menuisiers, maçons, constructeurs de bateaux, etc., ils forment toujours un *artel*. Ils louent des chambres, engagent une cuisinière (très souvent la femme d'un d'entre eux remplit cet emploi), élisent un « ancien » et prennent leur repas en commun, chacun payant sa part de nourriture et de loyer à l'*artel*. Un convoi de condamnés en route pour la Sibérie fait toujours ainsi, et le doyen élu est l'intermédiaire officiellement reconnu entre les condamnés et le chef militaire du convoi. Dans les prisons de travaux forcés, on trouve la même organisation. Les facteurs des chemins de fer, les commissionnaires à la Bourse et dans les douanes, les commissionnaires de ville dans les capitales, organisés en puissants *artels* et tous collectivement responsables pour chaque membre, jouissent d'une si bonne réputation que les plus grosses sommes d'argent ou de billets de banque sont confiées de la main à la main aux membres de ces *artels* par les marchands. Dans les métiers du bâtiment, il se forme des *artels* qui comprennent de 10 à 200 membres, et les entrepreneurs sérieux de construction ou de chemins de fer préfèrent toujours traiter avec un *artel* qu'avec des ouvriers engagés séparément. Les derniers essais du Ministère de la Guerre de traiter directement avec les *artels* de production, formés *ad hoc* dans les petites industries, et de leur faire des commandes de souliers et de toutes sortes de marchandises de cuivre et de fer, semblent donner pleine satisfaction. Et lorsqu'il y a sept ou huit ans on loua une usine métallurgique de la Couronne (Votkinsk) à un *artel* d'ouvriers, ce fut un véritable succès.

Nous voyons ainsi en Russie comment la vieille institution du moyen âge, n'ayant pas été entravée par l'État dans ses manifestations non officielles, a entièrement survécu jusqu'à aujourd'hui, et revêt la plus grande variété de formes selon les besoins de l'industrie et du commerce modernes. Quant à la péninsule des Balkans, l'empire turc et le Caucase, les vieilles guildes y subsistent complètement. Les *esnafs* de Serbie ont entièrement conservé leur caractère du moyen âge ; ils comprennent à la fois les patrons et les artisans, ils règlent les métiers et sont des institutions d'entr'aide pour le travail et en cas de maladie[12], tandis que les *amkari* du Caucase, et particulièrement de Tiflis, joignent à ces fonctions une influence considérable dans la vie municipale[13].

A côté des associations de coopération, je devrais peut-être mentionner aussi les *friendly societies* anglaises, les clubs des *Odd Fellows*, les clubs organisés dans les villages et les villes pour payer le médecin, les clubs pour acheter des habits, ou pour les enterrements, les petits clubs, très fréquents parmi les ouvrières des manufactures, qui payent leur contribution de quelques sous par semaine, et ensuite tirent au sort la somme d'une livre sterling que l'on peut employer à quelque achat important, et beaucoup d'autres. Une somme assez considérable d'esprit social ou jovial anime ces sociétés et ces clubs, même si « le doit et avoir » de chaque membre est étroitement surveillé. Mais il y a tant d'autres associations qui demandent aux membres de sacrifier leur temps, leur santé et leur vie, s'il le faut, dans un intérêt commun que nous pouvons donner nombre d'exemples de ces meilleures formes d'entr'aide.

L'association des bateaux de sauvetage en Angleterre, et de semblables institutions dans les autres pays de l'Europe, doivent être citées en première ligne. La première a maintenant plus de trois cents bateaux le long des côtes des Îles Britanniques, et elle en aurait deux fois plus, n'était la pauvreté des pêcheurs, qui n'ont pas toujours les moyens d'acheter un bateau de sauvetage. Les équipages sont cependant composés de volontaires, dont l'empressement à sacrifier leurs vies pour aller au secours de gens qui leur sont étrangers, est mis chaque année à une rude épreuve ; chaque année amène la perte de plusieurs parmi les plus braves. Et si nous demandons à ces hommes ce qui les pousse à risquer leurs vies, même lorsqu'il n'y a pas de chance probable de succès, leur réponse sera, à peu de chose près, semblable à celle que j'ai entendu : une terrible tempête de neige, soufflant sur la Manche, faisait rage sur la côte plate et sablonneuse d'un petit village du Kent, et un petit bateau caboteur, chargé d'oranges, venait échouer sur les sables. Dans ces eaux de peu de profondeur, on ne peut avoir qu'un bateau de sauvetage à fond plat, d'un modèle simplifié, et le mettre à la mer par une telle tempête c'était aller au-devant d'un désastre presque certain. Cependant les hommes sortirent, luttèrent pendant plusieurs heures contre le vent, et le bateau chavira deux fois. Un homme fut noyé et les autres furent jetés au rivage. Un de ces derniers, un excellent garde-côte, fut trouvé le matin suivant, tout meurtri et à moitié gelé, dans la neige. Je lui demandai comment ils étaient arrivés à faire cet effort désespéré. « Je ne le sais pas moi-même » fut sa réponse. « Nous voyions l'épave devant nous ; tous les gens du hameau se tenaient sur le rivage, et tous disaient que ce serait fou de sortir, — que nous ne pourrions jamais tenir la mer. Nous vîmes cinq ou six hommes se cramponner au mât et faire des signaux désespérés. Nous sentions tous qu'il fallait tenter quelque chose, mais que pourrions-nous faire ? Une heure se passa, deux heures, et nous restions tous là. Nous nous sentions très mal à l'aise. Puis, tout d'un coup, à travers le bruit de la tempête, il nous sembla que nous entendions leurs cris — ils avaient un mousse avec eux. Nous n'y pûmes tenir plus longtemps. Tous ensemble, nous nous écriâmes : « Il faut y aller ! » Les femmes le dirent aussi ; elles nous auraient traités de lâches si nous n'y étions pas allés, quoiqu'elles dirent le lendemain que nous avions été des fous d'y aller. Comme un seul homme, nous nous élançâmes au bateau, et nous partîmes. Le bateau chavira, mais nous nous y accrochâmes. Le plus triste fut de voir le pauvre *** noyé à côté du bateau, et nous ne pouvions rien faire pour le sauver. Puis vint une vague effroyable, le bateau chavira de nouveau, et nous fûmes jetés au rivage. Les hommes furent sauvés par le bateau de D., le nôtre fut recueilli à bien des lieues loin d'ici... On me trouva le matin suivant dans la neige. »

Le même sentiment animait aussi les mineurs de la vallée de Rhonda, quand ils travaillèrent pour porter secours à leurs camarades dans la mine inondée. Ils avaient percé trente-deux mètres de charbon afin d'atteindre leurs camarades ensevelis ; mais, quand il ne restait plus à percer que trois mètres, le grisou les enveloppa. Les lampes s'éteignirent et les sauveurs durent se retirer. Travailler dans de telles conditions eût été risquer de sauter à tout instant. Mais les coups des mineurs ensevelis continuaient à se faire entendre : les hommes étaient donc vivants et appelaient au secours... Plusieurs mineurs s'offrirent comme volontaires pour travailler à tout risque, et pendant qu'ils descendaient dans la mine, leurs femmes les regardaient avec des larmes silencieuses, mais ne disaient pas un mot pour les arrêter.

C'est le fond de la psychologie humaine. A moins que les hommes soient affolés sur le champ de bataille, ils « ne peuvent pas y tenir », d'entendre appeler au secours et de ne pas répondre. Le héros s'élance ; et ce que fait le héros, tous sentent qu'ils auraient dû le faire aussi. Les sophismes du cerveau ne peuvent résister au sentiment d'entr'aide, parce que ce sentiment a été nourri par des milliers d'années de vie humaine sociale et des centaines de milliers d'années de vie pré-humaine en sociétés.

« Mais que dire de ces hommes qui se noyèrent dans la Serpentine[14], en présence d'une foule dont pas une personne ne bougea pour aller à leur secours ? » demandera-t-on, « Que dire de l'enfant qui tomba dans le canal de Regent's Park[15] — aussi devant la foule du dimanche — et ne fut sauvé que par la présence d'esprit d'une servante qui lança un chien de Terre-Neuve à son secours ? » La réponse est assez facile : l'homme est un produit à la fois de ses instincts héréditaires et de son éducation. Parmi les mineurs et les marins les occupations communes et le contact de chaque jour les uns avec les autres créent un sentiment de solidarité en même temps que les dangers environnants entretiennent le courage et l'audace. Dans les villes, au contraire, l'absence d'intérêts communs produit l'indifférence, tandis que le courage et l'audace, qui n'ont que rarement l'occasion de s'exercer, disparaissent ou prennent une autre direction. De plus, la tradition du héros de la mine ou de la mer est vivante parmi les mineurs et les pêcheurs des villages, elle est ornée d'une auréole poétique. Mais quelles sont les traditions d'une foule bigarrée de Londres ? La seule tradition qui puisse y être en commun devrait être créée par la littérature ; mais une littérature qui corresponde aux récits villageois existe à peine. Le clergé est si anxieux de prouver que tout ce qui vient de la nature humaine est péché, et que tout le bien dans l'homme a une origine surnaturelle, qu'il passe le plus souvent sous silence les faits qui ne peuvent être cités comme exemples d'une inspiration divine ou de la grâce venant d'en haut. Et quant aux écrivains laïques, leur attention est principalement dirigée vers une seule sorte d'héroïsme, l'héroïsme qui exalte l'idée de l'État. C'est pourquoi ils admirent le héros romain ou le soldat dans la bataille, tandis qu'ils passent devant l'héroïsme du pêcheur, sans presque y faire attention. Le poète et le peintre pourraient naturellement être émus par la beauté du cœur humain en lui-même ; mais ils connaissent rarement la vie des classes pauvres ; et tandis qu'ils peuvent chanter ou peindre le héros romain ou le héros militaire dans un décor conventionnel, ils ne peuvent peindre ni chanter d'une manière touchante le héros qui agit dans ces modestes milieux qu'ils ignorent. S'ils se risquent à le faire, ils ne réussissent à produire qu'une page de rhétorique[16].

Les innombrables sociétés, clubs et unions pour les plaisirs de la vie, pour l'étude, pour les recherches, pour l'éducation, etc., qui se sont développés dernièrement en si grand nombre qu'il faudrait plusieurs années seulement pour les cataloguer, sont une autre manifestation de la même tendance, toujours à l'œuvre pour l'association et le soutien mutuel. Certaines de ces associations, semblables aux couvées de jeunes oiseaux de différentes espèces qui se réunissent en automne, sont entièrement consacrées à partager en commun les joies de la vie. Chaque village d'Angleterre, de Suisse, d'Allemagne, etc., a ses clubs de cricket, de football, de tennis, de quilles, de boules, de chants et de musique.

D'autres sociétés sont bien plus nombreuses, et certaines, comme l'Alliance des Cyclistes[17], ont pris soudain un immense développement. Quoique les membres de cette alliance n'aient rien d'autre en commun que leur amour du cyclisme, il s'est déjà formé, parmi eux, une sorte de franc-maçonnerie pour l'aide mutuelle, particulièrement dans les petits coins retirés qui ne sont pas envahis par les cyclistes ; ils regardent le « C. A. C. » — le Club de l'Alliance des Cyclistes — dans les villages, comme une sorte de « home » ; et à l'Assemblée annuelle des cyclistes, il s'est noué bien des amitiés durables. — Les Kegelbrüder, les Frères du Jeu de Quilles, en Allemagne, forment une association semblable ; de même les Sociétés de gymnastique (300.000 membres en Allemagne), les associations de canotage en France, les Yachting Clubs, etc... Ces associations ne modifient certainement pas les stratifications économiques de la société, mais, surtout dans les petites villes, elles contribuent à niveler les distinctions sociales, et comme elles tendent toutes à s'unir en grandes fédérations nationales et internationales, elles aident certainement au développement de rapports amicaux entre toutes sortes d'hommes disséminés dans les différentes parties du globe.

Les clubs alpins, le *Jagdschutzverein* en Allemagne, qui compte plus de 100.000 membres : chasseurs, gardes forestiers professionnels, zoologistes ou simples amateurs de la nature — et la Société Ornithologique internationale, qui comprend des zoologistes, des éleveurs et de simples paysans en Allemagne, ont le même caractère. Non seulement ces sociétés ont produit en quelques années une grande quantité de travaux très utiles, que de grandes associations seulement pouvaient faire convenablement (cartes, huttes de refuge, routes de montagnes ; études de la vie animale, d'insectes nuisibles, de migrations d'oiseaux, etc.), mais elles créent de nouveaux liens entre les hommes. Deux Alpinistes de différentes nationalités qui se rencontrent dans une hutte de refuge au Caucase, le professeur et le paysan ornithologistes qui séjournent dans la même maison, ne sont plus des étrangers l'un pour l'autre ; et la Société de l'Oncle Toby, à Newcastle qui a déjà persuadé à plus de 260.000 garçons et jeunes filles de ne jamais détruire de nids d'oiseaux et d'être bons envers les animaux, a certainement fait plus pour le développement des sentiments humains et du goût des sciences naturelles que bien des moralistes et la plupart de nos écoles.

Nous ne pouvons omettre, même dans cette revue sommaire, les milliers de sociétés scientifiques, littéraires, artistiques et pédagogiques. Jusqu'à aujourd'hui, les corps scientifiques, étroitement contrôlés et souvent subventionnés par l'État, ont en général évolué dans un cercle très restreint ; souvent on en est venu à les regarder comme de simples débouchés pour obtenir des appointements de l'État, et l'étroitesse même de leurs limites a certainement engendré des rivalités mesquines. Cependant il est vrai que les distinctions de naissance, de partis politiques et de croyances sont atténuées jusqu'à un certain point par de telles associations ; et dans les petites villes éloignées, les sociétés scientifiques, géographiques ou musicales, particulièrement celles qui font appel à un large cercle d'amateurs, deviennent de petits centres de vie intellectuelle, une sorte de lien entre la petite ville et le vaste monde et aussi un endroit où des hommes de conditions très différentes se rencontrent sur un pied d'égalité. Pour apprécier complètement la valeur de tels centres, il faut en avoir vu, par exemple, en Sibérie. Quant aux innombrables sociétés pédagogiques qui commencent seulement à battre en brèche le monopole de l'État et de l'Église pour l'enseignement, il est sûr qu'elles deviendront d'ici peu le pouvoir directeur dans cet ordre de choses. Aux « Union Frœbel » nous devons déjà le système des *Jardins d'enfants* ; et à un grand nombre d'associations pédagogiques, régulières ou non, nous devons le niveau élevé de l'éducation des femmes en Russie, quoique ces sociétés et ces groupes aient toujours eu à combattre une forte opposition de la part d'un puissant gouvernement[18]. Quant aux différentes sociétés pédagogiques d'Allemagne, c'est un fait bien connu qu'elles ont eu la part la plus importante dans l'élaboration des méthodes modernes d'enseignement scientifique dans les écoles populaires. Dans de telles associations, le maître trouve aussi son meilleur soutien. L'instituteur de village, surmené de travail, et trop mal payé, serait bien misérable sans leur aide[19].

Toutes ces associations, sociétés, fraternités, alliances, instituts, etc., que l'on doit compter maintenant par dizaines de mille en Europe et dont chacune représente une somme immense de travail volontaire, sans ambition et peu ou pas payé - que sont-elles sinon autant de manifestations, sous une variété infinie d'aspects, de la même tendance perpétuelle de l'homme vers l'entr'aide et l'appui mutuel ? Pendant près de trois siècles on empêcha les hommes de se tendre la main, même dans des buts littéraires, artistiques ou d'éducation. Des sociétés ne pouvaient se former que sous la protection de l'État ou de l'Église, ou comme des confréries secrètes, à la façon de la franc-maçonnerie. Mais maintenant que la résistance a été brisée, elles essaiment dans toutes les directions, elles s'étendent dans toutes les branches multiples de l'activité humaine, elles deviennent internationales, et elles contribuent incontestablement à un degré qui ne peut encore être pleinement apprécié, à renverser les barrières élevées par les États entre les différentes nationalités. En dépit des jalousies engendrées par les rivalités commerciales, et des provocations à la haine que fait entendre encore le fantôme d'un passé qui s'évanouit, la conscience d'une solidarité internationale se développe parmi les meilleurs esprits du monde, ainsi que dans la masse des ouvriers, depuis qu'ils ont conquis le droit aux rapports internationaux ; et cet esprit de solidarité internationale a déjà contribué à empêcher une guerre européenne durant le dernier quart de siècle.

Les associations religieuses charitables qui représentent tout un monde, doivent, elles aussi, être citées ici. Il n'y a pas de doute, que la grande masse de leurs membres soient animés des mêmes sentiments d'entr'aide qui sont communs à toute l'humanité. Malheureusement les pasteurs religieux des hommes préfèrent attribuer à ces sentiments une origine surnaturelle. Beaucoup d'entre eux prétendent que l'homme n'obéit pas consciemment à l'inspiration d'entr'aide tant qu'il n'a pas été illuminé par les enseignements de la religion spéciale qu'ils représentent, et, avec saint Augustin, la plupart d'entre eux ne reconnaissent pas de tels sentiments chez le « sauvage païen ». De plus, tandis que le Christianisme primitif, comme toutes les autres religions, était un appel aux grands sentiments humains d'entr'aide et de sympathie, l'Église chrétienne a aidé l'État à détruire toutes les institutions d'entr'aide et de soutien mutuel déjà formées antérieurement ou qui se développaient en dehors d'elle ; au lieu de *l'entr'aide*, que tout sauvage considère comme *due* à son allié, elle a prêché *la charité* qui prend un caractère d'inspiration divine et en conséquence implique une certaine supériorité de celui qui donne sur celui qui reçoit. Avec cette réserve, et sans intention d'offenser ceux qui se considèrent comme un corps élu, alors qu'ils accomplissent des actes simplement humains, nous pouvons certainement considérer le nombre immense des associations charitables religieuses comme un résultat de la même tendance à l'entr'aide.

Tous ces faits montrent que la poursuite impitoyable d'intérêts personnels, sans égard aux besoins des autres, n'est pas la seule caractéristique de la vie moderne. A côté de ce courant qui réclame si orgueilleusement la direction des affaires humaines, nous voyons qu'une lutte obstinée est soutenue par les populations rurales et industrielles afin de reformer à nouveau des institutions durables d'aide et d'appui mutuels ; et nous découvrons, dans toutes les classes de la société, un mouvement très étendu vers l'établissement d'une variété infinie d'institutions plus ou moins permanentes dans le même but. Mais quand nous passons de la vie publique à la vie privée des individus modernes, nous découvrons tout un autre monde d'aide et de soutien mutuels, que la plupart des sociologues ne remarquent pas, parce qu'il est limité au cercle étroit de la famille et de l'amitié personnelle[20].

Dans le système social actuel, tout lien d'union permanente entre les habitants d'une même rue ou d'un même voisinage a été détruit. Dans les quartiers riches d'une grande ville les gens vivent sans connaître leurs plus proches voisins. Mais dans les ruelles populaires tous se connaissent très bien et se trouvent continuellement en contact les uns avec les autres. Naturellement des querelles se produisent dans les petites rues, comme ailleurs ; mais des groupements suivant les affinités personnelles se développent, et dans ces groupes l'entr'aide est pratiquée à un point dont les classes riches n'ont aucune idée. Si nous prenons, par exemple, les enfants d'un quartier pauvre qui jouent ensemble dans une rue ou un cimetière, ou sur un pré, nous nous apercevons tout de suite qu'une union étroite existe entre eux, malgré les combats accidentels, et que cette union les protège contre toutes sortes de mésaventures. Dès qu'un de ces petits se penche curieusement sur l'ouverture d'un égout : « Ne reste pas là, crie un autre petit, la fièvre est dans ce trou ! » « Ne monte pas sur ce mur, le train te tuera si tu tombes de l'autre côté ! Ne t'approche pas du fossé ! Ne mange pas ces fruits — c'est du poison ! tu mourrais ! » Tels sont les premiers enseignements que reçoivent les gamins quand ils se mêlent à leurs camarades de la rue. Combien d'enfants qui ont joué sur le pavé des rues autour des « maisons ouvrières modèles » ou sur les quais et les ponts des canaux, seraient écrasés par les voitures ou noyés dans les eaux bourbeuses, s'ils ne trouvaient cette sorte de soutien mutuel ! Et lorsqu'un blond petit Jacquot a glissé dans le fossé sans barrière de la cour du laitier, ou qu'un petite Lizzie aux joues roses est, malgré tout, tombée dans le canal, la jeune nichée d'enfants pousse de tels cris que tout le voisinage entend l'alarme et s'élance au secours.

Puis il y a l'alliance que forment les mères entre elles. « Vous ne pouvez vous imaginer, me disait dernièrement une dame docteur qui vit dans un quartier pauvre, combien elles s'aident les unes les autres. Si une femme n'a rien préparé, ou ne pouvait rien préparer pour le bébé qu'elle attend — et combien cela arrive souvent — toutes les voisines apportent quelque chose pour le nouveau-né. Une des voisines prend toujours soin des enfants, et quelque autre vient s'occuper du ménage, tant que la mère est au lit. » Cette habitude est générale. Tous ceux qui ont vécu parmi les pauvres le diront. De mille façons les mères se soutiennent les unes les autres et donnent leurs soins à des enfants qui ne sont pas les leurs. Il faut quelque habitude — bonne ou mauvaise, laissons-les le décider elles-mêmes — à une dame des classes riches pour la rendre capable de passer devant un enfant tremblant et affamé dans la rue sans faire attention à lui. Mais les mères des classes pauvres n'ont pas cette habitude. Elles ne peuvent supporter la vue d'un enfant affamé ; il faut qu'elles lui donnent à manger, et elles le font. « Quand les enfants de l'école demandent du pain, ils rencontrent rarement, ou plutôt jamais, un refus » — m'écrit une dame de mes amies, qui a travaillé plusieurs années dans Whitechapel en relation avec un club d'ouvriers. Mais je ferais peut-être aussi bien de traduire encore quelques passages de sa lettre.

Que des voisins viennent vous soigner, en cas de maladie, sans l'ombre de rémunération, c'est une habitude tout à fait générale parmi les ouvriers. De même lorsqu'une femme a de petits enfants et sort pour travailler, une autre mère prend toujours soin d'eux.

Si dans la classe ouvrière ils ne s'aidaient pas les uns les autres, ils ne pourraient exister. Je connais bien des familles qui s'aident continuellement l'une l'autre en argent, en nourriture, en combustible, pour élever les petits enfants, ou bien en cas de maladie ou de mort.

« Le tien » et « le mien » est beaucoup moins strict parmi les pauvres que parmi les riches. Ils s'empruntent constamment les uns aux autres des souliers, des habits, des chapeaux, etc. — tout ce dont on peut avoir besoin sur le moment — ainsi que toute espèce d'ustensiles de ménage.

L'hiver dernier les membres du United Radical Club réunirent un peu d'argent et commencèrent, après Noël, à distribuer de la soupe et du pain gratuitement aux enfants des écoles. Peu à peu ils eurent 1.800 enfants à servir. L'argent venait du dehors, mais tout l'ouvrage était fait par les membres du Club. Certains d'entre eux, qui se trouvaient sans ouvrage, venaient à quatre heures du matin pour laver et pour éplucher les légumes ; cinq femmes venaient à neuf ou dix heures (après avoir fait leur propre ouvrage chez elles) pour faire la cuisine et restaient jusqu'à six ou sept heures pour laver les assiettes. Et à l'heure du repas, entre midi et une heure et demie, vingt ou trente ouvriers venaient pour aider à servir la soupe, chacun prenant autant qu'il pouvait sur le temps de son propre repas. Cela dura deux mois. Personne ne fut payé.

Mon amie mentionne aussi différents cas particuliers, dont les suivants sont caractéristiques : « Annie W... fut mise par sa mère chez une vieille femme (dans Wilmot-Street), qui devait se charger de la garder et de la nourrir.

Quand la mère mourut, la vieille femme, qui était elle-même très pauvre, garda l'enfant sans recevoir un sou pour cela. Lorsque la vieille femme mourut aussi, l'enfant, qui avait alors cinq ans et qui naturellement avait été négligée durant la maladie, était en haillons ; mais elle fut prise immédiatement par Mme S..., la femme d'un cordonnier, qui avait elle-même six enfants. Dernièrement, pendant que le mari était malade, ils n'avaient guère à manger, ni les uns ni les autres. »

L'autre jour Mme M..., mère de six enfants, soigna Mme M..., durant sa maladie et prit chez elle l'aîné des enfants... Mais avez-vous besoin de tels faits ? Ils sont tout à fait communs... Je connais aussi Mme D... (Oval, Hackney Road) qui a une machine à coudre et qui coud constamment pour d'autres, sans accepter aucune rémunération, quoiqu'elle ait elle-même à prendre soin de ses cinq enfants et de son mari... Et ainsi de suite.

Pour qui connaît un peu la vie des classes ouvrières il est évident que si l'entr'aide n'y était pas pratiquée largement, elles ne pourraient venir à bout de toutes les difficultés qui les entourent. Ce n'est que par hasard qu'une famille d'ouvriers peut traverser la vie sans avoir à faire face à des circonstances telles que la crise décrite par l'ouvrier en rubans, Joseph Gutteridge, dans son autobiographie[21]. Et si tous ne sombrent pas dans de telles circonstances, ils le doivent à l'entr'aide. Dans le cas de Gutteridge, ce fut une vieille servante, misérablement pauvre elle-même, qui surgit au moment où la famille approchait d'une catastrophe finale, et apporta un peu de pain, de charbon et de literie, qu'elle avait obtenu à crédit. Dans d'autres cas, ce sera un autre, quelque voisin qui viendra sauver la famille. Mais sans l'aide de quelque autre pauvre, combien seraient amenés chaque année à une ruine irréparable[22] !

M. Plimsoll, après avoir vécu quelque temps parmi les pauvres pour 7 shillings 6 pence par semaine (9 fr. 35) dut reconnaître que les sentiments de bienveillance qu'il avait eus en commençant cette vie « se changèrent en admiration et en respect cordial » lorsqu'il vit combien les relations des pauvres entre eux abondent en faits d'entr'aide et de soutien, et lorsqu'il connut les façons simples avec lesquelles ce soutien est donné. Après beaucoup d'années d'expérience, sa conclusion fut que « lorsqu'on y réfléchit sérieusement, tels étaient ces hommes, telle est aussi la grande majorité des classes ouvrières[23] » ! Prendre la charge d'orphelins, même dans les plus pauvres familles, est une habitude si répandue, qu'on peut la considérer comme une règle générale ; ainsi parmi les mineurs, on trouva, après les deux explosions à Warren Vale et à Lund Hill que « presque un tiers des hommes tués, comme en peuvent témoigner les comités respectifs, soutenaient des parents autres que femmes et enfants. » Avez-vous réfléchi, ajoute M. Plimsoll, à ce que cela représente ? Des gens riches, ou même des gens aisés font de même, je n'en doute pas. Mais considérez la différence. Considérez ce que la somme d'un shilling souscrit par chaque ouvrier pour aider la veuve d'un camarade, ou de six pence pour aider un camarade à payer la dépense supplémentaire d'un enterrement, représente pour celui qui gagne 16 shillings par semaine et qui a une femme et souvent cinq ou six enfants à nourrir[24]. De telles souscriptions sont d'un usage général parmi les ouvriers du monde entier, même dans des cas beaucoup plus ordinaires que la mort frappant une famille, et l'aide dans le travail est un fait des plus communs dans leurs vies.

Les mêmes habitudes d'entr'aide et de soutien se rencontrent d'ailleurs aussi parmi les classes riches. Certes, lorsqu'on pense à la dureté que montrent souvent les patrons riches envers leurs ouvriers, on est porté à voir la nature humaine d'une façon pessimiste. On se rappelle l'indignation qui s'éleva pendant la grande grève du Yorkshire en 1894, lorsque de vieux mineurs ayant pris de la houille d'un puits abandonné furent poursuivis par les propriétaires des mines. Et même si nous laissons de côté les horreurs des périodes de lutte et de guerre sociale, telles que les exterminations de milliers d'ouvriers, faits prisonniers après la chute de la commune de Paris — qui pourrait lire, par exemple, les révélations de l'enquête sur le travail qui a été faite en Angleterre vers 1840, ou ce qu'écrivit Lord Shaftesbury sur « l'effrayant gaspillage de vies humaines dans les manufactures où l'on mettait les enfants pris dans les *Workhouses* ou simplement achetés dans tout le pays (l'Angleterre) pour être vendus comme esclaves des manufactures[25] », — qui pourrait lire cela sans être vivement impressionné par la bassesse dont l'homme est capable lorsque sa cupidité est en jeu ? Mais il faut dire aussi que la responsabilité d'un tel traitement ne doit pas être rejetée entièrement sur la criminalité de la nature humaine. Les enseignements des hommes de science, et même d'une grande partie du clergé, n'étaient-ils pas, jusqu'à une époque tout à fait récente, des enseignements de méfiance, de mépris et de haine envers les classes pauvres ? La science n'enseignait-elle pas que depuis que le servage avait été aboli, personne n'était forcément pauvre, sinon par la faute de ses propres vices ? Et combien peu nombreux dans l'Église étaient ceux qui avaient le courage de blâmer les « tueurs d'enfants », tandis que le grand nombre enseignait que les souffrances des pauvres et même l'esclavage des nègres faisaient partie du plan divin ? Le non-conformisme anglais n'était-il pas surtout une protestation populaire contre le dur traitement des pauvres par les représentants de l'Église anglicane officielle ?

Avec de tels conducteurs spirituels, les sentiments des classes riches devinrent nécessairement, comme le fait remarquer M. Plimsoll, non pas tant émoussés que « stratifiés ». Rarement ils se tournèrent vers les pauvres dont les gens aisés sont séparés par leur manière de vivre, et qu'ils ne connaissent pas sous leurs meilleurs aspects, dans leur vie de chaque jour. Mais entre eux — si nous faisons la part des effets de la cupidité et des dépenses futiles imposées par la richesse même — entre eux, dans le cercle de leur famille et de leurs amis, les riches pratiquent la même entr'aide et le même soutien que les pauvres. Le Dr Ihering et L. Dargun ont parfaitement raison en disant que si l'on pouvait dresser une statistique de tout l'argent qui passe de la main à la main sous forme d'aide ou de prêts amicaux, la somme totale serait énorme, même en comparaison des transactions du monde commercial. Et si nous pouvions y ajouter, comme nous le devrions, ce qui est dépensé en hospitalité, en petits services mutuels, sans compter le règlement des affaires d'autrui, les dons et les charités, nous serions certainement frappés de l'importance de tels transferts dans l'économie nationale. Même dans le monde qui est gouverné par l'égoïsme commercial, l'expression courante : « Nous avons été traités durement par cette maison, » montre qu'il y a aussi le traitement amical, opposé au dur traitement qui ne connaît que la loi ; et tout commerçant sait combien de maisons de commerce sont sauvées chaque année de la faillite par le soutien amical d'autres maisons.

Quant aux dons charitables, et à la somme de travail pour le bien-être général que fournissent volontairement tant de personnes aisées, tant d'ouvriers et tant d'hommes de la classe professionnelle (médecins, etc.), chacun connaît le rôle de ces deux catégories de bienfaisance dans la vie moderne. Si le désir d'acquérir de la notoriété, de la puissance politique, ou quelque distinction sociale gâte souvent le vrai caractère de cette sorte de bienfaisance, il n'est pas possible de douter que l'impulsion ne vienne dans la majorité des cas des mêmes sentiments d'entr'aide. Bien souvent les hommes qui ont acquis des richesses n'y trouvent pas la satisfaction qu'ils en attendaient. D'autres commencent à sentir que, quoique les économistes représentent la richesse comme une récompense du mérite, leur propre récompense est exagérée. La conscience de la solidarité humaine commence à se faire entendre ; et quoique la vie de la société soit organisée de façon à étouffer ce sentiment par mille moyens artificieux, il prend souvent le dessus ; beaucoup essayent alors de trouver une issue à ce besoin profondément humain en donnant leur fortune ou leurs forces à quelque chose qui selon leur idée aidera au bien-être général.

En résumé, ni le pouvoir écrasant de l'État centralisé, ni les enseignements de haine réciproque et de lutte sans pitié que donnèrent, en les ornant des attributs de la science, d'obligeants philosophes et sociologues, n'ont pu détruire le sentiment de solidarité humaine, profondément enraciné dans l'intelligence et le cœur de l'homme, et fortifié par toute une évolution antérieure. Ce qui est le produit de l'évolution depuis ses premières périodes ne saurait être dominé par un des aspects de cette même évolution. Et le besoin d'entr'aide et d'appui mutuel qui avait trouvé un dernier refuge dans le cercle étroit de la famille, ou parmi les voisins des quartiers pauvres des grandes villes, dans les villages, ou dans les associations secrètes d'ouvriers, s'affirme à nouveau dans notre société moderne elle-même et revendique son droit d'être, comme il l'a toujours été, le principal facteur du progrès. Telles sont les conclusions auxquelles nous sommes amenés nécessairement lorsque nous considérons avec attention chaque groupe de faits brièvement énumérés dans ces deux derniers chapitres.

1. ↑ Toulmin Smith, *English Guilds*, Londres, 1870, Introduction, p. XLIII.
2. ↑ L'acte d'Édouard VI — le premier de son règne — ordonnait de remettre à la couronne « toutes les fraternités, confréries et guildes qui existaient dans le royaume d'Angleterre et du Pays de Galles et les autres possessions du roi, et tous les manoirs, les terres, les domaines et autres biens leur appartenant ou à quelqu'un des leurs » (*English Guilds*, Introd., p. XLIII). voir aussi Ockenkowski, *Englands wirthschaftliche Entwickelung im Ausgange des Mittelälters*, Iéna, 1879, chap. II et V.
3. ↑ Voir Sidney et Beatrice Webb, *History of Trade-Unionism*, Londres, 1894, pp. 21-38.
4. ↑ Voir dans l'ouvrage de Sidney Webb les associations qui existaient à cette époque. Il semble que les artisans de Londres n'aient jamais été mieux organisés qu'en 1810-1820.
5. ↑ L'Association Nationale pour la Protection du travail comprenait environ 150 unions distinctes, qui payaient des cotisations élevées, et comptaient environ 100.000 membres. L'Union des ouvriers en bâtiment et l'Union des mineurs étaient aussi de fortes organisations (Webb,loc. cit., p. 107).
6. ↑ Je parle ici d'après l'ouvrage de M. Webb qui est plein de documents confirmant ce qu'il expose.
7. ↑ De grands changements se sont produits depuis 1840 dans l'attitude des classes riches envers les associations. Cependant, même vers 1860, les patrons se concertèrent pour un formidable effort tendant à écraser les unions par le renvoi en masse de populations entières. Jusqu'en 1869 le fait seul de consentir à une grève et l'annonce d'une grève par voie d'affiches, pour ne rien dire des rassemblements et réunions, furent souvent punis comme actes d'intimidation. Ce fut seulement en 1875 que fut abrogé l'acte des « Maîtres et Serviteurs », les rassemblements pacifiques furent permis, et les actes de « violence et d'intimidation » pendant les grèves tombèrent dans le domaine du droit commun. Cependant pendant la grève des ouvriers des docks, en 1887, on dut dépenser l'argent envoyé au secours des grévistes pour soutenir devant les tribunaux le droit du « picketing », c'est-à-dire le droit des ouvriers de tenir leurs sentinelles aux approches d'une usine, pour inviter les

travailleurs qui s'y rendent à faire cause commune avec les grévistes. Les poursuites de ces dernières années menacent une fois de plus de rendre illusoires les droits conquis.

8. ↑ Une contribution hebdomadaire de 6 pences (0 fr. 60) sur des gages de 18 shillings (22 fr. 50) ou de 1 shilling (1 fr. 25) sur 25 shillings (31 fr. 25) représente beaucoup plus que 9 livres (225 francs) sur un revenu de 300 livres (7 500 francs) : cette contribution est prise en grande partie sur la nourriture ; et la contribution est bientôt doublée quand une grève est déclarée dans une association fraternelle. La description graphique de la vie des membres des « trade-unions », par un bon ouvrier, publiée par Mr. et Mrs. Webb (p. 431 et suiv.), donne une excellente idée de la somme de travail fournie par un membre d'une union.
9. ↑ Voir, par exemple, les discussions sur les grèves de Falkenau, en Autriche, devant le Reichstag autrichien, le 10 mai 1894 dans lesquelles le fait a été pleinement reconnu par le Ministère et le propriétaire de la houillère. Consulter également la presse anglaise à cette époque.
10. ↑ On trouvera beaucoup de faits semblables dans le *Daily Chronicle* et quelques-uns dans le *Daily News* d'octobre et novembre 1904.
11. ↑ Les 31.473 associations de production et de consommation sur le Rhin moyen faisaient, vers 1890, pour 460.937.500 francs d'affaires par an ; elles prêtèrent pendant l'année 91.875.000 francs.
12. ↑ *British Consular Report*, avril 1889.
13. ↑ Une excellente étude sur ce sujet a été publiée en russe dans les *Zapiski* (Mémoires de la société géographique du Caucase vol. VI, 2, Tiflis, 1891), par C. Egiazaroff
14. ↑ Pièce d'eau dans Hyde-Park, à Londres. La glace avait cédé sous le poids des patineurs.
15. ↑ Parc, à Londres.
16. ↑ L'évasion d'une prison française est extrêmement difficile ; cependant un prisonnier s'échappa d'une des prisons de France, en 1884 ou 1885. Il réussit à se cacher pendant un jour entier, quoique l'alarme fût donnée et que les paysans du voisinage fussent à sa recherche. Le matin suivant il était caché dans un fossé, tout près d'un petit village. Peut-être avait-il l'intention de voler quelques aliments ou quelques vêtements afin de pouvoir quitter son uniforme de prisonnier. Tandis qu'il était couché dans son fossé, un incendie éclata dans le village. Il vit une femme sortir en courant d'une des maisons en flammes, et entendit ses appels désespérés pour sauver un enfant dans les étages supérieurs de la maison qui brûlait. Personne ne bougea pour répondre à son appel. Alors le prisonnier fugitif sortit de sa retraite, s'élança à travers le feu et, la figure brûlée et les habits en flammes, rapporta l'enfant sain et sauf et le remit à sa mère.

Naturellement il fut arrêté sur-le-champ par le gendarme du village, qui alors se montra. Il fut ramené à la prison. Le fait fut rapporté par tous les journaux français, mais aucun ne s'employa à demander la libération du prisonnier. S'il avait défendu un gardien contre le coup d'un camarade on aurait fait de lui un héros. Mais son acte était simplement humain, il n'encourageait pas l'idéal de l'État ; lui-même ne l'attribua pas à une soudaine inspiration de la grâce divine ; cela suffit pour laisser cet homme dans l'oubli. Peut-être six ou douze mois furent-ils ajoutés à sa condamnation pour avoir volé « les effets de l'État », l'uniforme de la prison.

17. ↑ En France, le Touring Club.
18. ↑ L'Académie de médecine pour les femmes (qui a donné à la Russie une grande partie de ses 700 femmes docteurs diplômés), les quatre universités de femmes (environ 1.000 élèves en 1887 ; fermées cette année-là et réouvertes en 1895) et l'École commerciale supérieure pour les femmes sont *entièrement* l'œuvre de sociétés privées. A de semblables sociétés nous devons le niveau élevé que les lycées de filles ont atteint depuis qu'ils furent ouverts vers 1860. Ces 100 lycées, répartis dans l'empire russe (plus de 70.000 élèves) correspondent aux High Schools de filles en Angleterre ; mais tous les professeurs ont des grades universitaires.
19. ↑ Le *Verein für Verbreitung gemeinnütziger Kenntnisse,* quoique n'ayant que 5.500 membres, a déjà ouvert plus de 1.000 bibliothèques et écoles publiques, organisé des milliers de conférences et publié des ouvrages très importants.
20. ↑ Très peu d'écrivains en sociologie y ont fait attention. Le Dr Ihering a cependant écrit sur ce sujet, et son cas est fort instructif. Quand ce grand juriste allemand commença son ouvrage philosophique, *Der Zweck im Rechte* (« Le but du droit ») il avait l'intention d'analyser « les forces actives qui produisent le progrès de la société et le maintiennent », et ainsi donner « la théorie de l'homme social ». Il analysa d'abord l'action des forces égoïstes, y compris le système actuel de salaires et de coercition dans toute la variété des lois politiques et sociales ; et, suivant le plan soigneusement élaboré de son ouvrage ; il avait l'intention de consacrer le dernier chapitre aux forces morales — le sens du devoir et l'amour mutuel — qui contribuent au même but. Mais quand il en vint à étudier les fonctions sociales de ces deux facteurs, il dut écrire un second volume deux fois plus gros que le premier ; et cependant il ne traita que des facteurs personnels, qui ne prendront dans ce livre-ci que quelques lignes. L. Dargau reprit la même idée dans *Egoismus und Altruismus in der Nationalökonomie,* Leipzig, 1885, en ajoutant quelques faits

nouveaux. *L'Amour*, de Büchner, et plusieurs paraphrases de cet ouvrage publiées en Angleterre et en Allemagne traitent le même sujet.
21. ↑ *Light and Shadows in the Life of an Artisan*, Coventry, 1893.
22. ↑ Beaucoup de gens riches ne peuvent pas comprendre comment les plus pauvres *peuvent* s'aider les uns les autres, parce qu'ils ne peuvent se faire une idée juste de quelles quantités infinitésimales de nourriture ou d'argent dépend souvent la vie d'un malheureux des classes les plus pauvres. Lord Shaftesbury avait compris cette terrible vérité quand il créa le Fond des Petites Marchandes de Fleurs et de Cresson, sur lequel on faisait des prêts d'une livre (25 francs) et quelquefois de deux livres, pour permettre aux jeunes filles d'acheter un panier et des fleurs en hiver lorsqu'elles sont dans un cruel besoin. Les prêts étaient accordés à des jeunes filles qui n'avaient « pas un six-pence » (60 centimes), mais qui ne manquèrent jamais de trouver quelque autre pauvre prête à se porter caution pour elles. « De toutes les œuvres auxquelles je me suis trouvé mêlé, écrit lord Shaftesbury, je considère celle des petites Marchandes de Cresson, comme la mieux réussie... Nous commençâmes en 1872 ; nous déboursâmes de 800 à 1.000 prêts, et nous n'avons pas perdu 50 livres pendant toute cette période... Ce qui a été perdu — et ce fut très peu de chose dans ces circonstances — l'a été pour cause de mort ou de maladie, non par fraude. » (*The Life and Work of the Seventh Earl of Shaftesbury*, par Edwin Hodder, vol. III, p 822, Londres, 1885-86). Plusieurs autres faits dans *Life and Labour in London*, vol. I, de Ch. Booth, dans *Pages from a Work Girl's Diary*, de miss Beatrice Potter (*Nineteenth Century*, septembre 1888, p. 310) etc.
23. ↑ Samuel Plimsoll. *Our Seamen*, édition populaire, Londres, 1870, p. 110.
24. ↑ *Our Seamen*, u s, p. 110. Mr. Plimsoll ajoute : « Je ne voudrais pas dire du mal des riches, mais je pense qu'il y a bien des raisons de se demander si ces qualités sont aussi développées chez eux ; car non seulement la plupart ne connaissent pas bien les besoins, raisonnables ou non, de leurs parents pauvres, mais encore ces qualités n'ont pas à s'exercer aussi chez eux fréquemment. La richesse semble si souvent étouffer les bons sentiments de ceux qui la possèdent, et leurs sympathies deviennent, sinon diminuées, au moins pour ainsi dire « stratifiées » ; ils les réservent aux souffrances de leur propre classe, et aussi aux malheurs de ceux qui sont au-dessus d'eux. Rarement ils se tournent vers les inférieurs, et ils sont plus disposés à admirer un acte de courage... qu'à admirer la force d'âme constamment mise à l'épreuve et la tendresse qui sont les traits caractéristiques de la vie de chaque jour d'une femme d'ouvrier anglais » — et, ajouterai-je, des ouvriers au monde entier.

25. ↑ *Life of the Seventh Earth of Shaftesbury,* par Edwin Hodder. vol. I, pp. 137-138

CONCLUSION

Si maintenant nous envisageons les enseignements qui peuvent être tirés de l'analyse de la société moderne, en les rattachant à l'ensemble des témoignages relatifs à l'importance de l'entr'aide dans l'évolution du monde animal et de l'humanité, nous pouvons résumer notre enquête de la manière suivante.

Dans le monde animal nous avons vu que la grande majorité des espèces animales vivent en sociétés, et qu'elles trouvent dans l'association leur meilleure arme pour la « lutte pour la vie », comprise, bien entendu, dans le sens large de Darwin — non comme une lutte pour les simples moyens d'existence, mais comme une lutte contre toutes les conditions naturelles défavorables à l'espèce. Les espèces animales dans lesquelles la lutte individuelle a été réduite à ses plus étroites limites, et où l'habitude de l'entr'aide a atteint le plus grand développement, sont invariablement les nombreuses, les plus prospères et les plus ouvertes au progrès. La protection mutuelle obtenue de cette façon, la possibilité d'atteindre à un âge avancé et d'accumuler de l'expérience, un état intellectuel plus avancé, et le développement d'habitudes de plus en plus sociales, assurent la conservation de l'espèce, son extension et son évolution progressive. Les espèces non sociables, au contraire, sont condamnées à dépérir.

Passant ensuite à l'homme, nous l'avons vu vivant en clans et en tribus à l'aube même de l'âge de pierre ; nous avons signalé un grand nombre d'institutions sociales développées déjà durant l'état sauvage primitif, dans le clan et la tribu ; et nous avons constaté que les plus anciennes coutumes et habitudes, nées au sein de la tribu, donnèrent à l'humanité l'embryon de toutes les institutions qui déterminèrent plus tard les lignes principales du progrès. C'est de la tribu sauvage que la commune villageoise des barbares parvint à se développer ; et un nouveau cycle, plus large que le précédent, de coutumes, d'habitudes et d'institutions sociales, dont un grand nombre sont encore vivantes parmi nous, se forma dès lors, en prenant pour base le principe de la possession en commun d'un territoire donné et sa défense en commun, sous la juridiction de l'assemblée du village, et ayant pour milieu la fédération des villages qui appartenaient à une même souche ou étaient supposés tels. Et lorsque de nouveaux besoins poussèrent les hommes à faire un nouveau pas en avant, ils le firent en constituant les cités, qui représentaient un double réseau d'unités territoriales (communes villageoises), combinées avec les guildes — ces dernières étant formées pour exercer en commun un art ou une industrie quelconque, ou bien pour le secours et la défense mutuels.

Enfin, dans les deux derniers chapitres, des faits ont été mentionnés pour montrer que, quoique le développement de l'État sur le modèle de la Rome impériale ait violemment mis fin à toutes les institutions d'entr'aide du moyen âge, ce nouvel aspect de la civilisation n'a pas pu durer. L'État, basé sur de vagues agrégations d'individus et voulant être leur seul lien d'union, ne remplissait pas son but. Alors la tendance à l'entr'aide brisa les lois d'airain de l'État ; elle réapparut et s'affirma de nouveau dans une infinité d'associations qui tendent maintenant à englober toutes les manifestations de la vie sociale et à prendre possession de tout ce dont l'homme a besoin pour vivre et pour réparer les pertes causées par la vie.

On nous objectera probablement que l'entr'aide, bien qu'étant un des facteurs de l'évolution, ne représente cependant qu'un seul aspect des rapports humains ; qu'à côté de ce courant, quelque puissant qu'il soit, il existe et a toujours existé l'autre courant — l'affirmation du « moi » de l'individu. Et cette affirmation se manifeste, non seulement dans les efforts de l'individu pour atteindre une supériorité personnelle, ou une supériorité de caste, économique, politique ou spirituelle, mais aussi dans une fonction beaucoup plus importante quoique moins évidente : celle de briser les liens, toujours exposés à devenir trop immuables, que la tribu, la commune villageoise, la cité et l'État imposent à l'individu. En d'autres termes, il y a l'affirmation du « moi » de l'individu, envisagée comme un élément de progrès.

Il est évident qu'aucun exposé de l'évolution ne sera complet si l'on ne tient compte de ces deux courants dominants. Mais l'affirmation de l'individu ou d'un groupe d'individus, leurs luttes pour la supériorité et les conflits qui en résultent ont déjà été analysés, décrits et glorifiés de temps immémoriaux. En vérité, jusqu'à ce jour, ce courant seul a attiré l'attention du poète épique, de l'analyste, de l'historien et du sociologue. L'histoire, telle qu'elle a été écrite jusqu'à présent, n'est, pour ainsi dire, qu'une description des voies et moyens par lesquels la théocratie, le pouvoir militaire, l'autocratie et plus tard la ploutocratie ont été amenées, établies et maintenues. Les luttes entre ces différentes forces forment l'essence même de l'histoire. Nous pouvons donc admettre que l'on connaît déjà le facteur individuel dans l'histoire de l'humanité, alors même qu'il demeure un vaste champ d'études nouvelles à faire sur ce sujet, considéré du point de vue qui vient d'être indiqué. Par contre, le facteur de l'entr'aide n'a reçu jusqu'à présent aucune attention. Les écrivains de la génération présente et passée le nient purement et simplement ou même le tournent en dérision. Il était donc nécessaire de montrer tout d'abord le rôle immense que ce facteur joue dans l'évolution du monde animal et dans celles des sociétés humaines. Ce n'est que lorsque ceci sera pleinement reconnu qu'il deviendra possible de procéder à une comparaison entre les deux facteurs.

Tenter une estimation, même approximative, de leur importance relative par quelque méthode statistique, serait évidemment impossible. Une seule guerre — nous le savons tous — peut produire plus de mal, immédiat et subséquent, que des centaines d'années d'action ininterrompue du principe de l'entr'aide ne produiront de bien. Mais, lorsque nous voyons que dans le monde animal le développement progressif et l'entr'aide vont de pair, tandis que la lutte à l'intérieur de l'espèce correspond souvent à des périodes de régression ; lorsque nous observons que, chez l'homme, le succès, jusque dans la lutte et la guerre, est proportionné au développement de l'entr'aide dans chacune des nations, cités, partis ou tribus qui entrent en conflit ; et que, dans le cours de l'évolution, la guerre elle-même fut, jusqu'à un certain point, mise au service du progrès de l'entr'aide au sein des nations, des cités ou des clans, — nous entrevoyons déjà l'influence dominante du facteur de l'entr'aide, comme élément de progrès. Nous voyons en outre que la pratique de l'entr'aide et ses développements successifs ont créé les conditions mêmes de la vie sociale, dans laquelle l'homme a pu développer ses arts, ses connaissances et son intelligence ; et que les périodes où les institutions basées sur les tendances de l'entr'aide ont pris leur plus grand développement sont aussi les périodes des plus grands progrès dans les arts, l'industrie et la science. L'étude de la vie intérieure de la cité du moyen âge et des anciennes cités grecques nous montre en effet que l'entr'aide, telle qu'elle fut pratiquée dans la guilde et dans le clan grec, combinée avec la large initiative laissée à l'individu et aux groupes par l'application du principe fédératif, donna à l'humanité les deux plus grandes époques de son histoire : celle des anciennes cités grecques et celle des cités du moyen âge. Au contraire, la ruine des institutions d'entr'aide pendant les périodes suivantes de l'histoire, lorsque l'État établit sa domination, correspond dans les deux cas à une décadence rapide.

Quant au soudain progrès industriel qui s'est produit pendant notre siècle, et que l'on attribue généralement au triomphe de l'individualisme et de la concurrence, il a une origine beaucoup plus profonde. Les grandes découvertes du XVe siècle, particulièrement celle de la pression atmosphérique, ainsi qu'une série d'autres découvertes en physique et en astronomie, furent faites sous le régime de la cité du moyen âge. Mais une fois ces découvertes faites, l'invention du moteur à vapeur et toute la révolution qu'impliquait la conquête de cette nouvelle force motrice devaient suivre nécessairement. Si les cités du moyen âge avaient assez duré pour mener leurs découvertes jusqu'à ce point, les conséquences éthiques de la révolution effectuée par la vapeur auraient pu être différentes ; mais la même révolution dans l'industrie et dans les sciences aurait eu lieu inévitablement. On peut même se demander si la décadence générale des industries qui suivit la ruine des cités libres et qui fut si frappante dans la première partie du XVIIIe siècle ne retarda pas considérablement l'apparition de la machine à vapeur, ainsi que la révolution industrielle qui en fut la conséquence. Lorsque nous considérons la rapidité étonnante du progrès industriel du XIIIe au XVe siècle. dans le tissage des étoffes ; le travail des métaux, l'architecture et la navigation — et que nous songeons aux découvertes scientifiques auxquelles mena ce progrès industriel à la fin du XVe siècle, nous sommes amenés à nous demander si l'humanité ne fut pas retardée dans la possession de tous les avantages de ces conquêtes par la dépression générale des arts et des industries en Europe qui suivit la décadence des cités médiévales. La disparition de l'ouvrier artiste, la ruine des grandes cités et la cessation de leurs relations ne pouvaient certainement pas favoriser la révolution industrielle. Nous savons, en effet, que James Watt perdit vingt ans ou plus de sa vie à rendre son invention utilisable, parce qu'il ne pouvait trouver au XVIIIe siècle ce qu'il aurait trouvé si facilement dans la Florence ou la Bruges du moyen âge — des artisans capables de comprendre ses indications, de les exécuter en métal et de leur donner le fini artistique et la précision que demande la machine à vapeur.

Attribuer le progrès industriel de notre siècle à cette lutte de chacun contre tous qu'il a proclamée, c'est raisonner comme un homme qui, ne sachant pas les causes de la pluie, l'attribue à la victime qu'il a immolée devant son idole d'argile. Pour le progrès industriel comme pour toute autre conquête sur la nature, l'entr'aide et les bons rapports entre les hommes sont certainement, comme ils l'ont toujours été, beaucoup plus avantageux que la lutte réciproque.

Mais c'est surtout dans le domaine de l'éthique, que l'importance dominante du principe de l'entr'aide apparaît en pleine lumière. Que l'entr'aide est le véritable fondement de nos conceptions éthiques, ceci semble suffisamment évident. Quelles que soient nos opinions sur l'origine première du sentiment ou de l'instinct de l'entr'aide — qu'on lui assigne une cause biologique ou une cause surnaturelle — force est d'en reconnaître l'existence jusque dans les plus bas échelons du monde animal ; et de là nous pouvons suivre son évolution ininterrompue, malgré l'opposition d'un grand nombre de forces contraires, à travers tous les degrés du développement humain, jusqu'à l'époque actuelle. Même les nouvelles religions qui apparurent de temps à autre — et toujours à des époques où le principe de l'entr'aide tombait en décadence, dans les théocraties et dans les États despotiques de l'Orient ou au déclin de l'Empire romain — même les nouvelles religions n'ont fait qu'affirmer à nouveau ce même principe. Elles trouvèrent leurs premiers partisans parmi les humbles, dans les couches les plus basses et les plus opprimées de la société, où le principe de l'entr'aide était le fondement nécessaire de la vie de chaque jour et les nouvelles formes d'union qui furent introduites dans les communautés primitives des bouddhistes et des chrétiens, dans les confréries moraves, etc., prirent le caractère d'un retour aux meilleures formes de l'entr'aide dans la vie de la tribu primitive.

Mais chaque fois qu'un retour à ce vieux principe fut tenté, l'idée fondamentale allait s'élargissant. Du clan l'entr'aide s'étendit aux tribus, à la fédération de tribus, à la nation, et enfin — au moins comme idéal — à l'humanité entière. En même temps, le principe se perfectionnait. Dans le bouddhisme primitif, chez les premiers chrétiens, dans les écrits de quelques-uns des docteurs musulmans, aux premiers temps de la Réforme, et particulièrement dans les tendances morales et philosophiques du XVIIIe siècle et de notre propre époque, le complet abandon de l'idée de vengeance, ou de « juste rétribution » — de bien pour le bien et de mal pour le mal — est affirmé de plus en plus vigoureusement. La conception plus élevée qui nous dit : « point de vengeance pour les injures » et qui nous conseille de donner plus que l'on n'attend recevoir de ses voisins, est proclamée comme le vrai principe de la morale, — principe supérieur à la simple notion d'équivalence, d'équité ou de justice, et conduisant à plus de bonheur. Un appel est fait ainsi à l'homme de se guider, non seulement par l'amour, qui est toujours personnel ou s'étend tout au plus à la tribu, mais par la conscience de ne faire qu'un avec tous les êtres humains. Dans la pratique de l'entr'aide, qui remonte jusqu'aux plus lointains débuts de l'évolution, nous trouvons ainsi la source positive et certaine de nos conceptions éthiques ; et nous pouvons affirmer que pour le progrès moral de l'homme, le grand facteur fut l'entr'aide, et non pas la lutte. Et de nos jours encore, c'est dans une plus large extension de l'entr'aide que nous voyons la meilleure garantie d'une plus haute évolution de notre espèce.

APPENDICE

- I. Essaims de papillons, de libellules, etc. Nécrophores. 327
- II. Les fourmis. 329
- III. Associations de nidification. 331
- IV. Sociabilité des animaux. 333
- V. Obstacles à la surpopulation. 334
- VI. Adaptations pour éviter la concurrence. 337
- VII. Origine de la famille. 339
- VIII. Destruction de la propriété privée sur le tombeau. 346
- IX. La « famille indivise ». 346
- X. L'origine des Guildes. 347
- XI. Le marché et la cité du moyen âge. 351
- XII. Organisations d'entr'aide dans quelques villages de notre temps : la Suisse ; les Pays-Bas. 353

I. - *Essaims de papillons et de libellules, etc. Nécrophores*

(Page 11)

M. C. Piepers a publié dans *Natuurkunding Tijdschrift voor Neederlandsch Indië*, 1891, *Deel L*, p. 198 (analysé dans *Naturwissenschaftliche Rundschau*, 1891, vol. VI, p. 573) des recherches intéressantes sur les grands vols de papillons que l'on observe dans les Indes orientales hollandaises. Il paraîtrait que ces vols doivent leur origine aux grandes sécheresses, occasionnées par la mousson occidentale. Ils ont généralement lieu dans les premiers mois où commence à souffler la mousson, et on y rencontre généralement des individus des deux sexes des *Catopsilia (Callidryas) crocale*, Cr., mais parfois l'essaim se compose d'individus appartenant à trois espèces différentes du genre *Euphœa*. L'accouplement semble aussi être le but de ces vols. Il est d'ailleurs fort possible que ces vols ne soient pas le résultat d'une action concertée mais plutôt un effet de l'imitation, ou d'un désir de se suivre les uns les autres.

Bates a vu, sur l'Amazone, le Callidryas jaune et le Callidryas orange « s'assembler en masses denses et compactes, quelquefois sur deux ou trois mètres de circonférence, tenant leurs ailes levées, de sorte que la rive semblait bigarrée de parterres de crocus. » Leurs colonnes migratoires, traversant le fleuve du Nord au Sud, « se suivaient sans interruption, depuis le commencement du jour jusqu'au coucher du soleil. » (*Naturalist on the River Amazons,* p. 131).

Les libellules, dans leurs grandes migrations à travers les Pampas, se réunissent en bandes innombrables, et leurs immenses essaims se composent d'individus appartenant à différentes espèces (Hudson, *Naturalist on the La Plata*, p. 130 et suiv.).

Un des caractères des sauterelles (*Zoniopoda tarsata*) est aussi de vivre par bandes (Hudson, loc. cit., p. 125).

M. J.-H. Fabre, dont les *Souvenirs entomologiques* (huit petits volumes ; Paris, 1879-1890) sont bien connus, s'est donné beaucoup de peine pour mettre en doute ce qu'il appelle avec plus de véhémente que de justice « l'anecdote de Clairville » sur quatre nécrophores appelés pour aider à l'enfouissement. Il ne conteste évidemment pas le fait que plusieurs nécrophores collaborent à l'enfouissement ; mais il ne veut pas admettre (dans ce cas, comme dans d'autres analogues, il conteste l'intelligence chez les animaux et ne veut admettre que « l'instinct ») qu'il y ait eu concours intelligent. « Ce sont des travailleurs fortuits, dit-il, jamais des réquisitionnés. On les accueille sans noise, mais sans gratitude non plus. On ne les convoque pas, on les tolère » (vol. VI, p. 136).

Laissant de côté la question de savoir s'il y a là « convocation » ou non, nous relevons chez le même auteur ce fait intéressant que la collaboration, du moins chez les nécrophores, est entièrement désintéressée ! Trois ou quatre mâles et une femelle ayant aidé à l'enterrement d'une taupe, il ne reste pour en profiter que deux nécrophores. Chaque fois ce n'est qu'un couple que l'on trouve dans le caveau mortuaire. Après avoir prêté main-forte, les autres se sont retirés (p. 124).

Je n'insiste pas sur les remarques passionnées que M. Fabre fait contre l'observation de Gledditsch. Selon moi ; les expériences de M. Fabre confirment pleinement l'idée que Gledditsch s'était faite de l'intelligence des nécrophores.

On sait que très souvent deux scarabées s'aident à rouler une boule, faite avec de la bouse, pour l'amener jusqu'au terrier de l'un d'eux. Lorsqu'il s'agit de la monter sur un talus, l'aide du camarade devient précieuse. On a longtemps pensé que cette association avait pour but de pondre un œuf dans la boule et de préparer ainsi la nourriture à la larve. Il résulte cependant des observations du même naturaliste (*Souvenirs entomologiques*) que la boule très fréquemment ne contient pas d'œuf et sert simplement de nourriture pour l'un ou pour les deux scarabées. L'aide, en ce cas, serait intéressée de la part du camarade qui vient aider à rouler la boule, et elle est intelligemment acceptée par celui des deux bousiers qui a façonné la boule. Quelquefois, il y a eu tentative d'enlèvement de la part du camarade.

Ajoutons qu'après avoir lu attentivement les huit volumes du savant entomologiste, on ne peut que se convaincre davantage que l'entr'aide est l'essence même de la vie dans de grandes division de la classe des insectes.

II. - *Les fourmis*

(Page 15.)

Les *Recherches sur les mœurs de fourmis,* de Pierre Huber (Genève, 1810), dont Cherbuliez a publié en 1851 une édition populaire (*Les fourmis indigènes*) dans la *Bibliothèque Genevoise,* et dont il devrait y avoir des éditions populaires dans toutes les langues, n'est pas seulement le meilleur ouvrage sur ce sujet, mais aussi un modèle de recherches vraiment scientifiques. Darwin avait raison de considérer Pierre Huber comme un naturaliste supérieur même à son père. Ce livre devrait être lu par tout jeune naturaliste, non seulement pour les faits qu'il contient, mais comme une leçon de méthode dans les recherches. L'élevage des fourmis dans des fourmilières artificielles en verre, et les expériences d'épreuves faites par les observateurs qui suivirent, y compris Lubbock, se trouvent déjà dans l'admirable ouvrage d'Huber. Ceux qui ont lu les livres de Forel et de Lubbock savent que le professeur suisse aussi bien que l'écrivain anglais commencèrent leurs livres dans l'intention critique de réfuter les affirmations de Huber touchant les instincts admirables d'entr'aide chez les fourmis, mais après d'attentives recherches ils ne purent que les confirmer. C'est malheureusement un trait caractéristique de la nature humaine de croire volontiers que l'homme est capable de changer à son gré l'action des forces de la Nature, mais de refuser d'admettre des faits scientifiquement établis tendant à réduire la distance entre l'homme et ses frères animaux.

On voit facilement que M. Sutherland (*Origin and Growth of Moral Instinct*) commença son livre dans l'intention de prouver que tous les sentiments moraux sont nés de l'attachement des parents et de l'amour familial, sentiments qui sont le monopole des animaux à sang chaud ; aussi s'efforce-t-il de diminuer l'importance de la sympathie et de la coopération chez les fourmis. Il cite le livre de Büchner, *La Vie psychique des bêtes*, et connaît les expériences de Lubbock. Quant aux ouvrages de Huber et de Forel, il s'en débarrasse par la phrase suivante : « mais tout ou presque tout [les exemples de Büchner touchant la sympathie parmi les abeilles] est faussé par un certain air de sentimentalisme... qui fait de ces ouvrages plutôt des livres de classes que de véritables ouvrages scientifiques et *on peut faire le même reproche* [les italiques sont de moi] à quelques-unes des *anecdotes* les plus connues de Huber et de Forel. » (Vol. I, p. 298).

M. Sutherland ne spécifie pas quelles « anecdotes », il vise, mais il semble qu'il n'ait jamais eu l'occasion de lire les travaux de Huber et de Forel. Les naturalistes qui connaissent ces ouvrages n'y trouvent point d'« anecdotes ».

On peut mentionner ici l'ouvrage récent du professeur Gottfried Adlerz sur les fourmis en Suède (*Myrmecologiska Studier ; Svenska Myror och des Lefnadsförhallanden, dans Bibang til Swenska Akademiens Handlingar*, vol. XI, n° 18, 1886). Il est à peine nécessaire de dire que le professeur suédois confirme pleinement toutes les observations de

Huber et de Forel touchant l'entr'aide dans la vie des fourmis, y compris ce partage de la nourriture qui a tant surpris ceux qui n'avaient pas su le voir (pp. 136-137).

M. Adlerz cite également des expériences très intéressantes qui confirment ce qu'Huber avait déjà observé : à savoir que les fourmis de deux fourmilières différentes ne s'attaquent pas toujours entre elles. Il fit une de ses expériences avec la fourmi *Tapinoma erraticum*. Une autre fut faite avec la fourmi commune, *Rufa*. Prenant une fourmilière dans un sac, il la vida à six pieds d'une autre fourmilière. Il n'y eut pas de bataille, mais les fourmis de la seconde fourmilière se mirent à transporter les larves de la première. En général chaque fois que M. Adlerz mit en présence des ouvrières avec leurs larves, prises les unes et les autres dans deux différentes fourmilières, il n'y eut pas de bataille : mais si les ouvrières étaient sans leurs larves, un combat s'engageait (pp. 185-186).

M. Adlerz complète aussi les observations de Forel et de Mac Cook sur les « nations » de fourmis, composées de beaucoup de fourmilières différentes, et d'après ses propres estimations, qui amènent à une moyenne de 300.000 *Formica exsecta* dans chaque fourmilière, il conclut que de telles « nations » peuvent compter des vingtaines et même des centaines de millions d'individus.

Le livre de Maeterlinck sur les abeilles, si admirablement écrit, serait très utile, quoique ne contenant point de nouvelles observations, s'il n'était gâté par tant de « mots » métaphysiques.

III. - *Associations de nidification*

(Page 3).

Le Journal d'Audubon (*Audubon and his Journals*, New-York, 1898, page 35), surtout dans les parties où il raconte sa vie sur les côtes du Labrador et de la rivière du Saint-Laurent vers 1830, contient d'excellentes descriptions des associations de nidification, formées par les oiseaux aquatiques. En parlant du « Rocher », une des îles de la Madeleine ou îles d'Amherst, il écrit : — « A onze heures, me trouvant sur le pont, je distinguai nettement le sommet de l'île et je le crus couvert de plusieurs pieds de neige ; il semblait y en avoir sur chaque saillie, sur chaque bosse des récifs. » Mais ce n'était pas de la neige : c'étaient des fous tous posés tranquillement sur leurs œufs ou sur leur couvée nouvellement éclose - leurs têtes toutes tournées au vent, se touchant presque les unes les autres, et en lignes régulières. L'air, sur une centaine de mètres, à quelque distance autour du rocher « était plein de fous volants, comme si une grosse tourmente de neige était au-dessus de nous. Des mouettes kittawacke et des guillemots vivaient sur le même rocher ». (*Journals*, vol. I, pp. 360-363).

En vue de l'île d'Anticosti, la mer « était littéralement couverte de guillemots et de pingouins communs (*Alca torva*). Plus loin l'air était rempli de canards veloutés. Sur les rochers du Golfe des goélands argentés, des sternes (la grande espèce, l'espèce arctique et probablement aussi l'espèce de Foster), des *Tringa pusilla*, des mouettes, des pingouins, des macreuses noires, des oies sauvages (*Anser canadensis*), des harles huppés, des cormorans, etc., vivaient tous ensemble. Les mouettes étaient extrêmement abondantes ; « elles harcèlent sans cesse tous les autres oiseaux, dévorant leur œufs et leurs petits », « elles jouent le rôle des aigles et des faucons. »

Sur le Missouri, au-dessus de Saint-Louis, Audubon vit, en 1843, des vautours et des aigles ayant fait leurs nids en colonies. Ainsi il mentionne « une longue suite de côtes élevées, surplombées d'énormes rochers calcaires, percés de quantités de trous curieux, où nous vîmes vers le crépuscule entrer des vautours et des aigles » — à savoir des *Cathartes aura* et des pygargues à têtes blanches (*Haliaëtus leucocephalus*), ainsi que le remarque E. Couës dans une note (Vol I., p. 458).

Un des lieux les plus propices aux couvées sur les côtes anglaises se trouve dans les îles Farne. L'ouvrage de Charles Dixon, *Among the Birds in Northen Shires* donne une description animée de ces terrains, où des milliers de goélands, de sternes, d'eiders, de cormorans, de pluviers à collier, d'huîtriers, de guillemots, de macareux se réunissent chaque année. « Quand on approche certaines îles, la première impression est que le goéland (le goéland à manteau brun) monopolise tout le terrain, tant on l'y rencontre en abondance. L'air en semble rempli ; le terrain et les roches en sont encombrés ; et lorsque enfin notre bateau touche le rocher et que nous sautons vivement sur le rivage, tout retentit et s'agite autour de nous — c'est un terrible caquetage, des cris de protestation soutenus avec persistance, jusqu'à ce que nous quittions la place » (p. 219).

IV.— *Sociabilité des animaux*

(Page 45.)

Le fait que la sociabilité des animaux se manifestait davantage lorsqu'ils étaient moins chassés par l'homme est confirmé par beaucoup d'exemples montrant que les animaux qui vivent aujourd'hui isolés dans les pays habités par l'homme continuent de vivre en troupes dans les régions inhabitées. Ainsi, sur les plateaux déserts et secs du Nord du Thibet, Prjevalsky trouva des ours vivant en sociétés. Il mentionne de nombreux « troupeaux de yacks, d'hémiones, d'antilopes et même d'ours. » Ces derniers, dit-il, se nourrissent des petits rongeurs que l'on rencontre en quantité dans ces régions, et ils sont si nombreux que « les indigènes m'ont affirmé en avoir trouvé cent ou cent cinquante dormant dans la même caverne. » (*Rapport annuel* de la Société géographique russe de 1885, p. II, en russe.) Les lièvres (*Lepus Lehmani*) vivent en grandes sociétés sur le territoire transcaspien (N. Zaroudnyi,

« Recherches zoologiques dans la contrée transcaspienne », dans le *Bulletin de la société des naturalistes de Moscou*, 1889, 4). Les petits renards de Californie qui, suivant E.-S. Holden, vivent aux alentours de l'observatoire de Lick et ont « un régime composé mi-partie de baies de manzanita et mi-partie des poulets de l'observatoire » (*Nature*, nov. 5, 1891) semblent aussi être très sociables.

Quelques exemples très intéressants de l'amour de la société chez les animaux ont été rapportés dernièrement par Mr. C. J. Cornish (*Animals at Work and Play*, Londres, 1896). Tous les animaux, observe-t-il avec justesse, détestent la solitude. Il cite aussi un exemple amusant de l'habitude des chiens de prairies de poser des sentinelles. Elle est si invétérée chez eux qu'il y en a toujours un de garde, même au Jardin Zoologique de Londres et au Jardin d'Acclimatation de Paris (p. 46).

Kessler avait bien raison de faire remarquer que les jeunes couvées d'oiseaux, en se réunissant en automne, contribuent au développement de sentiments de sociabilité. M. Cornish (*Animals at Work and Play*) a donné plusieurs exemples des jeux de jeunes mammifères, tels que des agneaux jouant « marchons à la queue leu-leu » ou « au roi détrôné » et des exemples de leur goût pour les steeple-chases ; il cite aussi des faons jouant à une espèce de « chat-coupé » s'attrapant l'un l'autre par une touche du museau. Nous avons, en outre, l'excellent ouvrage de Karl Gross, *The Play of Animals*.

V.- *Obstacles à la surpopulation.*

(Page 78.)

Hudson, dans son livre *Naturalist on the La Plata* (chap. III), raconte d'une façon très intéressante la multiplication soudaine d'une espèce de souris et les conséquences de cette soudaine « onde de vie ».

« Durant l'été de 1872-73, écrit-il, nous eûmes beaucoup de jours ensoleillés, et en même temps de fréquentes averses, de sorte que pendant les mois chauds nous ne manquions pas de fleurs sauvages, comme cela arrivait généralement les autres années. » La saison fut ainsi très favorable aux souris, et « ces petites créatures prolifiques furent bientôt si abondantes que les chiens et les chats s'en nourrissaient presque exclusivement. Les renards, les belettes et les opossums faisaient bonne chère ; même le tatou insectivore se mit à chasser les souris ». Les poules devinrent tout à fait rapaces, « les tyrans jaunes (*Pitangus*) et les *Guiras* ne se nourrissaient que de souris. » En automne d'innombrables cigognes et hiboux brachyotes arrivèrent pour prendre part aussi au festin général. Puis vint un hiver de sécheresse continue ; l'herbe sèche fut mangée ou tomba en poussière ; et les souris, privées d'abri et de nourriture, moururent en masse. Les chats rentrèrent dans les maisons ; les hiboux brachyotes — qui sont voyageurs — quittèrent la région ; tandis que les petites chouettes des terriers furent mises à un régime si réduit qu'elles devinrent à peine capables de voler « et rôdaient autour des maisons tout le long du jour à l'affût de quelque nourriture ». Les moutons et les bestiaux périrent ce même hiver en nombres incroyables, pendant un mois de froid qui suivit la sécheresse. Quant aux souris, Hudson écrit que « à peine quelques misérables vestiges en subsistèrent pour perpétuer l'espèce après cette grande réaction. »

Cet exemple a encore un autre intérêt ; il montre comment, sur les plaines et les plateaux, l'accroissement soudain d'une espèce attire immédiatement des ennemis venus d'ailleurs, et comment les espèces qui ne trouvent pas de protection dans leur organisation sociale doivent nécessairement succomber.

Le même auteur nous donne un autre excellent exemple observé dans la République Argentine. Le coypou (*Myopotamus coypù*) est, en ce pays, un rongeur très commun — il a la forme d'un rat, mais il est aussi grand qu'une loutre. Il est aquatique et très sociable : « Le soir, écrit Hudson, ils s'en vont tous nager et jouer dans l'eau, conversant ensemble par des sons étranges, qui semblent des gémissements et des plaintes d'hommes blessés. Le coypou qui a une belle fourrure fine sous ses longs poils grossiers, fut l'objet d'une grande exportation en Europe ; mais il y a environ soixante ans, le dictateur Rosas promulgua un décret défendant la chasse de ces animaux. Le résultat fut qu'ils se mirent à multiplier à l'excès : abandonnant leurs habitudes aquatiques, ils devinrent terrestres et migrateurs, et des troupes de coypous se répandirent de tous côtés en quête de nourriture. Soudain une maladie mystérieuse s'abattit sur eux, et les extermina rapidement ; l'espèce fut presque éteinte » (p. 12).

D'un côté l'extermination par l'homme, de l'autre les maladies contagieuses, voilà les principaux obstacles qui entravent le développement d'une espèce — et non pas la lutte pour les moyens d'existence, qui peut ne pas exister du tout.

On pourrait citer en grand nombre des faits prouvant que des régions qui jouissent d'un bien meilleur climat que la Sibérie sont cependant aussi peu peuplées d'animaux. Ainsi, dans l'ouvrage bien connu de Bates nous trouvons la même remarque touchant les rivages mêmes du fleuve Amazone.

« Il s'y trouve, écrit Bates, une grande variété de mammifères, d'oiseaux et de reptiles, mais ils sont très disséminés et tous extrêmement craintifs devant l'homme. La région est si vaste et si uniformément couverte de forêts, que ce n'est qu'à de grands intervalles que l'on voit des animaux en abondance, dans quelques endroits plus attrayants que d'autres » (*Naturalist on the Amazon*, 6e édition, p. 31).

Le fait est d'autant plus frappant que la faune du Brésil, qui est pauvre en mammifères, n'est pas pauvre du tout en oiseaux, comme on l'a vu dans une citation précédente, touchant les Sociétés d'oiseaux. Et cependant, ce n'est pas la surpopulation, mais bien le contraire, qui caractérise les forêts du Brésil, comme celles d'Asie et d'Afrique. La même chose est vraie pour les pampas de l'Amérique du Sud ; Hudson remarque qu'il est tout à fait étonnant qu'on ne trouve qu'un seul petit ruminant sur cette fameuse étendue herbeuse, qui conviendrait si admirablement à des quadrupèdes herbivores. Des millions de moutons, de bestiaux et de chevaux, introduits par l'homme, paissent maintenant, comme on le sait, sur une partie de ces prairie. Les oiseaux terrestres aussi sont peu nombreux, tant comme espèces que comme individus, dans les pampas.

VI.- *Adaptations pour éviter la concurrence.*

(Page 80).

De nombreux exemples d'adaptation sont mentionnés dans les œuvres de tous les naturalistes explorateurs. L'un entre autres, très intéressant, est celui du tatou velu, dont Hudson dit : « il a su se créer une voie à lui, ce qui fait qu'il prospère tandis que ses congénères disparaissent rapidement. Sa nourriture est des plus variées. Il dévore toute espèce d'insectes, découvrant des vers et des larves à plusieurs pouces sous terre. Il est friand d'œufs et de jeunes oiseaux ; il se nourrit de charognes aussi volontiers qu'un vautour ; et quand il manque de nourriture animale, il se met à un régime végétal - de trèfle et même de grains de maïs. Ainsi, tandis que d'autres animaux souffrent de la faim, le tatou chevelu est toujours gras et vigoureux » (*Naturalist on the La Plata*, p. 71).

La faculté d'adaptation des vanneaux les met au nombre des espèces dont l'aire de propagation est très vaste. Eh Angleterre, « le vanneau s'accommode aussi bien sur les terres cultivées que sur les terres arides. » Ch. Dixon dit aussi dans son livre, *Birds of Northern shires* (p. 67) : « La variété de la nourriture est encore plus la règle chez les oiseaux de proie ». Ainsi, par exemple, nous apprenons du même auteur (pp. 60, 65) « que le busard des landes de la Grande-Bretagne se nourrit non seulement de petits oiseaux, mais aussi de taupes et de souris, de grenouilles, de lézards et d'insectes, et que la plupart des petits faucons se nourrissent largement d'insectes ».

Le chapitre si intéressant que W. H. Hudson consacre à la famille des grimpereaux de l'Amérique du Sud est un autre exemple excellent des moyens auxquels ont recours un grand nombre d'animaux pour éviter la concurrence, ainsi que du fait qu'ils se multiplient dans certaines régions, sans posséder aucune des armes, considérées généralement comme essentielles dans la lutte pour l'existence. La famille que nous venons de citer se rencontre sur une immense étendue, du Mexique méridional à la Patagonie. On en connaît déjà pas moins de 290 espèces, réparties en 46 genres environ, et le trait le plus frappant de ces espèces est la grande diversité d'habitudes de leurs membres. Non seulement les différents genres et les différentes espèces ont des habitudes qui leur sont particulières, mais la même espèce a des habitudes de vie différentes selon les différentes localités. « Certaines espèces de *Xenops* et de *Magarornis*, grimpent, comme les pics, verticalement le long des troncs d'arbres pour chercher les insectes, mais à la manière des mésanges ils explorent aussi les petits rameaux et le feuillage à l'extrémité des branches ; de sorte que l'arbre entier, depuis la racine jusqu'aux feuilles de son sommet, leur est un terrain de chasse. Le *Sclerurus*, quoiqu'il habite les forêts les plus sombres, et qu'il possède des serres très recourbées, ne cherche jamais sa nourriture sur les arbres, mais exclusivement sur le sol, parmi les feuilles mortes ; mais, ce qui semble assez bizarre, lorsqu'il est effrayé, il s'envole vers le tronc de l'arbre le plus voisin auquel il s'accroche dans une position verticale, et reste sans bouger, silencieux, échappant aux regards grâce à sa couleur sombre. » Et ainsi de suite. Quant aux habitudes de nidification, elles varient aussi beaucoup. Ainsi dans un seul genre, trois espèces construisent un nid d'argile en forme de four, une quatrième le fait en branchettes dans les arbres, et une cinquième se creuse un trou sur la pente d'une berge, comme un martin-pêcheur.

Or, cette immense famille, dont Hudson dit qu' « elle occupe toute l'Amérique du Sud ; car il n'est ni climat, ni sol, ni végétation où l'on n'en trouve quelque espèce appropriée, cette famille appartient » — pour employer ses propres mots — « aux oiseaux les plus dépourvus d'armes naturelles. » Comme les canards mentionnés par Siévertsoff (voir dans le texte), ils ne possèdent ni serres, ni bec puissant : « ce sont des êtres craintifs, sans résistance, sans forces et sans armes ; leurs mouvements sont moins vifs et moins vigoureux que ceux d'autres espèces, et leur vol est très faible. » Mais ils possèdent — observent Hudson et Asara — « des dispositions sociales à un degré éminent », quoique « les habitudes sociales soient contrecarrées chez eux par les conditions d'une vie qui leur rend la solitude nécessaire. » Ils ne peuvent se réunir en grandes associations pour couver comme les oiseaux de mer, parce qu'ils se nourrissent des insectes des arbres et il leur faut explorer séparément chaque arbre — ce qu'ils font avec un grand soin, chacun pour soi ; mais continuellement ils s'appellent les uns les autres dans les bois « conversant ensemble à de grandes distances » ; et ils s'associent pour former ces « bandes voyageuses » qui sont bien connues par la description pittoresque de Bates. Hudson, de son côté, pense « que dans toute l'Amérique du Sud les Dendrocolaptidæ sont les premiers à s'unir pour agir de concert, et que les oiseaux des autres familles les suivent et s'associent avec eux, sachant par expérience qu'ils pourront ainsi se procurer un riche butin. » Il est à peine besoin d'ajouter qu'Hudson loue hautement aussi leur intelligence. La sociabilité et l'intelligence vont toujours de pair.

VII.- *Origine de la famille.*

(Page 94).

Au moment où j'écrivais le chapitre sur les sauvages un certain accord semblait s'être établi parmi les anthropologistes touchant l'apparition relativement tardive, dans les institutions humaines, de la famille patriarcale, telle que nous la voyons chez les Hébreux, ou dans la Rome impériale. Cependant on a publié depuis des ouvrages dans lesquels on conteste les idées soutenues par Bachofen et Mac Lennan, systématisées particulièrement par Morgan et ultérieurement développées et confirmées par Post, Maxim Kovalevsky et Lubbock. Les plus importants de ces ouvrages sont celui du professeur danois, C. N. Starcke (*La Famille primitive*, 1889), et celui du professeur d'Helsingfors, Edward Westermarck (*The History of human Marriage*, 1891 ; 2e édition, 1894). Ainsi il est arrivé la même chose pour cette question des formes primitives du mariage que pour la question des institutions primitives de la propriété foncière. Lorsque les idées de Maurer et de Nasse sur la commune villageoise, développées par toute une école d'explorateurs de mérite, ainsi que les idées des anthropologistes modernes sur la constitution communiste primitive du clan eurent obtenu un assentiment presque général — elles provoquèrent l'apparition d'ouvrages tels que ceux de Fustel de Coulanges en France, de Frédéric Seebohm en Angleterre et plusieurs autres, dans lesquels on s'efforçait — avec plus de brillant que de réelle profondeur — de discréditer ces idées, de mettre en doute les conclusions auxquelles les recherches modernes étaient arrivées (voir la Préface du professeur Vinogradov à son remarquable ouvrage, *Villainage in England*). De même, quand les idées sur la non existence de la famille à la primitive époque du clan commencèrent à être acceptées par la plupart des anthropologistes et des étudiants de droit ancien, elles provoquèrent des livres comme ceux de Starcke et de Westermarck, dans lesquels l'homme est représenté, selon la tradition hébraïque, comme ayant commencé par la famille patriarcale, et n'ayant jamais passé par les états décrits par Mac Lennan, Bachofen ou Morgan. Ces ouvrages, en particulier la brillante *Histoire du mariage humain*, ont été très lus et ont produit un certain effet : ceux qui n'avaient pas lu les volumineux ouvrages soutenant la thèse opposée devinrent hésitants ; tandis que quelques anthropologistes, familiers avec ce sujet, comme le professeur français Durkheim, prirent une attitude conciliante mais pas très nette.

Cette controverse sort un peu du sujet d'un ouvrage sur l'entr'aide. Le fait que les hommes ont vécu en tribus dès les premiers âges de l'humanité n'est pas contesté, même par ceux qui sont choqués à l'idée que l'homme ait pu passer par une période où la famille, telle que nous la comprenons, n'existait pas. Toutefois le sujet a son intérêt et mérite d'être mentionné. Ajoutons seulement qu'il faudrait tout un volume pour le traiter à fond.

Quand nous nous efforçons de lever le voile que nous cache les anciennes institutions, et particulièrement celles qui datent de la première apparition d'êtres du type humain, il nous faut — en l'absence de témoignages directs — accomplir un travail des plus difficiles, qui consiste à remonter à l'origine de chaque institution, en notant soigneusement les plus faibles traces qu'elle a laissées dans les habitudes, les coutumes, les traditions, les chants, le folklore, etc. ; puis, réunissant les divers résultats de chacune de ces études, il nous faut mentalement reconstituer une société où toutes ces institutions auraient coexisté. On comprend le formidable cortège de faits et le nombre énorme d'études minutieuses de points particuliers, nécessaires pour amener à des conclusions certaines. C'est bien ce que l'on trouve cependant dans l'œuvre monumentale de Bachofen et de ses continuateurs, mais ce qui manque aux ouvrages de l'école adverse. La masse de faits rassemblés par M. Westermarck est grande sans doute, et son ouvrage est certainement très estimable comme essai critique ; mais il ne pourra guère amener ceux qui ont étudié les œuvres de Bachofen, de Morgan, de Mac Lennan, de Post, de Kovalevsky, etc., et qui sont familiers avec les travaux de l'école de la commune villageoise, à changer leurs opinions et à admettre la théorie de la famille patriarcale.

Ainsi les arguments tirés par Westermarck des habitudes familiales des primates n'ont pas du tout, à notre avis, la valeur qu'il leur attribue. Ce que nous savons des relations de famille dans les espèces sociables des singes contemporains est très incertain, tandis que les deux espèces non sociables des orangs-outans et de gorilles doivent être mises hors de discussion, car toutes deux sont, comme je l'ai indiqué dans le texte, des espèces qui disparaissent. Nous en savons encore moins sur les relations entre les mâles et les femelles chez les primates de la fin de la période tertiaire. Les espèces qui vivaient alors sont probablement toutes éteintes et nous ignorons absolument laquelle fut la forme ancestrale dont l'homme est sorti. Tout ce que nous pouvons dire avec quelque apparence de probabilité c'est qu'une grande variété de relations de sexe a sans doute existé dans les différentes espèces de singes ; extrêmement nombreuses à cette époque ; et que de grands changements ont dû avoir lieu depuis dans les habitudes des primates, — changements comme il s'en est produit durant les deux derniers siècles dans les habitudes de beaucoup d'autres espèces de mammifères.

La discussion doit donc être limitée aux institutions humaines. C'est dans l'examen minutieux des diverses traces de chaque institution primitive, *rapprochées de ce que nous savons sur toutes les autres institutions du même peuple ou de la même tribu,* que réside la force principale de ceux qui soutiennent que la famille patriarcale est une institution d'origine relativement tardive.

Il existait en effet, parmi les hommes primitifs, *tout un cycle d'institutions* qui nous deviennent compréhensibles si nous acceptons les idées de Bachofen et de Morgan, mais qui sont complètement incompréhensibles dans l'hypothèse contraire. Telles sont : la vie communiste du clan, tant qu'elle ne fut pas détruite par les familles paternelles séparées ; la vie dans les *longues maisons* et en *classes* occupant de longues maisons séparées suivant l'âge et le degré d'initiation des jeunes gens (M. Maclay, H. Schurz) ; les restrictions à l'accumulation personnelle des biens, dont j'ai donné plusieurs exemples dans le texte ; le fait que les femmes prises à une autre tribu appartenaient à la tribu entière avant de devenir possession particulière ; et beaucoup d'autres institutions similaires analysées par Lubbock. Toutes ces institutions qui tombèrent en décadence et finalement disparurent durant la période de la commune villageoise, s'accordent parfaitement avec la théorie du « mariage tribal » ; mais les partisans de la théorie de la famille patriarcale les négligent.

Ce n'est certainement pas la bonne manière de discuter le problème. Les hommes primitifs n'avaient pas plusieurs institutions superposées ou juxtaposées, comme nous en avons aujourd'hui. Ils n'avaient qu'une institution, le clan, qui comprenait toutes les relations mutuelles des membres du clan. Les relations de mariage et les relations de propriété sont des relations qui concernent le clan. Et ce que les défenseurs de la théorie de la famille patriarcale devraient au moins nous démontrer, c'est comment le cycle des institutions citées plus haut (et qui ont disparu plus tard) aurait pu exister dans une agglomération d'hommes vivant sous un système contradictoire à de telles institutions — le système des familles séparées, gouvernées par le *paterfamilias*.

La manière dont certaines sérieuses difficultés sont mises de côté par les promoteurs de la théorie de la famille patriarcale n'est guère plus scientifique. Ainsi Morgan a montré par un grand nombre de preuves qu'il existe chez beaucoup de tribus primitives un système strictement observé de « classification des groupes », et que tous les individus de la même catégorie s'adressent la parole les uns aux autres comme s'ils étaient frères et sœurs, tandis que les individus d'une catégorie plus jeune s'adressent aux sœurs de leur mère comme à d'autres mères, — et ainsi de suite. Dire que ceci n'est qu'une simple *façon de parler* — une façon d'exprimer le respect aux personnes plus âgées — c'est se débarrasser aisément de la difficulté d'expliquer, pourquoi ce mode spécial d'exprimer du respect, et pas un autre, a prévalu parmi tant de peuples d'origine différente, au point de subsister chez beaucoup d'entre eux jusqu'à aujourd'hui. On peut admettre que *ma* et *pa* sont les syllabes les plus faciles à prononcer pour un bébé, mais la question est : Pourquoi ces vocables du langage enfantin sont-ils employés par des adultes, et appliqués à une certaine catégorie bien définie de personnes ? Pourquoi chez tant de tribus où la mère et ses sœurs sont appelées *ma*, le père est désigné par *tiatia* (analogue à *diadia* — oncle), *dad*, *da* ou *pa* ? Pourquoi l'appellation de mère, donnée aux tantes maternelles, est-elle remplacée plus tard par un nom distinct ? Et ainsi de suite. Mais quand nous apprenons que chez beaucoup de sauvages la sœur de la mère assume une aussi grande responsabilité dans les soins donnés à l'enfant que la mère elle-même, et que si la mort enlève l'enfant aimé, l'autre « mère » (la sœur de la mère) se sacrifie pour accompagner l'enfant dans son voyage vers l'autre monde — nous voyons certainement dans ces noms quelque chose de plus profond qu'une simple *façon de parler*, ou une manière de témoigner du respect. Et cela d'autant plus lorsque nous apprenons l'existence de tout un cycle de survivances que Lubbock, Kovalevsky, Post ont soigneusement examinées et qui ont toutes la même signification. On peut dire, sans doute, que la parenté est reconnue du côté maternel « parce que l'enfant reste plus avec sa mère », ou bien on peut expliquer le fait que les enfants d'un homme et de plusieurs femmes de tribus différentes appartiennent aux clans de leurs mères à cause de « l'ignorance des sauvages en physiologie » ; mais ces arguments sont loin d'être assez sérieux pour des questions de cette importance, surtout lorsque nous savons que l'obligation de porter le nom de sa mère implique que l'on appartienne au clan de sa mère sous tous les rapports : c'est-à-dire confère un droit à toute la propriété du clan maternel, aussi bien que le droit à la protection du clan, l'assurance de n'être jamais assailli par aucun de ses membres, et le devoir de venger les injures faites à chaque membre du clan.

Même si nous admettions un moment ces explications comme satisfaisantes, nous verrions bientôt qu'il faudrait trouver une explication différente pour chaque catégorie de faits de cette nature — et ils sont très nombreux. Pour n'en citer que quelques-uns : la division des clans en classes à une époque où il n'y avait aucune division touchant la propriété ou la condition sociale ; l'exogamie et toutes les coutumes qui en sont la conséquence, énumérées par Lubbock ; le pacte du sang et une série de coutumes analogues destinées à prouver l'unité de descendance ; l'apparition des dieux de la famille, venant après les dieux des clans ; l'échange des femmes qui n'existe pas seulement chez les Esquimaux en temps de calamités, mais est une habitude très répandue parmi beaucoup d'autres tribus d'une tout autre origine ; le lien au mariage d'autant plus lâche que l'on descend à un niveau plus bas de la civilisation ; les mariages « composites » — plusieurs hommes épousant une seule femme qui leur appartient tour à tour ; l'abolition des restrictions au mariage pendant les fêtes, ou tous les cinquième, sixième ou tel autre jours ; la cohabitation des familles dans les « longues maisons » ; l'obligation d'élever l'orphelin incombant, même à une époque avancée, à l'oncle maternel ; le nombre considérable de formes transitoires montrant le passage graduel de la filiation maternelle à la filiation paternelle ; la limitation du nombre des enfants par le clan — non pas la famille — et l'abolition de cette mesure rigoureuse en temps d'abondance : les restrictions de la famille apparaissant après les restrictions du clan ; le sacrifice des vieux dans l'intérêt de la tribu ; la *loi du talion* incombant à la tribu, et beaucoup d'autres habitudes et coutumes qui ne deviennent « affaires de famille » que lorsque nous trouvons la famille, dans le sens moderne du mot, enfin constituée ; les cérémonies nuptiales et prénuptiales, dont on trouve des exemples caractéristiques dans l'ouvrage de

Sir John Lubbock et dans ceux de plusieurs auteurs russes modernes ; l'absence des solennités du mariage là où la ligne de filiation est maternelle, et l'apparition de ces solennités chez les tribus où la ligne de filiation devient paternelle — ces faits et beaucoup d'autres encore[1] montrant, comme le fait observer Durkheim, que le mariage proprement dit « n'est que toléré, et que des forces antagonistes s'y opposent » ; la destruction, à la mort d'un individu, de tout ce qui lui appartenait personnellement ; et enfin la grande quantité de traditions[2], de mythes (voir Bachofen et ses nombreux disciples), de folklore, etc... tout parle dans le même sens.

Naturellement cela ne prouve pas qu'il y eût eu une période où la femme fut regardée comme supérieure à l'homme, ou fut « à la tête » du clan ; c'est là une question tout à fait différente, et mon opinion personnelle est qu'une telle période n'exista jamais. Cela ne prouve pas non plus qu'il y eût un temps où il n'exista aucune tribale à l'union des sexes — ceci serait tout à fait contraire à tout ce que l'on connaît. Mais lorsqu'on considère dans leurs rapports réciproques la masse de faits récemment mis en lumière, il faut bien reconnaître que si des couples isolés, avec leurs enfants ont pu exister même dans le clan primitif, ces familles débutantes ne furent que des exceptions tolérées et non une institution de cette époque.

VIII. — *Destruction de la propriété privée sur le tombeau.*

(Page 107.)

Dans un livre remarquable, *Les systèmes religieux de la Chine*, publié en 1892-97 par J. M. de Groot à Leyde, nous trouvons la confirmation de cette idée. Il y eut une époque, en Chine, (comme ailleurs), où tous les biens personnels d'un mort étaient détruits sur sa tombe — ses biens mobiliers, ses esclaves et même ses amis et vassaux et, naturellement, sa veuve. Il fallut une action énergique des moralistes contre cette coutume pour y mettre fin. Chez les bohémiens (gipsies) d'Angleterre la coutume de détruire tout ce qui a appartenu à l'un d'eux sur sa tombe a survécu jusqu'à aujourd'hui. Tous les biens personnels de la reine gipsy qui mourut en 1896, dans les environs de Slough, furent détruits sur sa tombe. D'abord, on tua son cheval, et il fut mangé. Puis on brûla sa maisonnette roulante, ainsi que le harnais du cheval et divers objets qui avaient appartenu à la reine. Plusieurs journaux racontèrent ce fait.

IX. — *La « famille indivise.*

(Page 135.)

Depuis la publication du présent livre un certain nombre de bons ouvrages ont paru touchant la *Zadrouga* de la Slavonie méridionale ou la « famille composée », comparée aux autres formes d'organisation de la famille ; entre autres, par Ernest Miler, dans le *Jahrbuch der Internationaler Vereinung für vergieichende Rechtswissenschaft und Volkswirthschaftslehre*, 1897, et par I.-E. Geszow, *La Zadrouga en Bulgarie* et *La propriété, le travail, les mœurs, l'organisation de la Zadrouga en Bulgarie.* Il me faut aussi citer l'étude bien connue de Bogisić (*De la forme dite « inokosna » de la famille rurale chez les Serbes et les Croates*, Paris, 1884). Cette étude a été omise dans le texte.

X. — L'origine des guildes.

(Page 191.)

L'origine des guildes a été le sujet de bien des discussions. L'existence des guildes de métiers, ou « collèges » d'artisans, dans la Rome ancienne n'offre aucun doute. On voit, en effet, dans un passage de Plutarque, que Numa les réglementa. « Il divisa le peuple », y est-il dit, « en corps de métiers.... leur ordonnant d'avoir des confréries, des fêtes et des réunions et indiquant le culte qu'ils devaient célébrer devant les dieux, selon la dignité de chaque métier. » Cependant, il est presque certain que ce ne fut pas le roi romain qui inventa ou institua les « collèges de métiers » — ils avaient déjà existé dans la Grèce ancienne. Selon toute probabilité, il ne fut que les soumettre à la législation royale, de même que Philippe le Bel, quinze siècles plus tard, soumit les métiers de France, à leur grand détriment, à la surveillance et à la législation royales. On dit aussi qu'un des successeurs de Numa, Servius Tullius, promulgua certaines lois concernant les collèges[3].

Il est donc très naturel que les historiens se soient demandé si les guildes, qui prirent un si grand développement au XIIIe, et même aux Xe et XIe siècles, n'étaient pas une renaissance des anciens « collèges » romains — d'autant plus que ces derniers, comme nous venons de le voir par la citation précédente, correspondaient tout à fait à la guilde du moyen âge[4]. On sait, en effet, que des corporations sur le modèle romain existaient dans la Gaule méridionale jusqu'au Ve siècle. En outre, une inscription trouvée dans des fouilles à Paris, montre qu'une corporation de *nautæ* existait sous Tibère ; et dans une charte octroyée aux « marchands d'eau » de Paris en 1170, leurs droits sont mentionnés comme existant *ab antiquo* (même auteur, page 51). Le maintien des corporations durant le commencement du moyen âge en France après les invasions barbares n'aurait donc rien d'extraordinaire.

Malgré cela, on ne saurait soutenir que les corporations hollandaises, les guildes normandes, les *artels* russes, les *amkari* géorgiens, etc..., aient nécessairement aussi une origine romaine ou même byzantine. Certes les relations entre les Normands et la capitale de l'Empire Romain d'Orient étaient actives, et les Slavons (comme l'ont prouvé les historiens russes et particulièrement Rambaud) y prenaient vivement part. Les Normands et les Russes ont donc pu importer l'organisation romaine des corporations de métiers dans leurs pays respectifs. Mais quand nous voyons que l'*artel* était l'essence même de la vie de chaque jour de tous les Russes, déjà au Xe siècle, et que cet *artel*, quoique aucune espèce de législation ne l'ait jamais réglementé jusqu'aux temps modernes, a les mêmes traits caractéristiques que le « collège » des Romains ou que la guilde des pays occidentaux, nous sommes encore plus portés à considérer la guilde des pays orientaux comme ayant une origine encore plus ancienne que les collèges romains. Les Romains savaient fort bien, en effet, que leurs *sodalitia* et *collegia* étaient « ce que les Grecs appelaient *hetairiai* », (Martin-Saint-Léon, page 2), et, d'après ce que nous savons de l'histoire des pays orientaux, nous pouvons conclure, avec peu de chances d'erreur, que les grandes nations de l'Est, ainsi que l'Égypte, ont eu aussi la même organisation de guildes. Les traits essentiels de cette organisation restent les mêmes partout où nous les rencontrons. C'est une union d'hommes de la même profession ou du même métier. Cette union, comme le clan primitif, a ses propres dieux et son propre culte, renfermant toujours certains mystères, particuliers à chaque union distincte ; l'union considère tous ses membres comme frères et sœurs — peut-être (à l'origine) avec toutes les conséquences qu'une telle parenté impliquait dans la gens, ou, du moins avec les cérémonies qui indiquaient ou symbolisaient les relations qui existaient dans le clan entre frères et sœurs ; enfin, toutes les obligations de soutien mutuel qui existaient dans le clan se retrouvent dans cette union : entre autres, l'exclusion de la possibilité même d'un meurtre au sein de la confrérie, la responsabilité de tout le clan devant la justice, et l'obligation, en cas d'une dispute de peu d'importance, de porter l'affaire devant les juges, ou plutôt les arbitres, de la guilde. On peut dire ainsi que la guilde est modelée sur le clan.

Les remarques que j'ai faites dans le texte sur l'origine de la commune villageoise s'appliquent donc, je suis porté à le croire, à la guilde, à l'*artel* et à la confrérie de métier ou de bon voisinage. Lorsque les liens qui unissaient autrefois les hommes dans leurs clans furent relâchés à la suite des migrations, de l'apparition de la famille paternelle et de la diversité croissante des occupations, un nouveau *lien territorial* fut créé, la commune du village ; et un *lien d'occupations* unit les hommes au sein d'une nouvelle confrérie, *le clan imaginaire.* Lorsqu'il s'agissait seulement de deux, trois, ou quelques hommes ce clan imaginaire fut la « confrérie du mélange des sangs » (le *pobratimstvo* des Slaves) ; et quand il fallut unir un plus grand nombre d'hommes de différentes origines, c'est-à-dire issus de différents clans mais habitant le même village ou la même ville (quelquefois même des villes ou des villages différents), ce fut la *phratrie,* l'*hétairie,* l'*amkari,* l'*artel,* la guilde[5].

Quant à l'idée et à la forme d'une telle organisation, ses éléments existaient déjà dès la période sauvage. Nous savons en effet que dans tous les clans de sauvages il y a des organisations secrètes de guerriers, de sorciers, de jeunes gens, etc., et des « mystères » de métiers, dans lesquels se transmet la science concernant la chasse ou la guerre ; en un mot des « clubs » comme les décrit Miklukho-Maclay. Ces « mystères » furent, selon toute probabilité, les prototypes des futures guildes[6].

Quant au livre que je viens de citer plus haut, de E. Martin-Saint-Léon, j'ajouterai qu'il contient de précieuses informations sur l'organisation des métiers dans Paris — telle qu'elle est décrite dans le *Livre des métiers* de Boileau — et un bon résumé de renseignements touchant les communes des différentes parties de la France, avec des indications bibliographiques. Mais il faut se rappeler que Paris était une « cité royale » (comme Moscou ou Westminster) et que, par conséquent, les institutions de la libre cité du moyen âge n'ont jamais pu y prendre le développement qu'elles ont atteint dans les cités libres. Loin de représenter « l'image d'une corporation typique », les corporations de Paris « nées et développées sous la tutelle directe de la royauté », pour cette raison même ne purent jamais atteindre la merveilleuse expansion et l'influence sur toute la vie de la cité qu'elles atteignirent dans le Nord-Est de la France, ainsi qu'à Lyon, Montpellier, Nîmes, etc., ou dans les cités libres d'Italie, des Flandres, d'Allemagne, etc. L'auteur considère cette tutelle comme une cause de supériorité, mais c'était au contraire une cause d'infériorité — puisqu'il montre clairement lui-même dans différentes parties de son livre, comment l'ingérence du pouvoir impérial à Rome et du pouvoir royal en France détruisit et paralysa la vie des guildes d'artisans.

XI. — *Le marché et la cité du moyen âge.*

(Page 206.)

Dans un livre sur la cité du moyen âge (*Markt und Stadt in ihrem rechtlichen Verhältnis*, Leipzig, 1890) Rietschel a développé l'idée que l'origine des communes allemandes du moyen âge doit être cherchée dans le marché. Le marché local, placé sous la protection d'un évêque, d'un monastère ou d'un prince, groupait toute une population de commerçants et d'artisans, mais non une population d'agriculteurs. La division habituelle des villes en sections, rayonnant autour de la place du marché et peuplées d'artisans de différents métiers, en est une preuve : ces sections formaient généralement la Vieille Ville, tandis que la Nouvelle Ville était un village rural appartenant au prince ou au roi. Les deux villes étaient régies par des lois différentes.

Il est certain que le marché a joué un rôle important dans le développement primitif de toutes les cités du moyen âge, contribuant à accroître la richesse des citoyens et leur donnant des idées d'indépendance ; mais, comme l'a fait remarqué Carl Hegel — l'auteur bien connu d'un très bon ouvrage général sur les cités allemandes du moyen âge (*Die Entstehung des deutschen Städtewesens*, Leipzig, 1898) la loi de la ville n'est pas la loi du marché, et la conclusion de

Hegel est que la cité du moyen âge a eu une double origine (ce qui confirme les opinions émises dans ce livre). On y trouve « deux populations vivant côte à côte : l'une rurale et l'autre purement urbaine » ; c'est la population rurale, qui d'abord vivait sous l'organisation de l'*Almende,* ou commune villageoise, qui se trouve incorporée dans la cité.

En ce qui concerne les guildes marchandes, l'ouvrage de Herman van den Linden (*Les guildes marchandes dans les Pays Bas au moyen âge,* Gand 1896 ; dans le *Recueil de Travaux publiés par la faculté de Philosophie et Lettres*) mérite une mention spéciale. L'auteur retrace le développement graduel de leur pouvoir politique et l'autorité qu'elles acquirent peu à peu sur la population industrielle, particulièrement sur les drapiers, et il décrit la ligue formée par les artisans pour s'opposer à ce pouvoir croissant. L'idée qui est développée plus haut, dans le texte, concernant l'apparition de la guilde marchande à une période tardive, qui correspond le plus souvent au déclin des libertés de la cité, semble donc être confirmée par les recherches de H. van den Linden.

XII. — *Organisations d'entr'aide dans quelques villages de notre temps ; — La Suisse ; les Pays-Bas.*

(Page 270.)

Les survivances de la possession communale ont pris en Suisse certaines formes intéressantes sur lesquelles le Dr Brupbacher a eu la bonté d'attirer récemment mon attention en m'envoyant les ouvrages mentionnés ci-dessous.

Le canton de Zug comprend deux vallées, celle d'Argeri et le fond de la vallée de Zug. Dix « communes politiques » comme le Dr K. Rüttimann les désigne, entrent dans la composition de ce canton ; et « dans toutes ces communes politiques du canton de Zug, à l'exception de Menzingen, Neuheine et Risch, — à côté des terres de possession privée, il y a des parties considérables de territoire (champs et terrains boisés) qui appartiennent à des corporations d'Allmends, grandes et petites, dont les membres administrent ces terres en commun. Ces unions d'Allmends sont connues aujourd'hui dans le canton de Zug sous le nom de *corporations*. Dans les communes politiques de Oberägeri, Unterägeri, Zug, Walchwil, Cham, Steinhausen et Hünenberg, il y a une corporation pour chaque commune, mais il y en a cinq dans la commune de Baar. »

Le fisc évalue les propriétés de ces corporations à 6.786.000 francs.

Les statuts de ces corporations reconnaissent que les propriétés des Allmends sont « leur propriété commune, inaliénable, indivisible, et ne pouvant être hypothéquée ».

Ce sont les vieilles « familles » de *burgers* qui sont membres de ces « corporations ». Tous les autres citoyens de la commune, qui n'appartiennent pas à ces familles, n'appartiennent pas non plus à la corporation. En outre, quelques familles de certaines communes du canton de Zug sont *burgers* de la commune villageoise de Zug. Autrefois il y avait encore la classe des étrangers établis (*Beisassen*), qui occupaient une position intermédiaire entre les burgers et les non-burgers, mais maintenant cette classe n'existe plus. Seuls, les burgers possèdent des droits sur l'Allmend (ou droits de corporation), lesquels varient quant à leur extension, et dans quelques communes s'attachent à la possession d'une maison bâtie sur le terrain communal. Ces droits, appelés *Gerechtigkeiten*, peuvent être achetés aujourd'hui, même par des étrangers.

L'affluence des étrangers a ainsi produit dans la république de Zug le même phénomène que Miaskowski et Kovalewky signalaient dans d'autres parties de la Suisse. Seuls les descendants des vieilles familles ont droit au patrimoine communal (resté encore assez considérable). Quant aux habitants actuels de chaque commune, ils représentent une « commune politique », qui, comme telle, n'est pas héritière des droits de l'ancienne commune.

Quant à la façon dont les terres communales furent divisées entre les habitants, à la fin du XVIIIe siècle, ainsi que les formes compliquées qui en résultèrent, on en trouvera la description détaillée dans l'ouvrage du Dr Karl Rüttiman, *Die Zugerischen Allmend Korporationen, dans les Abhandlungen zum schweizerischen Recht,* du Pr Max Gaiür, 2 fascicules, Berne, 1904 (contient une bibliographie du sujet).

Un autre travail récent donne une excellente idée de l'ancienne commune de village dans le Jura bernois ; c'est la monographie du Dr Hermann Rennefahrt, *Die Allmend im Berner Jura*, Breslau, 1905 (*Untersuchangen zur Deutschen Staats- und Rechtgeschichte*, du Dr Otto Gierke, fascicule 74, p. 227, contient une bibliographie). Dans ce travail on trouve un excellent exposé des rapports qui existaient entre le seigneur foncier et les communes villageoises, ainsi que des règles économiques qui étaient en vigueur dans ces dernières ; on y trouve en outre un exposé extrêmement intéressant des mesures qui furent prises lors de la conquête française pour abolir la commune du village et la forcer à partager ses terres, afin de les livrer, sauf les forêts, à la propriété privée, — et on y apprend aussi l'échec complet que subirent ces lois. Une autre partie intéressante de cet ouvrage montre comment les communes du Jura bernois ont réussi, pendant ces dernières cinquante années, à tirer meilleur parti de leurs terres et à en augmenter la productivité, sans recourir à la destruction de la propriété collective (voy. p. 165-175).

La monographie du Dr Ed. Graf, *Die Auftheilung der Almend in der Gemeinde Schœtz*, Berne, 1890, raconte la même histoire de la commune villageoise et du partage forcé des terres dans le canton de Lucerne.

Le Dr Brupbacher, qui a analysé ces importants ouvrages dans la presse suisse, m'a aussi envoyé les suivants :

Der Ursprang der Eidgenossenschaft aus der Mark-Genossenschaft, bei Karl Bürkli, Zurich, 1891 ; la conférence du Pr Karl Bücher, *Die Allmende in ihrer wirthschaftlichen und sozialen Bedeutung*, Berlin 1902 (« Soziale Streitfragen », XII) ; et celle du Dr Martin Fassbender, sur le même sujet (Leipzig, 1905).

Touchant l'état actuel de la propriété communale en Suisse, on peut consulter, entre autres, l'article « Feldgemeinschaft » dans le *Handwörterbuch der schweizerischen Volkwirthschaft, Sozialpolitik und Verwaltung*, du D' Reichesterg, Bd I, Berne, 1903.

Le rapport de la commission agricole des Pays-Bas contient de nombreux exemples d'entr'aide, et mon ami, M. Cornelissen, a eu la bonté de trier pour moi, dans ces gros volumes, les passages s'y rapportant (*Uitkomsten van het Onderzoek naar den Toestand van den Landbouw in Nederland*, 2 vol., 1890).

L'habitude d'employer une machine à battre, passant dans un grand nombre de fermes qui la louent à tour de rôle, est très répandue, comme dans presque tous les autres pays aujourd'hui. Mais on trouve çà et là une commune qui possède une machine à battre pour la communauté (vol. I, XVIII, p. 31)

Les fermiers qui n'ont pas un nombre de chevaux suffisant pour labourer empruntent les chevaux de leurs voisins. L'habitude d'entretenir un taureau communal ou un étalon communal est très répandue.

Quand le village doit faire des terrassements (dans les districts des basses terres) afin de construire une école communale, ou pour bâtir une nouvelle maison pour l'un des paysans, un *bede* est généralement convoqué. La même chose se fait si l'un des fermiers doit déménager. Le *bede* est une coutume très répandue, et aucun, riche ou pauvre, ne manquera de s'y rendre avec son cheval et sa charrette

La location en commun, par plusieurs ouvriers agricoles, d'une prairie pour garder leur vaches, a lieu ans plusieurs régions du pays ; on voit fréquemment aussi le fermier, qui a une charrue et des chevaux, labourer la terre pour ses ouvriers salariés (Vol I, XXII, p. 18, etc.).

Quant aux unions de fermiers pour acheter des graines, pour exporter des légumes en Angleterre, etc., elles deviennent extrêmement nombreuses. Il en est de même en Belgique. En 1896, sept ans après la fondation des guildes de paysans dans la partie flamande du pays, quatre ans seulement après leur introduction dans les provinces wallonnes de la Belgique, on voyait déjà 207 de ces guildes, comptant 10.000 membres (*Annuaire de la Science Agronomique*, vol. I (2), 1896, pp. 148 et 149).

1. ↑ Voir *Marriage Customs in many Lands,* par H. N. Hutchinson, Londres, 1897.
2. ↑ Beaucoup de formes nouvelles et intéressantes de ces traditions ont été réunies par Wilhelm Rudeek, *Geschichte der öffentlichen Sittlichkelt in Deutschland*, ouvrage analysé par Durckheim dans l'*Annuaire sociologique*, II, 312.
3. ↑ A Servio Tullio populus romanus relatus in censum, digestus in classes, curiis atque collegiis distributus (E. Martin-Saint-Léon, *Histoire des*

corporations de métiers depuis leurs origines jusqu'à leur suppression en 1791, etc., Paris, 1897).

4. ↑ La *sodalitia* romaine, autant que nous en pouvons juger (même auteur, page 9), correspondait aux *çofs* des kabyles.

5. ↑ On est frappé de voir avec quelle évidence cette même idée est exprimée dans le passage de Plutarque concernant la législation des « collèges de métiers » par Numa : « Et par ce moyen, écrit Plutarque, il fut le premier à bannir de la cité cet état d'esprit qui poussait le peuple à dire « Je suis un Sabin » ou « je suis un Romain », ou « je suis un sujet de Tatius », ou « je suis un sujet de Romulus », — en d'autres termes, à exclure l'idée de descendance différente.

6. ↑ L'ouvrage de H. Schurz, consacré aux « classes par rang d'âge » et aux unions secrètes pendant les époques barbares de la civilisation (*Altersklassen und Männerverbande : eine Darstellung e der Grundformen der Gesellschaft*, Berlin, 1902) qui me parvient pendant que je suis en train de relire les épreuves de ces pages [La première édition anglaise, parue en 1902 (note du traducteur)] contient nombre de faits confirmant l'hypothèse ci-dessus énoncée sur l'origine des guildes. L'art de bâtir une grande maison communale de façon à ne pas offenser les esprits des arbres abattus ; l'art de forger les métaux de façon à se concilier les esprits hostiles ; les secrets de la chasse et des cérémonies et danses masquées, qui la rendent heureuse ; l'art d'enseigner les arts des sauvages aux jeunes garçons ; les moyens secrets de se préserver des sortilèges des ennemis, et par suite, l'art de la guerre ; la fabrication des bateaux, des filets de pêche, des trappes pour prendre les animaux, ou des pièges à oiseaux, et enfin les arts des femmes concernant le tissage et la teinture des étoffes — c'étaient là dans les temps anciens autant d'« artifices », et de « mystères » (*crafts*), qui demandaient le secret pour être effectifs. Aussi, depuis les temps les plus anciens ils n'étaient transmis que par des sociétés secrètes à ceux seuls qui avaient subi une pénible initiation. H. Schurtz montre que dans la vie des sauvages il y a tout un réseau de sociétés secrètes et de « clubs » (de guerriers, de) qui ont une origine aussi ancienne que les « classes matrimoniales » et contiennent déjà tous les éléments de la future guilde : caractère secret, indépendance par rapport à la famille et quelquefois par rapport au clan, culte en commun de dieux spéciaux, repas en commun, juridiction rendue au sein de la société et confrérie. La forge et le garage des bateaux sont habituellement les dépendances des clubs des hommes ; et les « longues maisons » ou « palabres » sont construites par des artisans spéciaux qui savent comment on conjure les esprits des arbres abattus.

INDEX

Aba, chasse en commun, 153.

Abbeville, 192, 225 n.

Abeilles, entr'aide parmi les, 17—20 ; instincts anti-sociaux parmi les, 19.

Abyssinie, commune villageoise, 133.

Achats faits par la guilde, *voir* guildes.

Acte des maîtres et serviteurs, 289.

Adalbert, saint, 181.

Adlerz, professor Gottfried, sur les fourmis, 329, 330.

Afrique, population animale, 42, 51 n. ; commune villageoise, 133, 281 ; monarchies barbares, 176 ; lois des compensations dans diverses tribus, 146 ; droit coutumier, 161, 162.

Agriculture, instruments d', perfectionnés dans les communes villageoises, 278.

Aides, dans les guildes, 210.

Aides : dans les villages des Kabyles, 156 ; en Géorgie, 156 n. ; chez les paysans français, 262 et suiv. ; au Caucase, 263 n. ; en Allemagne, 268.

Aire, l'union amicale d'). 192.

Aix-la-Chapelle, 223 n.

Alans, 149.

Aléoutes, 99, 104 *et suiv* ; actuellement à l'âge de pierre, 104 ; caractère paisible, 104 ; distribution des richesses accumulées, 105 ; code de moralité, 107.

Alfourous, les, 163.

Algérie, 157.

Allthing, la loi récitée à l', 172.

Altum, Dr B, sur la destruction du bombyx du pin, 76 ; des souris, 77, 78.

Amalfi, 182.

Amas de coquilles, 89.

Amérique, population animale de l', 41.

Amérique centrale, culture en commun, 138.

Amérique du Nord, 34.

Amiens, 192, 199, 199 n., 211 n. ; agissant comme arbitre, 225.

Amitas, 209.

Amkari, 183, 184 n., 297, 347.

Amou, le fleuve, 129 n.

Amour, le fleuve, VIII, IX, 51, 52, 141.

Amour et sociabilité, XII.

Am !. 208

Anabaptism. 244 n.

Anaya, 158, 160.

Ancher, Kofod, sur les anciennes guildes danoises, 186.

Angleterre, commune villageoise, 131 ; médiévale, 199 n. ; destruction de la commune villageoise, 252 et suiv. ; vestiges vivants de la commune villageoise, 255 et suiv.

Anglo-Saxonne, la loi, 174.

Annam, commune villageoise, 138.

Anthropologie, Société d', 99. 100; sur le cannibalisme, 114 ;.

Anticosti, l'île d', 332.

Antilopes, 51.

Amers, 199 n.

Arabes, les invasions des, 1'78.

Aral, le lac, 129 n.

Aranis, les, 162.

Arbitre, cité agissant comme, 224.

Archipels arctiques, 36.

Architecture du moyen age, 227 et suiv. ; inspiration communale, 228 ; perfection du métier, 229.

Ardennes, redistribution des terres, 261.

Ariège, la vie villageoise de l', 262 et suiv ; culture communale, 267.

Arnold, Dr Wilhelm, 133 n.. 175; sur les cités allemandes. 195.

Art (l') grec et médiéval, 228, 231.

Artel, 183, 189, 189 n., 210 ; développements modernes en Russie, 295-297, 349-350.

Arthur, légendes du roi, 147.

Aryens anciens, 95, 130.

Asara, sur la sociabilité des grimpereaux, 37.

Asie centrale, troupeaux de mammifères, 41; dessèchement, 129 n, 130.

Asie du Nord, 34.

Assemblée, ses attributions dans les villages, 132 ; ses fonctions judiciaires, 143; étendue de sa juridiction, 145 ; suprême dans les cités médiévales, 173 ; juridiction dans les temps féodaux, 178 ; élection du *défenseur*, 180, 181 ; à Londres, 181 n. ; son abolition, 244 ; Gomme, sur ses fonctions, 235 n.

Assemblée constituante, 250.

Associations, abrogation des lois sur les, 288.

Associations d'animaux : familles, groupes, sociétés, 56 ; en villages, 57.

Associations pour chasser, du mâle et de la femelle, 21 ; parmi les aigles, 22 ; les milans, 23 ; les pélicans, 25 ; les lions, 43; les tribus canines, 43 ; les loups, 43 ; les loups des prairies, 44 ; les renards, 44 ; les hyènes, 45.

Athènes, l'Acropole, 229.

Audubon, 6 ; sur les perroquets, 32 ; bandes de loups du Labrador, 43 ; rats musqués du Canada ; son « Journal », 331; sur les oiseaux aquatiques de la rivière du Saint-Laurent, 331 ; sur les aigles, 332.

Augsbourg, 181, 223.

Augustin, saint, 306.

Australasie du Sud, 91.

Australie, 32 ; troupeaux d'herbivores, 63.

Australiens, 91, 93-96 ; *The Folklore, Manners, etc., of Australien Aborigines,* 100 n. ; code de moralité, 109 n.

Auto-juridiction, 205.

Autriche, destruction de la commune villageoise, 254.

Automne, sociétés des oiseaux, 39.

Babeau, l'ancien village. 133 n, ; l'ancienne ville, 184 ; commune villageoise, 249, 250.

Bachofen, origine tardive de la famille, 85, 339, 340.

Bacon, Francis, 232.

Bacon, Roger, 232.

Bade, 268.

Bain. Eb., *Merchant and Craft Guilds*, 216 n.

Baker, S. W., association des lions en bandes pour chasser, 43 ; sociétés d'éléphants, 53.

Bakradze, D. M., la culture en commun, 138 ; propriété commune des serfs, 160.

Balai ou *barle*, 102.

Balkans, commune villageoise dans la péninsule des, 270.

Bâle, 223 ; cathédrale, 230.

Bancroft, sur la culture en commun, 138.

Bannis, 143.

Baptistes, 276.

Barbares. l'entr'aide chez les. 125-165 ; migrations qui les dissociaient, 130 ; commune villageoise établie, 131 ; la justice rendue par l'assemblée villageoise, 143 ; *fred* et *wergeld,* 153 ; les compensations, 144 ; punitions douces, 146 ; tribus vivant actuellement sous le régime des, 150 et suiv ; défrichement des forêts, colonisation, 168.

Barberousse, 222.

Barrow, 98.

Barthold, cités médiévales allemandes, 205 n.

Basoutos, 161 n.

Bassano, 189 n.

Bastian, Adolf, sur la vengeance par le sang et la justice, 117 n., 122 ; obligation d'aider les voyageurs, 158 n. ; îles océaniennes, 163 n.

Bataves, 136 n.

Bateaux de sauvetage, association des, 298.

Bates, W., sur le darwinisme, xiii ; « campos » des termites, 20 ; sur les vautours du Brésil, 25 ; destruction des fourmis ailées, 76 ; papillons, 327 ; rareté de la population animale au Brésil, 336 ; sociétés d'oiseaux, 339.

Batteuses possédées en commun, 264.

Baudrillart, A., populations rurales de la France, 266, 267.

Baudrillart, II., populations rurales de la France, 266.

Bavière, 270 n.

Beaumont, la charte de, 193.

Becker, A., sur la disparition soudaine des *sousliks*, 7 .

Bede, 356.

Behring, son équipage et les renards polaires, 55:.

Belettes, 43.

Belgique, la vente forcée des terres communales, 254 ; unions de fermiers, 356.

Bentham, 122.

Bergeronnettes chassant le faucon, 28.

Berkshire, 256 n.

Berne, 216 n., 220 n.

Besançon, 218.

Besseler, sur la formation de la propriété foncière individuelle. 136 n.

Biclaeff, professeur, Histoire de Russie, 175, 180 n., 196, 205 n.

Bink, G. L., sur les Papous de la Nouvelle-Guinée, 101.

Blanchard, métamorphoses des insectes, 13 n.

Blavignac, J. D., sur le travail à Fribourg, 211 n.

Bleck, W., sur les Bushmen, 97 n.

Bock, Carl, sur la chasse aux têtes chez les Dayaks, 118 ; exagération de cette coutume, 118 n.

Bogisić, sur la famille composée chez les Serbes et les Croates, 347.

Bogos, 161 n.

Bohème, cités, 180, 228.

Boileau, *Livre des métiers*, 351.

Bolivie, 64.

Bologne, 220 n., 222.

Bombyx du pin, 76.

Bonnemère, institutions villageoises en France, 133 n., 251 n.

Bornéo, 55.

Botta et Leo, accumulation ancienne des richesses, 170 ; code lombard, 174, 175, 195, 205 n.

Bourgeois, lutte contre la féodalité, 218.

Bourgogne, 235.

Bouriates : familles indivises, 150 ; repas en commun, 151 ; confédérations, 151 ; habitudes fraternelles, 152 ; chasses en commun, 152.

Bourse, artel de la, 296.

Bratskiye, 152.

Brehm, A., xi, 23, 24, 25 n., 28, 30, 33, 35, 39, 49 ; bataille rangée livrée par les hamadryas à sa caravane, 55, 60 n. ; sur la vie sociale des singes, 86 n.

Brehon, la loi de, 148.

Brême, 182, 231.

Brentano, L., sur les syndicats, 216 n. ; lutte dans les cités, 236 n.

Brescia, 222.

Breslau, 228 ; beffroi, 231.

Brésil, fourmis, 15 ; faucons, 24 ; faune, 336 ; indigènes, 91 ; culture en commun, 138.

Bretagne, culture en commun, 138.

Brighton, aquarium de, 12.

Bristol, mineurs de, 292.

Bruges, 182, 215.

Brunswick, 216 n.

Bruyères anglaises, 77.

Buchenberger, A., sur la destruction de la commune villageoise en Belgique, 253 ; sur la coopération agricole en Allemagne, 268, 269.

Bücher, K., addenda au *Primitive Property* de Laveleye, 133 n., 259 n.; coopération agricole en Allemagne, 268.

Büchner, Dr Louis, xi, xvi ; sur l'inteliigence animale, 7 n. ; « Amour » 7, 13, 44 n.; sur la sympathie parmi les animaux. 63.

Buffon, sur les lapins. 49.

Bulgares, 274.

Buphagus, 7.

Burchell, 97.

Burgdorf. 220 n.

Bärgernutzen, 258.

Burrichter, 195.

Buses, attaquées par les vanneaux. 28.

Bushmen, 91, 97, 99.

Buxbaum, L., 40 n.

Cafards. une espèce chassée par une autre, 66 n.

Calonne. A. de, sur des achats communaux, 198, 198 n., 211 n.

Cambrai, 217 n.

Canada. rats musqués, 47.

Cannibalisme, discussion à la Société d'Anthropologie de Paris. 114 ; origine probable durant la période glaciaire, 115 ; caractère religieux au Mexique et aux îles Fidji, 116.

Capponi, Gino, histoire de Florence, 216 n.

Capridés, sociabilité chez les, 51.

Capucins, 54.

Carnivores, sociabilité chez les, 43.

Carpes, 149.

Casalis, droit coutumier des Basoutos, 161 n.

Caspienne, mer, 129 n.

Cassiques, se moquant de l'aigle, 29.

Castors, colonies de, 42, 47.

Cathédrales, médiévales, 227.

Caucase, montagnard du, culture en commun. 138, 159, 160 ; développement du féodalisme, 159 ; féodalisme en commun, 159 ; droit criminel, 160 ; tribunal du peuple, 161 ; aides dans les villages, 263 n.

Celtes, 94, 130.

Celtibères, 138.

Centralisation, développement des idées de, 235 et suiv.

Centralisation en France, 251.

César, Jules, 138.

Césarisme, développement du, 234 et suiv., 242.

Ceylan, 53 n.

Chacals, associations pour chasser, 44.

Chakars, chantant en chœur, 39.

Chambers' Encyclopædia, 180 n.

Chant en chœur, des oiseaux, 59.

Charitables, associations, 306.

Charités, 315.

Charlemagne, 178.

Charroi. 262.

Charrue associée au Pays de Galles, 138 ; au Caucase. 139,

Chasse en commun, 153.

Chevaliers du Travail, 290.

Chevaux, 49 ; demi—sauvages en Asie, 50 ; effets de la sécheresse, 50 ; sauvages au Thibet, 50 ; origine des, 71 ; après une sécheresse, 79.

Chevreuils, migrations de, 51, 52.

Chérusques. 149.

Chinois, chasses en commun, 154.

Cibrario, L, régime économique dans l'Italie médiévale, 199 ; sur l'esclavage et le servage, 237 n.

Civettes, 43.

Clan, son organisation chez l'homme primitif, 84—95, opposé aux autres clans, 120 ; dissocié par les migrations, 129 ; App. VII, 339.

Clan, mariage par, 92 ; chez les Sémites, Aryens, Australiens, Peaux-Rouges, Esquimaux, etc., 95 ; ; App. VII. 339.

Classes, matrimoniales chez les sauvages, 342 ; par âge, guildes, 351.

Clements, Dmitri, sur les antiquités de Loukchoun, 129 n.

Clode, Ch. 31., *The Guild of Merchant Taylors*, 189 n., 199 n.

Clôture, Actes de, 253.

Clubs alpins, 303.

« Clubs » des sauvages, 350.

Code Napoléon, 215.

Çof, des Kabyles, 158, 186.

Collegia, 183, 35 : 8.

Collins, col., 96 n.

Cologne, 181, 185 n. ; guildes de voisinage, 195 ; guildes, 215, 223, 224 ; cathédrale, cmment elle fut bâtie, 230.

Colonies animales, 56.

Colonisation, par les communes villageoises, 141 ; par les cités médiévales, 238.

Colonna, 237.

Colorado, 38.

Com-bourgeois, 220.

Commune de Laon, 224.

Commune villageoise, constituée de manière à résister à la désintégration, 131 ; son étendue universelle, 132 ; ses divers noms, 133 ; elle n'est pas un résultat du serrage, mais y est antérieure, 133 ; bibliographie, 133 n. ; rapports avec la famille composée, 13 : 1 ; propriété foncière en commun, 136 ; défrichement des forêts, 136 ; travail en commun, 137 ; culture en commun, 138 ; construction des routes, 141 ; fortins, 141 ; bourgeonnement de nouveaux villages, 141 ; fonctions judiciaires de l'assemblée, 143 ; du seigneur féodal, 144 ; le *fred*, 144 ; :étendue de sa juridiction, 144 ; compensation, 145 ; principes moraux, 147 ; confédérations, 148 ; protection militaire, 149 ; chez les Bouriates, 150-153 ; Kabyles, 154-158 ; montagnards du Caucase, 159—161 ; en Afrique, 161 ; Toupis du Brésil, 162 ; Aranis, 162 ; Oucagas, 162 ; Malais, 163 ; Alfourous, 163 ; Wyandots, 163 ; à Sumatra, 163 ; universalité de la, 163-165 ; indépendance maintenue au commencement de la période médiévale, 177 ; fédération des communes villageoises dans la cité, 179-181 ; efforts des riches et de l'État pour détruire la, 248 ; destruction de la, en France, 248-252 ; en Angleterre, 252—254 ; en Allemagne, Autriche, Prusse, Belgique, 254 ; ; encore vivante, 255 ; lois et institutions dérivées de la, en Angleterre, 255 ; en Suisse, 257—260 ; en France, 261-269 ; en Allemagne, 269-270 ; commune villageoise en Russie, 271—281 ; croissance spontanée récente en Russie, 272 et suiv.; en Turquie, au Caucase, 281 ; en Asie et en Afrique, 281, 282.

Communes de France, 258 et suiv.

Campayne, 209.

Compensations : meurtre, 144, 145 : vol, 169 n.

Compiègne, 192.

Conclusion, 318—326.

Concurrence dans la nature. théorie de la, 64-81 ; arguments de Darwin, 65 ; argument indirect en sa faveur, 67 et suiv. ; obstacles naturels, 75 ; est un élément de l'évolution progressive, 75 ; adaptations pour l'éviter, 80, 337.

Conflits parmi les sauvages, 102, 117, 118.

Congrès de travail au moyen âge, 212.

Conrad, 223.

Constance, 223.

Constantinople, 235.

Consuls anglais, rapports des, 273 n.

Conventiün, édits pour détruire la commune villageoise, 250 ; contre les associations d'ouvriers, 287.

Convivii, 190 n.

Coopération agricole en Suisse, 260 ; en France, 265 et suiv. ; en Allemagne, 268 ; en Russie, 271-280 ; crèmeries dans la Sibérie occidentale, 280 n. ; en Angleterre, 294 ; sur le Continent, 294 ; en Russie, 294-296.

Copernic, 232.

Corneilles chassant le milan, 29.

Cornelissen, sur l'entr'aide dans les villages des Pays-Bas, 355.

Cornélius, sur le soulèvement de Munster, 243 n.

Cornish, C. J., sur les jeux des animaux, 334.

Corporations, 211 n.

Couagga, 50 n.

Couës, Dr E., sur les oiseaux des îles Kerguelen, 27 ; hirondelles des falaises et faucons, 38 ; oiseaux du Dakota, 39, 332.

Coulanges, Fustel de, 132 n., 340.

Coures, commune villageoise des 132.

Crema, 222. j

Crofters, commission des, 255.

Culture en commun, moderne, dans l'Ariège, 267 ; en Westphalie, 268 ; à Koursk, 277.

Cunow, Heinrich, commune villageoise du Pérou, 139 n.

Cyclistes, Alliance des, 303.

Cyvar, 138.

Daghestan, 159.

Dahn, F., anciennes institutions teutoniques, 133 n, ; accumulation des richesses, 170 n. ; ancien droit teutonique, 178.

Dakota, 39.

Dall, sur les Aléoutes, 106.

Dalloz, sur les terres communales en France, 251 n.

Danemark, amas de coquilles, 89.

Danois, coopérateurs, en Sibérie. 280 n.

Danoise, ancienne guilde, 186 ; Pappenheim touchant cette guilde, 189 n.

Danse, chez les oiseaux, 58, 59.

Dante, 233.

Dareste, 251 n.

Dargun, L., sur l'altruisme dans la science économique. 308 n.

Darwin, Charles, sur la lutte pour la vie, VII, I ; sur le même sujet dans *Descent of man*, X, 2; Bates sur ses idées, XIV ; influence malthusienne, 3 ; ses continuateurs, 4, 7, 10 ; associations de milans pour la chasse, 23 ; bataille des hamadryas, 55 ; la danse chez les oiseaux, 58 ; qualités utiles dans la lutte pour la vie, 60, 61 ; compassion chez les pélicans, 64 ; lutte pour la vie et concurrence, analyse de cette théorie, 64-81 ; sens métaphorique du mot extermination, 68 ; argument arithmétique de Malthus, 73 ; la surpopulation et les obstacles naturels, 73-78 ; comment les animaux évitent la concurrence, 78-81 ; abus de sa terminologie, 84 ; origine de l'homme d'espèce sociable, 85 ; sur les qualités sociales de l'homme comme principal facteur de son évolution, 120.

Darwin, Dr Erasmus, sur les crabes pendant la saison de la mue, 13.

Darwinisme et Sociologie, IX ; Bates sur le darwinisme, XIII.

Darwinistes, VII ; russes, 9.

Dasent, George, saga du *Burnt Njal*, 147.

Dayaks, leurs mœurs, 99 ; leur conception de la justice, 118 ; exagérations des écrivains modernes, 118, 119.

Décadence des cités médiévales, les causes de la, 233 et suiv.

Defensor de la cité, 204.

« Dégénérés », 90.

Dellys, 157.

Demidoff, A., 25 n.

Dendrocolaptidœ, 339.

Denton, Rev., sur l'Écosse médiévale, 227 n.

Desséchement, une cause des migrations, 128, 129 ; des lacs post-pliocènes, 129 n.

Desmichels, 169 n.

Dessa, 133.

Destruction des animaux par les actions naturelles, vii.

De Stuers, commune villageoise des Malais, 163.

Dholes, 44.

Diodore, 138.

Dixon, Ch., vols d'oiseaux pour le plaisir, 25 ; « montagnes d'oiseaux », 36 ; réunions avant la migration, 40 ; destruction des oiseaux par le froid, 77 ; associations d'oiseaux aquatiques, 332 ; sur les vanneaux, 337.

Djemmâa, 155, 160, 265, 281.

Docks de Londres, grève des ouvriers des, 291.

Documents historiques, racontant surtout les luttes, 126.

Doniol, institutions villageoises de la France, 133 n., 251 n.

Dôoussé-Alin, 52.

D'Orbigny, 6 ; sur les milans, 24.

Dordogne, vestiges paléolithiques, 87.

Doren, A., sur la guilde de mars chauds, 208 n.

Droit international, 149.

Droit romain, son développement, 136 ; change la conception de la royauté 175 ; renouvellement de l'étude du, 233 ; l'Église chrétienne en accepte les principes, 238.

Droujestva, 183.

Drummond, H., xvi.

Durkheim, sur le mariage humain, 340, 345.

Ébrard, sur les fourmis, 13 n.

Eckermann, *Gespräche*, xi.

Eckezt, 195 n.

Écosse, belettes sociables, 43 ; commune villageoise, 132 ; culture en commun, 138, 202 ; routes. 227, 235.

Écureuils, 45.

Édouard III, 237.

Édouard VI, confisque les terres des guildes. 286.

Efimenko, Mme, sur la commune villageoise en Russie, 133 n.

Égalité, institutions pour maintenir l'. 122.

Éghiazarov, 5., sur les guildes de Géorgie, 184 n., 297 n.

Église chrétienne, 136 ; et i'Empereur en Italie, 221 ; favorise le césarisme, 234 ; études en Droit, 238 ; révolte contre l'Église catholique, 243.

Eichhorn, 179 n.

Éléphants, sociétés d', 53.

Êlisabeth, la Reine, statut de, pour régler les salaires, 287.

Elphinstone, commune villageoise des Afghans, 132.

Empereur et l'Église en Italie, 221.

Emprount, 263.

Emprunts dans les cités médiévales, 238.

Enfants, entr'aide parmi les, 309 ; achetés pour les manufactures en Angleterre, 314.

Ennen, Dr Léonard, cathédrale de Cologne, 185 n.; Cologue, 195 n., 230 n.

Ennett, J. T., 211 n.

Entr'aide : Kessler sur l', ix, loi d', x ; Gœthe sur l', x ; ouvrages sur l', xi ; l'Entr'aide et l'amour, xii ; comme une loi de la nature, xiii ; institutions, xiv ; l'Entr'aide et l'individualisme, xv ; articles sur l', xvii ; conférence par Kessler, 7 ; conférence par Lanessan, 7 n. ; Büchner sur l', 7

n. ; parmi les animaux, 1-81 ; parmi les sauvages, 82-124 ; chez les barbares, 125-165 ; dans la cité du moyen âge, 166 —250 ; chez nous, 241-317 ; dans l'histoire, 126, 127 ; tendance développée dans la cité moderne, 167 ; destruction des institutions par l'état, 244-248.

Époque glacière, extension de la calotte de glace, 88.

Épouses, échange des, chez les Esquimaux, 104, en Australie, 104 n. ; 344.

Equus Przewalski, 50, 71.

Erskine, sur le sacrifice des parents âgés.

Esclavage dans les cités italiennes, 220, 237 n.

Espagne, 39.

Esquimaux, leurs institutions, 91, 99, 102 ; congénères les plus proches, leurs habitudes, 104.

Esnafs ou *esnaifs*, 183, 297.

Espinas, sur les sociétés animales, XI, 7 n., 56.

État, ingérence dans les communautés, 212 et suiv. ; constitution au XVIe siècle, 233 ; aidé par l'Église, 235 ; sa victoire sur les cités, 244 ; spoliation des guildes, 245 ; absorbtion de toutes leurs fonctions, 246 ; destruction des institutions d'Entr'aide, 247; ingérence dans les guildes, 285 et suiv.

Europe du Nord, 34.

Évolution progressive favorisée par l'entr'aide, IX, 3-10 ; dans ses rapports avec la concurrence, 80.

Expédition allemande chez les Esquimaux, I104.

Fabre, J.-B., sur les insectes, 13 n.

Fagnier, sur l'industrie médiévale à Paris, 197 n., 213 n.

Falke, Joh., sur le travail au moyen âge, 211 n.; sur la Hanse, 223 n.

Falkenau, grèves, 291 n.

Falsifications dans l'agriculture, 266 n. i

« Familles, Les », 207, 236.

Famille composée, phase de la civilisation, 347 ; chez les Ossètes, 159 ; chez les. Slavons méridionaux, 347.

Famille, paternelle, au milieu du clan, 123.

Famille, origine tribale, 83-95 ; Appendice VII, 339-345.

Farnes, les îles, 331.

Faucon, chassé par de petits oiseaux 29.

Faucon des prairies, 38.

Faucon à cou rouge, en bandes, 22 ; dans les steppes du Sud de la Russie, 22.

Fédéralisme, principes du, 238,

Fédération des peuplades barbares, 149; des cités, 221 et suiv. ; des villages, 223.

Fée, 7 n.

Femme, position inférieure dans le clan, 3&2.

Femmes, moqueries en cas de petites fautes, chez les Esquimaux, 104 ; dans la tribu, 122 ; institutions d'éducation en Russie, 305 n.

Fenaison en commun, 140.

Féodalité, croissante au Caucase, 159 ; en commun, 160 ; chez les Malais, 162.

Fer prix du, au moyen âge..., 169 n.

Ferdinand Ier, 212.

Ferrari, sur les cités italiennes, 181 n., 182 n., 205 n.; sur les guerres entre celles-ci, 221 n.

Fidji, cannibalisme religieux, 115.

Filial, amour, chez les sauvages, 110 n.

Finnois, commune villageoise, 132.

Finsch, O., sur la Nouvelle-Guinée, 101 n.; sur les Hyperboréens, 109 n.

Fison, L., et A.-W. Howitt, sur l'origine tribale de la famille, 92 n., 99 n.

Flamandes, cités, 231.

Flandres, 204.

Florence, révolution des arts mineurs, 216 ; guerres contre les propriétaires, 219, 220 n. ; à la tête d'une ligue des cités ; ligue de villages dans son *contado*, 223 ; état florissant du pays, 227 n.; paroles de son Conseil, 231 ; ses écoles et ses hôpitaux, 231 n. ; révolution au xve siècle, 239.

Forbes, James, sur la sympathie parmi les singes, 54.

Forel, prof., sur les fourmis, 13, 15 n., 16 n., 17 ; Sur les fédérations des fourmilières, 20.

Forts, 178.

Fourmis, l'entr'aide parmi les, 13-17 ; se nourissant les unes les autres, 14 ; ; agriculture et horticulture. 15 ; fédérations de fourmilières, 20 ; leurs jeux, 58 ; livre de Pierre Huber sur les, 329 ; appréciation de M. Sutherland, 330 ; Prof. Adlerz sur les, 330 ; nations des, 331.

France, voir commune villageoise, guildes, cités médiévales.

Franc-maçonnerie, 306.

Franche-Comté, 218 n.

Francs, 136 n. ; culture en commun, 137.

Franque, période, 195.

Fred, payé à la commune villageoise, 144 ; origine, 145 ; aux périodes plus récentes, 171-173.

Fribourg, 211 n.

Fritsch, sur les Bushmen, 97 n.

Frœbel, Unions, 305.

Fruitières, 267.

Euégiens, font partie de la zone sauvage, 91 ; descriptions récentes. 103.

Fusilladcs militaires, 117 n.

Fustel de Coulanges, sur la commune villageoise, 132 n., 340.

Galicie, villes, 228.

Galilée, 232.

Gand, 182, 265 n.

Gau, 134 n.

Gazelles, 51.

Geburschaften, 195.

Geddes, Pr. P., sur l'argument de Malthus, 73.

Geelwink, baie de, Papous, 101.

Gênes, 222.

Genève, 214, 231.

Gens, organisation par, 92 ; voir: aussi Clan, Sauvages.

Géorgiens, 159.

Germains de Tacite, 94.

Geselle, 209—213.

Geszow, I.-E., sur la famille composée en Bulgarie, 346.

Gibelins, 221.

Giddings, Pr F.-A., xvi.

Gill, sur les sauvages des Nouvelles-Hébrides, 110 n.

Giraud Teulon, sur l'origine tribale de la famille, 92 n.

Girone, 228.

Gironnais, Saint-, Syndicat, 267 n.

Giry, sur la commune de Rouen, 218.

Glaber, Raoul, 182.

Glaciaire, époque, 88 ;'époque de l'origine probable du cannibalisme, 115.

Glaris, prairies alpestres, 260.

Gleditsch, 12.

Gœthe, sur l'entr'aide, x.

Gomme, G.-L., assemblées du peuple à Londres, 181 n. ; vestiges modernes de la commune villageoise, 255, 256.

Gorille, espèce déclinante, 55.

Gothique, architecture, 193, 227 et suiv.

Gramich, W., Würzburg au moyen âge, 197 n., 209 n.

Grande enquête, 253.

Grèce, 179 n. ; cités antiques, 176, 183, 237 ; guildes de la Li rèce ancienne, 347.

Grecs d'Homère, 94.

Green, J.-R., accumulation ancienne de la richesse, 170 n., sur la « frith guilde », 190 n. ; le vieux Londres, 195, 205 n. ; les cités et la campagne, 237.

Green, Mrs., sur les cités médiévales de l'Angleterre, 175 ; sur les guildes, 190 n. ; achats communaux, 208 n. ; guildes de travail et de métiers, 216 n.

Grèves : grévistes poursuivis, 287 ; droit de faire grève gagné jusqu'à un certain point en Angleterre, 289.

Greve, 195.

Greg, sur les Australiens, 100 n. ; conception sauvage de la justice, 122 n.

Grimpereaux, famille des, 337, 338.

Grives, une espèce en déplaçant une autre, 66 n.

Groenland, âge glaciaire, 91.

Groot, J.-M., sur les systèmes religieux de la Chine, 346.

Gross, Karl, les jeux des animaux, 58 n., 334.

Gross, Ch., The Guild Merchant, 198 n. ; sur les achats communaux, 199, 200, 208 n. ; luttes entre les guildes, 216 n.

Grues, sociabilité des, 29.

Guelfes, 221.

Guilbert de Nogent, 193 n.

Guildes. leur universalité, 183 ; à bord des navires, 184 ; pour bâtir 185 ; *skraa* danois, 186 ; obligations des frères de guilde, 186 ; de serfs, de maîtres d'écoles, de mendiants, etc., 188 ; repas en commun, 189 ; de marchands, 189 n. ; *frith guildes*, 190 ; leur souveraineté, 196 ; vente des produits et achat du nécessaire, 196-199 ; guildes de marchands, 199-202 ; organisation du travail, 208-210 ; heures de travail, 312 ; milice, 214 ; ; unité des, exprimée dans les cathédrales, 229 ; dons, 230 ; spoliées par l'État, 244 ; terres confisquées par Henry VIII et par Edouard VI, 285, 286 ; législation par l'Etat au lieu de l'auto-juridiction, 286 ; salaires, 287 ; guildes et syndicats, 288 et suiv ; origine, App. X, 347 ; dans l'ancienne Rome, 347 ; ; chez les Normands et les Slaves, 348 ; dans la Grèce ancienne, 348 ; dans l'Est, 348 ; modelées sur le clan, 349 ; dans la

France ancienne, 350 ; rapport avec les classes par rang d'âge et les unions secrètes des anciens barbares, 350 n.

Guizot. sur l'origine de la richesse, 170 n.

Gurney, G.-H., sur le moineau, 26 n.

Gutteridge, Joseph, sur la vie des artisans, 311.

Gymnastique, Sociétés de, 303.

Habitations lacustres, 89.

Hambourg, 216 n.

Hanoteau, sur les Kabyles, 154-158.

Hanse, guilde à bord d'un navire, 185, 205 n. ; congrès du travail, 213 ; ligue, 222 ; flamande, de l'Allemagne du Nord, 225.

Haygarth, sur les bestiaux en Australie, 62.

Heath, Richard, l'anabaptisme, 243 n.

Hegel, Carl, histoire des cités allemandes du moyen âge, 205 n. ; leur origine, 352.

Heimschaften, 195.

Henri V, charte accordée à Spire, 218.

Henry VII, 252.

Henry VIII. accaparement des terres communales, 252 ; destruction des guildes, 285.

Héribert, saint, 181.

Hetairiai, 348, 349.

Himalaya, indigènes, 91.

Hippopotames, sociétés d', 53.

Hirdmen, 170.

Hirondelles : une espèce déplacée par une autre, 65 n.

Hirondelles des falaises. 38.

Hobbes. xiv ; guerre de chacun contre tous, 85 ; ses continuateurs, 85 ; sa principale erreur, 85.

Hochequeues chassant l'épervier, 28.

Hodder, Edwin, *Life of Seventh Earl of Shaftsbury*, 312 n., 314 n.

Holienzollern, 268.

Holm. Capt., sur les Esquimaux du Groenland. 104.

Hottentots, 97, 98, 246.

Howitt, A.-W., Australiens, 92 n., 99 n.

Houzeau, sur la sociabilité animale, 7 n. ; loups des prairies, 44 ; la sociabilité diminue dans les espèces déclinantes, 56.

Huber, Pierre, sur les fourmis, 13 n, 14, 15, 16 ; leurs jeux. 59 ; appréciation de M. Sutherland, 330.

Hudson, W.-H., sur les viscaches, 48 ; les porcs, 53 n. ; la musique et la danse dans la nature, 58. 59, 60, 329 ; rareté de la population animale dans l'Amérique du Sud, 336 ; adaptation pour éviter la concurrence, 336-339.

Hughes, l'archevêque, 218.

Humber, les oiseaux dans le district de Humber, 25.

Humboldt, Alexander, sur les ti—tis, 54.

Huns, 149.

Hussites, guerres, 237.

Hutchinson, H.-N., sur les coutumes du mariage, 345.

Hüter, E., sur les renards, 44.

Huxley, sur la lutte pour la vie, xiii, 4. 5 ; origine de la société. 57 n. ; sur la guerre selon Hobbes, 84.

Ihering, Dr, sur l'importance de l'entr'aide libre, 307 n.

Ile de France, 235.

Inama-Sternegg, sur la formation de la propriété foncière privée, 136 n., 170 n.

Inde, 29, 31 ; commune villageoise, 132, 133 ; guildes dans l'Inde ancienne, 183.

Indiens de Vancouver, 109 n.

Individualisme, prêché dans la société moderne, 247.

Infanticide chez les sauvages, 119.

Innes, Cosmo, sur l'Ecosse médiévale, 227 n.

Innocent III, 238.

Insectivores, associations, Appendice IV, 333.

Intellectuel, développement, dû à la sociabilité, 29.

Inter-tribales, relations, 123.

Inventions médiévales, 233.

lpswich, guilde des marchands, 201.

Irlande, commune villageoise, 132.

Irrigation, coopérative, en France, 266.

Islande, *Allthing*, 172.

Isolement des espèces, 70.

Italien, art. 188 n.

Italienne, langue, 233.

Italiennes. cités, 194 ; ; luttes contre les nobles, 219 ; servage maintenu, 220.

Ivanicheff, Pr, sur la commune villageoise en Russie, 133 n.

Isvestia de la Société géographique de Russie, 103.

Jacobsen. sur les Esquimaux du détroit de Béring, 106 n.

Jacquerie, 237.

Jagdschutzverein, 303.

Janssen, histoire de l'Allemagne, 133 n., 175, 185 n., 205 n., 209 n., 211 n., 212, 243 n.

Jerdon, Dr, sur les fourmis, 15 n. ; sur les corneilles et les milans, 29.

Jeux des animaux. 334.

Jobbé-Duval, commune villageoise dans l'Annam, 139 n.

Juge, le, au moyen âge, 189.

Jurisconsultes, leur influence, 238 ; de Bologne, 239 n.

Justice, sens de la, développé par la sociabilité, 63.

Kabardie, 146 n.

Kabyles, commune villageoise, 133 et suiv. ; leurs institutions, 154—162 ; retour au droit tribal, 155 ;

djemmde, 155 ; travail en commun, 156 ; les riches et les pauvres, 156 ; secours clans les voyages, 157 ; nourriture des indigents, 157 ; coutume de. l'*anaya*, 158 ; le *çof*, 158, 174.

Kada, chasse en commun, 154.

Kafirs, droit des, 161 n,

Kaimani—Bay, Papous, 101 n.

Kallson, Dr Otto, sur les cités allemandes du moyen âge, 181 n., 205 n., 206 n. ; sur la mainmorte, 218 ; les cités fondent l'unité nationale, 223 n.

Kamilaroi, Australiens, 92, 93.

Kamtchatka, ours du, 115.

Kaufmann, signification ancienne de *King*, 174, 175.

Kautsky, K., sur la commune du XVIe siècle, 243 n.

Kavelin, 133 n.

Kegelbrüder, 303.

Keller, sur l'anabaptisme, 243 n.

Kerguelen, îles, 27.

Kessler, prof.. conférence sur la loi d'entr'aide, ix, 7-10 ; connaissance imparfaite des mammifères, 21 ; sociétés des jeunes couvées, 3311.

Kharouba, 163.

Khevsoures, retoor au droit tribal, 159 ; les femmes empêchant les querelles, 160.

Khingan, Grand, Petit, 51, 52.

Khoudadoff, M., sur la culture en commun, 137 ; droit commun des Khevsoures, 159.

Kihlakunta, 132.

Kilkenny, ordonnance de, 199.

Kingsley, Mary, sur les Fans, 118 n.

Kirk, T. W., sur les moineaux, 29 n.

Klaus, sur la commune villageoise en Russie, 133.

Kluckohn, sur la Trêve de Dieu, 182 n.

Knowles, James, XIII, XVII.

Knayaze, 170, 172.

Kohl, les chevaux contre les loups, 53.

Kolben, P., sur les Hottentots, 98.

Koloches, 105.

Königswarter, sur la justice primitive, 152 ; sur la compensation, sur le *fred*, 144.

Konung, kong, 174.

Koskinen, institutions anciennes des Finnois, 133 n.

Kostomaroff. Pr M. histoire de la Russie ancienne, 175 ; origine de l'autocratie, 180 n. ; rationalisme du XIIe siècle, 183 n., cités libres, 205 n.

Kota. 133, 163.

Koursk, culture en commun. 277.

Kovalevsky, Pr Maxim, sur l'origine tribale de la famille, 85, 92 n. ; le droit primitif, 92 n. ; origine de la famille, 94 n,; la commune villageoise en Angleterre, 132 n. ; en Russie, 133 n. ; évolution de la famille et de la propriété, 133 n., 136 n. ; meules de foin des Ossètes, 140 ; lois de compensation, 146 ; origines de la féodalité, 159 ; cités de la Bohème, 180 ; féodalité russe, 180 n. ; mariage tribal, 339, 341.

Kozloff, P., bataille contre les singes du Thibet, 55 n.

Koudinsk, steppe, voir Bouriates.

Kulischer, sur le commerce primitif, 206 n.

Kuttenberg, ordonnance de, 211.

La Borne, 266.

Lacs, oiseaux nichant sur les rivages des, 35.

Lamarckiens, 69.

Lambert, Rev. J.-M., sur la vie des guildes, 183 n.

Lamprecht, sur le droit des Francs, 169 ; questions économiques au moyen âge en Allemagne, 227 n.

Lanessan, J.-L., conférence sur l'association pour la lutte, xi, 7 n.

Laon. commune de, 224 n.; cathédrale, 231.

Laonnais, fédération des villages, 224.

Lapins, 49.

La Plate, 58 n, 60, 337.

Laudes, sur la commune villageoise dans l'Annam, 139.

Laveleye, propriété primitive, 133 n., 259 n., 271 n.

Law, sir Hugh, sur les Dayaks, 118 n.

Lebret, sur Venise au moyen âge, 195 n.

Lendenfeld, R., sur les cacatoès, 32.

Leo et Botta, 174 n., 175, 195 n., 205 n.

Lesholziag, 268.

Letourneau, sur la culture en commun, 138.

Letourneux, sur les Kabyles, 154-158.

Le Vaillant. 6, 24.

Lesghines, droits féodaux en commun, 169.

Libellules, migrations, 328.

Lichtenstein, voyages dans l'Afrique du Sud, 97.

Lièvres, 48 ; leur sociabilité, 333.

Ligues, des villes, 222 ; des villages, 223.

Limulus, 12.

Lincecum, Dr, sur les fourmis, 15 n.

Linden, Herman van den, sur les guildes marchandes dans les Pays—Bas, 361.

Linlithgow, 198 n.

Linnée, sur les pucerons et les fourmis, 16.

Lipari, îles, 138.

Lives, commune villageoise, 132.

Lois, coutumières, conservées par certaines familles, 171-173 ; récitées aux. *Allthings*, 172.

Lombarde, loi, 174 n.

Lombarde, ligue, : 322.

Lombardie, lutte contre les nobles, 219.

Londres, achats communaux, 197 n., 198-201.

Longues maisons (*balai*), 102 ; des Esquimaux, 104 ; 341,

Lorris, commune, 193.

Louis 1e Gros, 182 n.

Louis XIV, 249 n.

Louktchoun, antiquités de la dépression de, 129 n.

Loutchitzky, Pr. sur la commune villageoise, 133 n., 220 n. ; l'esclavage à Florence, 237 n.

Lövsögmathr, 172.

Lozève, 266.

Lubbock, sir John, sur les fourmis, les abeilles et les guêpes, 13 ; les hommes paléolithiques, 86, 87 ; amas de coquilles du Danemark, 89 ; les hommes néolithiques ne sont pas des spécimens dégénérés de l'humanité, 90 ; origine tribale de la famille, 85, 92. n. ; sur les Hottentots, 97 ; mariage tribal, 339-345.

Lübeck, 216 n.

Lucques, 220 n., 205.

Luchaire, A., sur les cités et les guildes françaises du moyen âge, 175, 182 n., 192 n., 205 n., 218 ; sur les ligues villageoises, 224 n., 225.

Lumholtz, sur les indigènes du Nord du Queensland, 100.

Luro, commune villageoise dans l'Annam, 138 n.

Lutte pour la vie, son vrai sens, VII ; obstacles à la multiplication, VII, VIII ; « une loi de la Nature », IX ; Kessler sur la, IX ; son importance philosophique, I ; sens métaphorique, 2 ; Darwin sur la, 2 ; darwinistes sur la, 4 ; Huxley sur la, 4, 5 ; dans la Nature, 5 ; Kessler sur la, 7 ; lesquels y ont le plus grand avantage ? 61 ; — et la concurrence, théorie analysée, 64-81, 334 et suiv.

Luttes, leur rôle dans l'histoire, 125 ; le sujet des documents historiques, 120.

Luxembourg, jardin du, moineaux. 27.

Lyon, soulèvement infructueux des métiers mineurs, 216 n. —, durée des luttes pour l'émancipation, 217 n.

Mac Cook, sur les fourmis, 15 n., nations de fourmis, 20, 331.

Macleau. droit coutumier des Kafirs, 161 n.

Mac Lennan, J.-F., sur l'origine tribale de la famille, 33 ; *Studies in Ancient History*, 92 n., 339-341.

Madrid, 234.

Maeterlinck, sur les abeilles, 331,

Maine, sir Henry, sur les institutions primitives, 85 ; sur la commune villageoise en Angleterre, 132 ; dans l'Inde, 133 n., 142 n. ; droit coutumier, 144 ; origine du droit international, 149 ; commune villageoise, 170 n. ; terres communales, 256 n.

Mainmorte, 218.

Malais, culture en commun, 138.

Mammifères, prédominance des espèces sociales, 41.

Mandchourie, vii.

Manitoba, 141.

Marchande, guilde, 198, 200, 208 n. ; H. van den Linden sur la, 352.

Marché, dans la cité du moyen âge, app. XI, 350 ; sa protection, 205 et suiv.

Marin, sur Venise au moyen âge, 195 n.

Market Cross, 206.

Markoff E., sur le droit coutumier des Shakhsevens, 146 n.

Marmottes, 46-47.

Mariage, institutions du, chez les sauvages, 92 et suiv. ; institutions des Esquimaux, 104 ; échange des femmes, 104 ; « communal » 339-345 ; « composite. », 344 ; abolition des restrictions pendant les fêtes, 344 ; solennités, 345.

Maroc, 157.

Marshall, sur les terres communales, : 256 n.

Martial, L.-F., sur les indigènes du cap Horn, 103, 104 n.

Maurer, sur la commune villageoise, 133 n., 170 n., 339 ; culture en commun, 138 n. ; juridiction par la commune, 144 n. ; suprématie de l'assemblée, 178 ; évolution de la commune villageoise en cité, 179 n. ; cités médiévales, 205 n.

Mainoff, droit coutumier mordovien, 15 : 8.

Maures, invasion, 235.

Mayence, 223, 225 n.

Médiévales, cités : naissance du Xe au XIIe siècle, 176 ; conjurations, 177 ; origine double, 177 ; assemblée et *defensor*, 180 ; Trêve de Dieu, 181 ; droit commercial et international, 182 ; beaux monuments, 182 ; les guildes, 183 ; leur origine, 184 ; leurs fonctions, 184 ; leur diversité, 187 ; importance secondaire des fêtes annuelles, 189, 190 ; fédération des communes et des guildes dans la cité, 191 ; extension du soulèvement à l'Europe entière, 193 ; autojuridiction, 194 ; souveraineté, 195 ; situation des travailleurs, 196 ; achat communal des denrées, 197 ; les guildes, 200 ; le marché, 205 ; croissance de l'oligarchie marchande, 207 ; l'honnêteté dans le travail, 208 ; maître et compagnon, 209 ; salaire, 210 ; heures de travail, 211 ; journée de huit heures. 211 ; guilde et milice de la ville, 214 ; « arts mineurs », 215 ; batailles livrées, 216 ; guerres contre les barons féodaux, 218 ; paysans des alentours, 219 ; ligues des cités. 222, 223 ; fédérations des villages, 223 ; traités commerciaux, 224 ; résultats obtenus dans les, 226 ; comme arbitres. 224 ; prospérité, 227 ; architecture, 227 ; édifices des cités, 229 ; développement des arts et des industries, 231 ; progrès de la science, 232 ; causes de leur chute, 233 ; idée de la sainteté des rois propagée par l'Église et les jurisconsultes, 234 ; oligarchie de la cité,

235 ; la cité et le village, 236 ; influence de l'Église et du Droit romain, 238 ; principes de centralisation, 239 ; exemple de Florence, 239 ; ouvrages français, allemands, italiens, russes. 205 n.

Méditerranée, 40 n.

Medley, 98 n.

Meitzen, sur les communes suisses, 259 n.

Mennonites, commune villageoise, 276.

Mercati personati, 208 n.

Mère, enfant du clan de la, 343.

Mères, entr'aide entre les, 309.

Merghen, 51.

Mérovingienne, France, 149.

Mexique, cannibalisme religieux, 115.

Miaskowski, sur la lutte au sein des communes, 236 n., 258 n.

MicheL-Ange, 231.

Michelet, 169 n., 175.

Middendorff, A. Th. 109 n.

Migrations, des chevreuils de l'Amour, viii, d'oiseaux, 34-41 ; de nations, causes des, 128.

Miklukho-Maclay, sur les Papous, 102 ; les sauvages partageant leurs repas, 122 ; « classes » sauvages, 342 ; « clubs », 350.

Milan, 182, 222.

Milans, leur sociabilité, 23 ; attaquant les aigles, 27 ; chassant les faucons, 27.

Miler, Ernest, sur la famille composée de la Slavonio méridionale, 346.

Milgaard, amas de coquilles, 89,

Miller, Pr Orest, sur le droit coutumier des montagnards du Caucase, 146 n.

Mineurs au moyen âge, 212 ; Radstock, 292 ; Bristol, Yorkshire, 292 ; vallée de Rhonda, 299 ; soutien des orphelins, 313.

Minne, 183.

Mir, 137.

Missouri, 332.

Mœller, Alfred, sur des fourmis, 15 n.

Moffat, 97 ; sacrifice des vieux parents chez les sauvages, 113.

Moggridge, J. T., sur les fourmis et les araignées, 13 n., 15 n.

Moineaux, s'avertissant les uns les autres, 26 ; M. Gurney, sur les, 27 ; chassant un faucon, 29 n.

Moluques, crabe des, secourant un camarade, 12.

Mongolie, 50, 129.

Mongols, commune villageoise, 133, 150 ; aide aux voyageurs, obligatoire, 158 n., 173 ; invasions, 235.

Montagnes d'oiseaux, 36.

Montana, 39 n.

Montaugé, Théron de, 259 n.

Montbéliard, 218 n.

Mont Tendre, 20.

Montrosier, sur la culture en commun, 138 n.

Moodie, 98.

Moralité, code de, des Aléoutes, 107.

Moravie, communes, 243.

Morbihan, 138.

Mordoviens, droit coutumier, 168 ; aides, 156 n.

Morgan, Lewis, H., sur l'origine tribale de la famille, 85 ; *Ancient Society*, 92 ; division en groupes des Hawaiens, 95 n., 133 n. ; mariage tribal, 339-342.

Moscou, Bulletin. des Naturalistes de, 78.

Moscou, 181 n., 234, 235, 279.

Motacilla alba, voir hochequeues.

Mougan, steppe de, 146 n.

Müller et Temminch, sur les Dayaks, 119 n.

Münster, 243 n.

Münzinger, sur le droit coutumier des Bogos, 161 n.

« Mystère », 208.

« Mystères » et guildes, 350.

Naissance des nouvelles communes, 141.

Napoléon III, 251.

Nassau, 269.

Nasse, sur la commune villageoise en Angleterre, 132 n. ; sur les terres communales, 253 n., 256, 339.

Nature, citée, 109 n.

Nautæ, guilde des, 348.

Naviglio Grande, 231 n.

Navires des cités libres, 227.

Nazaroff, sur les chasses en commun, 154 n.

Neath, 198 n.

Nécrophores, entr'aide parmi les, 11.

Negaria, 162.

Nègres, culture en commun, 133.

Néolithique, traces de l'homme, 87, 88.

Newton, Pr. A., sur les grives, 66 n.

Nidification, associations de, des oiseaux, 34-38, 331-334.

Nitzsch, 175, 223 n.

Nobles et cités en Italie, 219.

Nordenskjôld, A. E., sur les montagnes d'oiseaux, 36.

Nordmann, sur les faucons, 24.

Normands, invasions des 172, 175.

Northamptonshire, 256 n.

Notre-Dame de Paris, 230 n.

Nourriture, partagée en commun par les sauvages, 112 ; par les Hottentots, 122 n.

Nouvelle-Angleterre, 141.

Nouvelle-Calédonie, culture en commun, 138.

Nouvelle-Guinée, 101.

Nouvelles-Hébrides, sauvages des, 110.

Nouvelle-Zélande, 29 n. ; multiplication des cochons et des lapins, 73.

Novgorod, dépôts communaux, 199 ; « Souverain N. » fait le commerce, 200 ; *povolniki*, 208 n. ; ligues, 224.

Numa, 347, 349 n.

Nuremberg, 228, 232 n., 233.

Nys, Pr E., sur les exécutions militaires, 117 n. ; droit de la vieille Irlande, 147 n. ; origine du droit international, 149 n.

Ü'Brien, sur les villages suisses, 259 n.

Obstacles naturels à la surpopulation, 75 et suiv. ; souris, 334, 335 ; coypù, 335.

Ochenkowski, sur l'Angleterre médiévale, 198 n. ; terres communales, 252 n., 286 n.

Oiseaux aquatiques, 35, 36 ; habitudes familiales, 38 n. ; sur la rivière du Saint-Laurent, 331.

Oiseaux, associations de nidification, 34-37, 331-333 ; sociétés automnales, 38 ; migrations, 39-41.

Oncle, maternel, 343.

« Oncle Toby, société de l' », 304.

Orang-outang, espèce déclinante, 55.

Orkhon, inscriptions, 129 n.

Ornithologique, Société, 303.

Orsini, 237.

Ory, sur la commune villageoise dans l'Annam, 139 n.

Ossètes, les meules en commun au printemps, 140 ; lois de compensation, 145 ; droit coutumier, 159.

Ostiaks, 99 ; caractère doux, 109 n.

Oucagas, 162.

Oudielnyi, période, en Bussie 180 n.

Ouganda, 162.

Ougres, invasion des, 178.

Oulous des Bouriatcs, 133, 151, 152.

Oural—Altayens, 130.

Oural, cosaques de l', 295.

Ourmans du Nord—Ouest de la Sibérie, 91.

Ours, sociable du Kamtchatka, 45 ; au Tibet, 333.

Ousouri, rivière, viii, 154.

Ouvriers, obstacles à leur union, 285 ; salaires réglés par l'État, 287 ; abrogation des lois sur les associations en

1825, 288 ; « Trades' Union » de Robert Owen, 288 ; poursuites, 289 ; syndicats modernes, 290 ;. grèves, 290-292 ; part prise à l'agitation politique, 292 ; au travail social, 292, 293 ; coopération, 293 et suiv.

Overstolze, 237.

Ovidés, sociabilité de la famille des, 51.

Owen, Robert, « Trades' Union », 288.

Oxfordshire, 256 n.

Pacifique, îles de l'Océan, 102, 103.

Pacte du sang, 344, 345, 346.

Padoue, 189 n., 222.

Palfrey, sur les communes villageoises de la Nouvelle-Angleterre, 142.

Papillons, essaims de, 327.

Pappenheim, sur les guildes danoises, 189 n.

Papous, 91, 99 ; description par G. Bink, 101, 102, par M. Maclay, 102, 103.

Paris, 181 n.; état du travail au moyen âge, 212 n. ; guildes, 215 ; Notre-Dame, 230 n.; cité royale, 234 ; guildes anciennes, 348 ; guildes médiévales, 350, 351.

Paris, abeilles à l'Exposition, 18.

Parricide supposé chez les sauvages, 112.

Patagonie, 91.

Paternel, amour, parmi les sauvages, 110 n.

Paternelles, relations, parmi les sauvages, 342.

Pauvres, entr'aide entre les, 308 et suiv.

Pauvres et riches, 196.

Pavloff (Pawlow), Marie, sur l'origine du cheval moderne, 72.

Pays-Bas, anabaptisme dans les, 244 n.; commission agricole, 355 ; sur l'entr'aide dans les villages, 355 ; guildes marchandes, 356.

Pays de Galles, commune villageoise, 132.

Paysans, guerre des, 237, 243 ; massacres pour l'arrêter, 244 n., 245.

Peaux-Rouges, 102 ; chasses en commun, 154.

Pêche, par les pélicans, 25 ; coopérative en Russie, 295.

Peintres, guildes des, 188.

Pélicans, association pour la pêche, 25.

Peuple, génie constructif du, 176.

Périer, sur les colonies animales, 56.

Périodiques, distributions, de richesses, 106 ; de terres, 106 ; annulation des dettes, 106.

Perrens, histoire de Florence, 182 n., 215 n.

Perroquets, sociabilité des, 29-33 ; avec les geais et les corbeaux, 31 ; vigilance, 32 ; intelligence, 32 ; attachement mutuel, 32.

Perty, Maximilian, 7 n., 26 n.; sur la compassion parmi les animaux, 63.

Pérou, 64 ; commune villageoise, 139 n.

Petits Russiens, commune villageoise chez les, 274.

Pfeiffer, Ida, sur les Dayaks, 118 n., 119.

Phear, Sir John, village dans l'Inde, 133 n.

Philippe le Bel, 347.

Philippe, comte de Flandre, 192.

Phillips-Wolley, Clive, *Big Game Shooting*, 51 n.

Phylloxéra, 267.

Piacenza, 222.

Piepers, M.-C., vols de papillons, 328.

Pise, 183.

Pistoïe, 222.

Pittäyä, 132.

Plate, La, W.-H. Hudson sur, 58 n., 60, 336.

Plimsol. Samuel, sur la vie des pauvres, 313 ; sur l'altruisme chez les pauvres et les riches, 313.

Plutarque, sur les guildes, 347, 349 n.

Pluviers à collier, 25.

Polyakoff, Ivan, sur la lutte pour la vie, 10 ; les goélands, 38 n., le cheval, 50.

Polynesian Reminiscenses, 116.

Polynésiens, 95.

Population animale, manque de, 356.

Porter, liste des actes de clôture, 253.

Posnikoff, Pr A., 133 n.

Post, A., sur l'origine tribale de la famille, 85, 92 n. ; mariage par clans, 94 n. ; échange des femmes, 104 n.; culture en commun, 138 n.; lois de compensation en Afrique, 146 n. ; droit coutumier des races africaines, 161 n., 163 n.; développement des droits familiaux, 163 ; Sumatra, 163, 282; origine de la famille, 339-341.

Post-glaciaire, époque, 91.

Post-pliocène, lacs de la période, 129 n.

Poule de mer, chassant les goélands, 27.

Powell, sur la commune villageoise de Sumatra, 163 n.

Prague, 181.

Prairies, chiens des, sociétés des, 46 ; postent des sentinelles, 335.

Primitifs, hommes, guerre supposée entre les, 82 et suiv., leurs tribus, 84.

Prisonnier échappé, se dévoue, 301 n.

Pritchard, W.-T., sur le cannibalisme polynésien, 116.

Prjevalsky, sur les ours sociables du Thibet, 333.

Propriété foncière individuelle, 136 n.

Propriété privée, destruction sur le tombeau en Chine, 346.

Prusse, destruction de la commune villageoise, 254, 270 n.

Pskov, murs de la ville, 173 ; commune, 195 ; dépôts municipaux, 199 ; « Souverain Pskov » fait le commerce, 201 ; ligues, 224.

Purra, 281.

Pyrénées, 25 n.

Quades, 149.

Rachat des terres, 272 n.

Radstock, mineurs, 292.

Râles, leurs danses, 69.

Rambaud, histoire de Russie, 180 n., relations anciennes entre les Normands et les Slavons, 348.

Ranke, Léopold, sur le Droit romain, 234. n.

Rationalisme du XIIe siècle, 183.

Ratisbonne, 181.

Rats, entr'aide, 147 ; bruns et noirs, 66 n.

Bats musquée, 47.

Ravenne, 182.

Reclus, Élie, sur la répugnance des sauvages à l'infanticide, III.

Reclus, Élysée, sur les Hottentots, 97 ; Dayaks, 119 n.

Réforme, caractère de ses commencements, 234 n., 243.

Reims, 231.

Rein, sur la commune villageoise des Finnois, 133 n.

Renaissance du XIIe siècle, 183.

Renards, chasses par bandes des, 45 ; polaires, 45 ; en sociétés, 333.

Repas en commun, 140.

République, troisième, 251.

Rhin, ligue des villes du, 223.

Rhonda, vallée de, mineurs, 299.

Rietschel, sur le marché dans la cité médiévale, 351.

Rink. Dr H., sur les Esquimaux, 105, 106, 107.

Ripuaire, loi, 169 n.

Robert, le roi, 218.

Rocquain, F., sur la renaissance au XIIe siècle, 183.

Rogers, Thorold, état du travail, au moyen âge, 210, 211.

« Roi des filets », 175.

Roi, origine double de l'autorité du. 170, 171 ; le duc, égal du roi, 174 ; sens ancien de Kong, 174 ; le roi Knu, 174 ; compensation pour un roi tué, 175.

Romanes, Georges, 8 n., 13 n. ; agriculture des fourmis, 15 n. ; sociabilité des chacals, 44 n. ; sympathie parmi les singes, 55.

Romain, municipe, 179 n.

Rome impériale, 136 n. ; médiévale, 179 n. ; luttes contre les nobles, 219.

Roncaglia, congrès de, 239 n.

Ross, Denham, 132 n.

Rossus, *Historia*, 252.

Rostock, 216 n.

Rothari, code de, 174 n.

Rouen, 218.

Rousseau, J.-J., appréciation de Huxley, 5 ; sur l'origine de la Société, 57 n., 84 ; idéalise les sauvages, 121.

Routes faites par les communes villageoises, 141.

Royales, cités, 181 n., 231, 352.

Rudeck. Wilhelm, sur les coutumes du mariage en Allemagne, 345 n.

Rumohr, sur le prolétariat dans les colonies de Toscane, 220 n.

Russe, institut géologique, 88 n.

Russes, paysans, adage des vieux, 113.

Russie : xie siècle, 149 ; annales concernant l'appel aux princes normands, 172, 179 n. ; cités indépendantes, 180 ; période féodale, 180 n. ; histoire de, 181 n. ; droit criminel, 187 ; consolidation par les *artels*, 188, 189 ; coopération villageoise, 271.

Russie centrale, mouvement en faveur de la commune villageoise, 275.

Sacrifice de soi-même, traditions parmi les pécheurs, 299 ; d'un prisonnier échappé, 301 n.

Sacrifices faits par les ouvriers, 286-293.

Sagas, sur la vengeance du sang, 145 ; *Story of Burnt Njal*, 147.

Saint-Léon, Dr E. Martin, histoire des syndicats en France, 212 n. ; les guildes romaines, 347 ; les guildes parisiennes, 350.

Saint-Ouen, 231.

Salaires réglés par l'État en Angleterre, 286, 287.

Salève. mont, 20.

Salique, loi, 169 n.

Samara, 276.

Samoyèdes, bienveillance des, 99 ; caractère doux, 109.

Sanderlings, 25.

Sangliers, sociétés de, 53.

Sarmates, 149.

Sauterelles, vivant par bandes, 329.

Sauvages : xiv ; décrits comme les gens les plus doux, 97 ; idéalisés par Rousseau, 121 ; s'identifient avec le clan, 122.

Savanes, 37, 39.

Savonarole, Jérôme, 241.

Saxons, barbares, codes des, 146.

Scabini, 184, 224.

Scandinaves, 130 ; communes villageoises, 132.

Schaar, 214.

Schmoller, sur les métiers de Strasbourg, 216 n.

Schöffen, 195.

Scholæ de guerriers, 169-171, 173-175.

Schönberg, conditions du travail au moyen âge, 211 n. ; guildes des métiers, 214 n.

Schrenk, Léopold, 109 n.

Schulz, Dr Alwin, conditions du travail au moyen âge, 212 n.

Schurtz, H., classes par rang (l'âge et sociétés secrètes des sauvages, 351 n.

Science, dans les cités libres, 227, 232, 233.

Scot Michael, 232.

Sécheresse, effets de la, 50.

« Sections » dans la cité médiévale, 195.

Seebohm, H., sur les migrations, 25 n. ; montagnes d'oiseaux, 36 n. ; réunions d'oiseaux avant la nidification, 40 n. ; sur la commune villageoise en Angleterre, 132 n., 133 n., 170 n. ; sur les actes de clôture, 253, 340.

Sémichon, L., sur la Trêve de Dieu, 182 n.

Sémites, primitifs, 94.

Senlis, 192.

Sentences de mort parmi les modernes, 117 n.

Sens moral développé chez les animaux par la sociabilité, 62, 63.

Serfs, leurs guildes, 188 ; révoltes, 188 n.

Sergievitch, Pr, sur l'assemblée et le prince en Russie, 180 n.

Servius Tullius, 348.

Seyfferlitz, 35 n.

Shaftesbury, lord, sur les petites marchandes de fleurs, 312 n. ; achat et massacre d'enfants, 314.

Shakhesevens, 146 n.

Sheffield, 77.

Sibérie, vie animale, VII ; oiseaux, 25 n. ; population animale, 41, 50 ; lacs, 129 n.

Sicambres, 149.

Sienne, 220 n.

Siévertsoff, N., sur l'Entr'aide, 9 ; associations pour la chasse chez les aigles à queue blanche, 22 ; associations de nidification, 35, 338.

Signoria, 239.

Silésie, commune villageoise, 254, 270 n.

Singes, sociabilité, 53-55 ; bataille des hamadryas contre Brelim, 55 ; contre l'expédition Kosloff au Thibet, 55 n. ; habitudes familiales, 341.

Sioux, 99.

Sismondi, sur les républiques italiennes, 205 n. ; guerres entre les cités, : 221 ; agriculture en Toscane, 227 n. ;

canaux en Lombardie, 251 ; constitution de l'autorité royale, 234 n.

Skroa de la guilde danoise, 186,

Slavons, primitifs, 95, 130 ; commune villageoise, 132, 133, 143 n., 172 ; cités, 238.

Smith, Adam, sur l'ingérence de l'État dans les corporations, 213 n.

Smith, miss Toulmin, sur la femme dans les guildes. 186 n. ; sur les guildes, 213 n.

Smith. Mr Toulmin, sur les guildes anglaises, 186 n. ; guildes de Cambridge, 189 n., 213 n., 216 n. ; confiscation des biens des guildes, 285, 286.

Sociabilité, plus grande dans les pays inhabités, 23 ; parmi tous les animaux avant l'apparence de l'homme, 56 ; cultivée pour l'amour de la société, 58 ; « joie de vivre » 58, trait distinctif du monde animal, 59 ; exprimée par la danse et le chant, 59 ; l'arme la plus puissante dans la lutte pour la vie, 60 ; développe les instincts moraux, 63 ; les sentiments de justice, 63 ; sympathie et, 64.

Socialisme, sacrifices pour le, 293.

Société, origine pré—humaine de la, 53.

Sociétés, opposition de l'État, 245 ; se forment pour toutes sortes de buts. 302.

Sociétés secrètes parmi les sauvages, 95 n.

Sodalitia, 348, 350 et suiv.

Sohm, sur la commune villageoise teutonique, 133 n.

Soissons, 192, 224.

Sokolovsky, 133 n.

Souabe, ligue des villes de, 223.

Soudan, commune villageoise. 133.

Souka, 163.

Souper de la moisson, 140.

Souslik de la Russie du Sud, 46 ; disparition soudaine. 78.

Souris, destruction par les changements de temps, 77.

Spencer, Herbert, sur la lutte pour la vie, xiv ; sur les colonies animales, 56 ; sur l'influence du milieu, 70.

Spire, 223.

Sproat, Gilbert, sur les Indiens de Vancouver, 106 n. ; 109 n.

Stansbury, capitaine, sur la compassion chez les pélicans, 63, 64.

Stancke, Pr C.-M., sur la famille primitive, 339, 340.

Starkenberg, la province, 263.

Steffen, Gustave, sur les conditions du travail en Angleterre au moyen âge, 211 n.

Steller, sur le renard polaire, 44 ; l'ours du Kamtchalka, 45.

Steppes russes et sibériennes, lacs des, 34, 50.

Stieda, W., sur les villes de la Hanse, 213 n., 225 n.

Stobbe, sur les biens « meubles », 135.

Stoltze, sur les Dayaks, 119.

Strasbourg, 216 n., 223.

Suèves, 138, 148.

Suisse, belettes sociables, 43 ; habitations lacustres, 89 ; routes, 141, 236 n. ; communes villageoises vendant les terres, 254 n., 257.

Suisse, confédération, 214, 224.

Sumatra, 56.

Sungari, la rivière, 52.

Surpopulation animale, n'est pas démontrée, 74 ; obstacles naturels, 74-78 ; appendice V, 334 ; *voir aussi* obstacles.

Surrey, 256 n.

Sutherland, A., sur l'instinct moral, xvi ; appréciation du travail de Huber, 330.

Sykes, colonel, 15 n.

Sylvestre, commune villageoise dans l'Annam, 139 n.

Sympathie, xii, xiii.

Sympathies, « stratifiées » parmi les riches, 315.

Syndicats, voir Ouvriers, Grèves.

Syndicats agricoles, 266.

Système des assolements dans les communes villageoises, 275.

Systèmes de Parenté, 92.

Tachart, 98.

Taine, 249 n.

Taisba, 151.

Tante, maternelle, se sacrifiant pour suivre un enfant mort, 110 ; devoirs dans la tribu, 343.

Tartares, villages, 159.

Tatou velu, 337.

Tauride, province, commune villageoise, 273.

Taylors, Guich of the Merchant, 189 n.

Tchanî, dessèchement du lac, 129 n.

Tchernigov, commune villageoise, 274.

Tchernychevsky, essai sur le Darwinisme, 79.

Tchoucktchis, 99 ; l'infanticide aboli, 112.

Température, effet sur les oiseaux, les insectes, 74-77.

Tennant, sir E., sur Ceylan, 44 n.

Terres communales en France, 250, 259, 260.

Territoriale, union, remplace les liens de commune origine, 130 et suiv.

Territoriaux, dieux, 131.

Tersac, M., 267 n.

Tessin, 231 n.

Teutons, commune villageoise, 132 ; culture en commun, 138. 143 n.

Thaddart, 133, 154.

Thibet, 50.

Thierry, Augustin, sens ancien du mot « king », 174 n. ; cités libres, 175, 182 n., 192 n., 205 n.

Thlinkets, 104.

Thun, 220 n.

Thurso, commune, 200 ; achats communaux, 200.

Toja, 133.

Tolstoï, Lev Nikolaevich, la fenaison dans un village russe, 278.

Tombeau, destruction de la propriété sur le, 346.

Tortona, 222.

Toscane, 220 n. ; ligue, 222 ; agriculture, 227 n.

Toucans, se moquant des aigles, 29.

Toungous, chasseur, 51 n. :, sur la moralité européenne, 115.

Toungouses, 99.

Toupi, 162.

Toussenel, 7 n.

Transbaikalie. ix.

Transcaspiens, milans, 24.

Travail, dans les cités libres, 209-215, congrès médiévaux. 212.

Trêve de Dieu, 181, 182 n.

Trévise, 188 n., 222.

Tribal, mariage, 341 et suiv.

Tribale, organisation, des hommes primitifs, 84-95 ; Appendice VII.

Tribale. période, démontrée par un très grand nombre de faits, 340 et suiv.

Tringers, 25.

Tschudi, faune des Alpes, 43.

Tuetes, sur les municipalités, 218.

Turcs, invasion, 235.

Turgot, lois contre les assemblées, 132.

Turkestan oriental, 129.

Tver, 235.

Tylor, Edwin, sur l'origine tribale de la famille, 85 ; théorie de la dégénérescence, 90.

Ulm, 223.

Ulrik, saint, 181.

Universitas, 137.

Universités italiennes, 231.

Unterwalden, 53.

Uri, 214.

Urubus, vautours, 24.

Utah, 63.

Uthelred, 181.

Vandales, fédérations, 148.

Vanneaux, attaquant les buses, 28 ; leurs danses, 59 ; adaptations à une nourriture variée, 337.

Vautours, sociables, 24.

Variété des adaptations dans une famille d'oiseaux, 337, 338.

Vaud, canton, 257, 258.

Vengeance du sang — conception de justice, 116, 117 ; survivance chez nous, 117 ; une affaire de la tribu, 117 ; Ad. Bastian sur la, 117 n. « chasse aux têtes », 118 ; chez les barbares, 143 et suiv., 187.

Venianimoff, missionnaire, plus tard évêque métropolitain de Moscou, sur les Aléoutes, 107 et suiv. ; leur code de moralité, 108 ; infanticide aboli parmi les Tchouktchis. 112.

Venise, Saint-Marc de, 182 ; art, 188 n., 215 ; distribution de nourriture, 199 ; ligue, 222.

Ventes par les guildes, voir Guildes.

Verein für Verbreitung gemeinnüt : licher Kenntnisse, 305 n.

Vérone, 188 n., 221 n., 222.

Versailles, 313 n.

Vicence, 222.

Vie dans la campagne anglaise, 256 n.

Vieux parents, sacrifice des, 112 ; Moffat et Erskine sur ce sujet, 113.

Vigognes, 64.

Villages et villes, 220.

Villageoise, commune, voir commune.

Villageoise, vie, en France, 200.

Villages, ligues des, 223.

Vinogradov, Pr, sur la commune villageoise en Angleterre, 132 n., 170 n.; pillage, des terres communales, 253 n.

Viollet, P., Droit français, 133 n.

Viscache, 48.

Vitalis, 182 n.

Vogt (prévôt), réception du, 177 ; ses fonctions, 185, 195.

Votkinsk, usine métallurgique, 297.

V. V., sur les communes de paysans, 271 et suiv.

Vyeche, Weich (assemblée), 180 n., 194.

Wagner, A., 254 n.

Wagner, Moritz, sur l'isolement, 70.

Waitz, 96 n., 98 n., 110 n. ; culture en commun, 138 n. ; Oucagas, 162 n. ; Malayens, 163 n.

Wallace, A. R. , sur la lutte pour la vie, 1 ; orangs-outangs, 54 ; avantages pour la lutte pour la vie, 61 ; théorie de la lutte pour la vie et de la concurrence, 64-81 ;

arguments de Wallace, 66, 67 ; sens probablement métaphorique du mot « extermination », 68 ; migrations, 70-72 ; surpopulation. 73-77 ; comment les animaux évitent la concurrence, 77-81 ; sur les grives, 65 n.

Walt, Johan van der, 96.

Walter, sur la commune villageoise au Pays de Galles, 133 n. ; culture en commun, 138 n.

Warwickshire, 256 n.

Waterford. 198 n., 200.

Wauters, A., cités médiévales en Belgique, 205 n.

Webb, Sidney et Béatrice, *History of Trade Unionism*, 288, 289, 290.

Weddell, H.-A., protection mutuelle parmi les vigognes, 64.

Weichbild, 206.

Welches, culture en commun, 138 ; « triades », 147.

Wergeld, 171.

Westermarck, Pr Edward, sur l'histoire du mariage humain, 339 et suiv.

Westminster, 350.

Westphalie, 224 n. ; culture en commun, 268 ; ligue, 223.

Whewell, sur les inventions médiévales, 232.

White, Natural History of Selbourne, 39 n.

Whitechapel, entr'aide dans les quartiers pauvres, 310, 311.

Wied, Prince, sur les aigles bravés par les toucans, 29.

Wilman, R., sur les fédérations westphaliennes, 224 n.

Wilmot Street, 311.

Wiltshire, 256 n.

Winchester, 181.

Winckell, Dietrich de, sur les lièvres, 49 ; *Handbuch*, 49 n.

Wise, 237.

Wolfgang, saint, 181.

Wood, J.-C., sur la compassion chez les animaux, 63.

Worms, 225 n.

Wormser Zorn, 223.

Wunderer, J.-D., guilde à bord d'un navire, 184.

Würtemberg, coopération dans le, 268 n.

Würzburg, 197 n., 209 n.

Xanten, ouvriers de, 211 n.

Yadrintseff, sur le dessèchement des lacs sibériens, 129 n.

Yeniséi, 40.

Yorkshire, 256 n. : grève des mineurs, 291, 314.

Young, Arthur, sur l'agriculture française, 249 n.

Yukon, rivière, Aléoutes, 106.

Zadrouga, 134, 346.

Zakataly, district, 159.

Zaroudnyi, sur la sociabilité des milans, 24 ; des lièvres, 333.

Zèbres, 49, 50.

Zemstvos, enquête de maison en maison, 271.

Zoologische Garten, Der, 40 n.

« Zone sauvage », 90.

Zöpfl, sur le *Weichbild*, 206 n.

Zurich, 216 n. I

Zwickau, 243 n.